领航学习与发展课程

幼儿园教师教学指导用书

中班 下册

领航学习与发展课程编写组 编

北京大学出版社
PEKING UNIVERSITY PRESS

图书在版编目(CIP)数据

幼儿园教师教学指导用书.中班.下册/领航学习与发展课程编写组编.—北京:北京大学出版社,2017.7

ISBN 978-7-301-28603-6

Ⅰ.①幼⋯ Ⅱ.①领⋯ Ⅲ.①学前教育—教学参考资料 Ⅳ.①G613

中国版本图书馆CIP数据核字（2017）第195888号

书　　　名	幼儿园教师教学指导用书（中班下册） YOU'ERYUAN JIAOSHI JIAOXUE ZHIDAO YONGSHU (ZHONG BAN XIA CE)
著作责任者	领航学习与发展课程编写组　编
责 任 编 辑	于　娜
标 准 书 号	ISBN 978-7-301-28603-6
出 版 发 行	北京大学出版社
地　　　址	北京市海淀区成府路205号　100871
网　　　址	http://www.pup.cn　新浪微博：@北京大学出版社
电 子 信 箱	zyl@pup.pku.edu.cn
电　　　话	邮购部 62752015　发行部 62750672　编辑部 62767857
印 刷 者	北京宏伟双华印刷有限公司
经 销 者	新华书店 787毫米×1092毫米　16开本　24.5印张　470千字 2017年7月第1版　2017年7月第1次印刷
定　　　价	62.00元

未经许可，不得以任何方式复制或抄袭本书之部分或全部内容。
版权所有，侵权必究
举报电话：010-62752024　电子信箱：fd@pup.pku.edu.cn
图书如有印装质量问题，请与出版部联系，电话：010-62756370

编委名单

策　划：高立民
主　编：郝和平
副主编：徐　霞

参编人员：

孙　平　单玉平　刘建红　王世航　吕　静　马亚男　赵　凯
耿　越　冀秋阳　柏林青　刘　玲　王　培　黄洁琼　刘　颖
毕丽雪　朱蕾娜

美工设计：

王世航　吕　静　熊铭洋

总 序
面向儿童发展，改革幼儿教育

早在20世纪80年代初期，笔者曾写过一篇文章刊登在江苏的早教类杂志上，题目是《面向儿童发展，改革幼儿教育》，提出要把促进幼儿的发展作为幼教改革的方向，幼儿园需提供有利于幼儿发展的环境，让幼儿通过与材料和同伴的接触互动，逐渐养成主动学习的习惯。教师则要关注和了解幼儿，支持、鼓励与促进他们的发展。

这篇文章中还提出以儿童为中心的，儿童在前、教师在后的主张。这一提法受到皮亚杰建构主义的影响，与幼儿园以教师为中心的普遍做法有很大的差别。当时的状况正如幼教前辈赵寄石教授指出的，教师只考虑怎么教，不考虑幼儿怎么学，不考虑幼儿的学习与发展。三十年过去了，中国的幼儿教育发生了很大的变化，特别是2012年国家颁布了《3—6岁儿童学习与发展指南》，在目标层次上提出了幼儿园教育在促进幼儿的学习与发展方面的具体要求。但据笔者的观察与了解，在幼儿园里教师只考虑怎么教，而不考虑幼儿怎么学的现象还普遍存在，教师仍难以做到观察与了解幼儿的发展，更何谈对幼儿的支持、鼓励和促进。

近年来和国内幼儿园开展的一些合作给了笔者机会思考与探索如何真正实现当初提出的面向儿童发展，改革幼儿教育的想法。在美国期间，也有机会了解美国幼儿教育协会倡导的发展适宜性实践的主张及其在幼儿园的推行状况，这让笔者对发展型课程有了更深入的理解。北京领航传媒为了支持幼儿园的发展，提高幼儿园的教育质量，委托笔者来构思并主编一套适合中国幼儿园的、能体现国际先进理念的幼儿教育课程，这也给了笔者一个把发展型幼儿教育的课程理念应用到实践中的机会。

这套新开发的课程称为"领航学习与发展课程"，它是以国家发布的学习与发展目标为课程目标的发展型课程。这套课程有两个基本特点，一是以幼儿的学习与发展为核心，通过在幼儿园开展各类活动，找到幼儿学习与发展的观察点，根据幼儿的表现，教师选择与幼儿互动的方式，支持、鼓励与促进他们的学习与发展。第二个基本特点是在活动中提供让幼儿运用多元智能的机会。领航课程吸收哈佛大学霍华德·加德纳（Howard Gardner）教授提出的多元智能理论，把幼儿看作是拥有八种智能的个体，但每个幼儿的优势智能可能有所不同。领航课程要求教师在课程的各种活动中给予幼儿运用多元智能的机会，特别是他们的优势智能。当教师这样做时，幼儿处于更加主动的学习状态，因为他们需要有机会练习与运用他们的多元智能。同时，幼儿的多元智能也得到发展与提高，这将有助于个体以后的学习与发展。

这两个基本特点在领航课程的各类活动中都有具体的体现。领航学习与发展课程主要有三类课程活动，即活动区活动、领域活动和单元主题活动。

活动区活动和许多幼儿园一样，教室里设置有建构区、角色游戏区、科学探索区/自然角、美工区、益智区和图书/语言角等。教师在活动区里提供材料让幼儿自发地开展活动。每种活动区的活动内容根据幼儿的活动表现来进行扩展，丰富幼儿活动与游戏发展的策略，同时给出如何在活动中实现学习与发展目标的策略。

领域活动包括语言、数学、科学、社会、运动、视觉艺术以及音乐共七个领域的活动。每个领域活动都有活动的材料和明确的任务，并以小组活动的方式进行。幼儿可以通过操作和体验获得学习与发展的经验。在活动教案中列出了与幼儿活动目标有关的观察点，并根据幼儿可能的表现提出了相应的互动建议，以便教师在活动中观察幼儿表现，发挥教师支持、鼓励与促进幼儿学习与发展的作用。此外，每个领域活动也包含了提供幼儿运用多元智能机会的建议。

单元主题活动采取的是与幼儿发展相适宜的探索主题活动，要求教师在每个主题活动中，首先让幼儿表达对主题已有的认识与想继续探索的内容，再让幼儿亲身体验，随后提供机会让幼儿通过绘画、手工、音乐、语言等方式表达他们的认识，最后让幼儿展示与分享他们的发现。单元主题活动是以幼儿的兴趣与探索为中心的活动，吸收了发展适宜性的课程理念与方法，幼儿围绕主题参与不同的领域活动，可获得完整的经验。单元主题活动也和领域活动一样，要求教师确定以何种视角观察幼儿在活动中的表现，以促进学习与发展目标的实现。

幼儿园通常采取活动区活动加各种领域活动，或活动区活动加单元主题活动的方式开展教育活动，而本课程的教育活动则包含了活动区活动、领域活动和单元主题活动这三类活动。这三类活动在幼儿的学习与发展上起着不同的作用。活动区活动提供的是幼儿自发自主活动的经验，领域活动提供的是幼儿在领域里学习与发展的关键经验，而单元主题活动是幼儿围绕主题开展的一系列活动，涉及不同领域的经验整合。

领航学习与发展课程包含六册教师教学指导用书，即《幼儿园教师教学指导用书（小班上册/下册）》《幼儿园教师教学指导用书（中班上册/下册）》《幼儿园教师教学指导用书（大班上册/下册）》和《幼儿成长评估手册》。教师教学指导用书包含课程的基本框架、学习与发展目标、活动区活动、领域活动、单元主题活动的设计原则、方法与案例和详细教案。为了配合幼儿园实施本课程，领航传媒还利用影视和制作方面的优势，开发了与教师教学指导用书相配套的课程活动视频、动画、音频和1300多张图卡及电子图片等材料，供教师选用。

在领航课程里，幼儿评价与玩教具学习包发挥了重要的作用。作为一套发展型课程，活动的安排、计划与指导要求需在了解幼儿的学习与发展的基础上考虑。因此，领航学习与发展课程设计了在活动中观察、评价幼儿和记录幼儿成长的方法，并把这些观察与评价应用到幼儿学习与发展的评价表中，作为幼儿学习与发展评估的例证，实现了幼儿发展轨迹的可视性。领航幼儿学习与发展课程的评价根据国家学习与发展目标拟定了32个评价项目，每个评价项目都包含三个等级：开始朝向目标、在目标上有明显进步与基本达成目标。这为教师了解课程的效果及幼儿的学习与发展评价提供了参考。此外，领航课程还实行对幼儿进行多元智能的评价，以七彩光谱中的七种颜色代表幼儿主要的七种智能，帮助教师了解幼儿的优势智能与智能组合，为每个幼儿建立单独的文件档案夹，并最终以柱状图呈现幼儿在各个领域的发展水平，使教师和家长能够比较准确地知道孩子哪一项智能比较强，哪一项较弱，对孩子未来的专业方向、人生规划提供了有效的参考建议。

与教师教学用书、幼儿评价同步牵手的具有革命性的玩教具学习包的研发和使用，在幼儿园不得使用课本的情况下，使幼儿获得更多领域的知识技能，各方面潜能也得到更好的发掘和培养，同时更加快捷地建立起家长与幼儿园、教师与孩子间互动互助的沟通桥梁。

面向儿童发展，改革幼儿教育是笔者多年来对中国幼儿园课程改革的愿望。近年来，笔者吸收了美国发展适宜性的幼教思想以及实践多元智能的理论，逐步形成了有关发展型课程的基本理论与方法，希望能帮助国内幼儿园设计和实施这样的课程，并在实践中总结、提高与完善，领航学习与发展课程正是这一努力的一部分。有人担心像这样针对幼儿的学习与发展的教育在中国幼儿园班级人数多的情况下是否能实现，其实这样的担心还是建立在教师不教，幼儿就不学的观念之上的。在发展型的课程里，教师在活动区提供了丰富的材料，幼儿得以开展各种探索和游戏活动，当幼儿真正有兴趣参与到这些活动中时，他们就是在主动地学习，就可能成为知识的建构者。也就是说幼儿的学习与发展可以不直接依赖教师的直接教学，教师可以通过设置环境与材料间接地影响幼儿的活动，并支持和鼓励他们的学习与发展。

领航课程要求教师除了提供像活动区教育那样的非结构活动，也提供领域活动和单元主题活动这样有结构的活动。在有结构活动里，主要也是教师提供材料和活动的任务，幼儿来开展活动，这样的方式给教师提供观察了解幼儿的机会，并与幼儿互动，促进他们的学习与发展。简言之，教师直接教学的时间在领航课程中明显减少。幼儿在活动中，教师的观察指导明显增多，这为实现以幼儿学习与发展为中心的教学提供了可能。从幼儿的学习与发展出发，让幼儿真正成为主动的学习者，是国家颁布的《3—6岁儿童学习与发展指南》所指出的改革方向，也是幼儿园课程与教育正在努力的目标。笔者希望通过实践逐步完善这样一种发展型课程，这有助于落实国家发布的学习与发展目标，真正实现一个既考虑幼儿学习与发展的年龄特点，又考虑幼儿的个别差异的幼儿教育，让幼儿的潜力得到充分发展。

领航学习与发展课程是上述努力的一个部分。领航幼儿教育课程开发团队汇集经验丰富的幼儿教育工作者及儿童影视工作者，他们根据拟定的课程框架、理念和方法，在三年多的时间里，开发了小班、中班、大班（上册、下册）活动区活动的环境设置与指导案例525个，七个领域的活动设计方案639个和30个单元主题的活动案例208个，还同步配套制作了音乐、故事、数学、绘画、舞蹈、儿童行为规范等相关教学视频及动画，并开创性地研发出独具特色的玩教具学习包。笔者想在这里，对领航课程开发团队的所有成员的辛勤努力和优秀的工作，表示衷心的感谢。他们为实现一个具有革新性的发展课程提供了可实施的具体蓝图。必须指出的是，活动的设计在实现课程理念、方法及活动案例上还有一定的差距，还需要经过实践的检验、修改、充实与提高，在此真诚期待广大幼教工作者批评指教。

郝和平

2017年2月

前　言

"领航学习与发展课程"丛书涵盖了针对幼儿园教师的教师教学指导用书，针对幼儿发展的玩教具学习包以及幼儿成长评估手册三部分内容。

教师教学指导用书分为小班上册、小班下册、中班上册、中班下册、大班上册、大班下册，共六册。每一分册包含两个部分，第一部分是课程总论，阐述了领航学习与发展课程的框架、构思与方法，是第二部分课程活动的指导与依据。实施领航学习与发展课程需要仔细阅读总论提出的基本思想与方法，以便更好地设计与实施领航课程。第二部分是针对指定的年龄班（小班、中班、大班）的课程，包含了根据总论的框架所设计的活动，教师可以选择有关的活动在课程中加以实施。

第一部分是课程总论。

第一章是课程的基本构思与依据，阐述领航学习与发展课程的七个基本原则和方法，涉及领航课程在幼儿、教师、环境、课程活动及家庭等课程要素上的基本观点和来源，是领航课程的理论框架，而领航课程中的活动与实施部分，正是这些理念的具体化。

第二章是课程目标，阐述了领航课程的目标及领航课程在实现目标方面的特点。作为一套发展型课程，学习与发展的目标是幼儿园课程的核心，各种类型的课程活动都以此为参考来进行。在领航课程中，活动区活动、领域活动和单元主题活动都是围绕学习与发展目标来设计、开展和指导的，教师应该熟悉学习与发展的目标，在幼儿活动中寻找促进幼儿学习与发展的机会。为了方便教师把握学习与发展的32个方面的目标，领航课程对学习与发展目标进行了编码，这样教师可以查看同一目标对于不同年龄幼儿的要求，引导幼儿向更高的水平发展。领航课程的特点之一是在活动中为幼儿提供运用多元智能的机会，在目标这一章节中也包含了指导要点。

第三章是课程实施的途径、内容与组织方式。这一章是理论通向实践的桥梁。在第一章里所阐述的领航课程的理念、指导思想和方法，在第三章里得到了具体的体现。这一章详述了活动区活动、领域活动、单元主题活动和生活活动的构思、指导、方法和案例。

一、活动区活动，阐述建构区、角色游戏区、戏剧表演区、美工区、科学探索区/自然角、益智区和图书/语言角的环境设置，以及材料提供举例与活动指导说明。活动指导说明可指导教师扩展和丰富幼儿活动内容，以及在活动中达成学习与发展目标的指导案例。除此之外，还有活动区指导计划的案例，用以说明如何把这两种指导方法应用到具体的活动区指导计划中。教师可以参考活动区这一章节，了解活动区教育的方法与内容，在自己的班级中开展活动区教育。

二、领域活动，在领域活动的目标和内容部分，可以了解到领航课程对社会、语言、科学、数学、视觉艺术、音乐和运动领域的目标与内容做出的说明，包括各领域活动在学习与发展上可展开的活动与可提供的经验，指导幼儿在该领域学习与发展的要点，以及如何在该领域给幼儿提供运用多元智能的机会等一般指导。在领域活动的教案设计与实施部分，详述了设计领域活动的结构、活动教案的 11 个栏目说明、具体的表格和案例等。这部分无论对活动教案的设计者还是实施者都十分重要。教案设计者可以根据学习与发展的目标选择适合的内容，按照每个栏目来设计领域活动。对于实施者，则有助于理解活动教案各部分的设计意图和内容，以便更好地实施活动。

三、单元主题活动，阐述了领航单元主题活动的基本构思、方法与案例。在发展适宜性的主题活动标题下，阐述了单元主题活动的特点、来源和开发单元主题活动的基本原则。在单元主题活动的设计方法标题下，详细阐述了单元主题活动的设计方法，其中包括主题活动设计的 5 个步骤，并以一个具体的主题活动为例，加以说明。教师可以通过设计步骤和案例来掌握开发单元主题活动的方法，设计自己的单元主题活动。对于单元主题活动的实施者，了解单元主题活动的原则和设计步骤，有助于理解主题活动的设计意图和内容，以便更好地加以实施。

四、生活活动，它是领航课程实施的四个主要途径之一，这一部分简述了在幼儿园日常生活中相关教育方面的活动。

第四章是课程的计划与评价。评价在领航课程里发挥着重要的作用，教师要根据对幼儿的观察与评价来规划针对幼儿的教育活动。在这一章里，教师可以了解领航课程的一日活动的安排，了解在周计划中如何安排前面所说的活动区活动、领域活动、单元主题活动和生活活动。"活动区＋领域活动"和"活动区＋单元主题活动"的周计划案例，可以帮助教师计划和安排逐周的教育活动。有关领航课程与幼儿学习与发展的评价则可参阅领航学习与发展课程幼儿评估手册。

本教材第二部分是特定年龄班（小班、中班、大班）学习与发展课程概述。

第五章是对该年龄班课程的概述，结合幼儿的年龄特点阐述了活动区活动、领域活动、单元主题活动和生活活动这四个领航课程主要实施途径的要点。

第六章是该年龄活动区的指导与活动案例，教师可以根据相应年龄各个活动区的环境设计、指导要点与案例开展本班的活动区活动。建议教师在理解活动区两个基本指导方式的基础上来完成每周的活动区计划。教师可以打印活动区计划表格，完成有关的栏目，特别是评定栏中有关幼儿的表现，并能根据幼儿的表现一栏来调整自己的计划和指导策略。

第七章是对应年龄班的领域活动指导说明和案例，内容包含对应年龄班的数学、语言、科学、社会、音乐、视觉艺术与运动等相关领域活动。每个领域分概述和活动两个部分。概述部分分析了对应年龄幼儿在各领域发展的特点，为在实施领域活动时如何把握各年龄幼儿的年龄特点提供了参考。活动包含了各领域的活动设计，教师可以根据教育的计划与安排选择相应的领域活动设计来开展自己的领域活动。教师除了可以选择领航课程教师教学指导用书里开发的领域活动加以实施，也可以根据学习与发展的目标和领航领域活动设计的方法，参考市面上其他的幼儿园课程教材内容，改编成领航领域活动加以实施。

第八章是对应年龄班的单元主题指导与案例，主题活动是围绕主题开展的一系列活动，在年龄班的上册里有五个单元主题，一般都是可以延续一周以上的活动。单元主题活动也可以由幼儿感兴趣的事件产生，教师可以根据总论所描述的单元活动设计的原则与方法，参考这里的单元主题活动设计自己的活动。

在领航学习与发展课程幼儿成长评估手册里，有领航课程的评价方法和相应的评价表格，这里提出的活动区指导方法与计划案例，以及领域活动案例和单元主题活动的设计，建议在实施活动时使用各自对应的评价表格和评价方式加以评价。同时真诚期待幼教同行将实施反馈的宝贵意见提供给开发者，以便进一步修订、改善与补充。

第九章是为满足不同园所的教学需求而提供的特色活动。特色活动强调以高品质的活动设计和丰富的材料做支撑，深入挖掘幼儿的八种智能的关键能力及核心要素，强调更广阔的探索空间，促进幼儿在特色活动中发展优势智能。活动案例包含了数学、语言、科学、社会、音乐、视觉艺术与运动七个领域的 35 个活动设计，教师可以根据幼儿的能力和园所的条件，灵活地开展特色活动。

郝和平

2017 年 2 月

目 录

第一部分　课程总论

第一章　课程的基本构思与依据 …………………………………… 3
- 一、发展型课程的核心理念 …………………………………………… 3
- 二、幼儿是主动的学习者 ……………………………………………… 5
- 三、教师作为支持者、鼓励者促进幼儿的学习与发展 …………………… 5
- 四、在活动中给幼儿提供运用多元智能的机会 ………………………… 6
- 五、非结构与结构活动相结合，提供实现学习与发展目标的关键经验 …… 8
- 六、注重幼儿园与家庭的联系 ………………………………………… 9
- 七、评价是课程的一个必要组成部分 …………………………………… 10

第二章　课程目标 …………………………………………………… 11
- 一、课程的学习与发展目标 …………………………………………… 11
- 二、利用幼儿的多元智能来实现学习与发展的目标 …………………… 13

第三章　课程实施的途径、内容与组织方式 …………………… 14
- 一、活动区活动 ………………………………………………………… 14
- 二、领域活动 …………………………………………………………… 21
- 三、单元主题活动 ……………………………………………………… 31
- 四、生活活动 …………………………………………………………… 36

第四章　课程的计划与评价 ……………………………………………37
　　一、一日生活活动的日程 …………………………………………37
　　二、课程的计划与评价 ……………………………………………38
　　三、周计划 …………………………………………………………38

第二部分　中班学习与发展课程

第五章　中班学习与发展课程概述 ……………………………………45
　　一、生活活动教育实施 ……………………………………………46
　　二、活动区教育实施 ………………………………………………46
　　三、领域活动的实施 ………………………………………………46
　　四、单元主题活动的实施 …………………………………………47

第六章　中班活动区活动指导与活动案例 ……………………………48
　　一、建构区的内容与指导 …………………………………………48
　　二、角色游戏区的内容与指导 ……………………………………54
　　三、戏剧表演区的内容与指导 ……………………………………61
　　四、益智区的内容与指导 …………………………………………67
　　五、科学探索区 / 自然角的内容与指导 …………………………74
　　六、美工区的内容与指导 …………………………………………82
　　七、图书 / 语言角的内容与指导 …………………………………89

第七章　中班领域活动指导与活动案例 ………………………………96
　　一、数学领域活动 …………………………………………………96
　　二、语言领域活动 …………………………………………………116
　　三、科学领域活动 …………………………………………………135
　　四、社会领域活动 …………………………………………………157
　　五、音乐领域活动 …………………………………………………178
　　六、视觉艺术领域活动 ……………………………………………203

七、运动领域活动 ………………………………………………………… 222

第八章　中班单元主题活动指导与活动案例 ………………………… 245
　　一、单元主题活动：我最棒 …………………………………………… 245
　　二、单元主题活动：谷物飘香 ………………………………………… 256
　　三、单元主题活动：端午节 …………………………………………… 267
　　四、单元主题活动：海洋世界 ………………………………………… 279
　　五、单元主题活动：昆虫王国 ………………………………………… 289

第九章　中班特色活动指导与活动案例 ………………………………… 301
　　一、数学特色活动 ……………………………………………………… 301
　　二、语言特色活动 ……………………………………………………… 311
　　三、科学特色活动 ……………………………………………………… 321
　　四、社会特色活动 ……………………………………………………… 331
　　五、音乐特色活动 ……………………………………………………… 341
　　六、视觉艺术特色活动 ………………………………………………… 352
　　七、运动特色活动 ……………………………………………………… 362

参考书目 …………………………………………………………………… 373

第一部分　课程总论

第一章

课程的基本构思与依据

本课程是以2012年国家颁布的《3—6岁儿童学习与发展指南》为基础设计的学习与发展课程，旨在通过本课程来实现指南提出的目标。作为以学习与发展为中心的课程，本课程在诸多方面对幼儿园的课程，从基本理念、课程的设计、实施框架，到课程评价都提出了新的构思。这一构思吸收了近年来国际上有关幼儿教育的研究成果、理论和高质量的幼教实践，希望更好地实现国家拟定的学习与发展目标。

 ## 一、发展型课程的核心理念

本课程是以幼儿的学习与发展为基本指向的，设计的课程既考虑了幼儿年龄发展特点，又考虑到幼儿在发展上的个体差异，紧紧围绕幼儿的兴趣，让幼儿通过主动探索、参与和在教师的指导下，达成学习与发展的一系列目标。幼儿是活动的主体。在教师安排的环境、提供的材料和活动中，幼儿主动地投入课程所规划的各种活动中，进行学习与建构。教师观察幼儿在活动中的表现，根据幼儿的不同表现给予必要的支持、鼓励和指导，促进他们的学习与发展。这是发展型课程的基本特点，也是本课程采用的基本课程理念。

这一基本理念与国际上早期教育课程发展趋势相一致，如美国幼儿教育协会在20世纪80年代后期提出发展适宜性的早期教育主张（Developmental Appropriate Practice, DAP）。经过30年的努力，这些主张已成为美国幼儿教育课程采取的基本理念（Copple C. & Bredekamp S.，2006），无论是幼儿园课程评价，还是教师培训，发展适宜性的教育主张成为判断教育质量的主要标准。2012年教育部颁发了最新《3—6岁儿童学习与发展指南》，这是建立发展型课程的纲领性文件，将引起幼儿教育，包括课程的目标、内容、组织方式、方法和教师的作用等一系列改革。新的课程以幼儿的学习与发展为中心，提供一个让幼儿主动学习的环境。教师不只关注怎么教，还要关注幼儿是怎么学的。教师要了解和观察幼儿的学习与发展，并在他们已有的水平上鼓励、支持和促进他们的发展。发展型教育的理念已经被早期教育界广泛接受，但在教育实践中，在课程中如何具体实现这些理念是目前需要探索的关键。该课程是将一系列发展型课程理念应用到实践中的一种尝试，它试图通过整个课程的设计，从课程的目标、内容、方法到实施提出一整套可操作的内容和方法。在本课程中也吸收了哈佛大学加德纳提出的多元智能理论。在课程活动中给幼儿提供运用其多元智能的机会，这样不仅可以让幼儿成为一个主动的学习者，还可以发展他们的多元智能，这对其未来的学习与发展具有长远的意义。

DAP 主张提出者在解释什么是发展适宜性的教育时提出，教育要适合幼儿当前既作为个体，又作为一个群体所处的发展状况，帮助每个幼儿在原有的基础上向前发展，接受新的挑战和获得在学习与发展上可以达到的目标（Copple C. & Bredekamp S., 2006）。这个基本主张要求为幼儿安排教育活动时，既要考虑幼儿的年龄特点，也要考虑到他们的个体差异，并帮助幼儿在现有的基础上有所提高与发展。DAP 这一基本观点，也是该课程作为发展型课程的基本特点。

本课程的核心理念就是要求课程中安排的活动和教学既考虑到幼儿的年龄特点，也要考虑到幼儿发展上的个别差异，在幼儿现有的基础上促进幼儿的学习与发展。这是课程设计活动与进行指导的出发点，也是检验一个课程是否是领航课程的一个标准。3 岁的幼儿和 4 岁的幼儿在语言、认知、动作等方面的发展有很大的区别，所以给 3—4 岁幼儿设计的活动就要符合这个年龄幼儿的学习与发展的特点。本课程在设计活动时，力求符合该年龄幼儿学习的特点与兴趣。但是，在早期教育阶段，同一个年龄段幼儿个体发展上有很大的差异，一个 3 岁的幼儿可能已具有 3 岁半幼儿所拥有的语言能力，一个 4 岁的幼儿可能只有 3 岁多幼儿的动作发展水平等。在课程中，无论是活动区活动还是领域活动或单元主题活动，都要求教师观察幼儿在目标上的表现，根据他们的发展情况来决定教学策略，要求给予的建议要适合幼儿目前的发展状况和水平。考虑幼儿发展上的个别差异，进行有差异性的教学是本课程突出的特点。

为了实现发展型课程的目标，本课程不仅吸收了发展适宜性的教育主张，也吸收了对国际幼儿教育有重要影响的理论，并应用在课程实践中，其中包括皮亚杰的建构主义理论、维果茨基的社会建构主义理论、加德纳的多元智能理论，这些理论的应用保证了幼儿作为一个主动学习者参与到本课程的教育方案中，也让教师得以不断地支持与帮助幼儿的学习与发展。

二、幼儿是主动的学习者

建构主义的理论是幼儿教育中被普遍认可和接受的理论，是瑞士发展心理学家皮亚杰提出来的。皮亚杰认为幼儿是主动的知识建构者，幼儿会关注周围的事物，给出自己的解释，他们也会不断地探索，发现原有的解释需要改变，这样他们对世界的认识也在不断地发展。

课程吸收皮亚杰建构主义的理论，重视幼儿自发自主的活动，提供材料，让幼儿有机会通过和材料的互动，探索和发展。在教室里，设有建构、角色、戏剧、益智、阅读、美工等相关活动区，每个活动区里，教师都会提供各种材料，让幼儿自主选择材料和活动的方式，给幼儿主动学习与建构的机会。当幼儿在建构区试图解决一个平衡问题时，如不让房子倒下，就是在发展幼儿空间的概念和解决问题的能力。像这样的活动，每天都在活动区里大量发生，这告诉我们幼儿是主动的学习者，没有教师直接地教，他们也在学习。在一个发展型课程里，不是教师教了幼儿才学，教师可以通过材料间接地影响幼儿的学习与发展。只有建立这种观念，采用这样的方法，教师才可能解决幼儿园班上幼儿多、无法进行个别化教学的问题。注重幼儿的个体差异是要给幼儿自己选择与活动的机会，让他们主动成为知识的建构者。换言之，一个发展型的课程，会给予幼儿更多自主学习的机会，教师要在旁边观察幼儿的行为，了解他们在学习与发展上的水平，有针对性地指导他们。由于幼儿大多数时间在与材料互动中学习，教师并不是每时每刻都需要去教和指导，只是在幼儿需要的时候给予帮助或指导。这是个体差异式教学的一个重要的特点。

在本课程里，除了活动区活动，这种个别化的指导与教育方式也体现在领域活动与单元主题活动中。本课程中的领域活动、单元主题活动的设计中都有对幼儿在活动目标上的观察视角，并根据幼儿可能的表现，提出相应的建议。这将保证了教师在考虑幼儿当前的学习与发展的情况下，给予幼儿适当的建议、指导与挑战，以帮助幼儿在原有基础上发展。

 ## 三、教师作为支持者、鼓励者促进幼儿的学习与发展

本课程除了吸收皮亚杰的建构主义理论，也吸收了维果茨基的社会建构主义的理论。维果茨基的社会建构理论重视成人在与幼儿互动中对幼儿发展的影响。他提出最近发

区的概念，指出个体在发展中相对于当前的发展水平有一个最近发展区，个体尚未达到这一水平，但在成人的指导与帮助下可以达到这个水平。根据这个理论，教育界提出一种搭桥的理论，认为新的发展水平的行为需要一定的帮助才能达成，在一段时间内可能需要成人必要的支持。维果茨基的社会建构理论，为按照 DAP 提出的在幼儿现有水平的基础上给予幼儿一定的挑战，来促进幼儿的学习与发展提供了理论依据与方法。在本课程中，不仅要求教师观察、了解幼儿在活动中的表现，理解幼儿作为一个个体当前所处的学习与发展水平，也要求教师在这个基础上适时地给幼儿帮助、提出挑战，促进幼儿向更高的水平发展。

在发展性课程中，教师要作为鼓励者、支持者、指导者、挑战者来发挥作用，教师首先要了解幼儿的发展情况，根据幼儿的发展来发挥作用，促进他们的学习与发展。美国国家早期教育科学院(National Academy of Science Committee on Early Childhood Pedagogy)提到，好的教师采用的方法主要是认可和鼓励幼儿的努力，示范、提出挑战（建议），支持幼儿扩展他们的能力（Carol C. & Bredekamp S., 2006）。在本课程中，无论是以幼儿自发活动为主的活动区活动，还是有结构的领域活动或单元主题活动，都要求教师发挥这样的作用。要求教师在活动中关注幼儿的行为，有针对性地加以指导，这些指导包括讲解、示范、演示、帮助、提供信息、建议，提出问题让幼儿思考，或提出一个任务要幼儿完成，并给予适当的挑战等，在很多情况下则是给予认可、鼓励与支持。

四、在活动中给幼儿提供运用多元智能的机会

多元智能理论是哈佛大学加德纳（Howard Gardner）教授提出的，他认为个体有多达八种以上的智能，分别是语言智能、逻辑数学智能、身体运动智能、空间智能、人际交往智能、自我认知智能、自然智能与音乐智能等。加德纳认为每个个体都拥有这些智能，但每个人的智能优势可能有所不同。有的幼儿可能语言智能、音乐智能处于优势，有的可能身体运动智能和空间智能处于优势，每个人的智能组合是不一样的。多元智能理论对世界范围的教育产生了很大影响，突破了长期以来仅仅把智力看作是数学逻辑和语言的智力测验，提出了智能多元化的主张。这一主张让教育界正视个体身上以前未被重视的，诸如身体运动智能、空间智能、逻辑数学智能、人际交往智能、自我认知智能、音乐智能等，而这些智能与运动员、视觉艺术家、教师、外交家、心理学家、音乐家等有直接的关联。多元智能理论让学校重视多元智能的培养，而不仅仅是重视逻辑数学智能和语言智能，让许多原来拥有其他智能优势的个体得到重视与培养。

本课程要求在课程活动中给幼儿提供运用多元智能的机会，以便更好地发挥幼儿的潜力，达成学习与发展的目标。本课程认为这样做可以调动幼儿学习的积极性与主动性，因为每个幼儿都有一种智能组合，他们乐于应用他们的智能来解决问题或进行学习。这样做的同时，除了给幼儿练习与应用他们的多元智能的机会，还促进了他们的多元智能的发展。

加德纳把智力定义为"解决问题的能力和产生有价值作品或产品的能力"，认为每种智能必须有核心操作或一组操作，以及对某种表征系统（如语文、数学、图像或音符）编码的能力。根据多元智能理论，每个人在不同程度上具备的智能至少在八个领域相对独立运作（Gardner H., 2006）。加德纳对智能的解释能更好地指导教师在活动中给幼儿提供运用多元智能的机会。本课程在开展活动时要求确定每种活动可能涉及的核心操作、所要处理的符号或表征系统，以便确定主要涉及的智能。如一个运动活动，操作的对象是身体各部分的关系与控制，这与身体运动智能有关。在运动中，教师如果要为幼儿提供锻炼身体运动智能的机会，就可以提出一个动作上的要求，让幼儿运用他们的身体运动智能来"领会"身体各个部分所需要的配合。从这个角度来看，教师也容易识别那些具有身体运动智能优势的幼儿，他们通常可以快速地完成这样的动作配合，在处理这样的问题时得心应手。同样，在数学活动中，涉及的核心操作是有关数、多和少、符号、逻辑关系（整体与部分、相互关系）的操作。这种操作既可能是在实物基础上的，也可能是在头脑里的操作。为幼儿提供运用逻辑数学智能的机会，就是为他们提供这类操作的机会，如在进行数的思考时，让幼儿把一堆豆子分到三个袋子里，每一个袋子里的豆子要一样多，这就需要幼儿思考等量的问题，让幼儿运用实物或头脑里的操作来解决。在语言活动中，处理的核心操作是有关语言要素的加工、处理，它包括在一个情景中使用新的词汇，或者让幼儿报告刚发生的事，这都可能为幼儿提供利用他们的语言智能的机会。特别是进行一些故事表演时，幼儿的语言智能可以在他们模仿故事里的人物、对话与情节中表现出来。音乐智能表现在个体对音乐要素的把握上，涉及音高、旋律、节奏、节拍和音乐表现的风格、内容等。在视觉艺术活动中，幼儿需要处理许多与空间相关的线条、构图等问题，用一定的形式表现对象的空间特征。

该课程不仅注重在活动中发展与活动内容有关的核心操作的智能，也注重多种智能参与的机会。如一个音乐律动活动就可能涉及音乐智能和身体运动智能，甚至空间智能，幼儿在律动活动中要处理加工音乐的节奏、节拍、旋律，同时要考虑身体的配合，如果律动需要在一定的空间移动，那么还要涉及空间智能。

根据多元智能理论，每个个体都有不同的智能组合，具有不同的优势智能，在课程中，鼓励教师利用幼儿的优势智能来达成其学习与发展目标。如一个在身体运动智能比较弱、在完成一定的动作程序上有困难的幼儿，可以发挥他的语言智能和空间智能的优势，用语言为他讲解动作的要领，或用图示说明动作的程序，帮助他理解并完成有关的动作。

五、非结构与结构活动相结合，提供实现学习与发展目标的关键经验

本课程通过四类基本活动方式来实现课程的目标，分别是活动区活动、领域活动、单元主题活动和生活活动。

1. 活动区活动

教师在教室里设置建构区、角色游戏区、科学探索区/自然角、图书/语言角、益智区等，活动区提供的各种材料可让幼儿自发地探索、游戏、操作。通过在各个区的自发活动，幼儿可获得语言、认知、社会情感、科学、艺术等方面的经验，促进学习与发展目标的实现。

2. 领域活动

除了活动区的非结构活动，课程也提供有结构的领域活动。本课程通过七种领域活动：运动、社会、语言、数学、科学、视觉艺术和音乐相关活动，来提供有助于幼儿学习发展目标实现的关键经验。本课程设计的领域活动既要求适合该年龄段幼儿在该领域学习与发展的特点，能够引起幼儿的兴趣与探索的积极性，又要求在活动中了解幼儿在目标方向上表现的个体差异，提出和幼儿发展相适应的、具有挑战的任务，让幼儿获得适合他们发展水平的关键经验，支持和鼓励幼儿的学习与发展。课程要求在活动中给幼儿提供运用他们多元智能的机会，让幼儿在各种不同的领域活动中得到运用多元智能的经验，促进他们的多元智能的发展。

3. 单元主题活动

本课程的第三类活动是单元主题活动，单元主题活动是根据幼儿的兴趣、认识与探究的愿望安排的主题探究活动。一个单元主题活动根据主题探索的内容、幼儿的兴趣可能延续一周，也可能延续几周。活动围绕幼儿感兴趣的主题展开，各领域的内容是整合的。本课程通过单元主题活动，给幼儿提供围绕主题的、跨领域的完整经验。此外，单元主题活动在选择主题后，采取四个步骤展开与发展单元主题活动，即从让幼儿表达与表现对主题有关的已有认识，确定单元主题要进一步探索与学习的内容，到让幼儿探索体验想要学习

的内容，获得有关的经验，再让幼儿以各种方式充分表现与表达新的发现与探索的经验，最后让幼儿充分展示、交流与分享他们的发现与制作。这样单元主题活动不仅提供幼儿围绕主题的跨领域的完整经验，也提供幼儿围绕一个主题开展活动探索、表现的经验。

4. 生活活动

第四类活动是生活活动，主要发展幼儿生活自理能力，培养卫生和健康的生活习惯。

这四类活动除了有各自的作用外，也相互联系与补充。活动区活动以幼儿的自主活动为主，幼儿获得的是与学习和发展目标有关的自发活动得到的经验。领域活动主要是有结构的活动，它们按照领域的知识与技能形成的先后顺序有计划地展开，让幼儿获得该领域的关键知识与技能，与此同时也提供幼儿运用他们的多元智能解决问题的经验。单元主题活动则围绕幼儿的兴趣与认识探究的主题展开，以整合的方式达成学习与发展目标。课程也通过领域活动向活动区活动的延伸，让幼儿有机会在活动区继续他们在领域活动中没有完成的活动。在有关的活动区里，单元主题活动也根据情况利用材料直接展开。而幼儿在活动区的活动与兴趣也可能成为探索单元活动的主题。生活活动连接活动区活动、领域活动和单元主题活动。这样，四类活动相互联系、相互支持共同完成课程学习与发展的目标。

本课程包含了小组活动、集体活动和个别活动。活动区活动主要是幼儿自发自主的活动，幼儿自己选择要开展的活动或游戏，因而是个别活动为主；领域活动主要采取小组的或集体的方式展开，让幼儿与教师有更多的交互作用的机会；单元主题活动则采取集体、小组与个别活动相结合的方式展开；生活活动主要通过集体和个别活动相结合的方式开展。本课程的每日活动是由这四种基本活动方式加以安排和组织的。

六、注重幼儿园与家庭的联系

本课程注重幼儿园与家庭的联系，每个领域活动都有向家庭的延伸，不仅让幼儿有机会在家庭里继续他们感兴趣的活动，也有助于家长了解幼儿在幼儿园里的活动与教育，从而能更好地配合幼儿园的教育。课程还通过邀请家长参与幼儿园的活动，建立多种与家长沟通的方式等，增强幼儿园与家长的联系。

七、评价是课程的一个必要组成部分

　　评价在学习与发展课程中有着重要的作用，作为学习与发展的课程，教师要对幼儿在活动中表现出来的有关学习与发展的情况加以观察与评定，以便在活动中可以有针对性地加以指导。本课程采取活动中的评定、建立幼儿成长记录的方式来不断记录与评估幼儿的学习与发展，并在领航学习与发展评定表中作为评估的例证。活动中的评定是教师根据幼儿在活动目标方向上的表现进行的评定，并作为教学指导的基础，以便有针对性地支持、鼓励和促进幼儿的学习与发展。学习与发展评估则是根据学习与发展目标设计的，用于了解课程实施的效果和幼儿学习与发展的情况，为教师安排教育活动、制订教学计划提供参考。教师应和家长交流这些评定的结果，以便获得家长的帮助与支持。幼儿的成长记录是和评定单相结合的评价，它要求教师用语言表述幼儿的成长情况，收集与评定有关的记录、作品、照片等，并使用它们来作为支持学习与发展评定的例证，以及了解幼儿学习与发展的窗口。除了课程的活动评定、成长记录和学习与发展评定单，本课程还有根据哈佛大学光谱研究的评估方法改编的领航学习与发展课程的多元智能评定，将每个幼儿在多元智能上的发展组合以光谱方式呈现出来，以便教师根据这个组合表充分利用幼儿的优势智能，达成学习与发展的目标。本课程认为每个幼儿都有不同的优势智能，在完成学习的任务中，幼儿应该利用自己的优势智能，并使自己的优势智能得到充分的发展。

第二章

课程目标

本课程和幼儿园其他课程一样，以国家颁布的《3—6岁儿童学习与发展指南》中的领域与目标作为课程的目标，以幼儿3—6岁的成长与发展为线索，把目标看作是一个连续发展的过程，并根据这个发展线索来作为教师指导的依据，教师需要在活动中从发展的视角来看待幼儿的表现，支持、鼓励与引导幼儿的发展。为了突出学习与发展目标，本课程首先增加了或突出了学习与发展中的发展成分，主要体现在领域活动与单元主题活动的双目标的设计上。其次，本课程在实现学习与发展目标时要求充分利用每个幼儿的多元智能，特别是他们的优势智能，这在客观上不仅使学习与发展的目标得以更好地实现，同时也促进了幼儿多元智能的发展。

一、课程的学习与发展目标

本课程以国家发布的《3—6岁儿童学习与发展指南》中的目标为课程目标。《〈3—6岁儿童学习与发展指南〉解读》（李季湄，冯晓霞，2013）包含了五个目标领域，即"健康""语言""社会""科学""艺术"。每个领域都有子领域和具体的目标。

健康领域包括身心状况、动作发展和生活习惯与生活能力三个子领域，每个子领域包括三个目标，共九个目标。子领域1身心状况的三个目标分别是：（1）身心状况；（2）情绪安定愉快；（3）具有一定的适应能力。子领域2动作发展的目标是：（1）动作协调与灵敏；（2）力量和耐力；（3）手的动作灵活协调。子领域3生活习惯与生活能力的目标是：（1）生活与卫生习惯；（2）生活的自理能力；（3）安全与自我保护。

语言领域包括倾听与表达和阅读与书写准备两个子领域，每个子领域包括三个目标。子领域1倾听与表达的目标是：（1）听和理解日常用语；（2）言语表达；（3）言语习惯。子领域2阅读与书写准备的目标是：（1）听故事看图书；（2）阅读与理解能力；（3）

书面的表达愿望与初步的技能。

社会领域包括人际交往和社会适应两个子领域。子领域1人际交往的目标是：（1）与人交往；（2）与同伴相处；（3）自尊、自信与自主；（4）关心与尊重他人。子领域2社会适应的目标是：（1）群体生活适应；（2）基本的行为规范；（3）归属感。

科学领域包括科学探究和数学认知两个子领域，每个子领域各有三个目标。子领域1科学探究的目标包括：（1）亲近自然与喜欢探究；（2）探究能力；（3）周围事物与现象的认识。子领域2数学认知的目标包括：（1）生活中的数学的感知；（2）数、量及数量关系的感知；（3）形状与空间关系的感知。

艺术领域包括感受与欣赏和表现与创造两个子领域，每个子领域分别有两个目标。子领域1感受与欣赏的目标包括：（1）自然与美的事物欣赏；（2）艺术形式与作品的欣赏。子领域2表现与创造的目标包括：（1）喜欢艺术活动与表现；（2）艺术表现与创造能力。

这样3—6岁幼儿的学习与发展目标共有5个领域，11个子领域的32个目标。每个领域、子领域的目标都分别按3—4岁、4—5岁、5—6岁三个年龄段提出了适合幼儿该年龄的具体要求。也就是说，就一个目标而言，有3—4岁的表述，4—5岁的表述和5—6岁的表述。这种要求上的区别为3—6岁幼儿的发展提供了线索。为了使用方便，本课程采取如下的编码方式：年龄段—领域—子领域—目标的表述方法，如3—4岁-健康-Ⅱ-3，代表3—4岁年龄段的健康领域，第二个子领域动作发展，第三个目标手的动作灵活协调。在本课程的活动案例中我们将采取这个方法来说明所涉及的目标，每个标注下对应的是具体目标内容的表述。如3—4岁-健康-Ⅱ-3：能用笔涂涂画画。具体的5个领域11个子领域的有关目标如表2-1，具体内容请参看《〈3—6岁儿童发展与学习指南〉解读》（李季湄，冯晓霞主编）。

表2-1　3—4岁儿童发展与学习指南解读

健康-Ⅰ-1	具有健康的体态	科学-Ⅰ-2	具有初步的探究能力
健康-Ⅰ-2	情绪安定愉快	科学-Ⅰ-3	在探究中认识周围事物与现象
健康-Ⅰ-3	具有一定的适应能力	科学-Ⅱ-1	初步感知生活中数学的有用和有趣
健康-Ⅱ-1	具有一定的平衡能力，动作协调、灵敏	科学-Ⅱ-2	感知和理解数、量及数量关系
健康-Ⅱ-2	具有一定的力量和耐力	科学-Ⅱ-3	感知形状与空间关系
健康-Ⅱ-3	手的动作灵活协调	社会-Ⅰ-1	愿意与人交往

续表

健康-Ⅲ-1	具有良好的生活与卫生习惯	社会-Ⅰ-2	能与同伴友好相处
健康-Ⅲ-2	具有基本的生活自理能力	社会-Ⅰ-3	具有自尊、自信、自主的表现
健康-Ⅲ-3	具有基本的安全知识和自我保护的能力	社会-Ⅰ-4	关心与尊重他人
语言-Ⅰ-1	认真听并能听懂日常用语	社会-Ⅱ-1	喜欢并适应群体生活
语言-Ⅰ-2	愿意讲话并能清楚地表达	社会-Ⅱ-2	遵守基本的行为规范
语言-Ⅰ-3	具有文明的语言习惯	社会-Ⅱ-3	具有初步的归属感
语言-Ⅱ-1	喜欢听故事、看图书	艺术-Ⅰ-1	喜欢自然界与生活中美的事物
语言-Ⅱ-2	具有初步的阅读理解能力	艺术-Ⅰ-2	喜欢欣赏多种多样的艺术形式和作品
语言-Ⅱ-3	具有书面表达的愿望和初步的技能	艺术-Ⅱ-1	喜欢进行艺术活动并大胆表现
科学-Ⅰ-1	亲近自然,喜欢探究	艺术-Ⅱ-2	具有初步的艺术表现与创造能力

学习与发展指南就每个目标按3—6岁三个年龄段加以表述,可以看出幼儿在该目标上的行为、认知或态度上的变化。如手的动作协调发展这一目标,3—4岁-健康-Ⅱ-3:能用笔涂涂画画;4—5岁-健康-Ⅱ-3:能沿着边线较直地画出简单图形,或能将边线基本对齐折纸;5—6岁-健康-Ⅱ-3:能根据需要画出图形,线条基本平滑。从这样的描述可以清楚地看出幼儿小肌肉动作的发展无论在小肌肉的控制、力量还是协调方面都处于发展中。

二、利用幼儿的多元智能来实现学习与发展的目标

本课程除了突出学习与发展目标中的发展方面,同时也注重利用幼儿的多元智能来实现学习与发展的目标,这样,不仅在活动中充分发挥了幼儿的学习主动性,还在利用多元智能的过程中发展了他们的多元智能。多元智能体现了幼儿个体认识加工的不同方式、思考的不同方式,每种智能其加工的对象不同,思考的内容与方式也有所不同。如健康领域,儿童的动作发展就可以主要通过身体运动智能来加以实现,同时其他智能如音乐智能、空间智能、自我认知智能等的加入也将有助于工作目标的实现。身体运动智能可以让幼儿通过模仿与调整动作来学习与完成学习与发展目标提出的动作要求;音乐智能可以让幼儿通过音乐律动的方式来感受与控制自己的身体动作;空间智能可以通过画图的方式来理解动作的顺序;自我认知智能的运用则有助于对自己动作的察觉与调整。

第三章

课程实施的途径、内容与组织方式

本课程通过四类基本活动方式来实现课程的目标，它们分别是活动区活动、领域活动、单元主题活动和生活活动。活动区活动是教师在教室里设置建构区、角色游戏区、科学探索区/自然角、图书/语言角、益智区等，并在活动区提供各种材料让幼儿自发地探索、游戏、操作的相关活动。领域活动包含了运动、社会、语言、数学、科学、视觉艺术和音乐等七个领域有结构的活动，这些活动符合对应年龄幼儿在该领域学习与发展的特点，能够引起幼儿的兴趣与积极探索。在活动中，幼儿根据教师提供的材料与要求开展活动，教师在活动中观察与评估幼儿的表现，通过与幼儿互动，提出和幼儿发展相适应的、具有挑战性的任务，支持和鼓励幼儿的学习与发展。单元主题活动是根据幼儿的兴趣、幼儿的认识与探究的愿望安排的主题探究活动。一个单元主题活动提供围绕主题展开的一系列领域活动，让幼儿得到有关主题的完整经验，并鼓励他们围绕主题探索与表现。生活活动包括来园、离园、进餐、午睡、盥洗、散步与饮水等相关活动，及一日活动的转换。

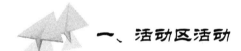

一、活动区活动

活动区活动是领航学习与发展课程的主要教育途径之一。幼儿园通过设置各种活动区，在活动区提供材料，激发幼儿开展各种自发的活动与游戏。幼儿园设置的活动区包括以下几种，建构区：幼儿用积木、纸盒等来搭建建筑和交通工具等；角色游戏区：幼儿扮演家庭成员，扮演医院、商店、消防站、加油站等工作人员的社会或职业行为；戏剧表演区：在该区域幼儿扮演儿童故事里的角色，演绎情节和故事，有的幼儿园由于条件、空间限制，角色游戏区和戏剧表演区也常常是同一个区；益智区：幼儿进行一些认知活动（如分类、排序），促进感知觉发展活动（如不同质地的纸、布、粗糙、光滑等物体），学习数学（点数卡、可数的小物体等），建立操作/空间概念（如拼板、各种积塑插件）等；美工区：

幼儿用各种美工材料制作与创作美工作品的区域；科学探索区/自然角：幼儿进行科学探索的活动区域，自然角应提供一些栽培的植物，做种子发芽等实验活动；图书/语言角：提供各种读物、纸、笔等满足幼儿读或写的需要。

活动区是实现学习与发展目标的一个重要区域。在活动区中，幼儿开展自发活动与游戏，这些活动中存在许多教育的机会，而活动本身也有很好的教育价值。在本课程中，每个活动区的指导内容包含两部分：一是通过活动区的设置、材料的投放及与幼儿的互动和指导来激发幼儿活动兴趣，支持幼儿的自发活动，扩展他们的活动或游戏想法，让幼儿根据自己的兴趣与意愿丰富并发展幼儿在活动区的活动与游戏。二是在幼儿的活动中促进他们的学习与发展，实现在语言、科学、社会、健康、艺术等方面的学习与发展的目标。教师在计划时应考虑提供哪些材料、期望引起哪些活动。在幼儿开展期望的活动时，教师应注意观察幼儿活动的意向和方式，寻找按上述两方面指导的机会。这种方法被称为有意识的指导方式，即教师通过有意识地提供材料引起幼儿的兴趣和活动，并在活动开展中根据拟定的目标加以指导的方法。

如建构区是幼儿喜爱的活动区，在建构区里往往有很多不同类型的积木、纸盒做的纸砖和幼儿建构的空间。幼儿进入建构区后会自发地开展建构活动，如铺路、垒高、搭桥、围合、建构房子、公路、桥梁、车站和交通工具等。教师应根据幼儿的年龄，提供材料引起相应的活动。对于4—5岁的幼儿，他们有了一定的建构经验，教师要考虑给幼儿提供合理的材料，除了幼儿园的积木和插装玩具外，教师可适时将生活中的废旧材料作为铺材，满足幼儿的搭建兴趣；教师要给幼儿创造学习架空、组合、对称和规律搭建等技巧的机会，引导幼儿运用搭建技能来操作材料，并能表现幼儿的想法。此外，教师要鼓励幼儿介绍自己的作品和想法，在发展幼儿空间能力的同时，给予幼儿机会来发展语言表达能力。在建构活动中，教师可以通过与幼儿的互动来促进幼儿在社会、健康、科学、语言、艺术等领域方面的发展。如教师可以通过创造机会让幼儿共同合作建构一个物体，学习如何分工、协商、确定任务的目标等，以促进幼儿社会性的发展。在幼儿一起建构时，教师关注幼儿之间的互动，帮助幼儿注意到其他幼儿的愿望和想法，学会协商讨论；帮助他们解决建构积木中发生的冲突，如材料不够时的争抢、观念不一致时毁掉别人的成果、强行让其他幼儿接受自己的观念等。在健康方面，可以让幼儿搭建复杂一些的结构，需要小肌肉协调才能完成的任务，以促进小肌肉的协调与发展。同时要求幼儿不要把积木放到嘴里，玩完建构游戏要洗手等。教师可以随机地开展数学方面的教育，开展有关数量或空间的讨论，如这房子有几面墙、几扇窗？或者哪边是前门？房子的后面是什么？开展与科学原理有关的谈话，如怎样把这座塔建得更高（让幼儿注意重心的问题），或者怎样让一边不倒（注意重力与平衡的问题）。在幼儿建构活动中有很多发展幼儿语言的机会，如和幼儿谈论与他们建构物有关的词汇。此外，还可以随机开展艺术教育，让幼儿关注与艺术有关的内容，如房子或房间的装饰、房子周围的美化等；还可以庆祝房子落成，或火车开通，计划怎样庆祝，并执行这个计划，引入音乐活动，如边唱边跳。

课程的活动区有一部分活动是领域活动的延伸。领域活动通常在规定的时间里进行，时间到了，有的幼儿没有完成，可以把领域活动的材料放到有关的活动区里，让他们有机会完成；仍有兴趣继续做的幼儿，或者需要更多练习机会的幼儿，可以在活动区相关的领域活动延伸的部分里为其提供机会。领域活动是有结构的活动，活动区活动是无结构的活动，两者可以相互补充与支持。这样领域活动不但可以延伸到活动区继续开展，而且幼儿在活动区的活动也可以转变成领域活动。如幼儿在科学区里对提供的小昆虫感兴趣，教师可以开展一个认识昆虫的领域活动，通过有结构的活动让幼儿在教师指导下认识昆虫的特点与属性，从而扩展和支持幼儿在活动区对昆虫的探索。课程的活动区还有一部分是单元主题活动的开展与延伸，如在参观商店以后，幼儿可以在活动区的角色游戏区玩买卖的游戏，可以在美工区制作有关的商品标签，甚至可以制作商品，拿到角色游戏区去用等。

在本课程中，每个具体的活动区都由三个表格来帮助教师开展活动区活动。第一个表格用于教师丰富和扩展幼儿在活动区的活动；第二个表格指导教师在活动中如何促进幼儿学习与发展目标的实现；第三个表格帮助教师对活动区进行指导与计划。

（一）活动区活动指导案例

教师除了准备场景和材料外，还要在活动（游戏）中指导幼儿的活动发展。幼儿活动与游戏的发展指的是幼儿活动本身内容、方式、玩法等的丰富与发展。

活动指导需要教师首先观察幼儿的游戏活动，确定他们在玩什么、怎么玩、和谁玩、玩的时间长短等，据此对幼儿当前活动进行指导。指导中很重要的一点是不要干扰和影响幼儿的游戏，因为游戏本身就有学习功能，幼儿在认真地玩就是有价值的。教师的介入应该起到积极的作用，如成为他们的伙伴一起玩，在玩中影响幼儿。教师应先观察后指导，首先要确定观察的角度。如在建构游戏中，可关注幼儿是怎么搭建的，属于哪个阶段，他们只是把积木拿来拿去呢，还是在搭高、平铺，或者试图表现特定的内容，在搭建过程中解决什么问题，可以关注他是一个人搭还是与别人一起搭，他们是如何互动合作来进行的，如果幼儿遇到挫折，可以给予适当的安慰和指导，可以关注幼儿建构的对象，看其反映建构对象的什么特点等。再如角色游戏中幼儿角色的扮演、材料的使用、行为的模仿、玩的时间长短、游戏中的互动与言语的交流等方面都是观察的要点，可以成为教师指导的入口。

表 3-1　建构活动指导案例

活动过程	教师的教育与指导
选取该活动区的活动为例，描述幼儿的主要活动过程，如： 1. 幼儿在活动区用积木铺路。 2. 幼儿在搭建火车，用积木拼起火车头的形状。 3. 幼儿试图建一座塔，每次都建到第 4 层。 4. 幼儿正在用积木造一个隧道，但除了门后面都是实心的。	阐述教师对应于活动过程的指导，如： 1. 教师鼓励幼儿延长道路。 2. 教师提供带轮子的火车放在建构区，引导幼儿为火车建轨道，建火车站。 3. 教师建议幼儿建一座 7 层的塔，幼儿经过一番努力终于建成了。 4. 教师提供了一张隧道的图，和幼儿一起谈论。幼儿受到启发，花了很多时间开始将其改建成中空的。

（二）在活动区活动中促进学习与发展

在活动区里，教师也要在活动中促进、指导、帮助和鼓励幼儿的学习与发展。

表 3-2　建构区中可以考虑的指导案例

学习和发展目标	教师的指导
社会	阐述并举例在活动中哪些方面与实现社会领域目标有关，及如何促进幼儿社会领域方面目标的发展。 如幼儿在搭积木中与他人互动，就与实现社会领域方面的目标有关；教师可以看他们互动的方式，找到机会让幼儿学会尊重他人的愿望与想法。 几个幼儿商量如何建造一条公路（商量有助于社会技能的发展），教师注意听他们是怎么商量的，并提出一些建议。
运动	阐述并举例在活动中哪些方面与实现运动领域目标有关，如何促进幼儿大肌肉和小肌肉的发展。如幼儿建构一个复杂些的火车头，其中需要用手协调处理好积木的平衡与重心，防止倒下就是与运动领域目标有关，教师可以提出一个空间结构的建议，让幼儿有机会运用他们手眼协调的能力。
科学/数学	阐述并举例在活动中哪些方面与实现科学、数学领域目标有关，及如何促进幼儿的科学与数学概念的形成，技能的发展（如在上例中幼儿要探究重心与平衡，不让积木倒下；教师可以提出一个任务让幼儿来考虑平衡的问题）。

续表

学习和发展目标	教师的指导
语言	阐述并举例在活动中哪些方面与实现语言领域目标有关，及如何促进幼儿语言的发展。如在搭建火车的活动中幼儿会使用一些语汇，如"火车进站啦""请乘客排队上车"等。教师可以提供一些新词，让幼儿有机会学习，如"火车要晚点啦"。
艺术	阐述并举例在活动中哪些方面与实现艺术领域目标有关，如何促进幼儿艺术表现力与创造力的发展（如幼儿在搭建火车站时注意对称，做些装饰等，教师可以提出一些装饰的建议）。

（三）活动区的教育计划

活动区的教育计划是必要的，这有利于帮助教师有意识地影响幼儿的活动、指导幼儿的学习发展。在制订计划时，课程采用活动区教育计划表格，该表格有四个栏目，每个栏目都有一个评定。第一个栏目要求教师首先对目前幼儿使用的材料和活动进行概述，说明目前在做什么，以便在现有活动的基础上来拟定有针对性的教育计划。评定是对目前所做的活动进行一个初步的评定，回答目前的活动开展得怎样，是否需要扩展并引入新的活动。第二个栏目是教师根据评定的结果提出新的方案，包括在环境的设置与材料的提供上如何影响幼儿的活动。比如在建构区增加一个有轮子的小火车，这可能引起幼儿玩火车的游戏，他们可能会给火车建轨道、搭火车站等。提供材料、改变材料是间接影响幼儿活动、扩展幼儿活动游戏的兴趣与内容的方式。这里的评定用于记录幼儿在新的方案活动中的反应，如果不合适可做一些相应的调整。第三个栏目是教师计划怎样通过与幼儿的互动，直接指导幼儿丰富与发展他们的活动，如教师可以展开一个有关火车有哪几个部分的谈话，激发幼儿建造火车更多的细节，或者建议在现有的火车站上搭建一个站台等。这里的评定是记录有关教师指导的效果与幼儿的相关反应的笔记。第四个栏目是教师计划在活动开展中如何实现有关学习与发展的目标，所拟定的学习与发展的目标是与活动密切相连的，是自然展开的，如在这个搭建火车的游戏中，教师可以设立一个有关发展空间能力的教育目标，让幼儿弄清火车开的方向、火车站的位置等，使幼儿在活动中关注及处理一些空间发展的问题。确立实现学习与发展的目标只需要列出最有关联的1—2个教育重点就可以。

1. 活动区的计划表

这个计划表应该看作是一个循环的过程，教师首先从现状出发加以思考与评定，提出新的计划与方案，计划如何在活动中帮助、鼓励和支持幼儿活动的丰富与发展以及在活动中如何实现某些学习与发展的目标。每个栏目的评定，都将帮助教师不断修改或产生新的计划。根据需要，教师可以用数张卡来计划，按时间顺序组织。时间可以是日期或周次。

表3-3 活动区计划表

班级： 活动区名称： 开展时间： 限制人数：

指导计划	评　定
1. 当前活动区的材料和进行的活动。	对幼儿的兴趣和进行的活动做初步的评定，发现需要改进、扩展的方面。
2. 计划提供新的材料，期望引起的活动。	教师观察提供的新材料是否能够引起所期望的活动。
3. 计划在扩展幼儿活动和兴趣方面的指导。	指导的效果如何，幼儿的反应如何。
4. 计划在实现学习与发展目标上的指导。	指导的效果如何，幼儿的反应如何。

2. 活动计划案例

表3-4 建构区活动计划案例

班级： 活动区名称： 开展时间： 限制人数：

指导计划	评　定
当前活动区的材料和进行的活动 如幼儿最近在玩火车的游戏，他们试图搭建一个火车头。	幼儿对火车头的各个部分不是很清楚，在他们建的火车头里没有得到表现。
计划提供新的材料，期望引起的活动 提供有关火车头的图片、简图，期望引起幼儿的关注、讨论，并能应用到他们建火车头的活动里。	幼儿通过讨论，注意到火车头有大轮子，车厢有小轮子，他们就改造火车，找来不同大小的圆形积木做大轮子和小轮子，安装在他们建造的火车上。
计划在扩展幼儿活动和兴趣方面的指导 提议让幼儿建个空心的火车驾驶室。	幼儿对建空心的火车驾驶室表现出浓厚的兴趣，他们设法解决许多结构上的问题。完成后，还把一个小的塑料人放到驾驶室里当作火车司机。
计划在实现学习与发展目标上的指导 注意幼儿是如何解决建空心驾驶室的空间问题的，发展幼儿的空间能力（数学领域）。	幼儿在建驾驶室围合空间时，用的积木体积太大，围合后中间没有空间，他们换了好几次积木才解决这个问题。

3. 连续的活动计划案例

表 3-5　角色游戏区活动计划案例（1）

班级：　　　　活动区名称：角色游戏区　　开展时间：第三周　　　　限制人数：

指导计划	评定
当前活动区的材料和进行的活动 如幼儿在角色游戏区出现买卖的行为。	大部分都是简单的买卖行为，可以发展买卖的游戏。
计划提供新的材料，期望引起的活动 在角色游戏区贴上超市的图片，给幼儿准备一个放商品的地方。	幼儿看到超市图片后很感兴趣，在一起讨论，想建个超市。
计划在扩展幼儿活动和兴趣方面的指导 在幼儿放买卖的东西的地方，教师建议把不同的商品分开来放。	幼儿的商品逐渐增多，在教师的建议下把玩具、书、食物分开来放。
计划在实现学习与发展目标上的指导 超市游戏是一个认识社会的游戏，幼儿可以在里面模仿社会行为、买卖行为、挑选食物、询问价格、商量如何建立一个商场等。教师可以关注社会目标的实现（尊重他人，学会谦让）；数学目标的达成（分类）；科学目标（食物的种类）的实现。	幼儿对扩大后的超市很感兴趣，并且乐于进行买卖活动，在买卖活动中体验交往的快乐。

表 3-6　角色游戏区活动计划案例（2）

班级：　　　　活动区名称：角色游戏区　　开展时间：第五周　　　　限制人数：

指导计划	评定
当前活动区的材料和进行的活动 如幼儿在角色游戏区玩了两周超市游戏。	幼儿由简单的超市游戏发展其他玩超市的游戏，他们布置货架，收集不同的"商品"放到货架上，开始按类别摆放商品，交易中出现用纸当钱来买卖的行为，但只是象征性地使用。
计划提供新的材料，期望引起的活动 超市内商品的买卖是一个主要的行为，有人已开始将纸当钱来使用进行买卖。可计划扩展他们的买卖行为，为幼儿提供纸和笔，做1元、2元、5元、10元的钱币，在商品上标价，让幼儿来开展有计算的买卖行为。	幼儿看到更多的材料后，准备将"水果超市"扩建成一个大型超市。幼儿计划根据钱币的案例，自己来设计钱币，进行超市交易。
计划在扩展幼儿活动和兴趣方面的指导 帮助幼儿把纸裁成不同大小，在上面标上钱数，1元、2元、5元、10元等，小面值的可多一些；给商品标价，制作标签，贴上标签。	幼儿根据教师的建议将新的物品按照类别放在不同的货架上；幼儿自己设计钱币，并在教师的指导下为商品贴上标签。

续表

指导计划	评定
计划在实现学习与发展目标上的指导 幼儿可以在超市里模仿社会行为、买卖行为、挑选食物、询问价格、商量如何建立一个商场等。可以关注社会目标和语言目标的实现（社会：尊重他人；语言：如学习如何与售货员对话："请问，我能买这东西吗？"）；给商品制作标签；数学目标的达成（10以内的计算、数的应用）。	幼儿对扩大后的超市比较感兴趣，并且学习在超市中如何进行购物。

二、领域活动

领域活动是本课程最有特色的部分。它充分体现了课程设计的两个基本指导思想：体现发展型课程的特点，根据幼儿在活动目标上的表现与幼儿互动，帮助与支持幼儿在学习与发展目标上的成长；同时，领域活动中鼓励幼儿运用他们的多元智能来完成活动的任务，充分发挥每个幼儿学习的主动性。

本课程包含了七个领域活动：运动、社会、语言、数学、科学、视觉艺术和音乐。这些领域活动通过使用提供的材料，完成一定任务，让幼儿获得这些领域学习与发展目标的关键经验。

（一）领域活动的目标和内容

每个领域活动都有与此相对应的学习与发展目标。为了适合目前幼儿园的活动，本课程把学习与发展的科学领域目标的两个子领域分开来，分别对应于科学领域活动和数学领域活动，把艺术领域分别对应于视觉艺术活动与音乐活动。

本课程根据学习与发展目标，结合各个领域活动的内容提出了课程的领域活动目标和有关活动的建议。每个领域活动既与学习和发展目标关联，又体现了本课程的理论特点。

1. 运动领域活动

运动领域活动着眼于幼儿大小肌肉运动技能，主要是大肌肉运动能力的发展，包括对身体的控制、动作协调、力量、灵活与耐力的增强、运动的观念以及运用自己身体的意识与能力等方面学习与发展的活动。运动领域活动包括根据走、跑、跳、钻、爬、攀等基本动作设计的体育活动与游戏，也包括一些使用运动器械的活动，如过障碍物、扔沙包、攀爬架、跳沙坑、单双杠等；此外还有一些音乐的律动或创造性的运动活动与游戏等。

在运动领域活动中，教师应关注幼儿动作协调与运动能力的发展。幼儿大肌肉运动能力的发展可以从他们在各种基本动作，如走、跑、跳、钻、爬、攀、扔与投掷运动中，对相关身体部位的意识与控制能力表现出来，并体现在对运动的一系列动作的掌握上。在刚开始，幼儿对这些动作的顺序、要求不是那么清楚，动作不那么协调，直到逐步掌握其中的动作规律并做到逐步协调，这个过程需要幼儿不断地进行练习、体会与调整。当他们动作基本协调后，运动的速度、力量、平衡、耐力、灵活性都会有所提高，这些方面的发展反过来又对幼儿身体的控制、协调提出了更高的要求。在运动领域活动中，幼儿在对身体的控制、协调、力量、速度、耐力等方面有着很大的个体差异。教师可以根据运动活动的主要内容与目标来确定观察的视角，如在扔沙包的活动中关注幼儿扔沙包的一系列动作，包括助跑、停、向后和向前扔出的动作和肢体的协调，确定了观察的视角，就能看到幼儿在这方面表现的个体差异。有的幼儿很快就掌握了一系列的动作要点，教师可以在力量、速度中提出新的要求，有些幼儿搞不清这些动作的顺序与要求，教师可以给他们更多的练习机会。运动能力与身体的成熟程度相关，有的幼儿还没有达到相应的成熟阶段，需要给他们更多的时间来发展。

在运动领域活动中有很多发展幼儿身体运动智能的机会，身体运动智能体现在幼儿对参与该运动的意识与控制，对特定运动动作的掌控、对动作顺序及其要点的理解与把握。身体运动智能强的幼儿，在运动中对各部分的把控很好，能够很快理解动作的顺序要点，并用自己的身体动作表现出来。身体运动智能还体现在幼儿对运动要求的领会、调节与表现中。在运动领域活动中教师可以提供许多运用身体运动智能的机会，如在障碍跑中教师提出变换要求，使幼儿意识到变化，并对身体的运动做出调节与应变，以便更好地完成任务。此外，在运动领域活动中也有发展他们空间智能、音乐智能的机会，如在一些钻爬的活动中，幼儿要对相应的空间高矮做出判断，对身体做出调整；在越过障碍物的运动中，幼儿也要在不同的位置上做好相应的身体调节，这都为幼儿提供了发展身体运动智能和空间智能应用的机会。在一些有音乐节奏配合的运动中，既需要幼儿运用他们的身体运动智能，也需要他们运用音乐智能。

2. 社会领域活动

社会领域的活动着眼于幼儿在人际交往和社会适应方面的学习与发展，通过设计相应的活动促使幼儿形成对待他人、对待自己、对待社会的良好的认识、行为与态度。社会领域的主要活动方式包括故事讨论与表演、参观、图片认知与谈话、戏剧表演、情景模拟等。

在这些活动中突出的是幼儿对他人的认知，对自我的认知，对他人及对自己的行为认知，对社会规则的认识、态度与行为方面的发展。这些都是与目标关联的发展方面，并作为评定幼儿活动的观察视角。就认识而言，幼儿的差异表现在没有认识到、认识一些和认识到他人或自己意愿、情感等方面；在态度方面表现在没有倾向性、有一些倾向性、很有倾向性的发展；从行为上来看可能表现为做不出来、做出一些和能够做出来。这三个方面都是有联系的，如幼儿做不出来，可能是他不知道该怎么做，也可能知道该怎么做又不做，这些可能是"态度有倾向性"没有形成，或者是控制力的问题。教师在组织社会领域活动时应从这些方面确定观察的视角，了解幼儿在目标上的表现，并给予指导与帮助。

如故事与情景表演，故事可能涉及"诚实"这样一个概念，活动中，可以引导幼儿讨论故事中人物的行为、对话，从中认识到人物什么方面不诚实，他是怎样表现的，人们是怎样对待他的等。有关的谈话、表演都能看出幼儿在认识上、行为上的差异，并对此做出相应的指导。如果幼儿不能认识到什么地方不诚实，教师可以设法帮助他去认识；如果幼儿不知道别人是怎么对待不诚实的人的，教师可以帮助其回顾故事的情节；如果是扮演，则需要观察幼儿是否能表现出故事的含义、人物的行为等。参观的活动总是可以看到人的活动，对人的活动的认识，或者涉及社会与自己关系的认识，对人的态度与行为等。比如，参观一个加油站，可以看到幼儿对加油站的认识、加油站工作行为的认识及加油站与人们的关系的认识。情景图片认知与谈话指的是教师提供一些表现社会行为或生活场景的图片，与幼儿展开谈话，通过交谈可以了解人物的情感、愿望、行为的认知等，这种方法可以用来认识一些良好的社会行为，如分享、轮流等。一些社会性游戏可以帮助幼儿认识和练习有关社会规则，如交通规则的游戏。

社会领域活动中除了要关注幼儿在人际、自我、社会方面的发展，同时也要注意让幼儿有机会使用他们的人际交往智能与自我认知智能，让幼儿有机会思考、猜想、讨论和检验。如一个有关诚实的故事及表演，可以让幼儿来思考他的不诚实的行为可能产生的后果，先不要把故事讲完，让幼儿充分表达后再读出来，检验幼儿的猜想。这样的提问会给幼儿使用他们人际交往智能的机会；同样在故事表演完后，也可以让幼儿报告自己的表演是否表现出应有的行为、对话等，可以让其他幼儿参与评论。

3. 语言领域活动

语言领域活动是着眼于倾听与表达、阅读与书写准备方面的学习与发展目标的活动。语言领域活动着眼于提高幼儿语言的表述能力，对文学（故事读物等）的理解能力等。语言领域活动形式包括看图说话、读故事、讲述故事和故事表演、阅读图书、情境表演、学习儿歌、诗歌、散文、谜语及开展语言游戏等。

　　语言领域活动中突出发展的方面包括语言的发展，如对词汇、句子的掌握与表达，对阅读的兴趣；故事理解能力的发展，如对故事的情节、人物、对话等的理解；表述能力的发展，如对各种文学形式的兴趣与喜爱等。幼儿时期儿童的语言发展十分迅速，他们每天都尝试使用新的词汇或新的句式。在各种语言活动中，提供使用词汇与句式的机会，无论是看图说话、听故事时和老师互动，还是故事表演、情境表演，都会让幼儿有机会运用一些词汇或使用不同的句式。故事理解的发展过程是从简单地认识故事的开头与结尾，到认识故事情节的发展，再到理解故事中的人物、对话等。教师在读故事时可以和幼儿展开对话，以了解幼儿对故事的理解，并针对幼儿在故事理解上的个别差异来与幼儿互动，提高他们的故事理解能力与表述能力。此外在开展各种读儿歌、猜谜语、说绕口令、玩语言游戏的活动中，可以看到幼儿对其中语言要素的理解与掌握。在幼儿的活动与生活中，教师应该随时关注他们在语言上的表现，以促进幼儿在词汇、句式、表现与理解等方面能力的发展。

　　在语言领域活动中，有很多发展幼儿语言智能的机会。语言智能体现在幼儿对语言要素的理解与把握中，有许多机会可以看到幼儿在语言智能上的表现。如有的幼儿可以掌握相当多的词汇，甚至是复杂的句式；有的幼儿能够很快理解故事的任务、情节，记住里面的内容，还能有表情地表达出来；有的幼儿能够领会词的细微含义，理解其中的夸张和幽默等。教师应在活动中观察幼儿在语言智能上的表现，给予他们表现与运用语言智能的机会。如教师可以在阅读故事的时候提出一系列问题来让幼儿关注其中的语言要素，如故事里的小白兔心情怎样、它是怎样跑的等。

4. 数学领域活动

　　数学领域的活动是着眼于感知生活中的数学，理解数、量、数量关系和感知形状与空间关系等方面的学习与发展的活动。这个领域通常设计诸如比较、匹配、数数、排列、分组、排序、形状认知、测量、计算等活动，来支持幼儿在数学方面的学习与发展。

　　在数学领域活动中幼儿突出发展的方面包括：数概念、空间概念、计算能力、分类、排序、测量。在数概念方面，能够在一一对应的基础上比较物体的多少，这是幼儿认识数的一个重要发展阶段。如果幼儿不能这样比较5个或更多的数时，应该给他们少一些的数来比较；如果还不能一一对应比较，可以让他们做一一对应的匹配活动。幼儿对数概念的认识是一步一步发展起来的，因此，教师对幼儿数概念水平的评估并提出相应的指导意见就显得十分重要。此外一个观察的视角是对幼儿实物操作与在头脑里操作方面的观察，幼儿开始较依赖实物来比较数的多少，以及进行数的增加与减少的运算。当发现幼儿在运算上有困难时，回到实物操作永远是有帮助的。幼儿在数、测量、分类、排序及形状认知上都有发展，研究这些发展可以为观察幼儿在数学领域活动中的表现提供很好的参考。

在数学领域活动中，有很多发展幼儿逻辑数学智能、空间智能的机会。比如，幼儿比较数的多少、量的多少时，在他们指出数量多的时候，可以问他为什么这个多？这个问题就需要幼儿运用他们的逻辑数学智能来思考。当他们小的时候，可以用一一对应的方法来比较多少，多出部分的那组就是多的；再以后他们有数的概念了，在头脑里建立了数列，他们就可以用数数的方式告诉你他的理由了。

5. 科学领域活动

科学领域活动着眼于培养幼儿亲近自然、喜欢探究、具有初步的探究能力，通过探究来促进幼儿认识周围的事物与现象。教师应设计相应的活动给幼儿提供探究的机会和学习观察探究的方法，从而促使幼儿在科学领域有所发展。这些活动包括让幼儿观察自然的变化、四季的变化、天气的变化等；让幼儿有机会摆弄和操作物体、进行各种实验活动，以了解有关力、水、沙、光、声、风、热、磁等物理方面的特性；让幼儿参与植物的栽培、动物饲养等与生物有关的活动，以认识与探究植物、动物的生长及与周围环境的关系。

在科学领域活动中，幼儿突出发展了探究的态度与能力，通过探究来发现事物的特征、变化，通过观察比较，产生假定与推论，加以发展实验与证实等能力。在给幼儿提供的探究或认识活动中，可以从以下几个方面来确定科学领域活动的观察视角：看他们是否喜欢探究，是用一种方式探究还是多种方式探究，是有意图地探究还是无目的地操弄；是否能在探究中有所发现，提出问题；是否带着问题来探究、提出假设，并加以验证等，观察他们是否注意到事物的特征；是否能发现事物的关系，包括因果关系等。教师可以根据幼儿在探究态度、探究能力方面及认识上的差异来进行指导，发展幼儿探究的态度、方法、能力，发展他们对周围事物的认识能力。

如在认识人体骨骼的活动中，教师带来骨骼标本和人体骨架，请幼儿观察讨论。这里拟定的视角是幼儿对骨骼的观察，看幼儿是否能观察出骨骼的特点，并联系到自己的相应部位。在活动中，幼儿表现出很大的差异，有的幼儿可以观察发现腿骨与胳膊长度的特点，并且发现腿骨比胳膊的骨头长；有的幼儿东看看西看看，没有关注到骨骼的特点。这时候，教师就可以建议幼儿找到特定部位的骨骼，并告诉教师那是什么样子的。

在科学领域活动中，还会发展幼儿其他方面的一些智能，例如，逻辑数学智能、空间智能、语言智能甚至身体运动智能。在上述骨骼的例子中，教师可以让幼儿利用他们的空间智能并参照骨架在纸上画出骨骼相应的部分，这个过程需要幼儿考虑很多空间位置关系的问题。教师也可以请幼儿描述骨骼的特点，或者思考关节部分的形状与构造，并利用他们的逻辑数学智能来考虑关节的功能等。

6. 视觉艺术领域活动

视觉艺术领域活动着眼于幼儿在视觉艺术感受、表现与创造方面的学习与发展，通过设计相应的活动来让幼儿学习和感受艺术家看待事物的方法，学习一些基本的艺术表现技巧，进行艺术表现与创造的活动，以提高艺术的表现与创造能力。视觉艺术领域活动包括从艺术的角度观察事物或艺术品，用不同材料进行绘画和制作，学习与发展平面艺术的表现能力，如水墨画、图案画、印画、拓画、水彩画、拼贴画、铅笔画等；学习与发展立体艺术的表现能力，如泥塑、手工制作、模型等。

这些活动在帮助幼儿发展方面有突出表现的是：对自然物与艺术作品的感知，对一些艺术形式如水墨画、水彩画、拼贴画等技巧的认识、尝试与表现，并包括对艺术元素的认知与把握（如色彩、形状、线条等），以及用艺术形式表现情感与认识的意识和能力等。视觉艺术活动可以从幼儿对事物或艺术作品的感受能力来观察，看他们是否能认识与感知到对象的一些美或艺术特点；也可以从他们对艺术技巧的认识与掌握来观察，看他们是否认识到如何做，是否能够利用技巧做出来，是否有意识地表现自己的认识与情感。这些方面在视觉艺术领域活动中都可以表现出来，但幼儿有明显的个体差异，教师在确定了观察视角后，观察了解幼儿在活动目标中的表现，进一步鼓励、支持和帮助幼儿在这些方面的学习与发展。

如幼儿用水彩笔画画，可能涉及使用水彩笔的一些技巧，握笔的姿势、接触纸面的大小等。幼儿如果想表现水果的色彩与形状，教师可以关注他们是怎样表现水果的色彩与形状的；有的幼儿试图表现动物，教师可以关注他们是怎样表现动物的，他们关注了动物的哪些特点。

在视觉艺术活动中除了要关注幼儿在视觉艺术感受、表现与创造方面的学习与发展外，也要注重引导幼儿使用他们的空间智能和其他多元智能来参与艺术活动。在视觉艺术活动中，有很多处理空间关系的机会，无论是表现对象的视觉特点，还是线条与构图，都需要幼儿运用他们的空间智能来处理。教师可以根据幼儿的表现给他们进一步运用空间智能的机会，如请幼儿表现对象的某一个视觉特征，并尝试在图上表现出来。在视觉艺术活动中，也常常需要运用幼儿的身体运动智能，如学习握笔与用笔时小肌肉工作的协调；还需用到幼儿的逻辑数学智能，如认识用笔的力量与效果之间的因果关系，教师可以提供这样的机会，让幼儿应用他们的逻辑数学智能来进行探索。

7. 音乐领域活动

音乐领域活动着眼于幼儿在音乐艺术感受、表现与创造方面的学习与发展，通过设计相应的活动来让幼儿学习和感受音乐艺术的魅力，学习一些基本的音乐艺术表现技巧，进行音乐艺术创造活动，提高幼儿音乐艺术的表现与创造能力。音乐艺术领域活动包括聆听、感受与欣赏自然界的声音及音乐作品，学习与发展音乐表现能力，如唱歌、打击乐、律动、音乐剧或音乐表演等。

在音乐领域活动中突出幼儿的发展方面有音乐表现形式、要素的认知与把握，包括音高、节奏、节拍、旋律等，也有对音乐表现的特点、结构、风格与表达情感等方面的认识、感受与把握。音乐艺术活动的观察视角主要体现在：不是看幼儿是否对音乐要素的认识与把握，是否能够比较与区别，是否能模仿并在模仿中恰当地表达音乐的要素；而是看他们对音乐表现的认识，他们是否能认识或感受到音乐所表现的内容情感，是否能把自己的感受用音乐或舞蹈的形式表现出来等。教师应该在每个音乐活动中确定不同的观察视角，从发展的角度观察幼儿所表现的个别差异，来支持和鼓励幼儿在音乐方面的学习与发展。

如幼儿唱歌时会涉及音准、音高、节拍、节奏、旋律等音乐的要素，如果幼儿用力喊叫，则不能表现出歌曲应有的音高或旋律，这时候，教师会发现幼儿在这些音乐要素上表现出来的差异。教师可以支持与鼓励幼儿去表现，让幼儿有机会去比较、模仿和表现。在打击乐的活动中，无论是让幼儿模仿给定的节奏，还是让幼儿演奏不同的节奏，都可以看出幼儿对节奏、节拍的掌握情况，从而让幼儿关注与表现某种节奏。在舞蹈与律动中，幼儿可以用身体的动作来表现音乐传递的情感、节奏与韵律。在音乐剧表演中，幼儿在表现其中的情节、动作、歌唱或与音乐的配合方面也会有很大的个别差异，教师可以针对不同的表现给予相应的支持、鼓励与指导。

在音乐活动中除了关注幼儿在音乐感受、表现与创造方面的学习与发展，也可以注意让幼儿使用他们的音乐智能和其他多元智能来参与音乐的活动。在音乐活动中有很多运用幼儿音乐智能的机会，如教师给出一段旋律、一组节奏让幼儿模仿等。在音乐活动中也有许多应用幼儿的身体运动智能和空间智能的机会。

（二）领域活动的教案设计与实施

1. 活动教案框架

本课程根据发展型课程的要求，提出活动教案的框架。这个框架包含了 11 个栏目，通过这些栏目实现课程设计的理念。课程要求每个活动的设计包含水平、活动名称、学习与发展目标、内容目标、活动材料、活动过程、活动建议、多元智能、活动延伸（1）、活动延伸（2）和幼儿评定这 11 个栏目。

水平：这一栏必须说明该领域活动适合的年龄段，分别是 3—4 岁、4—5 岁和 5—6 岁，并分别对应于幼儿园的小班、中班和大班。所设计的活动是否适合该年龄的幼儿是首要考虑的问题，也是本课程作为发展型课程的基本主张的体现。除了年龄上的考虑，活动设计也要适合幼儿园小班、中班和大班的特点，如一般小班 10—15 分钟，中班 15—20 分钟，大班 20—25 分钟。在设计活动时，要估计一下活动开展的主要环节所需要的时间，要注意是否给予幼儿充分探索、动手与思考的时间，给他们足够的时间去探索、体验、感受与交流。在设计活动中受教师教为主的影响，如果不看幼儿怎么学，设计的活动很容易走过场。领域活动重在幼儿获得的经验和幼儿操作思考的过程。

活动名称：指七个领域中的某个活动的具体名称。

学习与发展目标：这里填上所关联的学习与发展目标。根据本课程学习与发展目标的编码方法，它的表达形式应该是年龄—领域—子领域—目标，如，4—5 岁 – 语言 – Ⅱ –3：在成人提醒下，写写画画时姿势正确。具体的编码方式可参看目标部分的说明。

内容目标：内容目标是指与该活动具体内容、材料、任务关联的目标。具体目标要参考学习发展目标与领航目标，说明该活动在幼儿学习与发展上的目标。如一个树叶贴画的活动，可以表述为通过树叶贴画的活动，发展幼儿的小肌肉动作和空间布局的艺术表现能力。

活动材料：说明为该领域活动需要的材料，如果是让每个幼儿使用的材料，需要准备充足。安排材料，有时也应该考虑到不同水平的操作，如让幼儿比较两组物体的多少。如果幼儿不能一一对应比较，应该提供匹配活动的材料，让幼儿根据图例中点数，配上相应的物体。

活动过程：活动过程一般包含三个环节。第一个环节是教师讲解并示范活动的任务、材料、玩法与要求；第二个环节是让幼儿根据要求开展活动，教师加以指导；第三个环节活动结束，教师小结活动中幼儿的表现，也给予幼儿展示、分享他们成果的机会。如果领域活动包含一个以上的活动，每个活动都应包含三个环节。教师在考虑活动过程时，应充分考虑到幼儿活动所需要的时间，可能遇到的问题，同时也给予自己观察了解幼儿表现的机会。在开展活动的时候，教师对任务的讲解、示范十分重要，要让幼儿充分知晓活动的任务、做法后再开展活动。

活动建议：活动的建议和幼儿的评定是联系在一起的，是为了实现幼儿的学习与发展目标而进行指导的两个栏目。

活动建议与幼儿评定：活动的建议需要根据幼儿的评定栏目来提出。幼儿的评定栏目要求根据学习与发展目标，确定对幼儿在该活动中学习与发展目标上的表现进行观察的视角。如在拼贴画的活动中，幼儿评定中的观察视角是幼儿在拼贴活动中的小肌肉协调和拼贴画的布局，那么在活动建议中就需要考虑幼儿在这两方面的表现。如果幼儿在把胶水涂到树叶某个部位上有困难，小肌肉的控制不够好，教师可以帮助幼儿找到胶水涂到树叶上的方法，减少位置确定的难度；如果幼儿在涂胶水粘贴过程中小肌肉的协调没有问题，教师可以关注该幼儿的树叶布局，弄清他的想法等。可见，活动的建议来自对幼儿观察及评定预想。这个方法可以帮助教师在活动中找到观察的视角并能有针对性地加以指导。这是既考虑幼儿的年龄特点，又考虑个体差异的具体体现。

多元智能：多元智能栏目要求教师在活动中提供幼儿使用多元智能的机会。本课程认为每名幼儿都有多种智能，让幼儿利用多元智能有助于发挥他们学习的主动性。在提供多元智能的机会时，首先要考虑提供运用该领域核心智能的机会。如音乐活动中的音乐智能、语言活动中的语言智能等。其二可以考虑提供其他智能参与的机会。如一个音乐律动活动可能涉及音乐智能和身体运动智能，甚至涉及空间智能。幼儿在律动活动中要处理和加工音乐的节奏、节拍、旋律，同时要考虑身体的配合，以及律动所需要的空间移动，所以会涉及音乐智能、身体运动智能和空间智能。其三要考虑给予幼儿利用优势智能的机会。每名幼儿在多元智能中，既有优势智能的表现，也存在某种智能的不足。有的幼儿有音乐智能和语言智能或者空间智能的优势，但在身体运动智能方面可能比较弱，完成一些动作存在困难，则可以用他的优势智能，如语言智能和空间智能，引导该幼儿用语言讲解动作的要领，或用图示说明动作的程序，帮助幼儿理解与完成有关的动作。

活动延伸（1）：是向活动区的延伸，主要考虑到领域活动的时间段，有的幼儿在有限的时间内还没有完成任务，或者还想有机会来继续做这样的活动，就把活动的材料放到活动区里，给幼儿自由选择。如在拼贴画的案例中需要把树叶、胶水和纸放到美工区，让幼儿想做的时候还有机会再做。

活动延伸（2）：是向家庭的延伸。本课程认为如果幼儿在家里有机会和家长做类似的活动，不仅可以充分发挥活动的作用，给幼儿充分的经验，也有助于加强亲子关系。如在拼贴画的活动延伸（2），会建议家长做类似的活动，这些延伸的活动可以在活动完成后，作为家长活动建议提供给家长。

2. 活动开发表格与活动教案案例

表 3-7　活动教案格式

水平	3—4岁或4—5岁或5—6岁，说明该活动适合的年龄。
活动名称	该活动名称。
学习与发展目标	使用领航学习与发展编码方式说明关联的学习与发展目标。
内容目标	该活动要达成的具体目标。
活动材料	活动所需要的材料。
活动过程	说明活动开展的主要过程，一般包含： （1）教师讲解并示范活动的任务、玩法与要求。 （2）幼儿开展活动，与教师的指导。 （3）活动小结。 如果有若干个活动，请注明活动1、活动2等。
活动建议	指根据幼儿评定栏目的观察视角，对应幼儿可能的表现与反应提出的建议。
多元智能	活动过程中哪些环节（或小活动）发展了幼儿的哪些主要智能，哪些方面提供了幼儿发展多元智能的机会，幼儿在活动中关于该智能可能表现出怎样的差异，该智能强的幼儿可能的表现是什么，该智能弱的幼儿可能的表现是什么，如何给予幼儿机会进行运用，教师提炼、总结和说明。
活动延伸（1）	指该活动在活动区的延伸。
活动延伸（2）	指该活动在家庭里的延伸。
幼儿评定	确定该活动在学习与发展目标方面的观察视角。

表 3-8　活动教案案例

水平	水平Ⅱ（上）
活动名称	美丽的图形王国
学习与发展目标	4—5岁-科学-Ⅱ-3：能感知和发现常见几何图形的基本特征，并能进行分类。
内容目标	1. 复习学过的图形，巩固对它们基本特点的了解，发展幼儿的空间知觉能力和初步的空间想象能力。 2. 发现图形之间的简单转换关系，能用对折的方法等分图形。 3. 对图形拼搭感兴趣，尝试进行创意拼搭，发展幼儿的想象力和创造力。

续表

活动材料	教师用图：学过的图形各1个，1个房子的拼贴画（教师自备，可参考幼儿图卡中的房子）。 幼儿用图：图卡，每人1支铅笔。
活动过程	1. 猜谜游戏。 教师分别描述出图形的特点，幼儿说出图形的名字。教师一一出示验证，加深对特点的认识。 "大象伯伯是图形王国的设计师，它设计出来的房子都是用图形拼搭成的。"出示房子范例，引导幼儿观察，说出房顶、房子、窗户、门是什么形状的。 小结：把不同的图形组合在一起，就可以变成一个大的图案。 2. "大象伯伯说，这里三角形的房顶和半圆形的窗户都是用其他的图形变出来的，你们知道房顶和窗户是怎么变出来的吗？"请一名幼儿上前操作，其他幼儿观察（复习用对折的方法等分图形）。 "大象伯伯说小朋友真聪明，它要带你们到图形王国里看一看，那里的东西都是用图形组成的。"出示图卡，引导幼儿观察都有什么。 3. 幼儿按要求进行操作活动，教师引导幼儿数图形的时候，要从左到右，从上到下有顺序地数，不能重复，也不能遗漏。
活动建议	1. 课前幼儿要有用对折的方法等分图形的经验。 2. 如果幼儿不能找到相应的图形，教师应给予幼儿更多的引导，启发幼儿能够清楚地认知图形。对于能力强的幼儿，可以鼓励其尝试绘制自己熟悉的图形。
多元智能	通过这个活动，幼儿对部分图形进行综合练习，加深其对图形的理解和认知，发展了幼儿的逻辑数学智能、空间智能。在活动中，逻辑数学智能强的幼儿，能够根据教师描述的谜语，全部正确地说出图形名称。特别是在图形的转换方面，能够发现和说出它们的转换关系。在图形拼搭练习中，幼儿尝试创意拼搭，发展幼儿的空间智能。
活动延伸（1）	在美工区准备大小、颜色不一的各种图形，并提供范例图，供幼儿拼贴参考。鼓励幼儿大胆想象，能用对折的方法等分出自己需要的图形，能自己设计出漂亮的画面。
活动延伸（2）	家长可以引导幼儿用各种形状的积木玩搭建游戏。
幼儿评定	能否根据图形特点说出名称，并且能够了解图形之间的转换关系。

三、单元主题活动

本课程的第三类活动是单元主题活动。单元主题活动有特定的主题，是围绕主题开展的一系列相关联的活动。和领域活动相比，单元主题活动持续的时间要长得多，最短的一周，最长的可以持续数周。领域活动常常使用特定的材料，在较短时间内完成特定的任务活动，而单元主题则包含一些相互关联的活动。这些活动是由教师根据幼儿的年龄、兴趣而设计的一系列活动而展开，或者是围绕主题，由幼儿的兴趣、起始的活动引导而展开。

（一）发展适宜性的主题活动

课程的单元主题活动采用的是发展适宜性的主题活动（Wortham S. C., 2006）。发展适宜性主题课程有几个基本的特点。首先，活动符合儿童的发展特点与兴趣，其次，考虑儿童在发展上的个体差异。每个年龄段幼儿在发展上有其特点。除了这两个特点，还要求单元活动主题是幼儿感兴趣的，是幼儿想探索、了解与认识的主题。这是杜威进步主义教育中"兴趣是全部活动的出发点"的核心。他认为这样的活动对幼儿是有意义的，他们有动力去理解，去解决有关的问题。在皮亚杰建构理论的影响下，单元主题活动模式有了新的发展，如项目的方法，整合课程和瑞吉欧的方案（Wortham S. C., 2006）。当前，发展适宜性的课程不仅强调单元主题活动中的各内容领域的关联性，也强调幼儿参与主题的计划与项目实施的重要性和探索的积极性。本课程吸收了发展适宜性的主题课程的特点，是一种探索性单元主题课程。

在单元主题活动中要考虑以下几个原则：（1）活动符合幼儿的年龄特点；（2）活动考虑幼儿发展的个别差异；（3）课题是幼儿感兴趣的，幼儿有探索意识与表现愿望；（4）主题活动的内容来自不同的领域，是相互支持的；（5）在单元主题活动中实现学习与发展的目标，提供给幼儿运用多元智能的机会。

（二）单元主题活动的设计方法

单元主题课程的设计包含五个步骤，这五个步骤分别是：（1）选择主题，阐明选择主题的缘由；（2）确定单元要认识的内容，通过头脑风暴，列出单元主题所涉及的认识内容，画出关联图，并列出单元主题的教育目标；（3）根据关联图和目标，设想单元可能开展的具体的活动，列出所有想到的活动；（4）把这些活动与各个课程领域建立关联，选择并确定活动的具体目标；（5）设计所选择的活动，完成活动的目标、材料、活动的过程、幼儿的评价与活动的建议、多元智能运用与活动的延伸等活动栏目。

1. 选择主题，阐明选择主题的缘由

选择单元主题要考虑幼儿的兴趣、探索和认识的愿望，也要考虑幼儿年龄的特点和生活经验。本课程从幼儿、家庭、幼儿园、社区、自然几个生活圈来考虑，认识范围由近及远。幼儿对自身的认识是从认识自己的身体开始的，幼儿的五官、手、身体是他们感兴趣的对象；家是幼儿生活最多最熟悉的地方，可以以家庭成员、家里环境、家庭的活动作为单元的主题。这些活动能引起幼儿的积极反应。家庭活动也是扩展幼儿对社会认识的纽带，如家庭的旅行，可能扩大幼儿对祖国河山的认识。家庭过节的方式则让幼儿获得对传统节

日和文化的认识。家里和周围环境里大人的行为与职业，也或多或少引起幼儿的兴趣与模仿行为。幼儿园是幼儿学习与生活的地方，是幼儿家庭以外最熟悉的社会环境。诸如我们的幼儿园、我们的班级等相关主题可能会引起幼儿的兴趣。社区指幼儿生活的周围环境，如，院子、周围的街区、商店、公园等社会的服务设施、交通等都可以成为单元主题的选择内容，如小小超市、医院、火车站、交通标志与规则等。随着幼儿的成长，幼儿感兴趣的范围也越来越大，有关自己居住的城市、城镇的建筑、地理标志等都可能是单元主题的选择对象。自然界是一个幼儿感兴趣的世界，周围的动物、植物都可能是幼儿感兴趣的对象；四季的变化，气候的改变带来自然变化，这些都可以成为单元活动的主题。主题选择好以后，可以写下单元主题的名称与单元选择的理由。

以在自然生活圈内选择"美丽的花儿"作为单元主题的活动为例，所拟定的单元的主题名称：美丽的花儿；选择主题的理由：花是自然界的一种植物。到了四月份，美丽的花儿随处可见，家里、幼儿园、街上、花园里都可以见到各种各样的花，幼儿对此有很多经验，有的花还易于栽培，可以开展幼儿喜爱的栽培手工制作和绘画等活动。

2. 确定单元要认识的内容

通过开展头脑风暴，列出单元涉及对象认识的各个方面，画出关联图，列出单元主题的教育目标。

确定单元主题以后，可以先考虑与单元主题认识有关的内容，这通常可以展开头脑风暴进行思考，把与单元主题有关的、可以认识和探索的内容逐一列出来。这个环节也可以让幼儿和其他教师一起讨论。以"美丽的花儿"单元主题为例，围绕这个单元的主题展开头脑风暴，看看有哪些与花有关的课题可以来认识与探索，如花的形态、花的结构、花的生长、花的香味、花园里的花等，把这些内容写下来，组成一个关联图。每个方面还可以有下位的认识课题，如花的形态，可以进一步根据形态差异认识菊花、玫瑰等不同的花。花的结构有花柄、花托、花萼、花蕊、花瓣等。在这个关联图的基础上可以确定有关主题活动的认识内容，如花是有多种形态的，花是先有花苞，然后开放，最后结成果实这样一个生长变化过程；花有不同的香味等。然后结合幼儿的年龄特点，就可以完成单元主题的目标。

美丽的花儿这个单元主题活动如果是针对4—5岁幼儿设计的，提出的单元目标可以包括认识花有较多种类，能够基本根据不同的标准（外形特征、颜色、生长习性等）来对花进行分类；知道花的部分构成，并能对不同的花的特征进行简单比较；知道花的大致生长过程与生长的基本条件（土、水、阳光）；会欣赏花的美丽，喜欢花；愿意尝试用艺术材料表现花的特点、构成，会用花做简单的装饰等。

3. 根据关联图和单元目标，设想单元可能开展的具体的活动形式，列出所有想到的活动形式

确定了单元要认识的内容，确立了单元主题的教育目标后，就可以开始考虑单元如何开展活动。可以使用四步程序来思考具体的单元活动。第一步是介绍主题给幼儿，引起幼儿对主题的兴趣。教师可以了解幼儿对主题有关的已有认识，清楚幼儿对主题的哪些方面感兴趣，还想知道什么等。介绍活动可以采取在集体活动中和幼儿谈话、讨论的方式进行，也可以带些图片、实物等引起幼儿的兴趣与讨论。第二步是让幼儿展开对主题内容的认识和探索活动，通常可以开展的活动形式有观察实物、参观、实验、种植等，让幼儿有机会观察与了解对象、认识对象等。第三步让幼儿用各种方式来表达他们的认识与发现，用语言、视觉艺术、动作、建构、角色与戏剧游戏、音乐来表达等，这些活动与不同的课程领域有一定的关联。第四步是让幼儿展示与分享，反思他们的发现，制作与表现。

以"美丽的花儿"这一单元主题活动为例，第一步可以先开展以花为主题的谈话，让幼儿谈谈他们所知道的花。教师可以带些花的图片或盆栽到教室来，把幼儿谈到的有关的花的各个方面都记录下来，并了解幼儿还想知道的相关信息。第二步是安排一些活动让幼儿开展对花的认识与探究，如教师可能会带幼儿仔细观察盆栽的花，或带幼儿观察幼儿园里或附近的花，或者到附近的花园（公园）里看花，带幼儿种花等；探究与观察的活动可以根据幼儿的年龄加以考虑，如大些的幼儿可以观察花的形态的变化，并把它记录在纸上，从出现花苞到开花、结果；当然这是一个较长的过程，开展1—2次记录花的活动以后，就可以把它作为单元活动加以延伸了。在考察花的时候，可以收集落下的花瓣观察，制作标本，把花的图片与真实的花作比较，比较不同花的香味，观察花园里花的摆放与种类等。第三步，在幼儿对花进行探索后，可以提供各种活动机会让幼儿表达或表现他们的认识，并考虑如何通过这些活动来实现领域的学习与发展目标。如在这个花的主题中，幼儿可以通过多种方式来表达他们自己的发现与认识，包括用铅笔、记号笔、蜡笔来勾画花的形态，用颜料水彩、水粉来表现花的颜色，用橡皮泥来制作花，用剪或撕彩色纸来制作花的贴画；可以听有关花的故事、儿歌，跳表现花开的舞蹈，听有关花的歌曲等。这些活动都可能成为单元活动的一部分，由此可以得到下面15个活动。

（1）开展以花为主题的谈话

（2）观察盆栽的花

（3）带幼儿观察幼儿园里或附近的花

（4）到附近的花园（公园）里看花

（5）带幼儿种花等

（6）制作标本，进行比较

（7）根据图片找花

（8）用铅笔、记号笔、蜡笔来勾画花的形态

（9）用颜料水彩、水粉来表现花的颜色

（10）用橡皮泥来制作花

（11）用剪或撕彩色纸来制作花的贴画

（12）听有关花的故事

（13）听有关花的儿歌

（14）跳有关花的舞蹈

（15）听有关花的歌曲等

4. 把这些活动与各个课程领域建立关联，选择并确定活动的具体目标

把这些活动与课程领域关联起来。之所以先不思考从课程领域给幼儿的活动，主要是因为考虑到如果一开始就从领域目标来考虑单元主题活动，往往会破坏单元活动本身的内在联系。所以，教师要从幼儿的兴趣出发，从幼儿对主题的认识与探索考虑，然后再请幼儿表达与表现他们的认识与发现，最后分享与反思，这样有利于以儿童为中心，从主题活动本身出发展开有内在联系的活动内容。当有了活动的清单以后，把相关活动内容与领域关联，这有助于教师考虑如何通过这些活动实现领域的学习与发展目标。这一步骤的主要任务是先把活动与相应的课程领域活动的七个领域建立联系，然后写出每个活动的目标。如有关花为主题的谈话所关联的领域是语言，观察盆栽的花关联的领域是科学等，这样，对于上面的15个活动，相应关联的领域分别为：

（1）开展有关花为主题的谈话（语言）

（2）观察盆栽的花（科学）

（3）带幼儿观察幼儿园里或附近的花（科学、社会、语言）

（4）到附近的花园（公园）里看花（科学、社会、语言）

（5）带幼儿种花等（科学）

（6）制作标本、进行比较（科学、数学，可以考虑在比较的基础上分类）

（7）根据图片找花（科学）

（8）用铅笔、记号笔、蜡笔来勾画花的形态（视觉艺术）

（9）用颜料水彩、水粉来表现花的颜色（视觉艺术）

（10）用橡皮泥来制作花（视觉艺术）

（11）用剪或撕彩色纸来制作花的贴画（视觉艺术）

（12）听有关花的故事（语言）

（13）听有关花的儿歌（语言）

（14）跳有关花的舞蹈（音乐、运动）

（15）听有关花的歌曲等（音乐）

从上面的关联可以看到，活动内容几乎涵盖各个知识领域，有的活动可能涉及2—3个领域，开展哪些活动取决于活动的教育重点。有了这样的联系就可以对活动做一次整理，整理的思路一方面考虑活动的可能性。如果条件不允许，可以去掉相应的活动。如到公园看花，由于公园离得较远，交通工具也没有落实，就可以从清单上去掉。另一方面可以考虑课程活动的平衡关系，也就是说看看是否有的领域活动过多，有的领域过少。在这个活动清单中，与数学领域的联系比较少，活动（6）制作标本，看来易于开展比较、分类这样的数学活动。

整理完以后，可以查看领域学习与发展的目标，写出每个活动的具体目标。这与领域活动的学习与发展目标及活动的目标方法一致。

5. 设计所选择活动的各个方面

活动的目标、材料的选择、活动的过程、幼儿的评价与活动的建议，活动的延伸和运用多元智能的机会等。

在完成最后的活动选择，拟定活动的目标以后，即可以开始活动的设计与编写。活动的具体栏目的内容和领域活动类似。

单元主题活动是发展相适宜的主题单元活动，也是一种探索主题活动。这样的主题活动是教师根据幼儿的特点、兴趣与生活经验所设计的。在活动的开展中，可以根据儿童的兴趣与探索的愿望临时加以改变。单元主题活动，除了教师设计的，也可以根据一些引起幼儿探索兴趣的临时事件而形成。

四、生活活动

生活活动包括来园、离园、晨会、进餐、午睡、散步与饮水等活动，及一日活动的转换等相关活动。这些活动可发展幼儿生活自理能力，提供培养讲卫生和健康的生活习惯的机会。与健康、社会交往等相关知识学习与发展目标可以在生活活动里实现。在计划生活活动教育发展时除了考虑针对本班全体幼儿的发展目标，也要考虑个别幼儿的发展目标，如针对偏食的幼儿制订的计划，以便让这些幼儿尝试更多的食物。

第四章

课程的计划与评价

 一、一日生活活动的日程

一日生活活动的日程如表4-1。其中来园、晨间活动时间，教室可开放益智区和读书角等比较安静的个人化的区域，等待幼儿陆续到齐。晨间谈话是针对全班幼儿的集体活动，例如，教师可以和幼儿谈谈当天的天气和当日活动的安排等。上午和下午各安排两个时段的课程活动，进行领域活动或单元主题活动。为了保证教师与幼儿能进行充分互动，每个时段的领域活动或者单元主题活动以小组的方式开展在第一时段。其中一组幼儿跟着主班教师进行领域活动或者单元主题活动，另一组幼儿由辅助教师带领其在活动区活动。在第二时间段，原来在活动区活动的幼儿和辅助教师开展领域活动（或单元主题活动），第一时段参加领域活动或单元活动的小组在活动区进行活动。下午课程活动主要以集体活动的方式展开。

表4-1 幼儿园中班（4—5岁）一日活动日程表

时　间	活动类别
7:30—8:00	入园与晨间活动
8:00—8:30	早餐
8:30—8:40	晨间谈话
8:40—9:20	活动区活动+领域活动（第1组）或单元主题活动（第1组）
9:20—10:20	户外活动
10:20—10:50	盥洗，饮水，加餐
10:50—11:20	活动区活动+领域活动（第2组）或单元主题活动（第2组）
11:20—12:00	餐前准备，午餐，散步

续表

时　间	活动类别
12:00—14:00	午睡
14:00—14:30	起床盥洗，喝水，如厕，加餐
14:30—15:00	活动区活动＋领域活动（第1组）或单元主题活动（第1组）
15:00—16:00	户外活动
16:00—16:20	活动区活动＋领域活动（第2组）或单元主题活动（第2组）
16:20—16:30	餐前准备
16:30—17:00	晚餐
17:00—17:30	离园

这个日程表的具体持续时间长短可以根据季节的不同，或者幼儿园原有的日程表加以适当改动，但基本的活动内容需要加以保证。

二、课程的计划与评价

课程是有关幼儿达到一定成长目标的教育计划安排，评定是用于了解幼儿在朝向目标达成方面的过程性评价。本课程是发展型的课程，在设计和计划活动时，教师不仅要考虑幼儿的年龄特点，还要考虑他们的个别差异。在课程实施过程中，教师要观察并评价幼儿在活动目标上的表现，并给予及时的指导。在实施一个阶段或一个学期后，教师也需要使用学习与发展评价表对幼儿在目标上的达成情况加以评估，这些评估的结果应该反馈到教学的计划中。如教师发现幼儿在某一项评估项目上表现普遍比较差，就应该考虑增加这方面的活动，给予幼儿更多的指导。

三、周计划

课程的实施主要通过四种活动安排实施，它们分别是活动区活动、领域活动、单元主题活动和一日生活活动（入园、离园、点心、用餐、午睡、饮水及课程活动的转换等）。教师需要根据这四种活动的要求来计划和安排一周的工作。

活动区的教学计划可以根据活动区的计划表进行。计划表都有活动区活动的名称及指导计划和评定两个栏目。活动区活动的指导计划，共有四个步骤，可以延续发展使用。在活动计划表中的评定栏目，一方面可以反映幼儿对教师的计划的表现情况，如教师添加的新的材料是否引起相应的活动,以便及时对计划加以调整;另一方面教师也可以对个别幼儿的表现加以评定。领域活动的开展可以在本教师指导用书中按年龄班和领域选择活动教案,也可以参考教案的格式从已有的教材选编活动教案来开展活动。在计划领域活动时,除了要考虑领域活动所涉及的有关技能的先决条件、顺序,也要考虑幼儿的兴趣选择和改编的能力。在每个领域活动结束后都可以按领域活动评定表进行简单的评价,以便决定之后的活动所需要进行的调整。如教师认为全班的幼儿在某方面需要很多的经验和练习,就可以随后改进计划。此外,教师如果关注到个别幼儿需要进一步的帮助或挑战,也可以写在计划中。教师在计划表中反映他们对当前工作与幼儿活动的评价及采取的应对措施,以便课程能更好地反映本年级本班幼儿和本班个别幼儿的学习与发展的需要,帮助和支持他们的发展。日常生活活动内容包含许多对幼儿进行健康教育、自理生活能力培养、饮食、卫生教育及社会交往锻炼的机会。教师应该根据本班幼儿的具体情况每周做出教育计划。这个计划既包含对全班幼儿的计划,也包含对个别幼儿的计划。

(一)课程周计划表

表4-2　课程周计划表

班级:　　　　　　　　周:　　　　　　　　教师:

活动类型	主要安排与考虑
活动区活动	
领域活动	
单元主题活动	
生活活动	

课程的基本活动包含活动区活动、领域活动和单元主题活动。在安排每周的教学计划时,可采取活动区活动+领域活动或活动区活动+单元主题活动的方式进行。其中活动区活动是每周每日都有的,领域活动与单元主题活动取决于当周的安排。一般情况下,当周安排了领域活动就不再安排单元主题活动;或者反过来,安排了单元主题活动,就不再安排领域活动。

在活动区活动是自选的活动,每个活动区由于空间有限,有一定的人数限制。本课程采取幼儿自我管理的方法来控制活动区人数及流动性。具体方法是每个活动区有一个贴布,上边有贴条区,表明该活动区对人员的限制,如六个幼儿的限制,就有六个贴条区。幼儿选择好游戏区后，把自己名字（或照片）的贴片贴到贴条区里。如果幼儿离开，换到其他的活动区，需要把自己的名字的贴条带上，转贴到他新去的活动区。教师根据活动区的计划来安排活动的材料与指导。

领域活动的内容是教师安排的，有七个领域的活动，主要采取小组的方式展开。每天选两个领域活动，上午一个，两组轮流，下午一个，也是两组轮流。这样一日需要安排两个领域活动。一周按日程可有十个领域活动的时间，建议每周七个领域活动，每个领域活动安排一次，这样一周有七个领域活动，还剩下三个领域活动时间。教师可以根据当周领域活动的完成情况做些补充，如有的领域活动没有完成或者幼儿兴趣很高，或者教师在活动时发现提供的材料可以加以调整，因此再进行一次活动，就可以做出调整。

（二）活动区活动+领域活动的周计划表

表4-3 活动区活动+领域活动的周计划表

时 间	活动类别	周一	周二	周三	周四	周五
7:30—8:00	入园与晨间活动					
8:00—8:30	早餐					
8:30—8:40	晨间谈话					
8:40—9:20	活动区活动+领域活动（第1组）	语言领域活动	数学领域活动	视觉艺术领域活动	社会领域活动	重复开展的领域活动
9:20—10:20	户外活动					
10:20—10:50	盥洗，饮水，加餐					
10:50—11:20	活动区活动+领域活动（第2组）	语言领域活动	数学领域活动	视觉艺术领域活动	社会领域活动	重复开展的领域活动
11:20—12:00	餐前准备，午餐，散步					
12:00—14:00	午睡					
14:00—14:30	起床盥洗，喝水如厕，加餐					

续表

时　间	活动类别	周一	周二	周三	周四	周五
14:30—15:00	活动区活动+领域活动（第1组）	音乐领域活动	运动领域活动	科学领域活动	重复开展的领域活动	重复开展的领域活动
15:00—16:00	户外活动					
16:00—16:20	活动区活动+领域活动（第2组）	音乐领域活动	运动领域活动	科学领域活动	重复开展的领域活动	重复开展的领域活动
16:20—16:30	餐前准备					
16:30—17:00	晚餐					
17:00—17:30	离园					

重复开展的领域活动是教师在觉得需要给予幼儿更多机会来练习的情况下加以安排的，如一些舞蹈、故事表现或美工制作活动等。如果教师觉得没有必要安排重复开展的活动，可以选择新的领域活动，按七个领域活动轮流开展的方式进行。

每个学期可以安排若干次的单元主题活动。单元主题活动的安排要根据其内容，有的要配合适当的日子或节日，或按照季节变化、参观的便利等加以安排。在安排单元主题活动的周，一般不再安排领域活动。有的单元主题活动延续数周，应该连续数周加以安排。具体的单元主题活动的开展时间类似于领域活动的安排。

（三）活动区活动+单元主题活动的周计划表

表4-4　活动区活动+单元主题活动的周计划表

时　间	活动类别	周一	周二	周三	周四	周五
7:30—8:00	入园与晨间活动					
8:00—8:30	早餐					
8:30—8:40	晨间谈话					
8:40—9:20	活动区活动+单元主题活动（第1组）	单元主题活动	单元主题活动	单元主题活动	单元主题活动	单元主题活动

续表

时　间	活动类别	周一	周二	周三	周四	周五
9:20—10:20	户外活动					
10:20—10:50	盥洗，饮水，加餐					
10:50—11:20	活动区活动+单元活动（第2组）	单元主题活动	单元主题活动	单元主题活动	单元主题活动	单元主题活动
11:20—12:00	餐前准备，午餐，散步					
12:00—14:00	午睡					
14:00—14:30	起床盥洗，喝水，如厕，加餐					
14:30—15:00	活动区活动+领域活动（第1组）	单元主题活动	单元主题活动	单元主题活动	单元主题活动	单元主题活动
15:00—16:00	户外活动					
16:00—16:20	活动区活动+领域活动（第2组）	单元主题活动	单元主题活动	单元主题活动	单元主题活动	单元主题活动
16:20—16:30	餐前准备					
16:30—17:00	晚餐					
17:00—17:30	离园					

以上表述的是本课程的四类课程活动的典型安排，每个幼儿园可以根据自己幼儿园的传统、原有的课程开展方式加以改变。如果一个幼儿园以前采取的是单元主题教学的课程，就可以只采用活动区活动+单元主题活动的计划来安排；如果一个幼儿园以前只是采取领域活动的课程，就可以采取活动区活动+领域活动的方式来安排；如果一个幼儿园上午采取单元主题的方式，下午采取领域活动的方式，也是可以的。课程活动的安排可以根据幼儿园的特点、背景加以调整。

第二部分　中班学习与发展课程

第五章

中班学习与发展课程概述

本课程的基本理念是要求在设计和安排幼儿的活动时，既要考虑幼儿的年龄特点，又要考虑幼儿的个体差异，让幼儿在原有的基础上达到学习与发展的目标。4—5岁的幼儿在语言、身体的动作、社会情感、自我认识与自我控制、认知等方面的发展相对于3—4岁的幼儿有了很大的进步。在语言上，他们听和理解的能力有所提高，在3—4岁时需要许多示范演示，现在可以用语言给予提醒或解释。这个年龄段的幼儿在语言上不断尝试新的词汇或新的句式，对说话者的语调、所用的词汇也会做出适当的反应。他们对故事里发生的事件、对话、人物的理解有所增加，并愿意模仿，还会猜想故事下一步会发生什么。在身体的动作方面，他们的大小肌肉的运动比3—4岁的幼儿有明显的进步，走、跑、跳、爬等基本动作都协调多了，开始在动作的力量、速度、灵活性、耐力方面有所发展。在自我认识与控制上，幼儿的能力有所发展，他们经常会在做了以后发现做得不对，再去加以调整。这个年龄段幼儿的社会交往能力有所提高，他们会使用一些简单的技能加入别人的游戏中，如试着问我可以参加吗、这个玩具我能和你一起玩吗等。在遵守规则、良好行为（如分享、轮流等）、生活自理方面，这个时期的幼儿已经知道该怎么做，而不需要成人过多的示范、演示等，但还是需要一定的提醒。4—5岁幼儿的认知能力也有所发展，无论对数的感知、兴趣、数数与运算上都有了不小的进步。虽然他们这样做时还得借助实物，但他们开始能够在数字与数字的符号之间建立起联系，并根据简单的符号做出相应的运算行为。他们在教师的指导下喜欢探索，并报告和分享他们的发现。这个时期，幼儿的迅速发展仍然是他们的主要特点，教师需要提供给幼儿获得各种经验的机会，注意观察幼儿的表现，在他们原有的基础上不断促进他们的学习与发展。

这个年龄的幼儿已经在幼儿园度过了一年的集体生活，在适应新的环境上有了很大的进步。他们已经熟悉了幼儿园的环境和一些常规要求。由于和家人的短暂分离带来的情绪上的不安已经基本上消失了,他们甚至开始喜欢上幼儿园,喜欢和教师与同伴一起生活。教师除了保持一个温暖的支持性的环境外,还应鼓励和支持幼儿进行更多的探索和交往,学习新的东西,发展他们的能力。

一、生活活动教育实施

4—5岁幼儿生活活动教育是在3—4岁幼儿生活活动教育上的扩展,在小班的教育中,幼儿已初步熟悉了幼儿园的生活常规,发展了自理生活的能力。到了中班,教师应该关注幼儿在生活常规、自理生活、卫生习惯等方面已经取得的发展,支持与扩展这些已经获得的认识与技能。

二、活动区教育实施

中班的活动区教育,材料与活动的内容都会在小班的基础上有所提升,教师除了需要在活动的材料与场景的布置上影响幼儿的活动内容,也需要在活动中按照课程设计所提出的两个方面加以指导。一是在幼儿活动中,支持与鼓励幼儿将活动内容丰富与发展;二是在活动中,找到促进学习与发展的教育目标。此外,应关注幼儿在活动区的行为特点,对于那些只是选择1—2个活动区的幼儿,应帮助他们选择更多的活动区,以便让他们获得更多的经验。一个可以采用的方法是让在该活动区有经验的幼儿帮助那些新的、还不太会在该活动区活动的幼儿。对于在活动区只进行单一活动的幼儿,应该鼓励他们进行更多样的活动;而对于那些在活动区很少与其他幼儿互动的,则可以帮助他们参与其他幼儿的活动等。

三、领域活动的实施

在中班进行领域活动,除了要熟悉中班教案所提供的材料、活动、任务、建议等,还应注意内容要求上的变化。由于中班领域活动反映的是学习与发展要求中对4—5岁幼儿的要求,这些要求通常要比3—4岁幼儿的水平要高。在活动时,教师应关注幼儿在目标方向上的表现,看他们是需要更多的帮助、示范与指导,还是幼儿自己可以理解任务的要求去尝试。幼儿在目标行为的表现方面会表现出很大的个体差异,需要教师在观察了解的基础上与幼儿互动,促进他们的学习与发展。在各个领域活动中幼儿学习与发展的水平也不相同，有的幼儿语言领域活动的发展很突出，也表现出较高的水平，但是在数学领域中可能表现得较为一般。教师可以根据幼儿在领域活动中的表现将幼儿分组，让需要更多数学经验的幼儿有机会再次开展类似的领域活动，有更多的机会练习，以便获得更多的经验。

四、单元主题活动的实施

中班的单元主题活动的内容从幼儿最贴近的环境、家庭等向外有所扩展，既包括对周围社区环境的认识，也包括对动物、植物、自然的变化等方面的认识与探究。由于幼儿的语言、探索的能力有所发展，相对于小班，这个时期的幼儿在开展主题活动时可能有更多的想法，教师应该根据幼儿的兴趣，增加一些探索的内容或表现的方式。

第六章

中班活动区活动指导与活动案例

活动区活动是课程的重要组成部分之一，教师在教室里设置不同的活动区角，包括建构区、角色游戏区、戏剧表演区、益智区、科学探索区/自然角、美工区和图书/语言角，每个区投放不同的材料，让幼儿通过探索与材料的互动，来获得学习与发展。活动区是幼儿最喜欢去的地方，幼儿可以自己选择活动区、活动的材料，根据自己的意愿开展活动。教师一方面通过提供材料与布置场景来影响幼儿活动的内容，另一方面通过观察了解幼儿在活动中的意图和行为，适时地给予指导与帮助，来丰富和扩展幼儿的活动与游戏。此外，教师需要在观察了解幼儿的基础上，在幼儿的活动中，找到促进幼儿学习与发展的机会，实现该年龄段幼儿的学习与发展目标。下面将对中班的每个活动区的教育给予一定的指导与建议，教师可以根据这些指导，结合本班幼儿的年龄特点和幼儿发展的个体差异加以应用与指导。

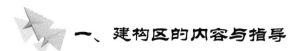

一、建构区的内容与指导

建构区是幼儿用积木、纸盒等材料搭建建筑、交通工具等物体的区域。中班幼儿主要用积木玩象征性游戏，如，把一块积木当小车来推，或者当电话来打。当幼儿的表征、空间与想象能力发展起来，他们开始用积木来搭建建筑物、公路与桥梁、火车等，开始的时候搭建的东西会很简单，随后结构逐渐复杂起来。搭建活动有助于发展幼儿的表征、空间概念、大小肌肉的协调能力，使幼儿在探究操作中积累起有关数、量、形、空间、创造和审美等方面的直接经验，同时也能实现其他领域的学习与发展，如，社会方面的合作交往、语言的表达、艺术的创造力与审美力等。

（一）中班建构区设置与材料提供

中班建构区设置，建议与美工区相邻，这样可以用美工区的某些材料完成建构区的一些活动。如制作一面旗子，插在一个建筑的上面。建构区最好一面靠墙，这样可防止幼儿走来走去碰倒其他幼儿所搭建的积木；建构区应该有较大的空间，便于搭建一些需要更大空间的建筑，如火车站、公路等。

中班建构区的材料提供建议分为搭建积木与插装玩具两类。搭建积木包括地面空心、地面实心和桌面硬体三种积木，地面空心积木是色彩纯正、不掉色的；地面实心积木的块体以基本几何形为主、辅以少量异形；桌面硬体积木包括主题积木和几何体积木。插装玩具包括嵌接类、插接类、链接类、扣接类、磁接类、组装类，色彩丰富、纯正，块体形状多样。

（二）中班建构区的活动与指导

中班幼儿能够综合运用堆高、围拢、延长、增宽、盖顶等基本技能，进行创造性的搭建，如，会在搭建筑物时，分为塔楼、板楼、平房等基本样式，房顶有梯形、三角形、四边形等基本形状，搭建的建筑群有整齐划一或高低错落等特点。

1. 帮助与指导建构活动的开展

教师在活动区里指导包括帮助、支持和鼓励幼儿扩展、丰富他们开展的活动。教师除了准备场景，准备提供的材料，还要在活动（游戏）中指导幼儿的活动发展。幼儿活动与游戏的发展指的是幼儿自身在活动与游戏的内容、方式、玩法等方面的丰富与发展。

教师观察幼儿的游戏，首先要确定他们在玩什么、怎么玩、和谁玩、玩的时间长短等，根据幼儿当前活动来指导。指导中很重要的一点是不要干扰和影响幼儿的游戏，因为游戏本身就有促使幼儿学习与发展的功能，幼儿在认真地玩就是有价值的。教师的介入应该起到积极的作用，如成为他们的伙伴一起玩，在玩中影响、观察，然后再指导。其次要确定观察的角度，在建构游戏中，幼儿的建构水平、如何表现建构对象的特点、如何和他人共同建构、建构时间长短、材料的使用、游戏中的互动与言语的交流等方面都是观察的要点，都可以成为教师指导的入口。

2. 发展中班建构活动案例

表6-1　中班建构活动案例

活动过程	教师的教育与指导
以该活动区的活动为例，描述幼儿的主要活动过程，如： （1）幼儿在搭建火车，用积木拼起火车头的形状。 （2）幼儿试图建一座塔，每次都建到第4层。 （3）幼儿试图为搭建好的公园做装饰，装饰物较少。	阐述教师对应于活动过程的指导： （1）教师在建构区放置带轮子的火车图片，引导幼儿为火车搭建轨道，及搭建火车站的活动。 （2）教师建议幼儿建一座7层的塔，幼儿经过一番努力终于建成了一座7层的塔。 （3）提供有关公园场景的图片，引起幼儿讨论，并提供较多的树、提示标志、人物卡片等辅材，鼓励幼儿对公园进行装饰。

3. 在建构活动区实现学习与发展的目标

教师在活动区里的指导还包括在活动中促进、指导、帮助、鼓励幼儿的学习与发展。这部分的要点是找出该活动区与学习和发展目标相联系的游戏行为，并将该游戏行为所属的活动领域标示出来，如在建构活动区，幼儿邀请其他幼儿和他一起搭建一座高楼，就是一个与实现社会领域目标有关的活动。在教师指导一栏中可以首先把有关的游戏情境写下来，再确定指导的要点，如这时教师可以鼓励幼儿这样的行为，帮助他完成邀请（如果被邀请的孩子没注意，教师可以提示说某某在邀请你玩呢）。

4. 在中班活动区实现学习与发展目标案例

表6-2　中班活动区实现学习与发展目标案例

学习和发展目标	教师的指导
社会	阐述并举例在活动中哪些方面与实现社会领域目标有关，及如何促进幼儿社会领域方面目标的发展。 如： （1）幼儿之间互相评论所搭建的作品时，会出现伤害到同伴或引起矛盾的现象，这时教师可做"小裁判"介入，教师要从两人作品的优点出发，让幼儿彼此学习，并告诉幼儿每个人都有值得学习的地方。（社会领域目标：尊重他人） （2）幼儿在搭建之前，一个人一个主意，大家意见不统一，很久不能进入搭建活动；教师要问清幼儿都想要搭建什么，统一想法后，教师帮助幼儿进行分工合作，并且教师要引导幼儿在分工合作过程中也要互相商量。（社会领域目标：能与同伴友好相处）

续表

学习和发展目标	教师的指导
运动	阐述并举例在活动中哪些方面与实现运动领域目标有关，及如何促进幼儿大肌肉和小肌肉运动能力的发展。 如： 幼儿建构一个复杂些的火车头，其中需要用手的协调处理好积木的平衡与重心、防止倒下，这就与运动领域目标有关，教师可以提出一个搭建复杂的空间结构的建议，让幼儿有机会运用他们手眼协调的能力。（运动领域目标：动作协调、灵敏）
科学/数学	阐述并举例在活动中哪些方面与实现科学、数学领域目标有关，及如何促进幼儿的科学与数学概念、技能的发展。 如： （1）在建构火车头活动中，幼儿要探究重心与平衡，不让积木倒下；教师可以提出一个任务让幼儿来考虑平衡的问题，引起幼儿的探究兴趣。（科学领域目标：具有初步的探究能力） （2）幼儿能将建筑变换不同的样式，如，房顶有三角形、梯形、四边形等基本形状，这就与数学的形状认知有关，教师可指导幼儿认识更多形状的房顶。（数学领域目标：初步感知生活中数学的有用和有趣）
语言	阐述并举例在活动中哪些方面与实现语言领域目标有关，及如何促进幼儿语言的发展。 如： （1）幼儿搭建过程中，有一定的想象力，幼儿会将自己的想法和同伴一起交流，教师要注意幼儿的交流内容，也可以给予丰富想象的指导。（语言领域目标：愿意讲话并能清楚地表达） （2）有的幼儿在借玩具搭建时，不会使用礼貌用语，就直接拿过来使用，经常引起其他幼儿的不满；教师要在此类现象发生时及时引导幼儿使用礼貌用语，如"请、对不起、谢谢"等，并告诉幼儿要做懂礼貌的小朋友。（语言领域目标：能主动使用礼貌用语）
艺术	阐述并举例在活动中哪些方面与实现艺术领域目标有关，及如何促进幼儿艺术表现力与创造力的发展。 如： 幼儿在搭建火车站时能注意到对称摆放装饰辅材，并能尝试使用不同的装饰辅材等，这个过程便锻炼了幼儿的审美能力，教师可以提出一些装饰的建议。（艺术领域目标：表现与创造）

（三）活动区与领域活动及单元活动的延伸

活动区有一部分活动是领域或单元主题活动的延伸，幼儿可自主选择，继续练习和拓展相应的活动。

表 6-3　领域延伸活动举例

领域活动名称	有关材料	延伸活动与指导
如，运动领域活动"搭建停车场"。	各种停车场的图片、玩具汽车、常规积木若干、异形积木（斜坡类积木、环形积木）若干。	在建构区投放各种停车场的图片，并增加玩具汽车、斜坡类积木、环形积木的投放，鼓励幼儿探索搭建不同功能的停车场，如多层停车场。

表 6-4　单元延伸活动举例

单元活动名称	有关材料	延伸活动与指导
如，单元活动"端午节——创意划龙舟比赛"。	龙舟的图片、大纸箱、胶带、剪刀、尺子。	在建构区投放龙舟的图片、大纸箱、胶带、剪刀和尺子等材料，鼓励幼儿利用废旧材料搭建龙舟。

（四）中班建构区的教育计划

在总论部分介绍了活动区的教育计划，它的基本方法是教师针对目前的活动区的空间设置、材料提供以及幼儿的活动情况提出一个丰富与发展幼儿活动的计划，并评价这个计划的实施情况，提出修改意见，再进行观察，了解新计划的发展情况，以便更有效地进行指导。教师在使用下面的计划表格做计划时，需要包含对活动本身的丰富、扩展与对幼儿的指导，也需要包括在活动中如何实现学习与发展目标的构想。教师需要从这两个方面评估与反思，不断改进活动区的教育效果。

1. 活动区计划表格

表 6-5　活动区计划表

班级：　　　　活动区名称：　　　　开展时间：　　　　限制人数：

指导计划	评定
1. 当前活动区的材料和进行的活动。	对幼儿的兴趣和进行的活动做初步的评定，发现需要改进、扩展的方面。
2. 计划提供新的材料，期望引起的活动。	教师观察提供的新材料是否引起所期望的活动。
3. 计划在扩展幼儿活动和兴趣方面的指导。	指导的效果如何，幼儿的反应如何。
4. 计划在实现学习与发展目标上的指导。	指导的效果如何，幼儿的反应如何。

2. 中班建构区活动计划案例

表6-6 中班建构区活动计划案例（1）

班级：中班　　　活动区名称：建构区　　　开展时间：第 N 周　　　限制人数：

指导计划	评定
当前活动区的材料和进行的活动 如幼儿最近在玩火车的游戏，他们试图搭建一个火车头。	幼儿对火车头的内部结构不是很清楚，在他们搭建的火车头里没有得到表现。
计划提供新的材料，期望引起的活动 提供有关火车头的图片、简图，期望引起幼儿的关注、讨论，并能应用到他们建火车头的活动里。	幼儿通过讨论，注意到火车头有大轮子，车厢有小轮子，他们找来不同大小、圆形的积木作火车的大轮子和小轮子。
计划在扩展幼儿活动和兴趣方面的指导 提议让幼儿搭建一个空心的火车驾驶室。	幼儿对搭建空心的火车驾驶室表现出浓厚的兴趣，他们设法解决许多结构上的问题，完成后，还把一个小的塑料人放到驾驶室里当作火车司机。
计划在实现学习与发展目标上的指导 注意幼儿是如何解决搭建空心驾驶室的空间问题的，发展幼儿的空间能力（数学领域）。	幼儿在搭建驾驶室使用围合空间时，用的积木体积太大，围合后中间没有空间，他们替换时换了好几次积木才解决这个问题。

表6-7 中班建构区活动计划案例（2）

班级：中班　　　活动区名称：建构区　　　开展时间：第 N 周　　　限制人数：

指导计划	评定
当前活动区的材料和进行的活动 幼儿在搭建区使用较单一的积木进行搭建。	幼儿愿意自己玩，不喜欢和别人合作。
计划提供新的材料，期望引起的活动 提供带有花园的楼房或是带有院子的房子图片，提供大小不一的积木，引起幼儿的兴趣。	幼儿看到图片会思考如何来搭建图片上的内容。
计划在扩展幼儿活动和兴趣方面的指导 教师可以规定时间，在一定时间内让幼儿完成搭建活动。引导幼儿分工合作，如：有的幼儿搭建花园，有的幼儿搭建楼房，有的幼儿搭建院子。	幼儿为了完成任务，听取教师的建议，互相商量着分配任务，并且对哪部分用什么材料也会商量讨论。
计划在实现学习与发展目标上的指导 教师要观察幼儿是如何商量分工，这与社会的人际交往方面有关，要注重发展幼儿的人际沟通能力（社会领域目标：能与同伴友好相处）；教师还要关注幼儿是如何进行选材的，这能锻炼幼儿的空间想象能力（数学领域目标：感知空间）。	在开始安排分工的过程中，有的幼儿会不同意分工的结果，但是幼儿之间会通过再次协商分工问题，最后达成一致；并且幼儿在商量选材方面也懂得征求其他幼儿的意见。

表6-8 中班建构区活动计划案例（3）

班级：中班　　　　活动区名称：建构区　　　　开展时间：第 N 周　　　　限制人数：

指导计划	评定
当前活动区的材料和进行的活动 幼儿在建构区搭建作品。	幼儿只是照着图样进行搭建，没有图样便不会搭建。
计划提供新的材料，期望引起的活动 提供尽量多的积木和辅助材料，可将图片暂时拿掉，给幼儿一个主题，如搭建高楼。	幼儿会思考如何搭建，但是容易没有具体的思路。
计划在扩展幼儿活动和兴趣方面的指导 教师可以引导幼儿，如，怎么搭高楼的楼身，柱子摆在什么地方楼房会比较稳定，怎么搭房顶，计划楼房有几层高，楼房周围还有什么建筑等，开阔幼儿的思路。	幼儿根据教师的提示与建议，慢慢有些思路，然后根据自己的一些想法，进行搭建。
计划在实现学习与发展目标上的指导 观察幼儿根据构想是如何搭建的，也可引导幼儿说出自己的想法，要鼓励幼儿创造性地搭建，培养幼儿的空间想象力和创造力。（数学领域目标：空间的感知）	在开始阶段幼儿可能没有思路，不知道如何进行搭建，但在教师提示后，逐渐有了思路和想法，并且可以根据自己的想法创造性地搭建。

二、角色游戏区的内容与指导

角色游戏区是幼儿扮演家庭、医院、商店、消防站、加油站等相关社会角色活动的区域，是幼儿喜欢的区域。角色游戏中的交往共融体验，能帮助幼儿了解简单的社会常识，学习与人相处的行为技能，体验像家庭类的娃娃家，社会类的商店、医院、餐厅、美发厅、银行、菜市、博物馆等社会各阶层、各领域、各职业相关的角色扮演的特点，为幼儿形成良好的自我意识、更好地适应社会生活提供有效的帮助。

中班幼儿生活经验逐步丰富，他们的思维开始具体形象，喜欢在游戏中模仿他人的一些行动和语言，并初步形成游戏规则的意识，学习分享、谦让与合作，开始出现男女孩性别差异，具有了角色分工的意识。

（一）中班角色游戏区的设置与材料提供

中班角色游戏区的设置建议与戏剧表演区相邻，这样可便于用戏剧表演区的材料完成角色游戏区中的某些活动，如借用戏剧表演区的头饰在角色游戏区进行角色游戏。角色游戏区最好有一面墙，可以根据幼儿的角色兴趣来设置相应的背景场景，这样便于幼儿进入角色扮演的状态。角色游戏区应该具有明显的场景特点，便于幼儿进行角色体验与表演。

中班角色游戏区提供的材料分为家庭类和社会类。家庭类中的娃娃，如，有性别区分的、可穿脱衣服的娃娃；家庭类中的家具，如，娃娃床、床车、衣柜或衣架、四人餐桌椅、操作台、灶台、物品架、书架、沙发或地垫、靠垫等；家庭类中的用具，如，床上用品、角色服饰、厨房炊具、餐具、水具、清洁工具、家用电器、洗浴用品、角色道具、购物用具、小童车、仿真食品等。社会类中的家具，如，门脸招牌、物品柜（架）、操作台；社会类中的用品，如，餐厅、医院、商店、美发用品及其相关角色套装玩具、辅助材料。[①]

（二）中班角色游戏区的游戏与指导

中班幼儿可以使用餐桌椅、仿真食品等进行请客或者做客的游戏，使用购物用具、仿真食品等进行去超市购物的游戏，使用医院套装玩具及辅助材料进行看病、生病等游戏。

1. 帮助与指导角色游戏的开展

在活动区里，教师可以帮助、支持和鼓励幼儿扩展、丰富、发展他们开展的活动。教师除了准备场景、准备提供的材料外，还要在活动（游戏）中来指导幼儿的活动发展。幼儿活动与游戏的发展指的是幼儿自身在活动与游戏的内容、方式、玩法等方面的丰富与发展。

教师首先要观察幼儿的游戏，确定他们在玩什么、怎么玩、和谁玩、玩的时间长短等，根据幼儿当前活动来指导。指导中很重要的一点是不要干扰和影响幼儿的游戏，因为游戏本身就有促使幼儿学习与发展的功能，幼儿在认真地玩就是有价值的。教师的介入应该起到积极的作用，如成为他们的伙伴一起玩，在玩中影响、观察，然后再指导。其次要确定观察的角度，在角色游戏中幼儿角色的扮演、材料的使用、模仿的行为、玩的时间长短、游戏中的互动与言语的交流等方面都是观察的要点，可以成为教师指导的入口。

---

① 参照《北京市幼儿园玩具配备目录》。

2. 发展中班角色游戏活动案例

表 6-9　中班角色游戏区活动案例

活动过程	教师的教育与指导
以该活动区的活动为例，描述幼儿的主要活动过程，如： （1）幼儿扮演医生，玩给"病人"打针的游戏，但是环节简单。 （2）幼儿玩请客吃饭的游戏，但是对话内容较少。 （3）幼儿玩到小超市买东西的游戏，材料较少，幼儿玩过一次后便没有兴致了。	阐述教师对于活动过程的指导： （1）教师可先提供消毒类的药箱材料、医生白大褂等，然后教师和一名幼儿模仿打针环节：先给打针的地方示意性消消毒，用针管打针，打完针让"病人"拿棉团轻按住打针的部位离开。 （2）提供菜谱，教师建议主人每上一道饭菜便为客人进行介绍，如，这道菜是怎样做的、饭菜名称，如果幼儿不知道名称，鼓励幼儿试着给饭菜起名字。 （3）为幼儿提供购物的篮子或者小购物车，加入小收银台和儿童钱币等材料，可建议幼儿加入"导购员"的角色，询问顾客想买什么东西，告诉顾客东西在哪里等，幼儿可轮流体验"导购员"的角色。

3. 在角色游戏区实现学习与发展的目标

在活动区里，教师还可以在活动中促进、指导、帮助、鼓励幼儿的学习与发展。这部分的要点是发现该活动区与学习和发展目标相联系的游戏行为，并将该游戏行为所属的活动领域标示出来，如在角色游戏区中，幼儿邀请其他幼儿和他一起玩公交车载客的游戏，就是一个与实现社会领域目标有关的活动。在教师指导一栏中可以首先把有关的游戏情境写下来，再确定指导的要点，如这时教师可以鼓励幼儿这样的行为，帮助她完成邀请（如果被邀请的孩子没注意，教师可以提示说某某在邀请你玩呢）。

4. 在中班角色游戏区实现学习与发展目标案例

表 6-10　中班角色游戏区实现学习与发展目标案例

学习和发展目标	教师的指导
社会	阐述并举例在活动中哪些方面与实现社会领域目标有关，及如何促进幼儿社会领域方面目标的发展。 如： （1）幼儿看到其他幼儿在玩医生看病的游戏时，很想加入，幼儿是怎么做的。教师观察幼儿的行为，适当给予幼儿请求加入其他幼儿活动的一些策略。（社会领域目标：会运用介绍自己、交换玩具等简单技巧加入同伴游戏。） （2）当幼儿之间自主创编角色游戏的情节时，幼儿之间是否懂得接受其他幼儿的想法，教师要关注幼儿间的对话，给予适当的引导。（社会领域目标：活动时愿意接受同伴的意见和建议）

续表

学习和发展目标	教师的指导
运动	阐述并举例在活动中哪些方面与实现运动领域目标有关，及如何促进幼儿大肌肉和小肌肉运动能力的发展。 如： （1）幼儿在扮演客人吃饭时，会表演用勺子和筷子等取食物和夹菜等动作，幼儿用勺子的过程便锻炼了幼儿的手部动作的灵活性与协调性。教师可为幼儿示范拿筷子的动作，让幼儿在游戏中学习使用筷子。（运动领域目标：会用筷子吃饭）。 （2）幼儿在角色游戏区的厨房里制作面饼、馒头、花卷的过程，锻炼了幼儿手的动作，教师可以鼓励幼儿制作多种形状的面食，锻炼幼儿手的操作性与灵活性。（运动领域目标：手的动作灵活协调）
科学/数学	阐述并举例在活动中哪些方面与实现科学、数学领域目标有关，及如何促进幼儿的科学与数学概念、技能的发展。 如： （1）当幼儿在扮演医生给病人看病时，刚接触到注射器、听诊仪、体温计等医用材料，却不知道怎么使用时，幼儿会先自己探究这些材料如何使用，这个过程便锻炼了幼儿的探究能力。教师要在幼儿探究用法遇到困难时给予示范引导。（科学领域目标：喜欢探究） （2）幼儿在玩做饭菜的游戏时，会将菜类、饭类和水果类放在不同的盘子里，这渗透了分类的知识。教师可在此环节给予一定的关注与适时指导。（数学领域目标：感知分类）
语言	阐述并举例在活动中哪些方面与实现语言领域目标有关，及如何促进幼儿语言的发展。 （1）当幼儿玩角色游戏时，如扮演医生给病人看病时，说怎样的句子，如，"让我来给你看看病""你哪里不舒服啊"等，这个环节锻炼了幼儿语言的使用与表达。教师可以关注幼儿的语言运用情况，增加新的句子，如，"你先不用害怕，我来帮你检查一下"。（语言领域目标：倾听与表达） （2）在幼儿玩医生看病的游戏时，要将医院的场景布置好，加入医院的红十字符号，引起幼儿的关注。教师可以问幼儿是否知道符号的意义并给予指导，这样有助于激发幼儿对生活中常见的标识、符号的兴趣，知道它们表示的意义。（语言领域目标：阅读与书写准备）
艺术	阐述并举例在活动中哪些方面与实现艺术领域目标有关，及如何促进幼儿艺术表现力与创造力的发展。 （1）幼儿选择扮演一个角色时会为角色挑选衣服和材料，并创编一定的表演情节，如，幼儿想扮演医生，则要选择白大褂、医药箱、听诊器等材料，然后进行游戏环节的创编。教师可以观察幼儿是如何选择与创编情节的，在适当的情况下给予道具的选择建议。（艺术领域目标：表现与创造） （2）幼儿在扮演厨师的角色时，厨房要求有菜谱，幼儿根据自己的设计画出菜谱。教师鼓励幼儿的创造，在幼儿不知道如何画时要给予指导。（艺术领域目标：喜欢进行艺术活动并大胆表现）

（三）活动区与领域活动及单元活动的延伸

中班活动区活动有一部分是领域活动或单元主题活动的延伸，幼儿可以自主选择，继续练习和拓展相应的活动。

表 6-11 领域延伸活动举例

领域活动名称	有关材料	延伸活动与指导
如，社会领域活动"我们的班级"。	用力敲击班内的积木、拿着玩具往墙上碰、将班内的玩具乱丢/扔等不爱护班内物品的图片若干，眼罩若干。	在角色游戏区，幼儿以5—6人的人数在区内展开"谁不见了"的游戏，增强幼儿对班内同伴的了解。

表 6-12 单元延伸活动举例

单元活动名称	有关材料	延伸活动与指导
如，单元活动"我最棒——我发现"。	苹果、梨、香蕉、橘子、草莓一组；铅笔、橡皮、转笔刀、钢笔、本子一组；乒乓球、羽毛球、篮球、足球、弹力球一组；其他类似物品五个一组，若干组；奖励小粘贴；眼罩。	在角色游戏区，幼儿可以继续玩"我发现……不见了"的游戏，教师注意适当进行指导，提醒幼儿使用新的句式。

（四）中班角色游戏区的教育计划

在总论部分介绍了活动区的教育计划，它的基本方法是教师针对目前的活动区的空间设置、材料提供及幼儿的活动情况提出一个丰富与发展幼儿活动的计划，并评价这个计划的实施情况，提出修改意见，再进行观察，了解新计划的发展情况，以便更有效地进行指导。教师在使用活动区计划表格做计划时，既需要包含对活动本身的丰富、扩展与对幼儿的指导，也需要包括在活动中如何实现学习与发展目标的构想。教师需要从这两个方面评估与反思，不断改进活动区的教育效果。

1. 活动区计划表格

表6-13 活动区计划表格

班级： 活动区名称： 开展时间： 限制人数：

指导计划	评定
1. 当前活动区的材料和进行的活动。	对幼儿的兴趣和进行的活动做初步的评定，发现需要改进、扩展的方面。
2. 计划提供新的材料，期望引起的活动。	教师观察提供的新材料是否引起所期望的活动。
3. 计划在扩展幼儿活动和兴趣方面的指导。	指导的效果如何，幼儿的反应如何。
4. 计划在实现学习与发展目标上的指导。	指导的效果如何，幼儿的反应如何。

2. 中班角色游戏区活动计划案例

表6-14 中班角色游戏区活动计划案例（1）

班级：中班　　活动区名称：角色游戏区　　开展时间：第N周　　限制人数：

指导计划	评定
当前活动区的材料和进行的活动 如，幼儿最近在玩医生看病的游戏。	幼儿扮演的医生在看病时，只是简单地看看，给病人开药，活动就结束了。活动环节较简单。
计划提供新的材料，期望引起的活动 提供听诊器、注射器、体温计、口腔镜、手术用品、医药箱等，提供医生使用不同的医学工具给病人看病的场景图片，期待引起幼儿的关注。	幼儿看到提供的新材料表示好奇，并向同伴或是教师询问这些材料的用法。
计划在扩展幼儿活动和兴趣方面的指导 教师以医生身份介入游戏，运用新的材料和幼儿一起互动，增强幼儿对新材料的认识，并增加一些环节，如，先问病人怎么了，如果病人感觉身体不舒服了，可试着给病人量体温，假设发现幼儿体温较高，便给病人打针、输液与开药等。	幼儿会模仿教师或是示范图片的样子给病人看病，幼儿能尝试使用不同的医学工具。
计划在实现学习与发展目标上的指导 幼儿扮演医生看病的过程，在接触新材料时探究与学习材料的用法（科学领域目标：喜欢探究），在游戏的环节，教师要关注幼儿之间的交流对话内容（语言领域目标：倾听与表达），观察幼儿之间是如何明确角色和合作玩游戏的（社会领域目标：能与同伴友好相处）。	幼儿开始时以探索、尝试的态度使用新的材料，当过一段时间后，是否能较熟练地使用新的材料，并能尝试丰富游戏环节。

表 6-15　中班角色游戏区活动计划案例（2）

班级：中班　　　　活动区名称：角色游戏区　　　　开展时间：第 N 周　　　　限制人数：

指导计划	评定
当前活动区的材料和进行的活动 　　如，幼儿比较喜欢在角色游戏区的餐厅里玩。	有的"顾客"会想要一些餐厅里没有的食品，如，薯条、汉堡、米饭、羊肉串等，由于餐厅里没有，所以他们只好选择有的食物，这也导致有的幼儿因没有兴致而离开了。
计划提供新的材料，期望引起的活动 　　教师提供一些薯条、汉堡、米饭和羊肉串等图片或食物模型。	幼儿看到餐厅里的图片进行讨论，对于顾客选择的但没有的食品，幼儿要商量如何才能找到或是制作出来。
计划在扩展幼儿活动和兴趣方面的指导 　　教师给幼儿提供纸片、橡皮泥、海绵、塑料泡沫、竹签等材料，让幼儿思考选用哪种材料可以分别制作薯条、汉堡、米饭和羊肉串等，如，橡皮泥做薯条，海绵做汉堡，碎纸片做米饭，将塑料泡沫、纸片穿在竹签上做羊肉串等。	幼儿有兴致制作各种食品。
计划在实现学习与发展目标上的指导 　　注意幼儿是如何根据提供的材料制作食品的（科学领域目标：喜欢探究），以及如何动手制作各种食品的过程（运动领域目标：手的小肌肉动作的协调），发展幼儿的手眼协调能力。	餐厅里有了新的食品，吸引了不少顾客，餐厅里热闹起来。

表 6-16　中班角色游戏区活动计划案例（3）

班级：中班　　　　活动区名称：角色游戏区　　　　开展时间：第 N 周　　　　限制人数：

指导计划	评定
当前活动区的材料和进行的活动 　　如，幼儿最近喜欢在角色游戏区的餐厅里进行游戏。	活动区的物品摆放混乱，如，有的将锅碗瓢盆放错了位置，有的将医生的白大褂放在了药柜里。
计划提供新的材料，期望引起的活动 　　在活动开始前，教师将进入该区域的幼儿都封为"卫生检查员"，让大家一起去寻找问题。	"卫生检查员"们的反馈意见都是关于物品摆放不整齐的，幼儿都积极提议要解决这个问题。
计划在扩展幼儿活动和兴趣方面的指导 　　教师建议幼儿积极思考，如何解决这个问题。	幼儿通过思考得出解决问题的办法，教师可给予适当的建议，如，制作提示标志，提示幼儿东西该放在什么地方；互相提醒，在离开该区域时检查东西是否摆放整齐。

指导计划	评定
计划在实现学习与发展目标上的指导 　　幼儿要懂得区域的材料是不能随便放置的，让幼儿意识到出现的问题，并积极想办法来解决物品归类的问题，学会简单的分类放置（数学领域目标：学会分类），并且画标记以用来提示（艺术领域目标：表现与创造），互相之间提醒检查是否摆放正确（社会领域目标：社会适应）。	在达成统一意见后，幼儿制作了提示标志，并且在整理区域时能根据提示整理物品，幼儿之间也会做到相互提醒。

三、戏剧表演区的内容与指导

　　戏剧表演区是指幼儿扮演儿童故事里的角色、情节活动的区域。幼儿通过对各种乐器和服装等道具的认识与使用，熟练掌握各种乐器的表现力，激发幼儿对音乐探索的兴趣；幼儿通过创造性地利用服装、乐器等道具，进行富有创意的戏剧表演、歌舞表演和器乐表演，促进幼儿个性展示与创造力发展。

　　中班幼儿参与表演活动的兴趣有明显的个体差异，对各种乐器充满好奇心，并乐意尝试操作；喜欢自由舞蹈，也愿意与同伴共同表演；开始有更多的角色行为、语气，并开始表现角色的关系，表演前能进行简单的讨论与分工，表演中能根据实际情况加入新的想法和行为，对表演和现实的区分能力有一定的提高。

（一）中班戏剧表演区的设置与材料提供

　　中班戏剧表演区建议与角色游戏区相邻，这样可便于用角色游戏区的材料完成戏剧表演区中的某些活动，如借用角色游戏区的某些服装在戏剧表演区进行表演。戏剧表演区根据幼儿的表演兴趣和主题来设置相应的场景，便于幼儿进入戏剧表演状态。

　　中班戏剧表演区建议投放乐器和道具两类。乐器包括金属音色（角铁、铃鼓、碰钟、牛铃棒、串铃、铁沙铃、小钹、小铜钟）、木质音色（双响筒、加沟梆子、沙槌、多音响筒、刮棒、打板、双头木筒、鱼蛙、木鱼、齿木）、鼓（堂鼓、大鼓、小军鼓、儿童架子鼓）和旋律乐器（高音钢片琴、木琴、旋律钟组）四种。道具包括服饰（头饰、发饰、服装、纱巾、彩带、手偶）、舞美（舞台背景或木偶台、背景、化妆盒、镜子）和视听设备

（录音机、磁带、CD、DVD、音像带、小麦克风）。[①]

（二）中班戏剧表演区的活动与指导

中班幼儿能结合故事、诗歌等儿童文学艺术作品，确定简单主题后进行大胆表演，中班幼儿开始了戏剧表演、歌舞表演和器乐表演的尝试，幼儿喜欢在游戏中再现动画片、木偶剧或是儿童剧中感兴趣的人物表情、动作和情节。

1. 帮助与指导戏剧表演区活动的开展

教师在活动区里的指导包括帮助、支持和鼓励幼儿扩展、丰富与发展他们开展的活动。教师除了准备场景，准备提供的材料，还要在活动（游戏）中指导幼儿的活动发展。幼儿活动与游戏的发展指的是幼儿自身在活动与游戏的内容、方式、玩法等方面的丰富与发展。

教师首先要观察幼儿的游戏，确定他们在玩什么、怎么玩、和谁玩、玩的时间长短等，根据幼儿当前活动来指导。指导中很重要的一点是不要干扰和影响幼儿的游戏，因为游戏本身就有功能，幼儿在认真地玩就是有价值的。教师的介入应该起到积极的作用，如成为他们的伙伴一起玩，在玩中影响、观察，然后再指导。其次要确定观察的角度，在戏剧活动中，幼儿角色的扮演、材料的使用、模仿的行为、玩的时间长短、游戏中的互动与言语的交流等方面都是观察的要点，可以成为教师指导的入口。

2. 发展中班戏剧表演区活动案例

表6-17　中班戏剧表演区活动案例

活动过程	教师的教育与指导
以该活动区的活动为例，描述幼儿的主要活动过程，如： （1）有一个幼儿尝试表演皮影，但是模仿的动作不丰富。 （2）幼儿玩乐器时，往往都随意乱敲，有的比较刺耳。	阐述教师对应于活动过程的指导： （1）教师找来皮影戏的相关视频，让幼儿学习，如果能找来表演皮影的专业人员则更好，让幼儿学习表演皮影的技巧。 （2）教师可将幼儿敲击的刺耳音乐录制下来，让幼儿听一下，问幼儿是否喜欢，一起探讨如何敲出好听的音乐；教师可为幼儿提示一些方法，如，请一位幼儿当小指挥，画出节奏，然后照着敲击乐器等，让幼儿体会与表现音乐的节奏美。

[①] 参照《北京市幼儿园玩具配备目录》。

续表

活动过程	教师的教育与指导
（3）幼儿为其他幼儿伴奏时，节奏没有变化。	（3）教师引导幼儿观察汽车鸣喇叭的声音节奏、按门铃时的节奏、妈妈切菜时的节奏等，启示幼儿寻找生活中的节奏，让幼儿体验节奏的变化，并尝试用乐器敲打出这些节奏。

3. 在戏剧表演区实现学习与发展的目标

教师在活动区里的指导还包括在活动中促进、指导、帮助、鼓励幼儿的学习与发展。

这个部分的要点是发现该活动区与学习和发展目标相联系的游戏行为，并将该游戏行为所属的活动领域标示出来。如在戏剧表演区中，幼儿邀请其他幼儿和他一起玩故事表演游戏，就是一个与实现社会领域目标有关的活动。在教师指导一栏中可以首先把有关的游戏情境写下来，再确定指导的要点，如教师可以鼓励幼儿这样的行为，帮助他完成邀请（如果被邀请的孩子没注意，教师可以提示说某某在邀请你玩呢）。

4. 在中班戏剧表演区实现学习与发展目标案例

表 6-18 中班戏剧表演区实现学习与发展目标案例

学习和发展目标	教师的指导
社会	阐述并举例在活动中哪些方面与实现社会领域目标有关，及如何促进幼儿社会领域方面目标的发展。 如： （1）在多种角色表演之前，幼儿能进行简单的分工，如果遇到角色分工冲突，幼儿之间解决矛盾的过程便锻炼了幼儿解决问题的能力。（社会领域目标：能与同伴友好相处） （2）幼儿在一起表演的过程中，会遇到角色语言和情节上的改动，这需要引导幼儿边想、边讨论、边行动，指导幼儿互相交流。（社会领域目标：能与同伴友好相处）
运动	阐述并举例在活动中哪些方面与实现运动领域目标有关，及如何促进幼儿大肌肉和小肌肉运动能力的发展。 如： （1）幼儿在表演时，能根据剧情需要制作简单的舞台道具，如制作头饰，这就发展了幼儿的小肌肉运动能力。（运动领域目标：手的动作灵活协调） （2）幼儿在进行手偶和指偶表演过程中，会锻炼到手对手偶和指偶的控制能力，这就锻炼了手的动作灵活协调性。（运动领域目标：手的动作灵活协调）

续表

学习和发展目标	教师的指导
科学/数学	阐述并举例在活动中哪些方面与实现科学、数学领域目标有关，及如何促进幼儿的科学与数学概念、技能的发展。 如： 幼儿在表演完后，整理道具与服装时，会进行简单的归类放置，这个过程便锻炼了幼儿对分类的理解。（数学领域目标：数学认知）
语言	阐述并举例在活动中哪些方面与实现语言领域目标有关，及如何促进幼儿语言的发展。 如： （1）幼儿在表演中运用语言对话表现角色特点的过程，便发展了幼儿的语言表达能力。（语言领域目标：清楚地表达） （2）幼儿在不了解角色特点时去查阅资料，如：通过阅读相关绘本来了解故事情节和角色特点，这个过程便锻炼了幼儿的阅读能力。（语言领域目标：具有初步的阅读理解能力）
艺术	阐述并举例在活动中哪些方面与实现艺术领域目标有关，及如何促进幼儿艺术表现力与创造力的发展。 如： （1）幼儿能充分利用道具，模仿人物的语言、表情、动作、创编简单的故事情节，能大胆进行故事情节的表演，这个过程便锻炼了幼儿的模仿能力和创造能力。（艺术领域目标：喜欢进行艺术活动并大胆表现） （2）幼儿能运用熟悉的旋律创编简单的歌曲，并进行即兴表演，这个过程便发展了幼儿的艺术表现能力和创造能力。（艺术领域目标：具有初步的艺术表现与创造能力）

（三）活动区与领域活动及单元活动的延伸

中班活动区活动有一部分是中班领域活动或单元主题活动的延伸，幼儿可以自主选择，继续练习和拓展相应的活动。

表6-19 领域延伸活动举例

领域活动名称	有关材料	延伸活动与指导
如，音乐领域活动"青蛙成长记"。	青蛙生长过程的图和视频，小卵颤动、蝌蚪游、蛙跳各阶段故事图卡，音乐《呱呱曲》音频、刮胡（蛙鸣筒）。	幼儿可以在戏剧表演区继续创编、模仿青蛙或其他小动物的动作，也可以约同伴一起玩动作创编游戏，如青蛙抓虫子、小鸟飞、小鱼游等。喜欢探索乐器的幼儿，可以继续进行刮胡的演奏。

表 6-20　单元延伸活动举例

单元活动名称	有关材料	延伸活动与指导
如，单元活动"昆虫王国——小蜻蜓"。	《小蜻蜓》音乐动画 MV、蜻蜓和蚊子头饰、各种昆虫图片若干。	幼儿可以在戏剧表演区尝试用三角铁、撞钟等乐器为歌曲进行伴奏。幼儿回家可以教爸爸妈妈唱《小蜻蜓》的歌曲，并共同开发好玩的游戏方式。

（四）中班戏剧表演区的教育计划

在总论部分介绍了活动区的教育计划，它的基本方法是教师针对目前活动区的空间设置、材料提供及幼儿的活动情况提出一个丰富与发展幼儿活动的计划，并评价这个计划的实施情况，提出修改意见，再进行观察，了解新计划的发展情况，以便更有效地进行指导。教师使用下面的计划表格做计划时，需要包含对活动本身的丰富、扩展与指导，也包括在活动中如何实现学习与发展目标的构想，教师需要从这两个方面评估与反思，不断改进活动区的教育效果。

1. 活动区计划表格

表 6-21　活动区计划表

班级：　　　　活动区名称：　　　　开展时间：　　　　限制人数：

指导计划	评定
1. 当前活动区的材料和进行的活动。	对幼儿的兴趣和进行的活动做初步的评定，发现需要改进、扩展的方面。
2. 计划提供新的材料，期望引起的活动。	教师观察提供的新材料是否引起所期望的活动。
3. 计划在扩展幼儿活动和兴趣方面的指导。	指导的效果如何，幼儿的反应如何。
4. 计划在实现学习与发展目标上的指导。	指导的效果如何，幼儿的反应如何。

2. 中班戏剧表演区活动计划案例

表 6-22　中班戏剧表演区活动计划案例（1）

班级：中班　　　活动区名称：戏剧表演区　　　开展时间：第 N 周　　　限制人数：

指导计划	评定
当前活动区的材料和进行的活动 幼儿在戏剧表演区演《狼和小羊》的故事。	幼儿在排练的时候，有的幼儿自行改编了剧情，有的幼儿比较茫然。
计划提供新的材料，期望引起的活动 提供《狼和小羊》的绘本故事，引起幼儿的关注与讨论。	幼儿根据绘本，可能会指出某幼儿改动的情节。
计划在扩展幼儿活动和兴趣方面的指导 教师可引导幼儿在表演时不一定完全按照绘本故事的情节来，在表演时可以自己改编剧本，并鼓励幼儿试着改编《狼和小羊》的故事，可以有不同的版本，幼儿在表演之前要选择某一剧本进行表演。	幼儿对改编剧本很感兴趣，会根据自己的理解来创编新的情节。
计划在实现学习与发展目标上的指导 教师可关注幼儿是如何进行剧本的创编的（艺术领域目标：具有初步的艺术表现与创造能力），并且观察幼儿在表演之前是怎样协商选定某版剧本来表演的，注重培养幼儿的人际交往技能（社会领域目标：能与同伴友好相处）。	开始时，幼儿不同意随意改编剧本，但是经过教师的引导，幼儿能尝试改编剧本，并能根据自己改编的剧本去表演。

表 6-23　中班戏剧表演区活动计划案例（2）

班级：中班　　　活动区名称：戏剧表演区　　　开展时间：第 N 周　　　限制人数：

指导计划	评定
当前活动区的材料和进行的活动 幼儿最近比较喜欢唱歌。	唱歌的表演舞台太小了，参与的幼儿多了玩不开，使得一些幼儿没有机会玩。
计划提供新的材料，期望引起的活动 教师找到旧木条、大纸盒、红绒布等材料，并找来有关舞台的照片，和幼儿商量搭建一个大的舞台。	幼儿很兴奋，对搭建舞台很感兴趣，并且与教师一起完成舞台的搭建。
计划在扩展幼儿活动和兴趣方面的指导 教师鼓励喜欢唱歌、表演的幼儿到新的舞台上表演，并且可引导幼儿自编节目单，节目有单人的也有多人的，按照节目单轮流在舞台上表演。	幼儿对新的舞台很感兴趣，并且有的幼儿拿来家里的衣服表演，幼儿还会接受教师意见，根据节目单来表演。

指导计划	评定
计划在实现学习与发展目标上的指导 教师为幼儿创设表演环境，调动幼儿积极性，观察幼儿进行哪些形式的表演（艺术领域目标：表现与创造）；如果幼儿人数过多时，幼儿之间是如何协商顺序进行表演的（社会领域目标：能与同伴友好相处）。	幼儿是否表现出对表演较高的兴趣，幼儿能否进行创设性表演。

表6-24 中班戏剧表演区活动计划案例（3）

班级：中班　　　活动区名称：戏剧表演区　　　开展时间：第 N 周　　　限制人数：

指导计划	评定
当前活动区的材料和进行的活动 在起初阶段，幼儿对各种民族服装很感兴趣。	过了一段时间，表演区有些冷清，幼儿不怎么来表演区了，教师经过与幼儿交流得知，幼儿只知道几个动作，觉得没有意思。
计划提供新的材料，期望引起的活动 教师提供民族音乐和民族乐器，如维吾尔族音乐和铃鼓等，重新引起幼儿的表演兴趣。	幼儿的积极性被调动起来了，争先恐后地去参加表演。
计划在扩展幼儿活动和兴趣方面的指导 教师和幼儿根据视频或者音乐学习新的动作，教师可以创编几个幼儿不会的动作，让幼儿学习，也可以鼓励幼儿自己创编动作。	幼儿对舞蹈的表演与创编很感兴趣，不仅学着视频中以及教师教的动作表演，还尝试自己创编动作。
计划在实现学习与发展目标上的指导 教师要根据幼儿的需求，及时提供材料，重新调动幼儿的表演积极性，并且加入适当的引导，使幼儿大胆表现创编动作。（艺术领域目标：表现与创造）	幼儿的兴趣与积极性被调动后，开始积极表演。

四、益智区的内容与指导

益智区是指幼儿进行一些认知活动（如分类、排序）、感知觉发展（如不同质地的纸、布，粗糙、光滑等物体）、数学（点数卡、可数的小物体等）、操作／空间概念（如拼板、各种积塑插件）等相关活动的区域。益智区以棋牌玩具、镶嵌玩具、套叠玩具、穿编玩具、搭配玩具等可操作的教育性玩具为中介，发展幼儿的心智，使抽象的概念学习情趣化、形象化，使幼儿认识和掌握积淀在玩具中的社会文化经验。中班幼儿想象力丰富，喜欢操作性较强的活动，但遇到困难时容易退缩；幼儿之间时常因为争抢材料和活动空间发生争执。

（一）中班益智区的设置与材料提供

益智区设置在班级里离戏剧表演区和角色游戏区有一定距离的较安静的区域，用玩具柜围成一个半封闭的、有屏障的、有专用玩具架和桌椅的活动区，建议根据班级空间用两个柜子排成L形，把桌椅放在围成的空间内，可与科学探索区/自然角相邻，除摆放桌椅外，还可用小块的地毯在围成的区域里分块摆放。空间布局应遵循的原则是方便幼儿自行选择活动，专心、独立玩耍，方便整理玩具。

中班益智区的材料建议分为棋牌玩具、镶嵌玩具、套叠玩具、穿编玩具、搭配玩具。棋牌玩具包括纸/木质牌（配对牌、接龙牌）和游戏棋（平面棋、立体棋）两种；镶嵌玩具包括平面镶嵌（平面嵌板、墙面镶嵌）、立体镶嵌（数序、数量立体嵌）和拼图三种类型；套叠玩具包括齿轮组套和重叠玩具（叠高、多层套拼）；穿编玩具包括串珠玩具（几何图形、异型串珠）和线板玩具（巧手夹）；搭配玩具包括分类玩具（分类盒、等分板、图形连接块）和关联玩具（立体六面拼、匹配板）两种。[①]

（二）中班益智区的活动与指导

中班阶段幼儿喜欢参与益智活动，并能有目的地选择和使用材料，愿意尝试新材料。在活动过程中注意力集中，能够进行记忆、排序、配对、对比、空间移位等活动，知道爱护玩具并能有条理地收拾整理材料，喜欢与同伴共同玩游戏，能够主动分享和交流。

1. 帮助与指导益智活动的开展

在活动区里，教师可以帮助、支持和鼓励幼儿扩展、丰富、发展他们开展的活动。教师除了准备场景，准备提供的材料，还要在活动（游戏）中来指导幼儿的活动发展。幼儿活动与游戏的发展指的是幼儿自身在活动与游戏中的内容、方式、玩法等方面的丰富与发展。

教师首先要观察幼儿的游戏，确定他们在玩什么、怎么玩、和谁玩、玩的时间长短等，

---

① 参照《北京市幼儿园玩具配备目录》。

根据幼儿当前活动来指导。指导中很重要的一点是不要干扰和影响幼儿的游戏，因为游戏本身就有促使幼儿学习与发展的功能，幼儿在认真地玩就是有价值的。教师的介入应该起到积极的作用，如成为他们的伙伴一起玩，在玩中影响、观察，然后再指导。其次，要确定观察的角度，益智区活动中可以观察幼儿在开展益智活动时是否清楚玩法、是否能遵守游戏的规则、是否能在使用插件等材料时表现出对象特点等，帮助幼儿更好地使用益智玩具。

2. 发展中班益智区活动案例

表 6-25　中班益智区活动案例

活动过程	教师的教育与指导
以该活动区的活动为例，描述幼儿的主要活动过程，如： （1）在玩关系匹配玩具时，教师观察幼儿能否进行空间、逻辑关系的匹配。 （2）在数的认知上，教师观察幼儿能否理解 10 以内的数与量的关系，在游戏中教师观察幼儿能否做到数与量的对应。 （3）在玩拼图游戏时，教师观察幼儿是否能按照片与照片之间的线索进行拼装。 （4）在玩棋牌类游戏时，教师观察幼儿能否掌握牌的玩法并遵守玩棋牌的规则。	阐述教师对应于活动过程的指导： （1）为幼儿提供逻辑关系匹配和空间关系匹配的玩具，逻辑关系匹配如牛奶和奶牛、锤子和钉子；空间关系匹配如把不同形状的积木（五角星、三角形、圆柱形）通过不同的洞放入盒子里。 （2）为幼儿提供标有不同数字的果树的互动墙，果子若干，幼儿把相应数量的果子贴在果树上，如："请小朋友们给第 9 棵果树贴上 9 个果子。" （3）为幼儿提供各种形状的切割拼图和 80—100 块左右的故事拼图，引导幼儿掌握拼图的基本规律，如边缘颜色、轮廓的对应。 （4）教师为幼儿提供扑克、跳棋、飞行棋、五子棋等棋具。教师向幼儿介绍棋牌的玩法和规则，并进行示范。在开始时，教师和幼儿一起玩，后期熟悉后，请玩得好的幼儿带玩得不好的幼儿玩。

3. 在益智区实现学习与发展的目标

在活动区里，教师还可以在活动中促进、指导、帮助、鼓励幼儿的学习与发展。

这部分的要点是发现该活动区与学习和发展目标相联系的游戏行为并将该游戏行为所属的活动领域标示出来，如在益智区，幼儿邀请其他幼儿和他一起玩，就是一个与实现社会领域目标有关的活动。在教师指导一栏中可以首先把有关的游戏情境写下来，再确定指导的要点，如教师可以鼓励幼儿这样的行为，帮助他完成邀请（如果被邀请的孩子没注意，教师可以提示说某某在邀请你玩呢）。

4. 中班益智区实现学习与发展目标案例

表 6-26　中班益智区实现学习与发展目标案例

学习和发展目标	教师的指导
社会	阐述并举例在活动中哪些方面与实现社会领域目标有关，及如何促进幼儿社会领域方面目标的发展。 如： （1）在益智区玩棋牌类游戏，需要至少 2 人合作才能完成，如跳棋、五子棋、健康棋，在玩这些棋类游戏的时候，遵守玩棋的规则非常重要，教师应引导幼儿建立良好的棋品，如观棋不语、不悔棋、不耍赖等。（社会领域目标：感受规则的意义，并能基本遵守规则） （2）在区域里设置暂停角，当幼儿在区域里产生矛盾或不遵守区域规则、情绪激动的时候，请幼儿在暂停角待几分钟，平缓情绪。（社会领域目标：能与同伴友好相处，与同伴发生冲突时，能听从成人的劝解。）
运动	阐述并举例在活动中哪些方面与实现运动领域目标有关，及如何促进幼儿大肌肉和小肌肉运动能力的发展。如： （1）骰子 1 个、小白兔拔萝卜的图片 1 幅、萝卜 15 个。幼儿轮流掷骰子，骰子的数是兔子向前跳的步数，看哪只小兔子先到达萝卜地，每次只能拔 1 根萝卜，掷骰子回来，在规定的时间内看谁拔的萝卜多。教师引导幼儿用掷、跳和拔的动作感知 10 以内数量的大小。（运动领域目标：锻炼快速反应能力和腿部肌肉的爆发力） （2）为幼儿投放制作的健康饮食棋、骰子和棋子，幼儿通过剪刀石头布的方式决定谁先掷骰子，按照骰子上面的数字走相应的步数，如果走到健康食物的图片上，根据图片提示向前进几步，走到垃圾食品的图片，根据图片提示向后退几步，谁先走到终点谁获胜。通过游戏让幼儿认识不同种类的食物，知道健康食物有哪些、垃圾食品有哪些。（运动领域目标：具有良好的生活习惯和卫生习惯，不偏食、不挑食，喜欢吃瓜果、蔬菜等健康食品）
科学/数学	阐述并举例在活动中哪些方面与实现科学、数学领域目标有关，及如何促进幼儿的科学与数学概念、技能的发展。如： （1）在区域中投放 1—10 的扑克牌各 4 张，2—3 人共同玩接竹竿的游戏，每名幼儿拿相同数量的牌，按出牌顺序排在桌上，当幼儿出的牌值与桌上的牌值有重复时，该幼儿将重复的牌以及中间的牌拿走后再出牌，先出尽牌的幼儿输，剩余的幼儿继续出牌，直到剩余 1 名幼儿，游戏结束。（数学领域目标：初步感知游戏中数学的有趣味） （2）在班级设置值日生表或天气预报的互动墙，通过与墙面的互动让幼儿认识星期、今天、昨天、明天、天气等概念。（科学领域目标：在探究中认识周围事物和现象，并发现规律）

续表

学习和发展目标	教师的指导
语言	阐述并举例在活动中哪些方面与实现语言领域目标有关,及如何促进幼儿语言的发展。如: (1)对天气的标志感兴趣,通过班级的天气预报了解每天的天气情况和其代表的标志。(语言领域目标:能认识生活中常见的标志) (2)教师引导幼儿设计健康棋里面不同食品的图片,如:幼儿画一些胡萝卜、苹果、汉堡等简单的食物图片。(语言领域目标:具有初步的书面表达愿望,能用图画、符号表达自己的愿望和想法)
艺术	阐述并举例在活动中哪些方面与实现艺术领域目标有关,及如何促进幼儿艺术表现力与创造力的发展。如: (1)通过为幼儿提供制作声音筒的简单材料,制作声音筒;通过辨别声音间的差别对声音筒进行配对,提高幼儿听觉的敏锐性。(艺术领域目标:喜欢自然界与生活中美好的事物,喜欢倾听各种好听的声音,感知声音的高低、长短、强弱等变化) (2)为幼儿提供形状不同的盒子和平面围板,幼儿通过把盒子拆成平面,与围板形状做对比,进行配对,锻炼幼儿的空间知觉的能力。(艺术领域目标:具有初步的艺术表现力)

(三)活动区与领域活动及单元活动的延伸

中班活动区活动有一部分是中班领域活动或单元主题活动的延伸,幼儿可以自主选择,继续练习和拓展相应的活动。

表6-27 领域延伸活动举例

领域活动名称	有关材料	延伸活动与指导
如,数学领域活动"小猴运苹果"。	1—10苹果的图片,教师在白板上画出一列小火车(司机是小猴),准备1张桌子,图册,附图粘贴。	在益智区投放各种迷宫图,幼儿按从1—10的顺序走出迷宫,迷宫中可用实物、数字等表现数量,活动中教师应对幼儿及时关注和指导。

表 6-28　单元延伸活动举例

单元活动名称	有关材料	延伸活动与指导
如，单元活动"谷物飘香——小麦，小麦！"。	实物小麦一株（包括麦穗、麦秆，带叶），小麦生长过程的图片或视频，馒头、面条、油条、水饺、面包、饼干等麦制品的图片若干，大米饭、豆浆、绿豆糕、红豆粥等非小麦制品图片若干，草帽、垫子、工艺品等麦秸编制品，放置图片的容器8—10个。	将游戏材料投放在益智区，幼儿之间可进行帮助"麦爷爷找孩子"的益智游戏。

（四）中班益智区的教育计划

在总论部分介绍了活动区的教育计划，它的基本方法是教师针对目前活动区的空间设置、材料提供以及幼儿的活动情况提出一个丰富与发展幼儿活动的计划，并评价这个计划的实施情况，提出修改意见，再进行观察，了解新计划的发展情况，以便更有效地进行指导。教师在使用下面的计划表格做计划时，需要包含对活动本身的丰富、扩展与对幼儿的指导，也需要包括在活动中如何实现学习与发展目标的构想。教师需要从这两个方面评估与反思，不断改进活动区的教育效果。

1. 活动区计划表格

表 6-29　活动区计划表

班级：　　　　活动区名称：　　　　开展时间：　　　　限制人数：

指导计划	评定
1.当前活动区的材料和进行的活动。	对幼儿的兴趣和进行的活动做初步的评定，发现需要改进、扩展的方面。
2.计划提供新的材料，期望引起的活动。	教师观察提供的新材料是否引起所期望的活动。
3.计划在扩展幼儿活动和兴趣方面的指导。	指导的效果如何，幼儿的反应如何。
4.计划在实现学习与发展目标上的指导。	指导的效果如何，幼儿的反应如何。

2. 中班益智区活动计划案例

表 6-30　中班益智区活动计划案例（1）

班级：中班　　　　活动区名称：益智区　　　　开展时间：第 N 周　　　　限制人数：

指导计划	评定
当前活动区的材料和进行的活动 对听音筒感兴趣。	幼儿能区分出不同的声音。
计划提供新的材料，期望引起的活动 较小的饮料瓶（养乐多）6个、两两一队分成3组，分别装入小米、绿豆、玉米粒等粮食做成听音筒；三种颜色的便利贴贴纸。	可以根据幼儿的听力水平调整瓶子的数量，增多或减少。
计划在扩展幼儿活动和兴趣方面的指导 教师引导幼儿取一个听音筒，在耳边晃动倾听其发出的声音，依次取剩余的听音筒，摇晃、倾听、对比，找到与之相似的听音筒。三组听音筒配对成功后，分别贴上三种颜色的标签。打开瓶子进行检查。	教师引导幼儿摇晃的时候要轻轻地摇，倾听要专注，操作要有耐心，尤其是没有配对成功的时候，教师引导幼儿反复听。
计划在实现学习与发展目标上的指导 幼儿能辨别声音间的细微差别，提高听觉的敏锐性。（音乐领域目标：能感知声音的高低、长短、强弱等变化）	当幼儿对材料操作不太感兴趣时，可为幼儿提供材料，引导幼儿自制听音筒，探索声音的秘密，激发幼儿对游戏的兴趣。

表 6-31　中班益智区活动计划案例（2）

班级：中班　　　　活动区名称：益智区　　　　开展时间：第 N 周　　　　限制人数：

指导计划	评定
当前活动区的材料和进行的活动 喜欢玩规律排序的游戏。	幼儿能按照一个维度对事物进行排序。
计划提供新的材料，期望引起的活动 各色工字钉、泡沫板、规范排序示范卡若干	可根据教室里的材料调整，可以提供各种颜色的豆子或双面胶。
计划在扩展幼儿活动和兴趣方面的指导 幼儿随机选取一张排序卡，观察排序卡上的规律，按照排序卡上的规律用工字钉在泡沫板上进行排序。排序卡的图片用完后，教师引导幼儿创编新的排序的模式，并在泡沫板上展现出来。	在操作过程中遇到问题时，教师可引导幼儿用边操作边说出规律的方式，如一红、一绿、一黄，帮助幼儿感知规律。幼儿熟练后，教师启发幼儿从数量、颜色等角度出发，创编出新的模式规律。

续表

指导计划	评定
计划在实现学习与发展目标上的指导 幼儿能够理解示范卡上的排序规律，能根据提示完成排序的任务，并能自创规律排序的模式。（科学领域：能感知和发现事物的基本特征并能根据特征进行分类排序）	教师和幼儿一起用材料制作新排序规律的卡片。

表6-32　中班益智区活动计划案例（3）

班级：中班　　　　活动区名称：益智区　　　开展时间：第 N 周　　　限制人数：

指导计划	评定
当前活动区的材料和进行的活动 对五子棋感兴趣。	幼儿喜欢玩棋牌游戏，能了解棋牌游戏的玩法并且遵守规则。
计划提供新的材料，期望引起的活动 投放五子棋。	教师和幼儿可根据兴趣自制棋盘和棋子。
计划在扩展幼儿活动和兴趣方面的指导 教师引导幼儿确定谁先下第一子：拿黑子的先下或剪刀石头布赢的先下，按照每人每次出一子的规则，以此在棋盘上找位置出棋，谁先（横竖斜）连成五子谁赢。	在开始玩游戏的时候，教师引导幼儿尽量将棋子下在棋盘中间，然后从四个方向布局。引导幼儿尝试观察全局，重点针对三个相连的棋进行堵截。
计划在实现学习与发展目标上的指导 培养幼儿观察能力和控制全局的能力，提高思维的灵活性和敏捷性。（科学领域目标：具有初步的探究能力，在探究过程中发现、运用规律的能力）	可以进行五子棋比赛，采用三局两胜的方式，激发幼儿下棋的动力。

五、科学探索区 / 自然角的内容与指导

科学探索区 / 自然角是幼儿进行科学探究、观察自然与科学现象的区域。在科学活动区里通常也设有自然角，在自然角里种植与栽培植物，让幼儿观察植物的生长，参与照看植物等。该区活动主要培养幼儿在声、光、电、磁、力等科学方面的感知与探索，注重幼儿情感态度和探究兴趣的培养，通过对玩具、工具、材料等的操作，引发幼儿学会动手、动脑操作探究，并能表达交流、尝试独立或合作解决遇到的问题。

中班幼儿的观察能力有所发展，开始关注对象的特点、变化，喜欢交流他们的发现，

开始使用更多方法操作材料，包括使用一些工具探索，如，喜欢使用玩具扳手拧螺丝，或装拆一个小的设备等。科学探索区/自然角可以发展幼儿的探究与观察能力，进行科学的发现、思考，培养幼儿对科学和自然的兴趣。

（一）中班科学探索区/自然角的设置与材料提供

中班科学探索区/自然角布置在室内靠近窗户或阳台采光较好的地方，阳台、窗台向阳的地方可以设置成植物角、饲养角或操作台。班级活动室可用玩具柜隔出一个安静的、相对封闭的、临近水源、光源和电源，并且有足够的材料储存空间的操作台，向幼儿提供丰富多样的科学探索材料，为幼儿营造一个可以自由探索、充满神秘色彩的宽松的环境，并留出背景墙，方便教师提供科学实验的步骤图和幼儿记录探索过程。

中班科学探索区的材料建议分为玩具、工具、材料三类。玩具包括声、光、电、力、水、磁、空气和机械等相关玩具种类。如，声类玩具：传声、发声、声控玩具，声音游戏盒；光类玩具：反射玩具（液态万花筒）和折射玩具（三维空间、哈哈镜）；电类玩具：自发电玩具（手摇发电机、光电陀螺），电路玩具（电子积木）和电动玩具；力类玩具：重力（沙漏计时器、挂斗天平、撒棍、平衡蛋、木质抽棍）、压力（滚花器）、浮力、离心力、摩擦力玩具（一种玩具名称）；水类玩具：溶解（超级泡泡）水的游戏盒、喷水器、小水车、水枪；磁类玩具：磁性（碰碰车、叠叠乐）、磁力玩具（磁贴、钓鱼）；空气玩具：空气车、风筝、航模、小潜艇、吹球游戏；机械玩具：齿轮玩具（发条车、齿轮组合）和组装玩具。工具包括信息类和操作类，如，信息类工具：温度计、工具书籍、时钟（必备）；操作类工具：直尺、透明色板、计数材料、观察盒、漏斗、鱼缸、花盆、镊子、颜料吸管、筛子、放大镜（必备）。材料包括自然物、探究物和模型，如，自然物：植物标本、动物标本、沙石、虫鱼、花草（通常会将自然物安置在自然角）；探究物：磁块、皮毛、丝绸、透明色板、小弹簧、摩擦棍、颜料；模型：人体器官模型，常见家禽家畜、野生动植物模型等。[①]

（二）中班科学探索区/自然角的活动与指导

中班的自然角应种植一些易养活的植物，并为幼儿提供记录工具，如记录表或相机。还应为幼儿提供一些简单的传声玩具、电子积木、磁铁等材料和一些简单的科学工具，如

[①] 参照《北京市幼儿园玩具配备目录》。

放大镜、望远镜、潜望镜等材料。

1. 帮助与指导科学探索活动的开展

教师在活动区里的指导包括帮助、支持和鼓励幼儿扩展、丰富他们开展的活动。教师除了准备场景，准备提供的材料，还要在活动（游戏）中指导幼儿的活动发展。幼儿活动与游戏的发展指的是幼儿自身在活动与游戏中的内容、方式、玩法等方面的丰富与发展。

教师首先要观察幼儿的游戏，确定他们在玩什么、怎么玩、和谁玩、玩的时间长短等，根据幼儿当前活动来指导。指导中很重要的一点是不要干扰和影响幼儿的游戏，因为游戏本身就有促进幼儿学习与发展的功能，幼儿在认真地玩就是有价值的。教师的介入应该起到积极的作用，如成为他们的伙伴一起玩，在玩中影响、观察，然后再指导。其次要确定观察的角度，科学探索游戏中可以观察幼儿观察的方法、探究的方式、感兴趣的对象、操作物体的方式，他们是如何表现好奇心的，又出现哪些问题，如何提出问题并进一步加以探索。他们是否会提出自己的假定，并会检验是否这样等，他们表现出哪些有关自然和科学的知识，这些观察点可以成为教师指导的入口。

2. 支持中班科学探究活动案例

表 6-33　中班科学探究活动案例

活动过程	教师的教育与指导
（1）在观察与记录上：幼儿能否在植物角观察、记录种子发芽、生长的过程。	阐述教师对应于活动过程的指导： （1）教师和幼儿在班级的自然角或园所的种植园地进行种植活动，请幼儿照顾所种植的植物。为幼儿提供生长记录表、放大镜、尺子等工具，请幼儿借助工具记录植物的生长过程，如发芽、长叶、开花、结果、测量高度等。

续表

活动过程	教师的教育与指导
（2）对探索不同材料感兴趣：	（2）为幼儿提供各种操作材料，如光学材料、电学材料或磁铁等，教师引导幼儿探索不同材料的操作方法。
① 在探索摩擦生电的活动时，观察幼儿是否发现摩擦与静电之间的关系，能探索摩擦生电的新玩法。	① 教师为幼儿提供摩擦生电的一些材料，如：摩擦棒、梳子、碎纸片、丝绸、毛衣、毛皮、气球等材料，让幼儿探索吸起碎纸或把气球贴墙上的方法。
② 观察幼儿能否发现光的聚焦与镜片形状之间的关系，发现折射现象。	② 为幼儿提供放大镜、水碗（盆）、木棍（筷子）、纸，引导幼儿玩纸被点燃了和筷子弯曲了的游戏。
③ 玩不同形状的管子。	③ 为幼儿提供直管、弯管、三通管、小圆球、水、水杯、水盆等材料，让幼儿探索不同的物品（固体和液体）通过不同管道的变化。
（3）在生活中运用科学原理：幼儿能否把瓶中的铁质物品取出，观察幼儿是否想到使用磁铁。	（3）为幼儿提供磁铁、矿泉水瓶、曲别针、筷子、勺子和绳子等物质，让幼儿使用不同的工具取出矿泉水瓶里的曲别针。
（4）发现生活中的物理现象：观察幼儿能否发现材料粗糙程度与摩擦力和阻力之间的关系。	（4）为幼儿提供小汽车和不同粗糙程度的车道，让幼儿感受汽车在不同车道行驶需要施力的大小和同样的力在不同车道的行驶距离。

3. 在科学探索区/自然角实现学习与发展的目标

教师在活动区里的指导还包括在活动中促进、指导、帮助、鼓励幼儿的学习与发展。这部分的要点是发现该活动区与学习和发展目标相联系的游戏行为，并将该游戏行为所属的活动领域标示出来，如在科学探索区/自然角，幼儿邀请其他幼儿和他一起玩影子游戏，就是一个与实现社会领域目标有关的活动。在教师指导一栏中可以首先把有关的游戏情境写下来，再确定指导的要点，如教师可以鼓励幼儿这样的行为，帮助他完成邀请（如果被邀请的孩子没注意，教师可以提示说某某在邀请你玩呢）。

4. 中班科学探索区/自然角实现学习与发展目标案例

表6-34　中班科学探索区/自然角实现学习与发展目标案例

学习和发展目标	教师的指导
社会	阐述并举例在活动中哪些方面与实现社会领域目标有关，及如何促进幼儿社会领域方面目标的发展。 如： （1）在科学探索的过程中，通过用矿泉水瓶、打孔器、吸管和水等材质制作喷泉瓶，幼儿之间要运用协商、分工和合作等社交策略，共同参照制作流程图完成喷泉瓶。（社会领域目标：能与同伴友好相处，活动时愿意接受同伴的意见或建议） （2）幼儿根据区域规则轮流玩科学区的回力车、望远镜、潜水镜等。（社会领域目标：能与同伴友好相处，对大家都喜欢的东西能轮流玩并且懂得分享）
运动	阐述并举例在活动中哪些方面与实现运动领域目标有关，如何促进幼儿大肌肉和小肌肉运动能力的发展。 如： （1）鼓励幼儿在自然角为植物浇水、为小乌龟洗澡、为小金鱼换水，锻炼幼儿手部精细动作的发展。（运动领域目标：手的动作灵活协调） （2）通过组装电路、管道，锻炼幼儿的手眼协调能力和手指肌肉的灵活性和准确性。（运动领域目标：手的动作灵活协调）
科学/数学	阐述并举例在活动中哪些方面与实现科学、数学领域目标有关，及如何促进幼儿的科学与数学概念、技能的发展。 如： （1）在自然角投放不同的植物和小动物，通过幼儿亲自照顾这些动植物，了解植物的生长过程和动物生活习性。（科学领域目标：在探究中认识周围事物和现象，注意周围动植物的多样性） （2）在科学探索区/自然角投放各种形状的树叶标本和动物标本（蝌蚪、蝴蝶），引导幼儿观察叶子的形状和动物的生长过程。（科学领域目标：具有基本的探究能力，对感兴趣的东西能仔细观察）
语言	阐述并举例在活动中哪些方面与实现语言领域目标有关，及如何促进幼儿语言的发展。 如： （1）幼儿在科学探索区合作完成一个任务的时候，如何与同伴交流，如："根据示意图，你可以先做这个，我做这个……"遇到问题的时候，如何向同伴寻求帮助，如："你能帮帮我吗？"（语言领域目标：具有初步的阅读能力，能看懂示意图） （2）幼儿在科学探索区结束活动后向教师或幼儿分享自己的操作过程或实验结果，如："我做了摩擦生电的活动，我用毛衣擦了擦梳子，梳头发的时候，头发都立了起来。"（语言领域目标：愿意讲话并能基本完整地讲述实验过程）

续表

学习和发展目标	教师的指导
艺术	阐述并举例在活动中哪些方面与实现艺术领域目标有关，及如何促进幼儿艺术表现力与创造力的发展。 如： （1）通过制作搭建不同粗糙程度、不同坡度的车道，锻炼幼儿的构建能力，发展幼儿的空间位置关系。（艺术领域目标：具有初步的艺术表现能力、运用手工制作表现自己的想法） （2）将一些小的玻璃瓶刷上不同的颜色，装入大小不同、数量不同的物品，制作成风铃，既能锻炼幼儿运用、设计色彩的能力，又能锻炼幼儿对声音的敏锐性。（艺术领域目标：具有初步的艺术表现能力，运用绘画表达自己的想象力）

（三）活动区与领域活动及单元活动的延伸

中班活动区活动有一部分是中班领域活动或单元主题活动的延伸，幼儿可以自主选择，继续练习和拓展做相应的活动。

表 6-35　领域延伸活动举例

领域活动名称	有关材料	延伸活动与指导
如，运动领域活动"森林歌唱家"。	蝉的身体结构图、竹蝉、蝉的成熟幼虫。	把蝉的身体结构图和竹蝉投放到科学探索区，方便对蝉感兴趣的幼儿继续探索蝉的身体结构；还可以在自然角饲养一只蝉的成熟幼虫，请幼儿观察蝉脱壳的过程。

表 6-36　单元延伸活动举例

单元活动名称	有关材料	延伸活动与指导
如，单元活动"谷物飘香——香喷喷的玉米松饼"。	玉米棒、蒜臼（研磨器）、小麦、大米等粮食。	将玉米棒和蒜臼（研磨器）投放到科学探索区，并增加小麦、大米等粮食的投放，方便对种子碾压感兴趣的幼儿继续探索。

（四）中班科学探索区/自然角的教育计划

在总论部分介绍了活动区的教育计划，它的基本方法是教师针对目前的活动区的空间设置、材料提供以及幼儿的活动情况提出一个丰富与发展幼儿活动的计划，并评价这个计划的实施情况，提出修改意见，再进行观察，了解新计划的发展情况，以便更有效地进行指导。教师在使用下面的计划表格做计划时，需要包含对活动本身的丰富、扩展与对幼儿的指导，也需要包括在活动中如何实现学习与发展目标的构想。教师需要从这两个方面评估与反思，不断改进活动区的教育效果。

1. 活动区计划表格

表 6-37　活动区计划

班级：　　　活动区名称：　　　开展时间：　　　限制人数：

指导计划	评定
1. 当前活动区的材料和进行的活动。	对幼儿的兴趣和进行的活动做初步的评定，发现需要改进、扩展的方面。
2. 计划提供新的材料，期望引起的活动。	教师观察提供的新材料是否引起所期望的活动。
3. 计划在扩展幼儿活动和兴趣方面的指导。	指导的效果如何，幼儿的反应如何。
4. 计划在实现学习与发展目标上的指导。	指导的效果如何，幼儿的反应如何。

2. 中班科学探索区／自然角活动计划案例

表 6-38　中班科学探索区／自然角活动计划案例（1）

班级：中班　　　活动区名称：科学探索区／自然角　　　开展时间：第 N 周　　　限制人数：

指导计划	评定
当前活动区的材料和进行的活动 幼儿对电路感兴趣。	喜欢玩电路玩具。
计划提供新的材料，期望引起的活动 为幼儿提供手摇发电机、电子积木、电路板等材料。	分批投放不用的电路玩具，如先投放手摇发电机，两周后投放电子积木或电路板。
计划在扩展幼儿活动和兴趣方面的指导 教师展示成品，提供操作图。	教师根据操作图，示范组装过程。
计划在实现学习与发展目标上的指导 幼儿能根据操作图完成手摇发电机的组装（语言领域目标：具有初步的阅读能力，能看懂示意图），并探索电子积木的多种玩法（艺术领域目标：发展创造力）。	幼儿能按照步骤图完成手摇发电机的组装，喜欢玩电子积木，有电子积木的新玩法。

表 6-39　中班科学探索区/自然角活动计划案例（2）

班级：中班　　活动区名称：科学探索区/自然角　　开展时间：第 N 周　限制人数：

指导计划	评定
当前活动区的材料和进行的活动 幼儿对阻力、摩擦力和惯性感兴趣。	有兴趣探索生活中不同的力。
计划提供新的材料，期望引起的活动 提供不同倾斜度的坡行滑道和不同材质的道路，如磨砂道路、隔离带道路、肥皂水道路。	教师在提供材料的时候，可以每次提供一个维度的材料，如先提供不同的倾斜度的斜坡，再提供相同倾斜度不同材质的道路。
计划在扩展幼儿活动和兴趣方面的指导 教师让幼儿提前用预测的方法，预测小车在哪种倾斜度的斜坡上跑得更远，以及小车在哪种材质的路面上跑得更远。引导幼儿设计汽车比赛的规则。	为幼儿提供相同的车、卷尺，引导幼儿在操作过程中保证车的种类一致，用卷尺测量距离。
计划在实现学习与发展目标上的指导 幼儿通过教师提供的材料能探索车在斜坡上的惯性、与地面的摩擦力、会遇到的阻力。（科学领域目标：在探究中认识周围事物和现象，探索并发现常见的物理现象产生的条件和在生活中的应用）	对力感兴趣，喜欢探究力的种类、产生的原因、影响力大小的原因、在生活中的运用。

表 6-40　中班科学探索区/自然角活动计划案例（3）

班级：中班　　活动区名称：科学探索区/自然角　　开展时间：第 N 周　限制人数：

指导计划	评定
当前活动区的材料和进行的活动 感知空气的存在，对空气的流动性感兴趣。	喜欢探究空气，对风的形成感兴趣。
计划提供新的材料，期望引起的活动 为幼儿提供制作风车的材料：纸、软木棒（高粱秆）、大头钉。	可以为幼儿提供一些手摇风扇、电吹风或班级内的电风扇。
计划在扩展幼儿活动和兴趣方面的指导 教师为幼儿提供制作风车的步骤图，为幼儿示范风车的做法。	教师提供步骤图，示范怎样按照步骤图组装风车。
计划在实现学习与发展目标上的指导 幼儿能够利用纸盒、剪刀等工具折出、裁出风车的模型，能边角对折，能用大头钉固定（运动领域目标：手指的协调能力）。根据支架的结构布置风车的颜色顺序（艺术领域目标：创造性地用色彩搭配的方式表达自己的想法）。	能完成折风筝、组装风车的活动。喜欢玩风车，知道风车转速度与风的大小之间的关系。

六、美工区的内容与指导

美工区是指幼儿用各种美工材料制作与创作美术作品的区域。幼儿通过体验绘画、民间艺术和手工等的制作过程，对已有经验进行表现、整合、理解和提升，按照自己的意愿和兴趣来表达自己的体验和情感，施展自己的才能。因此多样化的工具、材料及表达形式，有助于幼儿拓展认知视野和形成独特的审美经验，获得精神上的满足。

中班幼儿活动时间持续性水平较高，绘画时开始关注同伴的作品，模仿同伴的绘画技巧并相互交流讨论，能从选择一种颜色画画发展为选择多种喜欢的颜色大胆画画；在绘画中对事物的表现方法常伴有"透视现象"，如，书包里的东西都能看到，甚至逐渐有遮挡的表现，同时能够尝试用绘画表现心情与感受，但是在绘画形象时还不能注意到个体与其他部分的大小比例关系。

（一）中班美工区的设置与材料提供

中班美工区选择的位置最好靠近窗台，以确保有充足的光线，同时，尽量靠近水源，以方便幼儿自由取水、换水。创设的活动空间要大，用玩具柜隔出独立的区域空间，桌面大小则以能同时容纳5—6名幼儿进行绘画活动为宜，桌面可采用易清洁的塑料制品做铺垫，靠近的区域不宜太喧哗，可与科学探索区/自然角、益智区相邻，远离角色游戏区、戏剧表演区。区域内最好能开辟出一块供幼儿展示作品的墙面或台面，使幼儿有机会展示自己的作品。

中班美工区的材料建议为绘画类和制作类两种。绘画类包括：笔（12色水彩笔/油画棒/蜡笔、黑色软头水彩笔、黑色签字笔、水粉笔、大楷笔）；纸/布（图画纸、异型绘画纸、水粉纸、各色卡纸、彩色复印纸、宣纸、刮画纸、砂纸等画纸，亚麻布、的确良布、白棉布、针织布等画布）；绘画工具（粗/细棉、刮画笔、滚子、滚珠、喷壶/吹管、调色板、模型板），绘画材料（水粉色、水彩色、国画颜料、彩砂、丙烯颜料）和欣赏画（中西近代大师画作印刷品、临摹品）。制作类包括民间艺术类和手工制作类，民间艺术类，如，种类（风筝、扎染、陶艺、面具、剪纸），材料（风筝胚子、白布、染料、线绳、陶土、黄泥、面具胚子、白卡面具、模板面具、彩色工艺纸）和工具（泥工板、塑料切刀、拉胚机、模具、剪刀）等；手工制作类，如，种类（软纸工、硬纸工、泥工、小制作），材料（胶带手工纸、皱纹纸、彩色卡纸等美工纸，面泥、胶泥、软陶、彩泥等塑形泥，毛根、绒球、纺织品、自然物等造型物，塑料眼睛、光片异型木片、异型画纸等半成品）和工具（普通剪刀、花边剪刀、泥板、模具、胶棒、滚花器）。[①]

（二）中班美工区的活动与指导

中班年龄阶段的幼儿乐于参加美工活动，愿意积极尝试独立完成自己选择的活动内容。他们能够掌握正确的握笔方法和作画的姿势，能选择与物体相似的颜色，按自己的意愿有目的地配色，并能用拼贴、折叠、造型等方法表现物体的基本轮廓和主要特征，在活动中有自己的想法，不一味地模仿。除此之外，还能够专心地欣赏自己喜欢的艺术作品，关注其色彩、形态等特征，并且还会养成有序收整工具、材料的好习惯。同时，幼儿也能用语言表述作品的主题和基本内容，并进行简单评价。

1. 帮助与指导美工区活动的开展

教师在活动区里的指导包括帮助、支持和鼓励幼儿扩展、丰富他们开展的活动。教师除了准备场景，准备提供的材料，还要在活动（游戏）中来指导幼儿的活动发展。幼儿活动与游戏的发展指的是幼儿自身在活动与游戏中的内容、方式、玩法等方面的丰富与发展。

教师观察幼儿的游戏，首先要确定他们在玩什么、怎么玩、和谁玩、玩的时间长短等，根据幼儿当前活动来指导。指导中很重要的一点是不要干扰和影响幼儿的游戏，因为游戏本身就有促进幼儿学习与发展的功能，幼儿在认真地玩就是有价值的。教师的介入应该起到积极的作用，如成为他们的伙伴一起玩，在玩中影响、观察，然后再指导。其次，要确定观察的角度，在美工区可以观察幼儿在美工活动中学习有关美工技巧的掌握情况，小肌肉的动作发展，握笔与控制美工工具的情况，幼儿所表现的内容、情感、表征对象的特点，这些可以成为教师指导的入口。

2. 发展中班美工区活动案例

表 6-41　中班美工区活动案例

活动过程	教师的教育与指导
以该活动区的活动为例，描述幼儿的主要活动过程，如：	阐述教师对应于活动过程的指导：

[①] 参照《北京市幼儿园玩具配备目录》。

续表

活动过程	教师的教育与指导
（1）作品欣赏：观察幼儿观看、欣赏作品时的表情，询问幼儿观看作品的感受，关注那些对作品没有感觉的幼儿。 （2）工具选择：在区域中观察幼儿能否自主地选择美术工具并熟练地使用。 （3）作品创作：观察幼儿在区域中能否用废旧物品进行创作。	（1）可以提供各种特点明显的作品（立体、平面），教师引导幼儿欣赏艺术作品。如教师提供各种各样的水果彩泥模型，让幼儿认识水果的形状和色彩。 （2）可以提供剪刀、壁纸刀、水彩笔、双面胶、胶棒等工具和各种工具的使用示意图，并设计具体的活动以锻炼幼儿使用工具的技巧，如剪小兔子，把老师塑封好的小兔子按照轮廓剪下来，用毛根做成小兔子的头饰。在投放工具时可以根据作品需要分阶段投放。 （3）在区域里投放各种废旧材料，如矿泉水瓶、酸奶盒、瓶盖、水果网、鸡蛋壳、干果壳，教师可根据领域活动和单元活动创作作品。

3. 在美工区实现学习与发展的目标

教师在活动区里的指导还包括在活动中促进、指导、帮助、鼓励幼儿的学习与发展。这部分的要点是发现该活动区与学习和发展目标相联系的游戏行为并将该游戏行为所属的活动领域标示出来，如在美工区，幼儿邀请其他幼儿和他一起玩剪纸，就是一个与实现社会领域目标有关的活动。在教师指导一栏中可以首先把有关的游戏情境写下来，再确定指导的要点，如这时教师可以鼓励幼儿这样的行为，帮助他完成邀请（如果被邀请的孩子没注意，教师可以提示说某某在邀请你玩呢）。

4. 在中班美工区实现学习与发展目标案例

表 6-42　中班美工区实现学习与发展目标案例

学习和发展目标	教师的指导
社会	阐述并举例在活动中哪些方面与实现社会领域目标有关，及如何促进幼儿社会领域方面目标的发展。 如：

续表

学习和发展目标	教师的指导
社会	（1）幼儿分享自己的手工作品，如把自己的画在其他幼儿生日或教师节的时候送出。（社会领域目标：知道关心他人，并送出自己的祝福） （2）在班级或园所做大的背景环创的时候，幼儿愿意并能成功完成教师分配给自己的任务。（社会领域目标：喜欢承担一些小任务）
运动	阐述并举例在活动中哪些方面与实现运动领域目标有关，及如何促进幼儿大肌肉和小肌肉运动能力的发展。 如： （1）在美工区活动中，幼儿越来越多地需要使用剪刀，幼儿可以学会正确使用剪刀，如：握剪刀的姿势，剪的时候拇指和食指的配合。（运动领域目标：手指的协调性和控制能力） （2）在幼儿学习向中心折、对角折、对称折、双三角、双正方的折法的时候，需要双手的配合和对纸的观察把握。（运动领域目标：手眼协调）
科学/数学	阐述并举例在活动中哪些方面与实现科学、数学领域目标有关，及如何促进幼儿科学与数学概念、技能的发展。 如： （1）了解剪刀的工作原理——杠杆原理。知道把要剪的东西放在剪刀的后端才会省力，前端比较费力。（科学领域目标：感知和发现简单的物理现象） （2）在幼儿玩吹画的过程中，教师引导幼儿观察吹管远近和吹的力度对液体颜料走向的影响，通过控制吹管的距离和吹的力度，进行美术作品创作。（科学领域目标：喜欢探究，喜欢动手、动脑探索物体和材料）
语言	阐述并举例在活动中哪些方面与实现语言领域目标有关，及如何促进幼儿语言的发展。 如： 在绘画的过程中，幼儿在教师引导下学会正确的画画姿势，背挺直，头距离桌面20厘米，不斜着、不趴着画画。（语言领域目标：具有初步的书面表达技能）
艺术	阐述并举例在活动中哪些方面与实现艺术领域目标有关，及如何促进幼儿艺术表现力与创造力的发展。 如： （1）通过欣赏名画、工艺品及同伴作品，让幼儿体会山川河流、植物、动物和生活中事物的美好，引导幼儿关注其色彩、形态的特征。（艺术领域目标：感受艺术作品的美好） （2）能够体会欣赏的情绪和情感，能够用绘画、捏泥或手工制作的方式来表达自己的情绪、情感和想象力，如创作一幅《我去其他星球动物园》的作品。（艺术领域目标：具有艺术感知能力和创作能力）

（三）活动区与领域活动及单元活动的延伸

中班活动区活动有一部分是中班领域活动或单元主题活动的延伸，幼儿可以自主选择，继续练习和拓展相应的活动。

表6-43　领域延伸活动举例

领域活动名称	有关材料	延伸活动与指导
如，视觉艺术领域活动"我的彩虹世界"。	彩色沙（每人一套）、沙画纸（多张）、小木棒或棉签（每人多根）、普通沙子、水溶颜料（稀释好的）、白色盘子（一次性）、垃圾桶、沙画图片等。	在美工区投放足够的纸张、胶水、油画棒等工具，幼儿可以将自己制作的彩沙拿来进行创作。可先在纸张上画出自己喜欢的形状，想在哪个地方铺沙就在哪个区域涂上胶水，涂完就可以进行创作了。

表6-44　单元延伸活动举例

单元活动名称	有关材料	延伸活动与指导
如，单元活动"昆虫王国——昆虫躲猫猫"。	昆虫隐藏在植物中的图片、白色纸张、油画棒、彩笔、色卡纸、海绵纸、胶水、剪刀等材料。	在美工区投放各种颜色的纸张和工具，请幼儿根据昆虫的特征为自己设计一对有特色的翅膀，翅膀的大小、颜色以及图案让幼儿根据提供的材料进行设计，教师协助幼儿在翅膀上固定绳索帮幼儿戴上翅膀。

（四）中班美工区的教育计划

在总论部分介绍了活动区的教育计划，它的基本方法是教师针对目前的活动区的空间设置、材料提供以及幼儿的活动情况提出一个丰富与发展幼儿活动的计划，并评价这个计划的实施情况，提出修改意见，再进行观察，了解新计划的发展情况，以便更有效地进行指导。教师在使用下面的计划表格做计划时，需要包含对活动本身的丰富、扩展与对幼儿的指导，也需要包括在活动中如何实现学习与发展目标的构想。教师需要从这两个方面评估与反思，不断改进活动区的教育效果。

1. 活动区计划表格

表 6-45　活动区计划表

班级：　　　　　活动区名称：　　　　　开展时间：　　　　　限制人数：

指导计划	评定
1. 当前活动区的材料和进行的活动。	对幼儿的兴趣和进行的活动做初步的评定，发现需要改进、扩展的方面。
2. 计划提供新的材料，期望引起的活动。	教师观察提供的新材料是否引起所期望的活动。
3. 计划在扩展幼儿活动和兴趣方面的指导。	指导的效果如何，幼儿的反应如何。
4. 计划在实现学习与发展目标上的指导。	指导的效果如何，幼儿的反应如何。

2. 中班美工区活动计划案例

表 6-46　中班美工区活动计划案例（1）

班级：中班　　　活动区名称：美工区　　　开展时间：第 N 周　　　限制人数：

指导计划	评定
当前活动区的材料和进行的活动 可爱的瓶子动物。	喜欢用废旧材料进行创作。
计划提供新的材料，期望引起的活动 各种形状的瓶子，各色太空泥，彩绳，皱纹纸，各种颜色的扣子，玉米、花生等颗粒较大的种子。	分层次地投放材料，可先投放一些简单易操作的材料，如太空泥、皱纹纸，随着幼儿经验的增加，可投放绳子、扣子、种子等多种材料。
计划在扩展幼儿活动和兴趣方面的指导 为幼儿提供各种艺术造型的瓶子图片，教师引导幼儿选择自己喜欢的材料，在瓶子上按照自己的意愿进行简单的创作。	对不同的幼儿进行不同的引导，针对能力较强的幼儿可以引导其借助瓶子的造型创作形象，能力较弱的幼儿可引导其在瓶身上创作自己喜欢的动物形象。
计划在实现学习与发展目标上的指导 能利用瓶子的形状进行大胆想象，塑造简单的动物形象，体验创作的乐趣。（艺术领域目标：艺术表达和创造能力）	观察幼儿利用材料在瓶子上创作的过程，了解幼儿创作意图。注意幼儿的专注力和情绪，以及色彩的搭配和表达。

表6-47 中班美工区活动计划案例（2）

班级：中班　　　　活动区名称：美工区　　　　开展时间：第 N 周　　　　限制人数：

指导计划	评定
当前活动区的材料和进行的活动 对简单剪纸感兴趣。	对剪纸感兴趣。
计划提供新的材料，期望引起的活动 色彩鲜艳的剪纸、剪刀、白胶。	为幼儿提供不同形状、颜色的剪纸。
计划在扩展幼儿活动和兴趣方面的指导 通过欣赏各种各样的美丽剪纸，激发幼儿对剪纸的兴趣，提供各种简单剪纸的步骤图，让幼儿练习剪纸技巧，熟练后创作自己的剪纸作品。	引导幼儿尝试不同的剪纸方法，如：对折剪、旋转剪。
计划在实现学习与发展目标上的指导 感受简洁、夸张的剪纸作品（运动领域目标：手眼协调，手指控制能力），并用简洁、夸张的剪纸方式创作剪纸作品（艺术领域目标：艺术表达和创造能力）。	观察幼儿关于彩纸的选择和使用情况，了解幼儿的创作意图和剪纸技巧。

表6-48 中班美工区活动计划案例（3）

班级：中班　　　　活动区名称：美工区　　　　开展时间：第 N 周　　　　限制人数：

指导计划	评定
当前活动区的材料和进行的活动 对刮画感兴趣。	喜欢玩刮画。
计划提供新的材料，期望引起的活动 刮画纸、刮画笔。	为幼儿补充创作主题的图片，如：各种机械车的图片。
计划在扩展幼儿活动和兴趣方面的指导 各种各样的刮画作品，如引导幼儿用刮画笔画出矿工工作的场景，教师可以利用图书或网络让幼儿充分了解矿工的工作，用刮画笔的时候引导幼儿用笔做挖掘工具，在两条线之间按照自己的意愿画出矿工工作的工作场景。	引导幼儿在反复的尝试中刮画出不同形态的任务形象，如卡车、吊车等工具车；在刮画的过程中如需要细线条的话，启发幼儿用尖的那一头，需要刮画大色块时，用粗的那一头。
计划在实现学习与发展目标上的指导 能正确、巧妙地使用刮画笔，进行不同形态的刮画作品。（艺术领域目标：艺术表达和创造能力）	观察幼儿能否刮画出不同形态工作的矿工，如挖洞的、运矿石的等。

七、图书/语言角的内容与指导

图书/语言角是提供各种读物、纸、笔等来满足幼儿读、写需要的区域。图画书、图片、绘本、有声读物、电子图书等各种读物能够激发幼儿阅读的兴趣,培养他们良好的阅读习惯,帮助他们掌握阅读的方法;纸、笔等可以满足幼儿写的需求。中班幼儿喜欢与他人一起看书,能大方地在集体面前说话、讲故事;有主动探索文字的愿望,开始对阅读图书与画面直接对应关系的文学感兴趣;对电子图书兴趣浓厚;无法做到认真阅读,很快就会去换另一本,在介绍书的内容时,只能说出少部分内容。

(一)图书/语言角的设置与材料提供

图书/语言角最好选择靠近光源、安静的角落,可以与美工区、益智区、科学探索区/自然角相邻,区内环境要温馨舒适,可增添动物沙发、卡通坐垫等材料。图书区的色彩设置应使用清新淡雅的风格,如淡蓝色、草绿色、嫩黄色等。投放图书的种类要丰富,应包含故事童话类、科普类、益智类、行为习惯养成类等。还需要提供一些辅材,如木偶、手偶、指偶、故事机、点读笔等。

中班图书/语言角的材料建议为图画书、图片、有声读物三种类型。图画书包括经典童话、心理故事、科普知识(多材质、异型、立体)图书;图片包括排序讲述卡、动植物图卡、大挂图;有声读物包括配音故事磁带、光盘、录音带等。中班年龄阶段幼儿分辨是非的能力显著增强,要提供一些图文并茂、故事内容生动有趣、情节稍微曲折、内容健康向上、画面生动活泼、人物善恶分明、以动物为主的图书,如《都是蜗牛引起的》《鸭子骑车记》。[①]

(二)中班图书/语言角活动与指导

中班年龄阶段幼儿能大体讲出所听故事的主要内容,能根据连续画面提供的信息,大致说出故事的情节,能随着作品的展开产生喜悦、担忧等相应的情绪反应,能体会作品所表达的情绪情感,喜欢与同伴分享故事。

---

① 参照《北京市幼儿园玩具配备目录》。

1. 帮助与指导图书／语言角活动的开展

教师在活动区里的指导包括帮助、支持和鼓励幼儿扩展、丰富他们开展的活动。教师除了准备多类图书，准备辅助的材料，还要在活动（游戏）中来指导幼儿的活动发展。幼儿活动与游戏的发展指的是幼儿自身在活动与游戏中的内容、方式、玩法等方面的丰富与发展。

教师观察幼儿的游戏，首先要确定他们在玩什么、怎么玩、和谁玩、玩的时间长短等，根据幼儿当前活动来指导。指导中很重要的一点是不要干扰和影响幼儿的游戏，因为游戏本身就有促进幼儿学习与发展的功能，幼儿在认真地玩就是有价值的。教师的介入应该起到积极的作用，如成为他们的伙伴一起玩，在玩中影响、观察，然后再指导。其次要确定观察的角度，图书／语言角可以观察幼儿对图书的兴趣，阅读的方式，对故事里人物、情节、对话等的理解与模仿，对文字的兴趣等，帮助幼儿提高阅读、文字兴趣，发展语言各方面能力。

2. 发展中班图书／语言角活动案例

表6-49 中班图书／语言角活动案例

活动过程	教师的教育与指导
以该活动区的活动为例，描述幼儿的主要活动过程，如： （1）故事讲述能力：喜欢讲故事，能在班级里大胆、自信、生动地讲故事。	阐述教师对应于活动过程的指导： （1）每周有一天为故事分享日，如周三。想分享故事的幼儿在这一天准备好故事书和故事内容，与同伴进行故事分享，在分享开始前教师示范互动式讲故事的方法，如"蜗牛遇到猪的时候说了什么？猪遇到兔子的时候说了什么？"听故事的教师也可对讲故事的幼儿进行提问，如"为什么猪认为兔子胆小？"教师引导幼儿在讲故事的时候借助班级里的道具，并示范用道具讲故事的方法。教师示范在讲故事的时候怎样使用肢体动作、表情和语气词。
（2）图书／语言角的游戏：喜欢玩图书／语言角的自制游戏，如：玩形容词的游戏，了解游戏的规则和玩法。	（2）为幼儿提供图卡和形容词词卡，图卡上的字和形容词词卡上的字的颜色相同，如红色的苹果、快乐的小鸟、奔跑的山羊等，教师引导幼儿玩图卡和词卡配对的游戏，开始的时候可以在图卡和词卡的背面标有相同的阿拉伯数字。
（3）信息汇总表达能力：在班级设"新闻角"，收集身边重大或有趣的事。	（3）在班级设计"新闻角"，用来收集幼儿从图书、电视、电脑或他人讲述等途径获取的信息，请幼儿把自己身边的大事用海报的形式在"新闻角"展示，如：幼儿画一幅关于秋季运动会上发生的事的图画，贴在"新闻角"。

3. 在图书/语言角实现学习与发展的目标

教师在活动区里的指导还包括在活动中促进、指导、帮助、鼓励幼儿的学习与发展。这部分的要点是发现该活动区与学习和发展目标相联系的游戏行为，并将该游戏所属的活动领域标识出来，如在图书/语言角，幼儿邀请其他幼儿和他一起玩看图说故事的游戏，就是一个与实现社会领域目标有关的活动。在教师指导一栏中可以首先把有关的游戏情境写下来，再确定指导的要点，如这时教师可以鼓励幼儿这样的行为，帮助他完成邀请（如果被邀请的孩子没注意，教师可以提示说某某在邀请你玩呢）。

4. 中班图书/语言角实现学习与发展目标案例

表6-50　中班图书/语言角实现学习与发展目标案例

学习和发展目标	教师的指导
社会	阐述并举例在活动中哪些方面与实现社会领域目标有关，及如何促进幼儿社会领域方面目标的发展。 如： （1）在图书/语言角投放各种关于职业类别的图书，如《我的第一次飞行》，让幼儿了解社会上不同的职业，了解爸爸妈妈的职业。通过了解不同职业的工作性质和工作任务，体会爸爸妈妈工作的辛苦和为自己的付出，学会关心、尊重爸爸妈妈。（社会领域目标：关心尊重他人） （2）在图书/语言角投放一些关于社会行为养成的图书，如放置有关怎样帮助他人、怎样尊重他人、如何解决与同伴的矛盾等主题的图书，让幼儿通过阅读绘本获得与人交往的策略，在幼儿遇到问题时教师可引导幼儿用绘本上的策略解决社会交往问题。（社会领域目标：遵守基本的行为规范）
运动	阐述并举例在活动中哪些方面与实现运动领域目标有关，如何促进幼儿大肌肉和小肌肉运动能力的发展。 如： （1）教师带领幼儿一起制作剪贴图书，教师为幼儿提供各种剪贴画、剪刀、胶水、双面胶、胶棒、白板书（装订成册，没有内容的图书），教师引导幼儿用剪刀把自己需要的图片剪下来，按照顺序贴在白板书上。（运动领域目标：手指的灵活性和控制能力，手眼协调能力） （2）教师定期带领幼儿修补图书，在修补图书的过程中，让幼儿掌握书籍修补的方法和书页修补的方法。（运动领域目标：手指的灵活性和控制能力，手眼协调能力）

续表

学习和发展目标	教师的指导
科学/数学	阐述并举例在活动中哪些方面与实现科学、数学领域目标有关，及如何促进幼儿的科学与数学概念、技能的发展。 如： （1）在图书/语言角投放与科学探索区/自然角相关联的图书，如在科学探索区/自然角的植物角探索种植发芽的过程中，图书/语言角与之相对应，投放一些关于种子和植物生长的图书，方便幼儿进行探索活动的资料收集。（科学领域目标：具有初步的探究能力） （2）在图书/语言角投放故事骰子，让幼儿创编故事。投放的骰子主要是有关故事的时间、地点和天气，如，时间：早上（日出）、中午（日中）、傍晚（日落），或早上（上幼儿园）、中午（午睡）、下午（离开幼儿园），或白天（白色）、晚上（黑色）。幼儿通过掷骰子，决定故事的时间、地点、天气等客观因素，进行创编故事。（科学领域目标：认识时间、天气，对身边的事物感兴趣）
语言	阐述并举例在活动中哪些方面与实现语言领域目标有关，及如何促进幼儿语言的发展。 如： （1）在图书/语言角创设看图讲故事的环境，定期为幼儿提供不同内容的图片（可以是自制的，也可以是截取绘本上的），请幼儿根据图片续编或猜故事，并把自己续编或猜的故事讲述给其他的幼儿或教师。（语言领域目标：具有初步的阅读能力，能根据连续的画面提供的信息，大致说出故事的情节） （2）教师引导幼儿根据故事进行创作，或用简单的符号把自己听到的新闻或听到的故事表达出来。（语言领域目标：具有书面表达的初步技能）
艺术	阐述并举例在活动中哪些方面与实现艺术领域目标有关，及如何促进幼儿艺术表现力与创造力的发展。 如： 为幼儿投放与图书里主人公颜色相同或接近的轻黏土，幼儿可以自己制作故事里的主人翁，并用制作好的玩偶当作道具，用来讲故事或表演故事的情节。（艺术领域目标：具有初步的艺术表现和创作能力）

（三）活动区与领域活动及单元活动的延伸

中班活动区活动有一部分是中班领域活动或单元主题活动的延伸，幼儿可以自主选择，继续练习和拓展相应的活动。

表 6-51　领域延伸活动举例

领域活动名称	有关材料	延伸活动与指导
如，语言领域活动"七彩下雨天"。	《七彩下雨天》绘本故事等相关阅读材料。	在图书/语言角投放《七彩下雨天》和其他内容相关的绘本图书，幼儿可以自主阅读，教师和幼儿可以一起分享图书内容。

表 6-52　单元延伸活动举例

单元活动名称	有关材料	延伸活动与指导
如，单元活动"端午节——粽子里的故事"。	《粽子里的故事》绘本，用卡通画纸包的纸粽子若干。	在图书/语言角投放《粽子里的故事》绘本和其他相关图书，幼儿可以自主阅读，幼儿和教师还可以一起分享纸粽子里的故事。

（四）中班图书/语言角的教育计划

在总论部分介绍了活动区的教育计划，它的基本方法是教师针对目前的活动区的空间设置、材料提供以及幼儿的活动情况提出一个丰富与发展幼儿活动的计划，并评价这个计划的实施情况，提出修改意见，再进行观察，了解新计划的发展情况，以便更有效地进行指导。教师在使用下面的计划表格做计划时，需要包含对活动本身的丰富、扩展与对幼儿的指导，也需要包括在活动中如何实现学习与发展目标的构想。教师需要从这两个方面评估与反思，不断改进活动区的教育效果。

1. 活动区计划表格

表 6-53　活动区计划表

班级：　　　　活动区名称：　　　　开展时间：　　　　限制人数：

指导计划	评定
1.当前活动区的材料和进行的活动。	对幼儿的兴趣和进行的活动做初步的评定，发现需要改进、扩展的方面。
2.计划提供新的材料，期望引起的活动。	教师观察提供的新材料是否引起所期望的活动。
3.计划在扩展幼儿活动和兴趣方面的指导。	指导的效果如何，幼儿的反应如何。
4.计划在实现学习与发展目标上的指导。	指导的效果如何，幼儿的反应如何。

2. 中班图书/语言角活动计划案例

表6-54　中班图书/语言角活动计划案例（1）

班级：中班　　　活动区名称：图书/语言角　　　开展时间：第 N 周　　　限制人数：

指导计划	评定
当前活动区的材料和进行的活动 对词卡接龙感兴趣。	幼儿喜欢玩文字游戏。
计划提供新的材料，期望引起的活动 自制词卡（如，椰树、树木、木马、马车、车轮、轮胎、胎儿、儿童、童装），小筐子。	相同的字用同样的颜色，一个词卡系列用相同颜色的背景板，词卡上的图片具有童趣，让幼儿能通过卡片上的图认识卡片上的字。
计划在扩展幼儿活动和兴趣方面的指导 教师为幼儿提供各种样子的底板，如火车、马车、气球等不同形状的底板，教师可以和幼儿一起制作底板或词卡。教师可以为幼儿提供柔软的地毯、舒适的地垫或足够长度的桌面，鼓励幼儿进行词语接龙比赛，看谁在规定时间内接的词最多。	在幼儿玩词语接龙的游戏过程中，教师注意引导幼儿：前一个词的最后一个字是否与后一个词的前面的字相同，完成后，请幼儿进行检查，可用在词卡后面标记数字的方式，让幼儿检查是否按顺序排列。
计划在实现学习与发展目标上的指导 幼儿喜欢成语接龙，知道成语接龙的规则和玩法，锻炼幼儿的思维敏捷能力、丰富幼儿的词汇量，使其体会到运用语言的乐趣。（语言领域目标：具有初步的阅读理解能力，丰富幼儿的词汇）	幼儿喜欢玩词语接龙的游戏，在游戏中，幼儿情绪愉悦，反应迅速。还可以把词语接龙游戏拓展为成语接龙的游戏，加大任务难度，继续丰富幼儿的词汇量。

表6-55　中班图书/语言角活动计划案例（2）

班级：中班　　　活动区名称：图书/语言角　　　开展时间：第 N 周　　　限制人数：

指导计划	评定
当前活动区的材料和进行的活动 对名字里面的字感兴趣。	幼儿喜欢玩识字游戏。
计划提供新的材料，期望引起的活动 姓名台历。	教师用旧台历制作班级幼儿姓名台历，把每张台历纸平均分成三份（班级没有四个字名字的幼儿），把幼儿的姓名打印出来，贴在台历纸上（如果是两个字的名字，把姓贴在台历纸上的第一部分，名字贴在第三部分）。

续表

指导计划	评定
计划在扩展幼儿活动和兴趣方面的指导 　　教师向幼儿介绍姓名台历的玩法，请幼儿翻动台历，在台历里寻找自己的名字、找自己好朋友的名字、数一数班里有几个幼儿跟自己姓一样，几个幼儿跟自己的名字一样。	可以丰富姓名台历的内容，如把教师的名字、园长的名字或家长的名字加入，增加幼儿的认字量。
计划在实现学习与发展目标上的指导 　　幼儿能认识自己的名字里的字，对班级幼儿的名字感兴趣，能快速地翻找出自己的名字（语言领域目标：具有初步的阅读理解能力，丰富幼儿的词汇），并能用姓名台历给自己起新的名字（艺术领域目标：具有初步的创造力）。	观察幼儿是否喜欢翻阅姓名台历，能在姓名台历中认出自己的名字；过一段时间后能认识台历上所有的汉字并能用姓名台历玩组词、造名的文字游戏。

第七章

中班领域活动指导与活动案例

领域活动是课程的重要部分，7个领域活动：运动、社会、语言、逻辑数学、科学、视觉艺术和音乐，分别提供了每个领域学习与发展需要的经验，每个任务都是根据该年龄段幼儿的年龄特点、兴趣和学习与发展的目标设计的。教师可以根据领域活动涉及技能的难易程度从推荐的教案中选择与安排领域活动。这些活动的教案只供参考，教师可以根据幼儿的兴趣和幼儿园实际情况对活动的材料和过程加以修改。领域活动中的评价与活动建议栏目，为教师提供了可观察的视角和根据幼儿可能的表现提出的建议，教师应该在实际的活动中观察与指导幼儿，并根据情况提出相应的建议。此外，在领域活动中要求给予幼儿应用多元智能的机会，教师需要在了解每个幼儿的智能组合的基础上，来充分利用他们的优势智能，以便更好地实现学习与发展的目标。

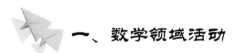
一、数学领域活动

数学领域活动是着眼于感知生活中的数学，理解数、量、数量关系和感知形状与空间等方面的学习与发展的活动。这个领域通常设计诸如比较、匹配、数数、排列、分组、排序、形状认知、测量、计算活动来支持幼儿在这些方面的学习与发展。

（一）概述

刚进入4岁的时候，有些孩子对数的认识还仅限于5以内，能够把5以内的数目与数字配合起来，对数的认识开始向10发展。就数数而言，他们可以数到10，甚至20，但是对数的顺序有时还会出错。这个年龄真正掌握对数的理解，大部分只限于10以内，能够数 10 以内物体的数目，根据数字拿出相同数目的物体等。这个年龄的幼儿一般都能从 1—5 之间任意数开始数，有些幼儿能够说出某一数字前后的数字（有序数的概念），能从 10 倒数到 5，甚至向上数到 100。开始认识十位上的数，如 27，2 代表 20。他们能够知道大的数字也代表多的数目或物体，知道 10 以内的相邻数，知道大数比小数多，也大概知道两个数的相隔距离，如 5 离 3 近，离 9 远，知道什么是第一个数，和最后一个数。开始能用符号来表示 10 以内物体的数目。

在 4 岁的前半年，幼儿可以做 5 以内的加减，有些幼儿能够根据日常生活的经验，回答 3 个，又多了 2 个，总数是多少；或 5 个苹果，吃了 2 个，还有几个这样的问题。到 4 岁下半年，可以扩展到 10 以内的加减运算相关的问题。如可以猜测 2 个，又多了 5 个，一共是多少，并能用数数的策略来解决有关的问题，通过数数来证实自己的猜想是否正确。到 4 岁下半年，幼儿可以心算 10 以内的加法，并能够理解运算符号，能够根据算式做 10 以内的加减，甚至能在三个数之间猜测。如一个人先摘了 3 个苹果，最后筐里是 8 个苹果，后来又摘了几个苹果。

从 4 岁开始，幼儿知道整体的一个部分增加了，整体也增加了。随着他们对整体与部分的认识，可以根据整体和一个部分，推算另一个部分的数是多少（如 $3+?=7$）；也可以从两个部分知道整体的数（$2+2=4$）。到了 4 岁的下半年，一些幼儿能够做到把一个数变成几个较小的数，把小的数集合成大的数，甚至能够解决等分的问题，如将 6 个饼干分给 3 个幼儿，或将 10 个饼干分给 2 个幼儿，怎样保证每人一样多。

4—5 岁幼儿的空间思考也开始发展，4 岁的前半年，有些幼儿还在学习形状的匹配，可以根据形状的一个特点分组。有些幼儿能够说出一些基本形状，如圆形、正方形、长方形、三角形的名称，并能在不同情况下，根据形状的特点进行识别，不管这些形状是倒着放、横着放或与其他形状混合放。他们能用小块的拼板拼出某个形状，或者用不同形状的积木搭出一个建筑。他们的拼图能力也在增长，能够完成多达 15 块拼板的拼图。4—5 岁的幼儿可以理解更多方位、方向及物体之间的关系，上下、边上、前后、里外、向上、向下、顶部、底部、背面、远、左右等，能够根据地图或模型找到所藏的东西，能够按水平或垂直方向来安排物体等。

在设计和实施数学领域活动时，应该考虑到幼儿在数的概念、计算能力、空间概念、形状的认知等方面的年龄特点，根据幼儿实际水平，为他们提供数数、比较多少、形状认知等机会。同时，在活动中，应关注幼儿在数的概念、计算能力、空间概念、形状认知等方面的发展。在领域活动中，确立与活动目标关联的行为，根据幼儿的具体表现与个别差异提供支持，促进幼儿在数学方面的学习与发展目标的实现。

在4—5岁数学领域活动中，有很多发展幼儿逻辑数学智能、空间智能的机会。比如，给一定数量的豆子，让幼儿装到三个袋子里。这样的活动，可能让幼儿运用他们的逻辑数学智能来思考解决如何保证每个袋子一样多的问题；或者在有确定数目的实物中，取走两个，幼儿不再重数是否知道还剩下的数目，这样会对他们的逻辑数学智能提出一个挑战，让他们有机会在头脑中构思计算。

（二）中班数学领域活动案例（01-10）

表7-1 中班数学领域活动01

水平	水平Ⅱ（下）
活动名称	4只小花猫
学习与发展目标	4—5岁-科学-Ⅱ-3：能感知和发现常见几何图形的基本特征，并能进行分类。
内容目标	1. 通过观察物体的形状特征，找出相同的两个物体，并说出理由，发展幼儿的观察力和口语表达能力。 2. 做事认真，愿意动脑筋。
活动材料	1. 教师用图：4张小猫图片，4张小猫照片的图片，白板。 2. 幼儿用图：图册。
活动过程	1. 请你像我这样做 （1）互动游戏："小朋友跟我来一起做游戏，请你像我这样做"，教师一边拍手一边做动作（踮脚、左右摆头或其他动作），幼儿模仿教师做动作，一边说"我就像你这样做"。 （2）教师在做动作过程中，提醒幼儿要和教师做的动作一模一样，发现不一样的自己及时纠正。 2. 猫宝宝的照片 （1）"猫妈妈有4个可爱的宝宝，大毛、二毛、三毛、四毛（一一展示图片）。这4个宝宝长得非常像，但是猫妈妈都能认出它们，小朋友仔细看看这些小猫哪里不一样。" 幼儿认真观察图片，大胆说出自己的发现。教师可引导幼儿将大毛和二毛、三毛、四毛展开比较。比较、概括特点可参考如下： 大毛带领结，身上有花纹；二毛带领结，身上没花纹；大毛、二毛的嘴巴不一样…… 三毛不带领结，耳朵是白色的；四毛不带领结，耳朵上有花纹；三毛、四毛的嘴巴也不一样…… （2）"猫宝宝过生日了，猫妈妈带它们去拍了照片（展示照片），照片取回来后弄乱了。请小朋友帮助猫咪们找到它们各自的照片。" 幼儿仔细观察并上前指出谁（图片）和谁（照片）对应，其他幼儿检查是否正确，然后教师示范连线。

续表

水平	水平Ⅱ（下）
活动过程	3. 猫咪的画展 （1）出示图册，"4只小猫咪举办了一个画展，展出了4组漂亮的图画。每组画中，前面红色画框的是猫妈妈画的，后面4幅中有一幅和猫妈妈的一模一样，是4只小猫咪分别画的。请小朋友仔细地看一看、找一找绿色画框中，哪幅画和前面的红色画框中的画一模一样，把它圈起来。" （2）幼儿操作，教师巡回指导，引导幼儿仔细观察每组画中物体的细节，每幅图都要对照着前面的画去找。 （3）教师梳理总结幼儿的操作结果。 小车组：第几幅画和前面的一模一样？其他3幅哪些地方和前面的不一样？引导幼儿用完整的话说出来。（第一幅画比前面的画多了喇叭声响、第三幅画汽车的车轮跟前面的不一样、最后一幅画汽车的窗户跟前面的不一样） 花瓶组：第几幅画和前面的一模一样？其他3幅哪里和前面的画不一样？引导幼儿用完整的话说出来。（花的摆放位置不一样） 海马组：第几幅画和前面的一模一样？其他3幅哪里和前面的画不一样？引导幼儿用完整的话说出来。（海马的眼睛和身上的花纹与前面的不一样） 小牛组：用同样的方法，引导幼儿一一对比，说出不一样的地方。
活动建议	1. 在生活中或其他活动中，对于类似的找相同，不要仅限于找到相同的圈起来或指出来，关键还要引导幼儿讲出为什么没选择其他物体或图片的原因，这样可以加深巩固对正确物体或图片的认识，还可以发展幼儿的语言表达能力。 2. 在给4只猫咪对应照片的活动中，当幼儿不能顺利展开活动时，教师鼓励幼儿认真观察比较，通过探索来寻找一定的技巧。如活动中两两比较的方法；或者再寻找其他技巧，如其中有3只猫咪身上没有花纹，另一只有花纹，这样有花纹的小猫找到了；从3只身上没有花纹的猫咪中，有1只带着领结……针对能力强的幼儿，活动中自己主动探索方法，自主完成找相同的活动，并对能力弱的幼儿给予一定的帮助。
多元智能	通过开展本活动，有机会发展幼儿的逻辑数学智能、空间智能和语言智能。 幼儿通过对几组不同的物体进行求同活动，发展了幼儿的逻辑数学智能。逻辑数学智能强的幼儿能够通过观察猫咪以及猫妈妈画的特征，完成找相同的活动。逻辑数学智能弱的幼儿无法根据物体的特征，顺利地完成找相同。幼儿在观察物体过程中，通过对形态、纹理等特征的观察，培养了幼儿的观察能力，发展了幼儿的空间智能。幼儿在描述物体特征，阐述求同理由的过程中，锻炼了幼儿的语言组织和表达能力，发展了幼儿的语言智能。
活动延伸（1）	1. 在益智区，投放找相同和找不同的图卡，幼儿可随时进行练习使用。 2. 教师有意识地改变教室里某个地方的布置，比如，钢琴上今天放了一个花瓶，幼儿观察教室里什么地方和以前不太一样了。如果幼儿不容易发现，教师可缩小范围，引导观察钢琴，发展幼儿的观察力。

续表

水平	水平Ⅱ（下）
活动延伸（2）	幼儿在日常生活中可以找一找家里或者周围相同的一些物体，并留意观察和说出它们的特征。
幼儿评定	观察幼儿是否能够准确地找到相同的物体，并能说出选择的理由。

表7-2　中班数学领域活动02

水平	水平Ⅱ（下）
活动名称	好朋友
学习与发展目标	4—5岁－科学－Ⅱ－3：能感知和发现常见几何图形的基本特征，并能进行分类。
内容目标	1. 初步了解事物之间的内部关系，建立对应的思想。 2. 能够把生活中熟悉的事物根据内在关系进行匹配。 3. 愿意动脑筋，积极参与活动。
活动材料	1. 教师准备：茶杯和茶壶，锁和钥匙，牙膏和牙刷，锤子和钉子，勺子和碗。（自备） 2. 幼儿用图：图册，附图粘贴。
活动过程	1. 找朋友 "小朋友，今天我们玩一个找朋友的游戏。我说一样东西，你们根据老师说的东西，说出另一样东西。你们说的东西要和老师说的东西是好朋友，它们两个特别爱在一起。" （1）教师说"勺子"（出示一把小勺），请幼儿想一想并说出谁爱跟勺子同时出现，鼓励幼儿大胆想象，说出自己的观点。 （2）教师小结：勺子的好伙伴是小碗（或者盘子等），它们都是吃饭用的，爱同时出现在饭桌上，我们就说勺子和碗是有关系的，是好朋友。 2. 整理物品 "宝宝要搬新家了，他想帮妈妈整理东西，妈妈给了他一些东西让他把有关系的放在一起（打乱顺序出示茶杯和茶壶、锁和钥匙、牙膏和牙刷、锤子和钉子），宝宝看着这堆东西不知道怎么办了。" （1）请幼儿分别上前，帮忙把有关系的物品摆放在一起。幼儿每次找到一组后（如，茶杯和茶壶），要说出为什么？（引导幼儿说出茶壶可以往茶杯里倒水，是喝茶用的，等等。） 同理，其他几组用同样方法展开活动。 （2）教师小结：茶杯和茶壶是喝茶用的，锁和钥匙是锁门和开门用的，牙膏和牙刷是刷牙用的，锤子和钉子是修理东西用的。 3. 图画里的好朋友 （1）出示图册，引导幼儿熟悉内容，"这里有一幅图，请小朋友看看都有什么？"再说一说谁和谁是有关系的好朋友，它们经常会同时出现，然后把它们用线连起来。幼儿操作活动，教师巡回指导。 （2）引导幼儿熟悉第二部分，说说图中几个场景是什么地方？然后出示附图，看一看图上都有哪些小动物？想一想这些小动物喜欢在什么地方玩？请幼儿把它们送到喜欢的地方。幼儿操作活动，教师巡回指导。 （3）幼儿分享交流自己的作品，鼓励幼儿大胆发言，并用完整的语言叙述出来，如，蝴蝶喜欢在花园里飞、小鱼生活在水里等。

第七章 中班领域活动指导与活动案例

续表

水平	水平Ⅱ（下）
活动建议	1. 活动中，不论是给物体"找伴"，还是送小动物去喜欢的地方，教师都应鼓励幼儿积极表达自己的观点，答案并非固定，只要幼儿能给出理由即可。 2. 针对不能正确建立对应关系的幼儿，教师应引导幼儿结合生活中的经验，了解事物间的内部关系，将事物按关系进行对应匹配。鼓励幼儿留意生活中的事物，更多地去思考和发现它们之间存在内部关系。对于能力强的幼儿，教师可提升一定的难度。如为幼儿再设定一种事物，然后请幼儿说出对应的事物，并说出理由。
多元智能	本活动主要发展了幼儿的逻辑数学智能、自然智能和语言智能。 幼儿通过了解事物的内部关系，建立对应思想，并把生活中熟悉的事物根据内在关系进行匹配，这个过程发展了幼儿的逻辑数学智能。逻辑数学智能强的幼儿可以根据事物的内部关系，能够将茶杯和茶壶、锁和钥匙等事物根据它们的内部对应关系，顺利且准确地进行组合匹配。逻辑数学智能弱的幼儿可能不理解事物间的内部对应关系，难以将事物进行组合匹配。幼儿在了解事物内部关系时，对事物的特征、用途等方面的探索和研究过程，发展了幼儿的自然智能。同时幼儿对事物内部关系不断地进行语言描述的过程，锻炼了幼儿组织语言的能力，发展了幼儿的语言智能。
活动延伸（1）	在戏剧表演区，幼儿和教师可以玩角色扮演类游戏"这是谁的车"。幼儿可以分组扮演工人、农民、医生、警察、消防员，教师分别出示警车、消防车、120急救车、拖拉机、吊车，并问"这是谁的车？"幼儿对照图（或玩具实物），相对应的幼儿回答"我是xxx，这是我的车"。幼儿通过游戏锻炼并掌握建立对应关系的能力。
活动延伸（2）	在家庭生活中，幼儿自主去探索和发现存在关联关系的物体，家长应给予幼儿及时的帮助和引导，增加幼儿关于生活中事物对应关系的认知。
幼儿评定	幼儿能否按物体的对应关系，把熟悉的物品进行匹配。

表 7-3 中班数学领域活动 03

水平	水平Ⅱ（下）
活动名称	帮帮小兔子
学习与发展目标	4—5 岁 - 科学 - Ⅱ-3：能感知和发现常见几何图形的基本特征，并能进行分类。
内容目标	1. 通过探索颜色对应，建立对应的思维。 2. 学习路线图，发展幼儿的空间思维。
活动材料	1. 教师准备：仿照图册，在白板上简单画出"动物家园"。 2. 幼儿用图：图册。
活动过程	1. 动物家园 "动物家园建成了，小动物们都搬进了新家，特别的开心。于是，就邀请了老师和小朋友来参观它们漂亮的家园，和它们一起来分享新家园的美丽景象。"

续表

水平	水平Ⅱ（下）
活动过程	（1）欣赏"动物家园"，请幼儿说一说都有什么？都有谁？它们的房子是什么样的？ （2）动物家园的路都是彩色的，幼儿说一说小狗家与小猫家之间的路是什么颜色的？小猫家与小猴家之间的路是什么颜色的？小猴家与小狗家之间的路是什么颜色的？ 2. 彩色的路 （1）教师展示图册："小兔子今天也来参观动物家园了，它特别喜欢这里的漂亮景色，尤其喜欢动物家园的彩色小路。它想请小朋友看看这些彩色小路的样式和颜色，并帮忙给记录下来；回去后，它也给兔兔家园建几条这样的小路。"教师示范方法，引导幼儿涂色操作。 ① 首先引导幼儿明确涂色部分的线路关系，第一条空白路是谁家到谁家的路？（小猫到小狗家） ② 再引导幼儿观察动物家园，指出对应的是哪条路？什么颜色的？（黄色） ③ 最后和幼儿一起在第一条空白路上涂上对应的颜色。 （2）按照教师示范的方法，幼儿对另外2条路涂上相应的颜色，在涂色过程中，幼儿边涂色边描述，如，说出小猴到小猫家是哪条路，是什么颜色的等。幼儿在操作过程中，教师巡回指导。 分享交流，引导幼儿用完整的语言讲述自己的作品。（如，小猫到小狗家是条黄色的小路） （3）"小兔子还有些问题，需要小朋友帮帮忙"，观察涂色部分的小路，完成以下操作： 这几条路，哪条路最长？哪条路最短？如果从短到长排怎么排？如果从长到短排怎么排？ 这几条路，哪条路最宽？哪条路最窄？如果从宽到窄排怎么排？如果从窄到宽排怎么排？ （4）"小朋友回答得真好，小兔子谢谢小朋友，等到兔兔家园建好了，欢迎小朋友去做客，小朋友再见！"
活动建议	1. 在白板上绘制的动物家园，可以简单明了，让幼儿能够看懂。 2. 在活动中，针对不能对应涂色的幼儿，教师可引导幼儿理清线路关系。首先，在操作部分明确出发点和结束点；然后，在动物家园对应地找到出发点并将手指放到该点，再找到目的地并用手指在两点之间走一走。对于能力强的幼儿，教师可增加难度，比如思考小狗想去小猫家有几条路可以走等。
多元智能	本活动方案通过"动物家园"和"彩色的路"两个小活动展开，发展了幼儿的逻辑数学智能和空间智能。

续表

水平	水平Ⅱ（下）
多元智能	幼儿通过建立对应的思维，清楚路线图的颜色对应关系，发展了幼儿的逻辑数学智能。逻辑数学智能强的幼儿能够较好地建立对应关系，清楚地将颜色和对应的线路正确地联系起来。逻辑数学智能弱的幼儿对应思维较差，线路和颜色关系混乱，在操作中容易出现涂色错误。幼儿在操作环节中，通过观察线路的关系和涂色，锻炼了幼儿对空间的认知能力，发展了幼儿的空间智能。
活动延伸（1）	在益智区投放一些实物和图片，幼儿可以随时进行对应匹配。幼儿可以与同伴分享对实物特征、用途或者玩法等的认知经验。
活动延伸（2）	在生活中，幼儿可以尝试发现有关联的物体。
幼儿评定	幼儿能否进行空间的对应匹配，并能正确地完成涂色活动。

表7-4 中班数学领域活动04

水平	水平Ⅱ（下）
活动名称	小猴运苹果
学习与发展目标	4—5岁-科学-Ⅱ-2：能通过实际操作理解数与数之间的关系，如5比4多1；2和3合在一起是5。
内容目标	1. 感知10以内数的顺序，理解依次多1的递增关系，发展幼儿10以内的数概念。 2. 能将物体按数量从少到多排序。
活动材料	1. 教师用图：1—10苹果的图片，教师在白板上画出一列小火车（司机是小猴），准备1张桌子。 2. 幼儿用图：图册，附图粘贴。
活动过程	1. 七个阿姨来摘果 教师引导幼儿一起说儿歌《七个阿姨来摘果》： 　　　　一二三四五六七， 　　　　七六五四三二一， 　　　　七个阿姨来摘果， 　　　　七个篮子手中提， 　　　　七种水果分开摆， 　　　　苹果桃子柿子石榴李子栗子梨。 "这首儿歌里提到了哪几个数字？你们还会接着往后数到10吗？" 2. 运水果 "刚才是七个阿姨来摘果，现在是小动物们要去苹果园里摘果果了。它们摘了许多的苹果，并且还把它们放到了小筐里。"

续表

水平	水平Ⅱ（下）
活动过程	（1）教师分别出示苹果图片，幼儿点数并说出总数。同时教师将数完的图片摆放在前面的桌子上。 （2）"苹果都装好了，它们就给火车司机小猴打电话，小猴接到电话后，马上开着小火车过来了"（展示白板上的小火车），"小猴要求我们按照从1到10的顺序把苹果装在火车上，怎么装？哪一筐排第一？" 请幼儿想一想，说一下自己的想法，并请幼儿分别从桌子上找出图片贴在车厢上。贴完后，引导幼儿按顺序读一读每节车厢中苹果的数量。 教师提出问题：车厢里的这些苹果是怎样排队的？引导幼儿思考并进行比较，启发幼儿发现相邻两筐苹果的数量差1个的关系。 （3）教师小结：从少到多排就要从1开始，然后每次都要比前面的多1，相邻的两筐苹果的数量总是相差1个。 3. 摆出苹果 （1）教师出示图册："小猴很快就把苹果运到了妈妈开的水果店，它想把这些苹果按从少到多的顺序摆在柜台上。可是在搬的时候，不小心掉出来几个苹果，请小朋友帮忙找一找，掉出来的苹果（展示附图）是哪个筐里的，请把它送回去。"引导幼儿仔细点数每个筐里的苹果数量，再从附图中取下苹果，把缺少的补贴上去。 （2）分享交流，说一说自己是怎么排的（按从1—10的顺序，每次多1），鼓励幼儿大胆地表述自己的操作过程和排列顺序。如果幼儿排序有错，可集体纠正。
活动建议	1. 活动前准备：白板前摆放一张桌子，供教师放图片使用。 2. 幼儿经验准备：学习儿歌《七个阿姨来摘果》或者其他类似的数字儿歌。 3. 在"运苹果"环节，如果出现幼儿随意排的情况，教师可提示幼儿活动要求"按从少到多的顺序"装苹果，并引导幼儿先点数卡片上苹果的数量，再两两比较，尝试按顺序摆放，少的在前，多的在后；或者引导幼儿先把点数的每筐苹果用数字标记，然后再尝试按数字的顺序进行排序。如果幼儿排序出现个别的错误，教师可引导幼儿自己检查，点数比较。 4. 在"摆出的苹果"活动中，教师需要多次提醒幼儿这些苹果是按从少到多的顺序摆放的，引导幼儿认真点数比较相邻前后两筐苹果是否相差1个。
多元智能	通过开展本活动有机会发展幼儿的逻辑数学智能和语言智能。 幼儿通过点数苹果，并将苹果按数量多少排序的过程，发展了幼儿的逻辑数学智能。逻辑数学智能强的幼儿能够正确地将1—10以内的数按从少到多的顺序完成排序，并能够理解10以内数是依次多1的递增关系。逻辑数学智能弱的幼儿在对实物排序的过程中，不理解10以内数依次多1递增的关系，容易出现随意乱排、排序错误等一些现象。幼儿在活动中，通过说儿歌、分享交流等活动，发展了幼儿的语言智能。

续表

水平	水平Ⅱ（下）
活动延伸（1）	在益智区可投放各种迷宫图（可以实物、图符或数字），幼儿可以玩走迷宫游戏，按从1—10的顺序走出迷宫，与同伴比赛看谁走得又对又快。活动中教师可以对幼儿给予协助。
活动延伸（2）	幼儿在家可以和家长玩扑克牌排队游戏。幼儿从扑克牌中，找出10以内的扑克牌，然后按照数字从少到多或从多到少，将扑克牌排成一队。
幼儿评定	幼儿能否独立地将物体按数量从少到多进行排序。

表7-5　中班数学领域活动05

水平	水平Ⅱ（下）
活动名称	小动物回家
学习与发展目标	4—5岁-科学-Ⅱ-2：能通过实际操作理解数与数之间的关系，如5比4多1；2和3合在一起是5。
内容目标	1.感知5以内数的形成，知道"4添上1是5"等。 2.尝试用语言说出"几添上1是几"。
活动材料	1.教师用图：小羊、小鸡、小兔子、牛的图片。 2.幼儿用图：图卡，附图粘贴。
活动过程	1.小猫钓鱼 （1）分散活动：旁边地上画一个大圆（或借助其他实物围成一个圈）当"鱼桶"，教师扮演猫妈妈，幼儿扮演小鱼。 游戏开始了，幼儿边学小鱼游泳边说儿歌（"小鱼小鱼快快游，别让鱼钩钓到头"）；在幼儿说到"别让鱼钩钓到头"的时候，教师用手碰下幼儿的头或者拍下幼儿的肩膀，"猫妈妈钓到了一条小鱼，放到鱼桶里，请问桶里有几条小鱼？" （2）第二遍开始，幼儿继续边游泳边说儿歌，猫妈妈又钓到了一条小鱼放到鱼桶里，问"现在桶里有几条小鱼？1添上1是几？" 以此类推，引导幼儿初步感知5以内数的形成。 2.快乐农场 "快乐农场里有许多小动物，它们在草地上快乐地玩耍。这些小动物想跟小朋友玩一个游戏，它们说一句儿歌，小朋友回答一个问题。" （1）教师演示图片，先出示1张羊的图片（"草地上原来有1只羊"），再出示1张（"又跑来了1只羊"）。然后说儿歌："一只小羊咩咩叫，朋友小白跑来了，现在共有几只羊，看谁回答快又棒。"请幼儿回答，并说出"几添上1是2"。 （2）说儿歌"两只小鸡叫叽叽，叫来一只小黄鸡，现在共有几只鸡，看谁回答最积极"请幼儿回答，并说出"几添上1是3"。

续表

水平	水平Ⅱ（下）
活动过程	（3）说儿歌"3只小兔蹦蹦跳，欢迎朋友到来了，现在共有几只兔，请谁上前数一数"请幼儿点数说出总数，并说出"几添上1是几"。 （4）说儿歌"4只小牛哞哞叫，迎接小牛回家了，现在共有几头牛，谁能回答谁最牛"请幼儿点数说出总数，并说出"几添上1是几"。 3.小动物回家 （1）出示图册，引导幼儿熟悉内容，"农场里还有一些小动物，这是它们的家。它们每人的家里都有一个数字，请小朋友读一读每个家的数字。你知道这些数字表示什么意思吗？"请幼儿思考并引导幼儿说出数字是几就有几个小动物。 （2）"天黑了，小动物们要回家了，可是小朋友看看小鸟家的数字和小鸟一样多吗？小鸟还差几只？几添上1是3？请小朋友把小鸟送回家吧。"幼儿操作活动，教师巡回指导，在过程中随时提醒幼儿"几添上几是几"。 （3）分享交流，引导幼儿用完整的语言表述"几添上几是几"，如，"2只小鸟添上1只是3只"。
活动建议	1.在"快乐农场"部分，教师引导幼儿一起说儿歌，通过一起说儿歌及图片的同步演示，激发幼儿对数字的记忆，加深幼儿对数的形成的理解。 2.附图中每种动物提供了2只，给幼儿的操作活动增加了一定的干扰，这样是为了检验幼儿是否真正理解数的形成。在活动过程中，如果幼儿因此而感到困难，教师可以给其提供1只。教师在幼儿的操作中，要强调和引导幼儿能够说出"几添上1是几"。针对能力强的幼儿，教师鼓励幼儿利用活动二"快乐农场"中的图卡自己独立操作，展开一次活动。
多元智能	本活动方案通过游戏及幼儿的操作，发展了幼儿的逻辑数学智能和语言智能。 幼儿通过认识和理解数的形成过程，发展了幼儿的逻辑数学智能。逻辑数学智能强的幼儿可以理解和掌握5以内数的形成，能够正确地说出几添上1是几。逻辑数学智能弱的幼儿对数的形成理解有些困难，不能掌握5以内数的形成，在说出"几添上1是几"的过程中容易出现错误。活动中幼儿说儿歌的过程以及对各种问题的表述等，锻炼了幼儿的语言表达能力和对语言行动的理解能力，发展了幼儿的语言智能。
活动延伸（1）	在角色扮演区，投放猫和小鱼的头饰，幼儿佩戴头饰扮演小猫、小鱼，继续玩"小猫钓鱼"的游戏。
活动延伸（2）	在生活中，很多地方都会用到数，如，在超市买水果时，和幼儿1个1个装水果的过程（1个添1个是2个，2个再添1个是3个……），启发幼儿感知数的形成。
幼儿评定	看幼儿是否理解数形成的含义，知道几添上1是几。

表 7-6　中班数学领域活动 06

水平	水平Ⅱ（下）
活动名称	粗心的小猴
学习与发展目标	4—5 岁 – 科学 – Ⅱ-2：能通过实际操作理解数与数之间的关系，如 5 比 4 多 1；2 和 3 合在一起是 5。
内容目标	1. 感知 5 以内相邻两数多 1 少 1 的关系。 2. 用转换的方法比较相邻两个数，发展思维的灵活性。
活动材料	1. 教师用图："货架"（课前在黑板上画好，共 5 层），1 张苹果图片，2 张梨图片，3 张橘子图片，4 张桃子图片，5 张柿子图片，1—5 数字卡片。 2. 幼儿用图：图册。
活动过程	1. 小猴超市 "今天，是小猴超市开业的第二天，一大早小猴就从市场上买来了一些新鲜的水果。这些水果非常多，所以它想请我们帮它摆在货架上。" （1）教师在货架的最上一层摆放 1 个苹果，第二层摆放 1 个梨（一、二层的图片上下对齐）；教师提出问题：梨和苹果一样多吗？都是几个？（1个）如果让梨变成 2 个，需要添上几？（1）教师摆放 1 个梨，并引导幼儿说出"1 添上 1 是 2"，同时贴出相应的数字 2。 （2）教师在货架的第三层摆放 2 个橘子（图片上下对齐），提出问题：橘子和梨一样多吗？都是几个？如果让橘子变成 3 个，需要添上几？（1）教师摆放 1 个橘子，幼儿说出"2 添上 1 是 3"，同时教师贴出相应的数字 3。 （3）教师在货架第四层摆放 3 个桃子（图片上下对齐），"桃子和橘子一样多吗？都是几个？如果让桃子变成 4 个，需要添上几？"（1）教师摆放 1 个桃子，并引导幼儿说出"3 添上 1 是 4"，同时贴出相应的数字 4。 （4）教师在货架第五层摆放 4 个柿子，请幼儿说一说：柿子和桃子一样多吗？都是几个？如果让柿子变成 5 个，需要添上几？（1）教师摆放 1 个柿子，并引导幼儿说出"4 添上 1 是 5"，贴出相应的数字 5。 2. 水果邻居 （1）"水果都摆好了，小猴想请我们比一比，挨着的两层水果谁多谁少。我们先看看苹果和梨吧！"请幼儿尝试说一说，鼓励幼儿大胆发言。然后引导并演示从少往多比：先指着苹果说，苹果比梨少 1，排在梨的前面；1 比 2 少 1，1 排在 2 的前面。再演示从多往少比：先指着梨说，梨比苹果多 1，排在苹果的后面。2 比 1 多 1，2 排在 1 的后面。 （2）"小朋友还想比一比哪两种挨着的水果？"用同样的方法，引导幼儿进行两两比较然后提出问题：谁发现什么规律了？有什么规律吗？鼓励幼儿踊跃表达自己的观点。 （3）教师最后梳理小结：在排好的 1—5 数字中，挨着的任何两个数都相差 1；任何挨着的两个数，前面的数都比后面的数少 1，后面的数都比前面的数多 1。

续表

水平	水平Ⅱ（下）
活动过程	3. 粗心的小猴子 　　教师出示图册，"吃饭的时间到了，小猴接到了小动物们发来的几份快餐订单。于是，它就赶紧准备食物，打算给小动物们送去。可是食物送完后，小动物们都发了愁，小朋友知道为什么吗？赶快看看吧！" 　　（1）请幼儿数一数每一组中，有几个小动物？小猴送了几份食物？并把对应的数字写在下面的方格里。 　　（2）再请幼儿想一想，说一说谁的食物送多了，多了几份？谁的食物送少了，少了几份？"小朋友们用手指着说一说，从少往多比一比，再从多往少比一比。" 　　（3）教师总结，引导幼儿用完整的语言说出几比几少1、几比几多1和它们相对的位置。 　　（4）"这些食物有多有少，如果每只小动物都有一份，怎样做才能让食物和小动物变成一样多呢？"鼓励幼儿说出不同的方法（"少的补上、多的退掉""添上1个、拿走1个"等），并引导幼儿操作，把缺少的食物用三角形补上，多的食物用斜线划掉或者打叉。教师巡回指导，提醒幼儿注意点数验证。 　　（5）"小猴也为自己的粗心向小动物道歉，表示以后做事不再粗心了，小猴要回去取食物了，我们和小猴再见吧。"
活动建议	1. 在幼儿学习相邻两数的关系时，注意同时比较的是2个数，和大班3个相邻数有所不同。 　　2. 在"粗心的小猴子"活动中，如果幼儿不能比较小动物和食物的数量谁多谁少，教师可以引导幼儿用一一对应连线的方法，进行观察比较。 　　3. 活动中，有的幼儿可能不知道谁比谁多、谁比谁少，不知道谁在前谁在后，教师可以结合实物或者生活中的例子，一步一步地引导幼儿去比较，步骤要清晰、节奏要缓慢。针对能力强的幼儿，教师请幼儿想一想，相邻两数变成一样多的方法有几种？（两种）可以结合实物请幼儿说一说。（如，4个柿子、3个桃子。两种方法：加1个桃子，3个比4个少1个，3个添上1个是4个；拿走1个柿子，4个比3个多1个，4个拿走1个是3个）
多元智能	幼儿通过学习本活动方案，主要发展了逻辑数学智能和语言智能。 　　幼儿通过学习和认识相邻两数的关系，并用转换的方法比较相邻两数的过程，发展了逻辑数学智能。逻辑数学智能强的幼儿能够掌握相邻两数多1少1的关系，而且比较过程中逻辑清晰，能转换不同方法比较谁多谁少。逻辑数学智能弱的幼儿不理解相邻两数的关系，在比较时思路混乱，容易出现不知道谁比谁多（少）、不知道谁在前谁在后等情况。幼儿通过比较清楚地表达谁多谁少的过程，发展了幼儿的语言智能。
活动延伸（1）	在益智区增添一些相应的图卡或实物，幼儿可以自己摆出数量多1少1的关系，活动中教师适当给予幼儿关注和指导。

续表

水平	水平Ⅱ（下）
活动延伸（2）	幼儿可以自由地将玩具（如积木、插片等）摆成几组多1少1的关系，家长可以参与到活动中，和幼儿一起比较几组玩具谁比谁多、谁比谁少，多几个、少几个。
幼儿评定	幼儿能否掌握5以内相邻两数多1少1的关系，并可以比较相邻两数的多少。

表7-7 中班数学领域活动07

水平	水平Ⅱ（下）
活动名称	聪明的小兔
学习与发展目标	4—5岁-科学-Ⅱ-2：能通过实际操作理解数与数之间的关系，如5比4多1；2和3合在一起是5。
内容目标	1. 感知10以内相邻两数的关系，学习10以内相邻两数多1少1的关系。 2. 用转换的方法比较相邻两个数，发展思维的灵活性。
活动材料	1. 教师用图：5张灯笼的图片，1—10数字卡片，"挂钩"（参照书中挂钩，画在白板上）。 2. 幼儿用图：图册，1—10数字卡片，数字小火车。
活动过程	1. 数字宝宝也有邻居 （1）数字卡片排排队，请幼儿将1—5的数字卡片按顺序排排队。 （2）数字宝宝找邻居，教师与幼儿之间以儿歌的形式展开互动。 ① 教师在白板上出示数字"3"，拍手说儿歌："小朋友，我问你，比3多1的在哪里？它是几？"引导幼儿拍手以儿歌形式回答"某老师，告诉你，比3多1的在这里，它是4"。 ② 教师再出示数字2："小朋友，我问你，多1的邻居站哪里？" 幼儿再次拍手说儿歌回答"某老师，告诉你，多1的邻居站后面，对对对，站后面！"教师摆放数字或请幼儿上来摆放数字。 ③ 游戏继续进行，少1的时候，儿歌把"多"改成"少"。 2. 小兔家的灯笼 "动物狂欢节快到了，小兔要在家门前挂一排灯笼，但是兔妈妈要求它必须按照挂钩上面的数字来挂，我们来给小兔帮帮忙吧。"（挂钩如下） ⑥　⑦　⑧　⑨　⑩ （1）教师出示灯笼图片，引导幼儿点数每串灯笼，说出总数，并把它挂在相应的数字下面。 （2）引导幼儿比较相邻两串灯笼，从少往多比一比，再从多往少比一比，谁比谁少1？谁比谁多1？发现了什么？鼓励幼儿大胆发言，并给予指导和表扬。 （3）教师小结：相邻的两个数，后面的数比前面的数多1，前面的数比后面的数少1。

续表

水平	水平Ⅱ（下）
活动过程	3. 聪明的小兔 出示图册，"为了迎接节日，聪明的小兔在家门前路的两边种了许多漂亮的花，并且每组花都编了号。它按照从1到10的顺序，在每一组花上都写了两个数字。小兔子想考一考小朋友，你们知道空白的地方应该填上什么数字吗？请把它贴上去。" （1）幼儿操作活动，教师巡回指导，要随机问孩子，几比几多1？几比几少1？ （2）分享交流，引导幼儿用完整的话说出谁比谁多1，谁比谁少1。 4. 火车接龙 "为了欢度节日，小兔子特意设计了一列漂亮的小火车。作为礼物它要送给小朋友。" （1）认识小火车。2个或3个幼儿为一组，请幼儿集体挑出火车头、火车尾及1到9的数字车厢； "小朋友根据火车上的数字，按照从1—10的顺序将小火车连接起来。"教师引导幼儿根据小组人数平均领取火车的"部件"（随机点数领取）。 （2）游戏开始，方法是：放置好火车头（确定起始点），按依次多1（或少1）的顺序进行接龙游戏。连接车厢，如从数字1的车厢开始，有数字1的幼儿说"嘿嘿，我的火车马上就要开，谁来开？"车厢数字2的幼儿就接着说"2来开，嘿嘿，我的火车马上就要开，谁来开？"游戏继续到最后一个数字。最后，请拿到车尾的幼儿将其连接到车厢上。 活动中，教师巡回指导，并提出问题：为什么你的车厢在它的前（或后）面？引导幼儿说出多1或少1的关系。 （3）"火车装好了，火车要开了，小兔子去接小动物们来参加狂欢节啦……"
活动建议	1. 活动材料"灯笼图卡"，教师根据情况调整图片大小。 2. 活动中，如果幼儿能够理解数的多1少1关系，但对于数前后顺序容易倒置或者混乱，原因可能是幼儿没有建立从左到右的顺序观念。针对这样的问题，教师可以引导幼儿设定标记点，从标记的右边开始排数字，逐步培养幼儿养成从左往右数的习惯。针对能力强的幼儿，幼儿可展开竞赛游戏，教师随机抽取数字卡片，说出一种关系多1或少1，鼓励幼儿比一比谁先说出正确的数，并亮出对应的数字。 3. 在用转换的方法比较相邻两个数时，针对出现问题的幼儿，教师可放慢节奏，帮幼儿理清思路，如，结合实物、将几种比较的方法书写出来等方法，引导幼儿能够思维清楚地理解相邻数的不同比较方法。
多元智能	本活动方案通过引导幼儿学习10以内相邻两数的关系，发展了幼儿的逻辑数学智能、人际交往智能和语言智能。 幼儿通过认识与理解10以内相邻两数的关系，发展了幼儿的逻辑数学智能。逻辑数学智能强的幼儿能够理解10以内相邻两数多1少1的关系，并可以思维灵活地比较相邻两个数；逻辑数学智能弱的幼儿，在用不同的转换方法比较相邻两个数时，容易出现思维混乱，造成比较错误。在"火车接龙"的活动中，幼儿共同合作、协商

续表

水平	水平Ⅱ（下）
多元智能	完成了火车的组装，这个过程发展了幼儿的人际交往智能。在幼儿表述谁多谁少及说儿歌的过程中，锻炼了幼儿的语言表达能力，发展了幼儿的语言智能。
活动延伸（1）	在角色游戏区，幼儿约同伴一起按数字多1或少1的关系展开"火车接龙"游戏。每位幼儿佩戴1个数字，一名幼儿当火车头，从1开始说儿歌："嘿嘿，我的火车马上就要开，谁来开？"数字2的幼儿就接着说"2来开，嘿嘿，我的火车马上就要开，谁来开？"教师鼓励幼儿多邀请几位同伴进行游戏。
活动延伸（2）	幼儿可以将自己的数字卡片，摆出多1或少1的关系，家长可以参与活动中，和幼儿进行较深入的互动，如，家长随机抽出一张数字卡片，请幼儿根据卡片说出多1或少1关系的数字应该是几。
幼儿评定	幼儿是否理解10以内相邻两数多1少1的关系。

表 7-8 中班数学领域活动 08

水平	水平Ⅱ（下）
活动名称	星星和月亮
学习与发展目标	4—5岁-科学-Ⅱ-2：会用数词描述事物的排列顺序和位置。
内容目标	1. 初步理解序数的含义，能正确地运用序数词"第几"来表示物体的排列次序。 2. 尝试从左到右或从右到左确认物体的排列次序。
活动材料	1. 教师用图：小耗子、小兔子、小猫、小鸭子、小蚊子、大象、房子图片各1张，"新房子"（活动前在白板的左边画1座小房子）。 2. 幼儿用图：图册。
活动过程	1. 大象盖新房 说说儿歌《大象盖新房》。 　　　　大象卷起木棍子，要盖一幢新房子。 　　　　房子终于完工了，它请朋友来参观。 　　　　第一个来的是小耗子，第二个来的是小兔子， 　　　　第三个来的是猫妈妈，带着它的猫孩子。 　　　　第四个来的是小鸭子，摇摇摆摆进院子。 　　　　第五个来的是臭蚊子，一拳快把它打死。 2. 排排队 "大象请了这么多好朋友来参观它的新房，我们按照小动物来的先后顺序给排排队吧。"

续表

水平	水平Ⅱ（下）
活动过程	（1）出示图片，请幼儿上前按照小动物出场顺序从房子处排列图片。 （2）说一说顺序。从房子开始，谁是第一个来的？谁是第二个来的？小猫排第几？第四个来的是谁？谁是最后一个来的？（引导幼儿运用序数词"第几"表达） 教师小结：这个顺序是从房子这边开始（从左往右）数出来的。 （3）教师出示大象，放在白板的右边（小蚊子后边），"新房参观完了，这一排小动物转身要回去了，大象在这里欢送它们。现在要从大象这里开始从右往左数，看看回去时谁在第一？谁在第二？"（蚊子、小鸭子）教师引导幼儿观察并思考：为什么来的时候小蚊子排第五个，回去时却排第一呢？鼓励幼儿积极思考，大胆说出自己的想法。 教师小结："从不同的方向开始数，它们的排列次序也就不同了，我们在确定它们的位置时，首先要明确起始的方向。"（起始点不同，排列次序就不一样了，所以确定排列次序时，首先必须明确起始点在哪儿。） 3. 星星和月亮 出示图册，"天黑了，小动物们都回家了，月亮和星星出来了，月亮和星星要和我们玩一个游戏。" （1）"请小朋友从月亮这边开始数，把第4个路灯涂上黄色；从星星这边开始数，把第5个路灯涂上粉色。" 小鸟也要飞回家了，从月亮这边开始数，把第2只和第6只小鸟涂上黄色；从星星这边开始数，把第1只和第8只小鸟涂上粉色。 从月亮这边开始数，把第1个和第6个灯笼涂上黄色；从星星这边开始数，把第1个和第7个灯笼涂上粉色。 （教师可根据情况再次设定要求，引导幼儿多次展开涂色活动。） （2）幼儿分享交流，分别说一说： 从左往右数，黄色的排第几？从右往左数，粉色的排第几？ 教师可再变换形式"这一排，黄色排第几，粉色排第几"，鼓励和引导幼儿自己能够用完整的语言表述出"从月亮这边数，黄色排第几；从星星这边数，黄色排第几"。
活动建议	1. 幼儿经验准备，学唱儿歌《大象盖房子》。教师可在幼儿饭前准备、环节过渡或其他活动中，引导幼儿学唱，可配合相应动作展开学唱。 2. 在运用序数词"第几"来表示物体的排列次序时，幼儿一定要清楚从谁开始，必须明确起始点在哪儿后，再进行数物体。 3. 在"星星和月亮"活动中，如果出现幼儿不能正确涂色的情况，那么教师首先要搞清楚问题的原因：是幼儿无法正确进行点数，还是没有听明白活动的要求。教师在明确问题之后，再进行具体指导，如果是幼儿点数错误，那么就引导幼儿放慢速度指一个数一个；如果幼儿不清楚要求，那么就需要对幼儿进行耐心地提示和引导等。

续表

水平	水平Ⅱ（下）
多元智能	通过本活动方案，有机会发展幼儿的逻辑数学智能、自我认知智能、空间智能和语言智能。 幼儿在活动中掌握了序数词，并运用序数词来表示物体的排列次序等，发展了幼儿的逻辑数学智能。逻辑数学智能强的幼儿可以通过从不同的方向点数物体，正确地用序数表示物体的排列次序；逻辑数学智能弱的幼儿容易出现无法正确运用序数的现象，容易出现点数错误、方向判断错误等情况。同时，幼儿遵守活动要求，排除习惯因素的干扰，清楚地按照要求从起始点展开活动，这个过程同时也加强了幼儿对方向位置的学习，发展了幼儿的自我认知智能和空间智能。幼儿通过说儿歌，并用完整的语言表达物体排列次序等过程，锻炼了幼儿的语言表达和理解的能力，发展了幼儿的语言智能。
活动延伸（1）	在角色游戏区，幼儿玩"开车比赛"游戏，比一比谁的车跑在第一的位置，谁的车在第二。游戏中，每个"车手"的车辆要从同一起跑线出发。
活动延伸（2）	幼儿在整理玩具时，家长可以参与到其中，和幼儿一起给玩具排排队。幼儿在排队的过程中，可以说出它们的顺序，如"红色的小车排第一、黄色的小车排第二……"
幼儿评定	幼儿是否认识10以内的序数，能否从不同方向确认物体的排列次序。

表 7-9 中班数学领域活动 09

水平	水平Ⅱ（下）
活动名称	小动物的家
学习与发展目标	4—5 岁 – 科学 – Ⅱ – 2：会用数词描述事物的排列顺序和位置。
内容目标	1. 初步理解序数的含义，能用序数词正确地表示物体的排列次序。 2. 尝试从不同的方向（从下到上、从上到下、从前到后、从后到前）确认物体的排列次序。
活动材料	1. 教师材料：在白板上画一个4层的柜子，每层贴上4种食物（水果）图片。（或者教师直接画好一个带食品的柜子） 2. 幼儿用图：图册，附图粘贴。
活动过程	1. 小朋友排排队 （1）请5、6个幼儿上前横着排成一排，教师按从左到右或从右到左的方式提问"某某排第几，或排在第几个的是谁"，请幼儿判断并回答。 （2）幼儿再竖着站成一排，教师从前到后或从后到前地提问"某某排第几，或排在第几个的是谁"，请幼儿判断并回答。

续表

水平	水平Ⅱ（下）
活动过程	2. 食品柜 （1）展示并引导幼儿观察食品柜，说出食品柜有几层，每一层有哪些食物。 教师提出问题：从下往上数，第1层有哪些食品？第1层的第2个食品是什么？从下往上数第3层的第4个食品是什么？某某食品在从下往上数的第几层、第几个……请幼儿判断并回答。提醒幼儿要确定第几层，再确定第几个。 （2）幼儿再次观察食品柜，同时教师提出问题：如果从上往下数，第1层都有哪些食品？第1层的第3个食品是什么？第2层的第1个食品是什么？某某食品在第几层、第几个等，请幼儿判断并回答。并提醒幼儿要确定起始的方向，再确定第几层、第几个。 3. 小动物的家 （1）出示图册，"这是小动物住的新楼房，我们看看这座楼房一共有几层？（注意引导幼儿数楼房要从下往上数）楼房左边有什么？（大树）楼房右边有什么？（路灯）" （2）展示附图，"天黑了，小动物们要回家了，可是新搬来的小动物找不到自己的家是第几层、第几个房间了。请小朋友帮帮忙，把它们送到自己的房间吧。" 教师分别说出小动物的家在第几层、第几个房间，幼儿按要求送小动物回家。（教师可灵活地对楼层和房间进行不同的变换，给予幼儿更多的操作机会） （3）小结：数楼房要从下往上数确定第几层。数房间时，要确定是从哪个方向数。 （4）分享交流，分别说一说第几层住着哪些小动物，从大树这边数是第几个房间，从路灯这边数又是第几个房间。
活动建议	1. 活动中，可能出现幼儿的习惯、一般生活规律等与活动要求发生冲突的现象。针对这些情况，教师引导幼儿明确活动要求，知道从哪边开始数，理解序数的方向性。同时引导幼儿了解生活中的规律，知道楼房的楼层一般是从下往上数等一些生活规律。 2. 本活动涉及了从两个方向同时给物体确定次序，难度有所提高。活动中，幼儿可能出现思维混乱、顾此失彼等现象，针对出现问题的幼儿，教师给予幼儿关注和指导，可以引导幼儿从小的序数、单方向开始，循序渐进地展开活动。通过这个过程，引导幼儿真正理解和掌握序数。针对能力强的幼儿，教师可以引导幼儿展开相对较大的序数活动。
多元智能	通过开展本活动，有机会发展幼儿的逻辑数学智能和自我认知智能。 幼儿通过展开从双重方向排列物体次序的活动，进一步认识和理解序数，发展了幼儿的逻辑数学智能。逻辑数学智能强的幼儿能够准确地从两个方向同时给物体确认次序；逻辑数学智能弱的幼儿在双重方向展开的排列物体次序的活动中，容易造成思维混乱，逻辑关系不清晰。幼儿运用生活经验思考并判断物体排列次序和规律的过程，发展了幼儿的自我认知智能。

水平	水平Ⅱ（下）
活动延伸（1）	幼儿可以在一日活动中帮助教师布置教室，收拾活动区材料。在图书/语言角，幼儿可以帮助教师把某书放到书架第几层的第几个格子里等。在建构区幼儿可以用积木或者其他材料，搭建出一座高楼，并请同伴猜一猜自己搭建的高楼共有几层。
活动延伸（2）	幼儿可以绘制一幅高层楼房的画面，画出的楼房有某种规律关系，并给家人分享它们的规律，等等。
幼儿评定	幼儿是否认识10以内的序数，能否从不同方向确认物体的排列次序。

表7-10 中班数学领域活动10

水平	水平Ⅱ（下）
活动名称	认识前后
学习与发展目标	4—5岁-科学-Ⅱ-3：能使用上下、前后、里外、中间、旁边等方位词描述物体的位置和运动方向。
内容目标	1.以自身为中心区分前后，会正确运用方位词"前面"和"后面"。 2.以客体为中心区分前后，发展幼儿对空间方位的辨别能力。
活动材料	1.教师用图：小狗、小兔、小鹿的图片。 2.幼儿用图：图册，附图粘贴。
活动过程	1.自己的前后 （1）教师面向幼儿站立，向幼儿展示，"你们看到的是老师的前面，我们身体的前面有脸、胸、肚子……" 教师再背向幼儿站立，再给幼儿展示，"如果老师背向你们，你们看到的是老师的后面，我们身体的后面有后脑勺、背、腰……"，引导幼儿拍拍前面的小肚子，拍拍后面的小屁股。 （2）"我们面朝的方向就是我们的前面，前面的东西能看得到。后脑勺朝的方向就是我们的后面，后面的东西看不到。" 请幼儿说说自己的前面是谁？再回头看看自己的后面是谁？拍拍前面小朋友的肩膀，再回头对后面的小朋友笑一笑。 （3）请幼儿站在桌子边，说说桌子在自己的前面，椅子在自己的后面。 2.他的前后 （1）依次出示小动物并放到白板上，"小狗、小鹿、小兔在排队做游戏"，请幼儿观察小鹿的前面是谁？（小狗）谁在小鹿的后面？（小兔）再请幼儿看一看谁排在最前面？谁排在最后面？ 教师再交换3个小动物的位置，再请幼儿说一说，引导幼儿用完整的语言讲述，正确地运用方位词。 （2）"这3个小动物要玩跑步比赛了"，（在白板上画出起点和终点）请幼儿说一说谁的前面是谁？谁的后面是谁？ 再请幼儿说一说谁先到达终点，为什么？谁最后到达终点，为什么？

水平	水平Ⅱ（下）
活动过程	3. 小动物旅游 （1）出示图册和附图，"这3个小动物要坐车出去旅游了，请小朋友给它们排排坐吧！小狗的前面是小兔，小狗的后面是小鹿。" "路上有许多来来往往的车辆，小狗拍了2张照片。"请幼儿观察每张照片，前面的车用红色的笔圈起来，后面的车用绿色的笔圈起来。 "路上还有来来往往的人，小鹿拍了2张照片。"请幼儿观察每张照片，把前面的人用红色的笔圈起来，后面的人用绿色的笔圈起来。 （2）"这些小动物来我们幼儿园参观的时候告诉老师，说我们也可以玩一个'前面有什么'的比赛。" 教师站在幼儿前面，或幼儿站在教师的前面（也可请两名幼儿），请幼儿说说谁在前面，谁在后面。两人或三人同时改变方向，再请幼儿说一说。（通过游戏让幼儿明白，比较前后方位时要以面向前方为准。）
活动建议	1. 在活动中，教师应给予幼儿更多独立思考的机会，然后教师加以引导和启发，通过教师的点拨幼儿能够感知前后的相对性、可变性，从而掌握清楚辨别前后的方法。在确定物体的方位时，要有一个立足点，教师可以通过日常生活的实际例子，来向幼儿讲明并使其掌握辨别客体的立足点。 2. 针对能力弱的幼儿，教师引导其观察和思考，先判断出立足点是什么，然后再确定前后位置的物体。针对能力强的幼儿，鼓励他们自己描述物体之间的前后位置关系，并对更多物体的方位进行判断。
多元智能	本活动方案由三个小活动展开，发展了幼儿的逻辑数学智能、空间智能和语言智能。 通过开展以自身与客体为中心区分前后的活动，幼儿具有了认识和分析判断物体前后的能力，锻炼了幼儿空间方位的思考能力，丰富了幼儿识别空间方位的经验，发展了幼儿的逻辑数学智能、空间智能。逻辑数学智能强的幼儿能够认识和区分物体的前后关系，在活动中，能够说出自己前面和后面的小朋友是谁、能给小动物安排座位、能圈出前面后面的小车等。逻辑数学智能弱的幼儿搞不清前后的逻辑关系，尤其以客体为中心的关系，幼儿可能出现混乱现象。幼儿用语言正确地、完整地表达物体的前后关系等，发展了幼儿的语言智能。
活动延伸（1）	在户外的集体活动中，教师带幼儿一起做"向前跳，向后跳"的游戏活动。幼儿根据教师发出的口令向前跳或向后跳。
活动延伸（2）	幼儿可以和家人利用衣服、裤子或其他物品，展开快速辨别前后的"找前后"游戏。
幼儿评定	观察幼儿能否辨别前后，并能正确地运用方位词。

二、语言领域活动

语言领域活动注重培养幼儿的语言理解能力、语言表达能力和日常对话能力。通过看图说话、讲故事、故事表演、读书、看绘本、场景表演、读儿歌、读诗歌、读散文、猜谜语、玩语言游戏等活动使幼儿达到阅读和读书方面的学习目标，促进幼儿在语言领域的学习与发展。

（一）概述

4—5岁的幼儿语言发展迅速，一年期间几乎能学到2000个左右的词汇，其中许多是从故事书等读物中获得的。他们开始对故事中的修辞语句加以关注与理解，如"一眨眼""慢得像蜗牛一样"。他们能根据上下文猜出某个词的意思，开始注意故事的情节和一些细节。他们的语言发展，如听故事的经验、积累的词汇和用语，使他们能够进行创造性讲述。但对语言的组织还有一定的困难，他们可能会从故事的开头，转到故事的一个细节，或者讲述不重要的一些细节。他们喜欢故事表演，能模仿、学习故事里的对话。

这个时期的幼儿，语言技能进步很快，他们能掌握一些复杂的句式，发音上的困难也大为减少，能够理解包含2个和2个以上的做事的指令，词汇量也明显扩大。和3—4岁的幼儿相比他们的主动语言显著增加，在幼儿与幼儿之间、幼儿与成人之间有更多的言语交流。在生活中他们每天平均能获得4—6个新的词汇。他们从成人或教师命名的事物中学习新词，也能根据成人使用词汇的具体情境理解词汇的意义。他们能根据词汇上下文来猜出某个词的意思。他们词汇的丰富一般是围绕类别展开的，如植物，他们学到的词如种子、叶、茎、根、树皮、树干等；如时间，相应的词有上午、下午、今天、后天、昨天、周末、下周等；表述心理状态或情感的词，如不知道、忘记了、奇怪、失望、高兴、伤心、好玩和气愤等，以及动作方面的词。4—5岁的幼儿对多步指令也能理解，如拿好你的衣服、穿上、在门口排队、准备出去散步。他们分享经验的能力提高很多，如我把蓝色和黄色混合起来变成绿色了。最后他们能说出来的词汇要大大少于听懂的词汇，但在这个年龄他们说出词的可能性会大很多。他们的表述可能会缺少某些词汇，如让幼儿说一张卡片，他不会说这是一张邀请的卡片。他们乐于分享自己的经验，愿意主动告诉别人，找别人说话。这个年龄是发展幼儿言语表达的好时期。

在设计和实施4—5岁幼儿语言领域活动时，教师应该考虑到幼儿在语言理解、表达词汇、句法等方面的能力，根据幼儿的年龄特点设置故事情节、人物对话等，通过阅读、倾听、对话和模仿表演，提高幼儿语言和阅读的能力。领域活动的设置应与教学目标紧密对应，并根据幼儿的实际表现，针对个别差异进行教学以实现幼儿在语言方面的学习与发展。

在4—5岁幼儿的语言领域活动中，有很多表现幼儿语言智能的机会，语言智能体现在幼儿对语言要素的理解与把握中。在这个年龄的语言领域活动中，可以看到幼儿在语言智能上的显著差异，如有的幼儿掌握了相当多的词汇，甚至是复杂的句式；有的幼儿能够很快理解故事的任务、情节，记住里面的用语，还能有表情地表达出来；有的幼儿能够领会词的细微含义，理解其中的夸张和幽默等。教师应在活动中观察幼儿在语言智能上的表现，给予他们表现与运用语言智能的机会。如教师可以在阅读故事的时候提出一系列问题来让幼儿关注其中的语言要素。

（二）中班语言领域活动案例（01—10）

表 7-11　中班语言领域活动 01

水平	水平Ⅱ（下）
活动名称	七彩下雨天
学习与发展目标	4—5 岁 - 语言 - Ⅱ-2：能根据连续画面提供的信息，大致说出故事的情节。
内容目标	1. 能用基本流畅的语言描述自己印象深刻的几幅绘本画面。 2. 尝试用词语或句子形容彩虹。 3. 能听懂绘本故事，并有阅读绘本故事的兴趣。
活动材料	《七彩下雨天》绘本 PPT（教师自备），彩虹相关的视频片段或照片，七个盛满水的玻璃杯，红、橙、黄、绿、青、蓝、紫七种色彩稀释好的颜料。
活动过程	1. 好美的颜色 教师展示稀释好的七种色彩的颜料，与幼儿讨论有关颜色的话题："小朋友们，你们最喜欢什么颜色呀？这些颜色你们见过吗？老师接下来要用它们变个小魔术。"教师将七种色彩稀释好的颜料一一滴在七个盛满水的玻璃杯中，确保颜料能在水中扩散出美丽的形状。教师引导幼儿说说这些扩散开的颜色漂亮不漂亮，喜欢哪一个颜色，以及看到这些颜色想到了什么。 2. 假如雨水有颜色 （1）教师引导幼儿继续联想，如果这些颜料加在雨水里，下起带颜色的雨会怎么样？鼓励幼儿展开想象，自由讨论。 （2）"有一个小朋友想象出了很多美丽的画面，咱们一起来欣赏一下！"教师打开《七彩下雨天》绘本 PPT，为幼儿依次展示绘本故事中七种颜色的雨的相关插图，并请幼儿描述出自己印象深刻的几幅画面。 （3）教师带感情地为幼儿朗读绘本故事，当读到与七种颜色的雨相关的插图页面时，可以与幼儿一起讨论。如，当读到红色雨的时候大家为什么都会尖叫呢？满天都是红色像什么呢？当读到黄色的雨时，通过画面联想到了什么？蓝色的雨除了像蓝裙子还像什么呢？ 3. 噢！那是彩虹 （1）教师读完一遍绘本故事后，请幼儿说说有颜色的雨是什么？（彩虹）教师为幼儿播放彩虹相关的视频片段或展示彩虹的照片，并引导幼儿用一个词语或一句话形容一下彩虹。

续表

水平	水平Ⅱ（下）
活动过程	（2）教师为幼儿完整地、带感情地朗读一遍绘本故事。鼓励幼儿对绘本故事进行简单的复述。
活动建议	1. 教师准备稀释好的颜料时需要在课前按一定比例调制好，做好试验。七种颜色中如果有的颜色幼儿不认识，教师只要引导幼儿说出该颜色的颜料滴进水里后像什么即可，如果幼儿无法说出像什么，教师可以准备颜色相同或将近的物品提示幼儿，引导其想象。 2. 如果幼儿无法描述绘本画面所画的内容，教师可以用提问的方式做引导。如果幼儿难以用词语形容彩虹，只要知道彩虹有很多种颜色即可。 3. 教师为幼儿读最后一遍故事时，可以配上背景音乐烘托气氛，并鼓励幼儿跟随复述简单的词汇。
多元智能	本方案分为"好美的颜色""假如雨水有颜色""噢！那是彩虹"三个小活动，有机会发展幼儿的语言智能和空间智能。 通过有关颜色的话题讨论，以及描述绘本的画面内容并用词语或句子形容彩虹等，发展了幼儿的语言智能。语言智能强的幼儿吐字清晰、语言流畅，甚至会应用简单的形容词。语言智能弱的幼儿对词汇和句子的掌握以及应用能力等都会有一定的欠缺，教师应当给予关注和引导。通过观察绘本图案描述画面内容，锻炼了幼儿对色彩、线条和空间的感知能力，发展了幼儿的空间智能。
活动延伸（1）	在图书/语言角投放《七彩下雨天》的绘本图书，幼儿可以自主阅读。在美工区，幼儿可以利用彩笔、蜡笔等把自己想象的颜色雨涂一涂、画一画。
活动延伸（2）	幼儿可以为家人讲述《七彩下雨天》的绘本故事，还可以和家人一起画出想象的彩虹雨。
幼儿评定	观察幼儿能否用基本流畅的语言描述几幅绘本画面内容，并愿意尝试用词语或句子形容彩虹。

表7-12　中班语言领域活动 02

水平	水平Ⅱ（下）
活动名称	大方的吉米
学习与发展目标	4—5岁-语言-Ⅱ-2：能大体讲出所听故事的主要内容。
内容目标	1. 能够复述故事里的重复句式。 2. 能够有条理地说出故事的大致内容。 3. 明白"大方地……"是什么意思，愿意大方地与朋友分享自己的东西。
活动材料	红色轻黏土，《红泥巴》小粘贴，《红泥巴》故事图五张。

水平	水平Ⅱ（下）
活动过程	1. 红泥巴变变变 （1）教师展示红色轻黏土："小朋友们仔细看，老师手里的轻黏土现在变成了什么？（教师将轻黏土捏成一顶小红帽子）你们最喜欢用轻黏土做成什么？你们觉得把轻黏土变成什么样子最有趣呢？"鼓励幼儿根据已知经验，设想更多让轻黏土大变样的方法。 （2）"有一只叫吉米的小老鼠，它也有一块红泥巴，你们猜它用这块红泥巴都做什么了呢？"请幼儿仔细听《红泥巴》的故事，然后在故事中寻找答案！ 2. 小老鼠吉米的红泥巴 （1）教师为幼儿朗读故事《红泥巴》。 小老鼠吉米捡到一块红泥巴，于是，他坐在地上玩起泥巴来。做小红帽子、小红手帕、小红纽扣、小红苹果、小红皮球。 一只小老虎走过来说："小红帽子真好看，送给我好吗？"吉米大方地说："好！送给你。"吉米大方地给了小老虎一个小红帽子。 一只小猫咪走过来对吉米说："小红纽扣真好看！送给我好吗？"吉米大方地说："好！送给你。"吉米大方地给了小猫咪一个小红纽扣。 一只小狗走过来对吉米说："小红苹果真好看，送给我好吗？"吉米大方地说："好！送给你。"吉米大方地给了小狗一个小红苹果。 一只小鸭子走过来对吉米说："你好！小红手帕真好看！送给我好吗？"吉米大方地说："好！送给你。"吉米大方地给了小鸭子一个小红手帕。 一只小狐狸走过来对吉米说："你好！小红皮球真好看！送给我好吗？"吉米大方地说："好！送给你。"吉米大方地给了小狐狸一个小红皮球。 太阳要落山了，吉米使劲地挥手说："再见，亲爱的红泥巴太阳！" （2）教师与幼儿一起讨论问题：①小老鼠吉米用红泥巴都做了什么？鼓励幼儿把自己的发现表达出来。②小老虎、小猫咪、小狗、小鸭子、小狐狸问吉米要红泥巴的时候是怎么说的，吉米是怎么回答他们的。③教师展示故事图，并在展示的过程中再读一遍故事，引导幼儿跟随教师复述故事中的重复句子，如"你好！……真好看！送给我好吗？"吉米大方地说："好！送给你。" （3）鼓励幼儿复述故事的大致内容，并说说自己喜欢不喜欢小老鼠吉米，为什么？ （4）教师为幼儿简单解释"大方"的意思，如大方就是指很愿意把自己的东西跟别人一起分享或直接送给别人，小老鼠吉米很大方，所以大家都很喜欢跟小老鼠吉米做朋友。 3. 做大方的小朋友 幼儿人手一块轻黏土，并自由选择老鼠、老虎、猫咪、小狗、鸭子、狐狸的小粘贴头像贴在胸前，代表相应角色。鼓励幼儿将轻黏土捏成各种造型，并用故事里学到的重复句式互相分享自己的作品。

续表

水平	水平Ⅱ（下）
活动建议	1. 教师朗读完一遍故事后，如果幼儿无法回答讨论的问题时，教师可以先展示图卡并读一遍故事，然后再用图卡提示，引导幼儿回答问题。如果幼儿能理解故事并顺利地回答问题，教师可以直接带领其复述故事。 2. 如果幼儿能够知道大方的含义，可以先鼓励其分享自己的理解，如果幼儿不清楚，教师再为其作解释。 3. 分享轻黏土作品时，注意引导幼儿多多使用"真好看！送给我好吗""好！送给你"等句子。
多元智能	本方案分为"红泥巴变变变""小老鼠吉米的红泥巴""做大方的小朋友"三个小活动。有机会发展幼儿的语言智能、空间智能和人际交往智能。 通过描述故事内容、复述重复句子、学习并积累新词汇等，发展了幼儿的语言智能。语言智能强的幼儿可以口齿清晰地复述出更多的重复句子，他们在总结故事内容的时候更有条理。语言智能较弱的幼儿描述故事内容抓不住重点，且不善于使用词汇或句子，需要教师给予一定的引导和帮助。通过用轻黏土捏出不同的造型，锻炼了幼儿对形状的感知能力，发展了幼儿的空间智能。通过互相分享轻黏土作品发展了幼儿的人际交往智能。
活动延伸（1）	在戏剧表演区，幼儿可以继续扮演相应小动物，表演《红泥巴》的故事。
活动延伸（2）	幼儿将《红泥巴》的故事讲给家长听，并给家长解释"大方"这个词语的意思，家长可以跟幼儿一起用轻黏土捏出更多的造型。
幼儿评定	观察幼儿能否复述故事里的重复句式，并能基本有条理地说出故事的大致内容。

表 7-13 中班语言领域活动 03

水平	水平Ⅱ（下）
活动名称	乌鸦喝水
学习与发展目标	4—5 岁 - 语言 - Ⅱ-2：能大体讲出所听故事的主要内容。
内容目标	1. 可以语言流畅地表述帮助乌鸦喝水的方法。 2. 能基本复述出故事的主要内容。 3. 能够明白遇到困难要想办法克服的道理，喜欢听《乌鸦喝水》的故事。
活动材料	乌鸦实景照片，乌鸦九宫格故事拼图，《乌鸦喝水》故事视频，瓶口小、瓶颈长、盛了一半水的水瓶一个。
活动过程	1. 乌鸦口渴了 （1）教师展示乌鸦实景照片："小朋友们，今天老师给你们带来一位新朋友，你们看看认识它吗？知道它叫什么名字吗？"引导幼儿仔细观察，去发现乌鸦的更多特点，如羽毛是黑色的、嘴巴短短的尖尖的等。

续表

水平	水平Ⅱ（下）
活动过程	（2）教师拿出盛了一半水的长颈水瓶："你们知道吗，乌鸦飞了好久好久，嘴巴干死啦，它好想好想喝水啊。它找到一个水瓶，可是嘴巴伸不进去喝不到水怎么办呢？你们能不能帮帮它？"教师引导幼儿一起讨论帮乌鸦喝水的各种办法。 2.乌鸦怎么喝水 （1）教师根据幼儿的建议和想法进行简单的试验，并请幼儿猜猜乌鸦为了喝这半瓶水它会怎么做？它能想出几种办法？最终有没有喝到这瓶水？ （2）播放《乌鸦喝水》故事视频，请幼儿通过故事寻找答案。 乌鸦喝水 一只乌鸦口渴了，他在低空盘旋着找水喝。找了很久，他才发现不远处有一个水瓶，便高兴地飞了过去，稳稳地停在水瓶口，准备痛快地喝水了。可是，水瓶里水太少了，瓶口又小，瓶颈又长，乌鸦的嘴无论如何也够不着水。这可怎么办呢？乌鸦想，把水瓶撞倒，就可以喝到水了。于是，他从高空往下冲，猛烈撞击水瓶。可是水瓶太重了，乌鸦用尽全身的力气，水瓶仍然纹丝不动。 乌鸦一气之下，从不远处叼来一块石子，朝着水瓶砸下去。他本想把水瓶砸坏之后饮水，没想到石子不偏不倚，"扑通"一声正好落进了水瓶里。乌鸦飞下去，看到水瓶一点儿都没破。细心的乌鸦发现，石子沉入瓶底，里面的水好像比原来高了一些。 "有办法了，这下我能喝到水了。"乌鸦非常高兴，他"哇哇"大叫着开始行动起来。他叼来许多石子，把它们一块一块地投到水瓶里。随着石子的增多，水瓶里的水也一点儿一点儿地慢慢向上升…… 终于，水瓶里的水快升到瓶口了，而乌鸦总算可以喝到水了。他站在水瓶口，喝着甘甜可口的水，心里是那么痛快、舒畅。 （3）引导幼儿把在故事中的发现分享给大家。教师对幼儿的表达及时予以总结。 （4）教师为幼儿再朗读一遍故事，并引导其说说故事的主要内容，比如，乌鸦想喝水，发现一个盛水的瓶子，可是因为嘴巴太短喝不到水，它想了很多办法，最后发现把石子投到水里总算可以喝到了水。 3.巧手拼出乌鸦图 教师带领幼儿一起玩九宫格拼图，拼出乌鸦的形象。活动自然结束。
活动建议	1.如果幼儿无法想出帮助乌鸦喝水的办法，教师可以做进一步引导，比如提醒幼儿是不是可以用什么工具辅助等。如果幼儿仍然没有好办法，请幼儿通过听故事了解聪明的乌鸦想出的好办法。 2.教师可以反复朗读故事的重点段落，帮助幼儿理解故事的内容。
多元智能	本方案分为"乌鸦口渴了""乌鸦怎么喝水""巧手拼出乌鸦图"三个小活动。有机会发展幼儿的语言智能和空间智能。 通过帮助乌鸦寻找喝水的办法和复述故事主要内容等环节，锻炼了幼儿语言的组织能力和表达能力，发展了幼儿的语言智能。语言智能强的幼儿思维清晰，语言

续表

水平	水平Ⅱ（下）
多元智能	表达流畅。语言智能较弱的幼儿对描述故事中的地点、人物、情节等要素都难以把握，运用的词汇和语句也不够丰富，需要教师加以引导。幼儿通过玩九宫格拼图发展了幼儿的空间智能。
活动延伸（1）	在戏剧表演区，幼儿可以戴上乌鸦头饰扮演乌鸦，并简单表演《乌鸦喝水》的故事。
活动延伸（2）	幼儿可以给家人讲述《乌鸦喝水》的故事，并和家长一起玩九宫格拼图。家长可以根据拼图内部文字，帮助幼儿更完整地复述故事内容。
幼儿评定	观察幼儿是否参与帮助乌鸦寻找喝水方法的讨论，并能简单复述故事的主要情节。

表7-14 中班语言领域活动04

水平	水平Ⅱ（下）
活动名称	碰碰车
学习与发展目标	4—5岁–语言–Ⅰ–1：在群体中能有意识地听与自己有关的信息。4—5岁–语言–Ⅰ–2：会说本民族或本地区的语言，基本会说普通话。少数民族聚居地幼儿会用普通话进行日常会话。
内容目标	1. 跟随教师读儿歌时能够基本发准确"peng"和"ping"的读音。 2. 游戏中能听懂教师的指令，并完成相应动作。 3. 喜欢朗读《碰碰车》的儿歌，并喜欢参与到集体游戏中。
活动材料	游乐园碰碰车实物照片一张，《碰碰车》动画视频（光盘），跟幼儿数量相同的羊角球多个，欢快的背景音乐，宽阔场地。
活动过程	1. 好玩的碰碰车 教师向幼儿展示游乐园碰碰车照片，鼓励幼儿观察照片，并描述一下碰碰车的特点，比如轮子跟其他汽车不一样，周围软软的，不怕碰等。教师与幼儿一起讨论和分享坐碰碰车的经历。 2. 朋朋和平平 （1）"有两个小朋友，一个叫朋朋，一个叫平平，他们也去坐碰碰车了，然后发生了什么事呢？"教师播放动画视频，请幼儿观看并说说两个小朋友叫什么名字（朋朋和平平）、他们去做什么了（坐碰碰车）、然后发生了什么事（碰在一起了）。 （2）教师为幼儿口齿清晰地再读一遍儿歌，儿歌内容： 碰碰车 碰碰车，车碰碰， 坐着朋朋和平平。 平平开车碰朋朋，

续表

水平	水平Ⅱ（下）
活动过程	朋朋开车碰平平， 不知是平平碰朋朋， 还是朋朋碰平平。 在朗读过程中，引导幼儿跟随复述"碰碰、朋朋、平平"等重点词语。为了熟悉儿歌内容，教师可以带领幼儿多朗读几遍，并且帮助幼儿规范吐字发音。 　　3. 碰碰车开起来 　　（1）教师带领幼儿来到宽阔场地玩碰碰车游戏。游戏规则：幼儿每人用一只羊角球当作碰碰车，骑好羊角球按照教师发出的指令完成相应动作。如教师说"开快车"，幼儿可以较快速地弹跳；教师说"开慢车"，幼儿轻轻地、慢慢地弹跳；教师说"两个人碰一起"，两个幼儿弹跳到一起轻轻碰一下，依次可以说三个人碰一起、四个人碰一起等。 　　（2）在游戏过程中，教师提醒幼儿注意安全，碰在一起时，仅羊角球轻轻碰一下即可。若没有羊角球，教师可以用其他实物代替，或者幼儿仅模仿坐碰碰车的动作亦可。游戏结束后，列队返回教室。
活动建议	1. 如果条件允许，学儿歌环节可以在室内完成，碰碰车游戏可去室外进行。在分享坐碰碰车的经历时，教师以问题做引导，幼儿能够简单说出跟谁去坐，坐的过程发生了什么即可。 　　2. 教师在读儿歌时，注意吐字清楚，放慢语速，幼儿对儿歌内容不熟悉时，能够跟随教师复述出重点词语即可，熟悉儿歌后，可以尝试在教师的提示下自己朗读。
多元智能	本方案分为"好玩的碰碰车""朋朋和平平""碰碰车开起来"三个小活动，有机会发展幼儿的语言智能和身体运动智能。 　　通过描述坐碰碰车的经历、朗读儿歌等环节，锻炼了幼儿的吐字发音及组织语言的能力，发展了幼儿的语言智能。语言智能强的幼儿在分享自己坐碰碰车的经历时能够描述得更加详细，基本可以做到语言流畅。对"peng"和"ping"的读音能够做到清晰、准确。语言智能较弱的幼儿可能无法准确区分"peng"和"ping"的读音，教师需要通过放慢语速、突出重点字音来引导该部分幼儿。通过玩碰碰车开起来的游戏发展了幼儿的身体运动智能。
活动延伸（1）	在图书/语言角投放更多与碰碰车有关的儿歌图书和绘本故事，幼儿可以自由翻阅，教师适当提供帮助。
活动延伸（2）	幼儿尝试朗读儿歌给家长听，如果读不下来，家长可以适当提供帮助。一家人还可以一起玩碰碰车的游戏。
幼儿评定	观察幼儿能否基本掌握"peng"和"ping"的读音，并按照指令完成游戏动作。

表 7-15　中班语言领域活动 05

水平	水平 Ⅱ（下）
活动名称	小动物登船
学习与发展目标	4—5 岁 – 语言 – Ⅱ – 1：喜欢把听过的故事或看过的图书讲给别人听。
内容目标	1. 可以口齿清晰地朗读儿歌。 2. 可以较流畅地简单复述一两个自己听过的故事或看过的图书内容。 3. 喜欢玩合作游戏，并且学会主动跟别人分享听过的故事或看过的图书。
活动材料	《小动物登船》小粘贴（图册），EVA 小船模型。
活动过程	1. 乘着轮船游世界 （1）教师引导幼儿描述一下自己见过的轮船的样子，并说说乘着轮船都能做什么。 （2）教师展示组装好的小船模型，"在小动物的王国里，也有一艘大轮船。驾驶轮船的是大象伯伯，最近它想开着船巡游世界。这可了不得，有好多好多小动物都想参加，但是想登船得大象伯伯同意才行，怎样做大象伯伯才能同意呢？"幼儿选择一个小动物不干胶贴在胸前，扮演不同小动物，并与教师一起讨论登船的办法。 2. 大象伯伯请点头 （1）"老师提示一下你们，大象伯伯喜欢有礼貌的小动物，如果能用一首有礼貌的儿歌来敲门就最好了，而且我还听说大象伯伯喜欢听故事，小动物们如果能把听过的故事或者看过的书讲给他听，大象伯伯一定会让小动物们登船。"教师以小猫为例为幼儿朗读一遍儿歌。儿歌内容： 　　　　轮船大，像座楼， 　　　　呜呜呜呜去旅游。 　　　　小猫想要一起走， 　　　　大象伯伯请点头。 教师引导幼儿将自己扮演的动物名称添加到儿歌中，并一起朗读一遍儿歌。 （2）教师扮演大象伯伯的角色，依次与幼儿对话玩游戏。当幼儿朗读完儿歌后，大象问："你是谁？给我讲个故事吧。"引导幼儿说出自己扮演的动物名称，并简单复述一个听过的故事，或者分享一本看过的图书。如，扮演小兔的幼儿回答说："我是小兔，我听过一个故事叫《萤火虫找朋友》，一只萤火虫想找朋友，可它不帮助别人，最后一个朋友也没找到。"大象伯伯做点头的动作，并允许小兔登船。 （3）部分幼儿分享完毕后，教师可以根据人数进行分组，每组由讲过故事的幼儿扮演大象伯伯，再次进行小动物登船的游戏。在游戏过程中，教师可以鼓励幼儿为儿歌加上肢体动作表演。

续表

水平	水平Ⅱ（下）
活动建议	1. 当幼儿对轮船的样子描述有困难时，教师可以利用轮船照片等为幼儿做提示或进行简单的介绍，本方案重点在后面的游戏环节，不用很详细地教幼儿认识轮船。 2. 幼儿在朗读儿歌的过程中，教师要注意帮助幼儿把角色名称加入到儿歌中，比如扮演小兔子的幼儿要说"小兔想要一起走"等。在给大象伯伯讲故事时，只要幼儿能基本说出大概故事内容即可。有的幼儿有自己创编故事的能力，只要语言表达基本流畅即可。 3. 在讲故事的过程中，教师可以用提问的方式帮助幼儿描述更有趣、更丰富的故事内容。幼儿讲完故事后，教师可以以大象伯伯的角色与其他幼儿互动，比如询问"小动物们，小兔的故事好不好？我让他登船吗？"等方式调动游戏氛围，同时避免有的幼儿讲故事时间过长，其他幼儿注意力不集中的情况出现。
多元智能	本方案分为"乘着轮船游世界"和"大象伯伯请点头"两个小活动，有机会发展幼儿的语言智能和身体运动智能。 幼儿通过话题讨论、朗读儿歌及分享故事等积累了词汇，发展了幼儿的语言智能。语言智能强的幼儿能够很快学会朗读儿歌，而且在朗读的过程中吐字更清晰。在分享故事时，能够基本讲清楚故事的时间、地点、人物和大概情节。语言智能较弱的幼儿可能出现讲述故事不连贯、内容描述不清楚等情况，教师可以通过问题引导等方式给幼儿以帮助。朗读儿歌过程中加入肢体动作表演，发展了幼儿的身体运动智能。
活动延伸（1）	在益智区投放小船拼插模型，幼儿可以参照模型图纸拼插自己的小船。在角色游戏区，幼儿可以约同伴一起玩小动物登船的游戏。
活动延伸（2）	幼儿可以将学会的儿歌读给家长听，并且把拼插好的小船模型给家长看。家长可以扮演大象伯伯，引导幼儿讲更多有趣的故事。
幼儿评定	观察幼儿能否口齿清晰的朗读儿歌，并能较流畅地简单复述一个自己听过的故事或看过的图书内容。

表7-16 中班语言领域活动06

水平	水平Ⅱ（下）
活动名称	咏柳
学习与发展目标	4—5岁-语言-Ⅱ-2：能随着作品的展开产生喜悦、担忧等相应的情绪反应，体会作品所表达的情绪情感。
内容目标	1. 可以用一两个句子描述柳树、柳条或柳叶的样子。 2. 可以口齿清晰地朗读古诗《咏柳》。 3. 能够体会诗词中描绘的柳树的美感，喜欢朗读古诗。

续表

水平	水平Ⅱ（下）
活动材料	仿真带叶子柳条，透明胶带，胶水，剪刀，瓦楞纸，颜料，柳树照片或视频资料，《咏柳》诗歌图（图册），《咏柳》古诗视频，《高山流水》音频。
活动过程	1. 美丽的柳树 （1）教师出示仿真柳条一根，请幼儿仔细观察，并描述柳条和上面柳叶的特点，如枝条很长，叶子尖尖的、细细的等，然后请幼儿猜猜这是什么树上的。 （2）教师为幼儿展示真实柳树的照片和视频资料，结合环境，鼓励幼儿发挥想象，说说柳树、柳叶、柳条像什么。教师肯定幼儿的表达，并简单介绍很多喜欢柳树的人们都会用自己的方式来形容柳树的美。古代的诗人还把柳树枝形容为飘动的绿色丝带；把细细的树叶形容为像被剪刀剪过一样等，引发幼儿将自己的想象进行对比。 2. 咏柳 （1）"古代有一位诗人写下赞美柳树的诗，名字叫《咏柳》，仔细听，在诗中你听到了什么？"教师播放《咏柳》视频。古诗原文： 咏柳 碧玉／妆成／一树高，万条／垂下／绿丝绦。 不知／细叶／谁裁出，二月／春风／似剪刀。 教师结合诗歌图为幼儿简单讲解古诗的意思，引导幼儿体会诗歌意境。"高高的柳树长满了翠绿的新叶，轻柔的柳枝垂下来，就像万条轻轻飘动的绿色丝带。这细细的嫩叶是谁的巧手裁剪出来的呢？原来是那二月里温暖的春风，它就像一把灵巧的剪刀。" （2）教师为幼儿有感情地朗读一遍古诗，注意诗词的断句和重音。带幼儿反复朗读古诗，并引导幼儿尝试跟随教师复述古诗。 （3）鼓励幼儿有感情地跟读古诗，并配上背景音乐和图片烘托氛围。 3. 装扮春天 教师和幼儿一起收集多根仿真柳条，并用剪刀裁剪瓦楞纸做树干，再为树干涂上颜色，最后用透明胶带、胶水等工具进行粘贴和固定，将教室环境装扮得像春天一样美。
活动建议	1. 如果幼儿认识柳树，并能直接说出柳条来自柳树，教师可以请幼儿说明是怎么认识柳树的。在描述柳树、柳条、柳叶像什么的环节，当幼儿给出的答案很奇怪或者毫无逻辑时，只要幼儿自己能说明理由，教师就可以给予鼓励和肯定，并引导他们发挥想象给出更多有趣的描述。 2. 朗读古诗时，注意重音和断句的把控，但重音和断句不拘泥于本方案提供的这一种形式，根据个人朗诵习惯和情感的表达程度可做适当调整。 3. 如果幼儿能够很好地复述古诗，可以鼓励其加入肢体动作进一步有感情地朗读，当幼儿无法准确复述时，能够体会古诗中描绘柳树的美感即可。

续表

水平	水平Ⅱ（下）
多元智能	本方案分为"美丽的柳树""咏柳""装扮起来"三个小活动。有机会发展幼儿的语言智能和自然智能。 　　幼儿通过对柳条、柳树和柳叶特点的描述，并有声有色地朗读古诗，锻炼了幼儿的语言组织能力和表达能力，同时帮助幼儿积累了词汇，发展了幼儿的语言智能。语言智能强的幼儿，可以口齿清晰、语言流畅地描绘出自己想象的事物，并能很快熟悉古诗内容，有感情地朗读古诗。语言智能较弱的幼儿可能无法很好地理解古诗内容，教师需要多提供实景图片帮助其体会诗歌意境。幼儿通过观察柳叶和柳条，认识柳树并了解其特点，发展了幼儿的自然智能。
活动延伸（1）	幼儿可以在美工区利用仿真柳条自己制作粘贴画，或者继续装扮教室。
活动延伸（2）	幼儿可以给家人朗读古诗，家长可以鼓励幼儿说说这首古诗表达的意思。
幼儿评定	观察幼儿能否用一两个句子描述柳条和柳叶的样子，并能口齿清晰地跟读古诗《咏柳》。

表7-17　中班语言领域活动07

水平	水平Ⅱ（下）
活动名称	我见过这些标志
学习与发展目标	4—5岁-语言-Ⅱ-2：能随着作品的展开产生喜悦、担忧等相应的情绪反应，体会作品所表达的情绪情感。
内容目标	1. 可以口齿清晰地朗读儿歌。 2. 可以清楚地描述两到三个自己见过的标志。 3. 对生活中的安全标志感兴趣，喜欢探究它们的用途和含义。
活动材料	《我见过这些标志》儿歌图，《我见过这些标志》小粘贴（图册），《我见过这些标志》场景图（图册），城市安全提示场景教具。
活动过程	1. 上下楼梯要注意 　　（1）教师为幼儿展示《我见过这些标志》儿歌图，请幼儿互相讨论，描述一下图上的标志是什么意思。教师可以为幼儿做简单总结，"这两个是上楼梯标志和下楼楼梯标志，表示供人们使用的只能向上行走或只能向下行走的楼梯。如果在外面看到这两个标志就要根据提示只上楼梯或只下楼梯。" 　　（2）"上下楼梯需要注意什么呢？"教师创设情景为幼儿讲故事："有一天，虎宝在森林里玩耍，走着走着，看到一座美丽的房子，虎宝轻轻推开门，他发现在屋里还有很漂亮的楼梯，走一格楼梯就有五彩的小灯亮起来。调皮的虎宝被这个美丽的楼梯吸引了，他开心地跑上去，又跑下来。不一会儿虎宝觉得没挑战，干脆两个台阶两个台阶蹦蹦跳跳地在楼梯上玩耍起来，结果一个不小心，两脚一滑摔在了地上，疼得虎宝哎哟、哎哟哭了起来。"

续表

水平	水平Ⅱ（下）
活动过程	（3）教师与幼儿一起讨论问题：①虎宝为什么会摔倒？②平时上学放学大家都是怎么走楼梯的？③人如果很多的情况下，大家又是怎么走楼梯的？ （4）教师朗读儿歌《我会上楼梯》，并鼓励幼儿跟读： 上下楼梯按次序， 主动礼让不拥挤， 抓好扶手往右靠， 一步一步不着急。 2. 各种标志贴贴贴 （1）教师展示代表废弃物和人行横道等标志的粘贴画，请幼儿仔细观察，并说出它们表达的含义，或猜一猜这些标志是什么意思，并尝试将六个标志粘贴画贴到对应的场景图上。 （2）教师讲解六个标志的正确含义，如废弃物表示这个容器是可以放垃圾的；人行横道表示行人横过马路的地段，小朋友过马路要走人行横道；停车场表示外出时看到有这个标志的地方才可以停车，车不能乱停乱放；禁止烟火表示不能使用明火，否则会引起火灾或爆炸；紧急出口表示发生危险时，沿着这个标志就能找到逃生的通道。幼儿将标志粘贴在对应场景图上，教师可以适当提供帮助。 3. 我还见过这些标志 教师带领幼儿分组玩城市安全提示场景教具，引导幼儿将安全标志贴在相应的教具上，并通过情景模拟使用这些教具。
活动建议	1. 第三个小活动"我还见过这些标志"如果时间不够充分时，也可以放在活动延伸里进行。 2. 如果幼儿对这些标志感到陌生，教师可以准备有这些标志的生活场景照片做引导和提示，或鼓励幼儿发挥想象猜猜它们所表达的含义，并说说自己为什么这样理解。如果幼儿能说出这些标志的用途，教师可以鼓励他们描述自己认识的更多标志。
多元智能	本方案分为"上下楼梯要注意""各种标志贴贴贴""我还见过这些标志"三个小活动。有机会发展幼儿的语言智能、空间智能和社会交往智能。 幼儿通过描述各种标志所表达的含义以及朗读儿歌等过程，发展了幼儿的语言智能。语言智能强的幼儿能够较清楚地表达出自己了解或者猜测的标志的含义，并能较快地跟随教师复述儿歌。语言智能较弱的幼儿表达不清楚，语言不流畅，需要教师给予关注和引导。通过观察各种标志粘贴画和图卡，并判断各种标志所表达的含义，发展了幼儿的空间智能。幼儿通过合作共同玩安全提示场景教具，发展了幼儿的人际交往智能。
活动延伸（1）	在益智区幼儿可以继续完成安全提示场景教具的粘贴，并通过情景模拟使用这些教具。

水平	水平Ⅱ（下）
活动延伸（2）	幼儿可以将自己了解的几种标志与家人分享。家长可以引导幼儿认识更多生活中常见的标志，并一起动手制作几种标志牌，然后带到幼儿园与大家分享。
幼儿评定	观察幼儿能否口齿清晰地朗读儿歌，并能清楚地描述两三个标志的含义和用途。

表7-18 中班语言领域活动08

水平	水平Ⅱ（下）
活动名称	相反连连看
学习与发展目标	4—5岁 - 语言 - Ⅱ-3：在成人提醒下，写写画画时姿势正确。
内容目标	1.通过对比实物，可以理解相反的含义。 2.可以用正确的姿势完成相反事物图的连线。 3.喜欢玩相反动作游戏，愿意探究生活中还有哪些意义相反的事物。
活动材料	实物：一大一小的两个皮球、一长一短的两根绳子、大石头和小石头各一块、盛水一多一少的两个瓶子、一粗一细的两根棍子、《相反连连看》连线图（图册）。
活动过程	1.帮帮小动仔 （1）教师展示准备的实物，讲述故事："上个周末小熊动仔风风火火地给家里来了场大扫除，可把他累坏啦！动仔打扫出很多东西还没来得及整理，一个人忙不过来，想请小朋友们帮他分分组，你们愿不愿意帮助他呀？"教师请幼儿为五组实物分类，并引导幼儿说说为什么这么分。 （2）教师进一步引导幼儿对比一下同一组的同种类物品有什么不同，比如，皮球一个大一个小，绳子一根长一些一根短一些。教师重复幼儿说出的词语（大、小；长、短；轻、重；多、少；粗、细），并告诉幼儿像这样大和小、长和短、粗和细意思相反的词就叫反义词，除了这些还有很多很多事物有相反的意思。鼓励幼儿认真思考，还有哪些事物或词语是相反的，并尝试着说一说。 2.相反事物连连线 教师展示连线图，鼓励幼儿将图上有相反含义的事物用线条连起来，并说说自己为什么这样连线。在连线过程中，提醒幼儿注意写画时的姿势：头要正，肩要平，身体坐直本放正，一尺一寸和一拳，预防近视要记清。 3.相反动作游戏 （1）教师带领幼儿玩相反动作游戏，讲明游戏规则：一名幼儿做出动作，其他幼儿依次在这名幼儿面前做他的相反动作，比如该名幼儿手向上指、抬左腿、闭眼睛、摇头等，其他幼儿要做出他的相反动作，如手向下指、抬右腿、睁眼睛、点头等。当一名幼儿给出动作，对应的幼儿做错时，两人交换位置，游戏继续进行。 （2）将幼儿分组玩相反动作游戏，熟悉游戏流程后可以适当加快速度。相反动作游戏也可以用相反词语游戏代替。

续表

水平	水平Ⅱ（下）
活动建议	1. 无论幼儿按照哪种方式为物品分组，教师都可以先鼓励幼儿说说为什么这么分，并表扬其创新的想法，然后再引导其按照相同种类两个物品一组的形式分类。 2. 在引导幼儿对比实物时，要鼓励他们动手拿一拿、比一比，当幼儿无法说出有什么不同时，教师可以先以一到两组实物为例做引导。 3. 在玩相反动作游戏过程中，教师可以先给出动作，带领幼儿玩几轮，以熟悉游戏规则。在幼儿了解了相反动作和相反词语的游戏后，可以鼓励幼儿想出更多的玩法来完成这种相反的游戏。
多元智能	本方案分为"帮帮小动仔""相反事物连连线""相反动作游戏"三个小活动。有机会发展幼儿的语言智能、身体运动智能和人际交往智能。 幼儿通过理解反义词的含义并说出哪些事物或词语是相反的等过程，发展了幼儿的语言智能。语言智能强的幼儿能更灵活地掌握语义、积累词汇，并能掌握更多反义词的用法。语言智能较弱的幼儿对反义词的理解有困难，需要教师多提供些事例加以说明。通过玩相反动作游戏，锻炼了幼儿大小肌肉的协调能力，发展了幼儿的身体运动智能。通过分组游戏的形式，幼儿间相互配合，发展了幼儿的人际交往智能。
活动延伸（1）	在角色游戏区，幼儿可以约同伴一起玩相反动作或相反词语的游戏。
活动延伸（2）	幼儿为家长展示图册连线成果，并向家长介绍自己这样连线的理由。生活中碰到相反事物时，家长可以及时为幼儿作介绍。幼儿还可以邀请家人一起玩相反动作游戏。
幼儿评定	观察幼儿能否理解"相反"的含义，并能用正确的姿势完成相反事物图的连线，且乐意参与相反动作游戏。

表7-19 中班语言领域活动09

水平	水平Ⅱ（下）
活动名称	小青蛙穿新衣
学习与发展目标	4—5岁-语言-Ⅱ-2：能随着作品的展开产生喜悦、担忧等相应的情绪反应，体会作品所表达的情绪情感。
内容目标	1. 能理解故事内容，明白绿色是青蛙保护色的道理。 2. 能够有感情地跟随教师复述故事。 3. 有兴趣尝试自己讲述小青蛙穿新衣的故事。
活动材料	小青蛙拼插玩具，农田里的小青蛙图片，蝴蝶图片，《小青蛙穿新衣》故事图（图册），《小青蛙穿新衣》游戏图，《小青蛙穿新衣》故事音频（光盘）。
活动过程	1. 想穿新衣的小青蛙 （1）教师展示生活在农田里的小青蛙的图片，并讲述故事："今天故事的主人公是一只生活在农田里的小青蛙，它长着绿绿的皮肤，还喜欢吃蚊虫，可是它有一个烦恼，

续表

水平	水平Ⅱ（下）
活动过程	跟它的好朋友蝴蝶有关。"教师展示蝴蝶图片，"小青蛙穿绿色的衣服，那小蝴蝶是什么样子的？你们觉得谁的衣服好看呀？"鼓励幼儿自由回答，并说明自己的理由。 　　"小青蛙的心里觉得蝴蝶可漂亮了，她有五颜六色的衣服，可是自己只有绿色的衣服，它很想换一身新衣服，你们想象一下，如果小青蛙不是绿色的会发生怎样的故事呢？"教师与幼儿一起讨论可能发生的情况。 　　（2）教师播放故事音频，并引导幼儿带着问题听故事：①小青蛙换上新衣服后发生了什么？②小青蛙为什么吃不到小飞虫？③变回绿色后又发生了什么，小青蛙为什么觉得还是绿衣服好？故事内容： 小青蛙穿新衣 　　有一只小青蛙，它每天看到花蝴蝶穿着那么漂亮的衣服飞来飞去，它也想穿一件漂亮的衣服了。于是小青蛙偷偷地在家里为自己的身体涂上七彩斑斓的颜色，漂亮极了，它终于有了一件美丽的衣服了。 　　小青蛙来到池塘边，突然感觉到肚子很饿了。可不知道为什么，无论小青蛙怎么隐藏，周围的小飞虫，个个都发现了它，很快地逃走了。小青蛙难过极了，只好饿着肚子在草丛里溜达。 　　突然，出现了一只大灰狼，大灰狼露出狰狞的面容说："哈哈！今天我的运气实在是太好了，这么容易就发现了一只长得这么怪异的小青蛙。要是小青蛙都穿得这么漂亮，我每天都能吃饱了呢！"说完，立即扑向小青蛙。小青蛙吓坏了，它拼命地跳啊跳啊，幸好跳到池塘里，躲过了大灰狼的血盆大口。小青蛙身上的涂料慢慢地被水褪去了，小青蛙又变成了绿色。奇怪了，周围的小虫子好像都没有发现它，它轻而易举地就吃到了一顿丰盛的晚餐。 　　（3）教师与幼儿一起讨论，寻找问题的答案，并结合图册，再次为幼儿讲一遍故事。 　　（4）教师有感情地再为幼儿讲述故事，并鼓励幼儿跟随教师进行简单的复述。 　　2. 小青蛙连连看 　　教师展示小青蛙穿新衣游戏图，鼓励幼儿为相同肤色的小青蛙完成连线，在连线过程中，注意提醒幼儿保持正确的写画姿势。 　　3. 拼插小青蛙玩具 　　（1）引导幼儿拼插小青蛙玩具，通过拼插玩具，总结一下小青蛙为什么不能穿新衣。 　　（2）教师启发幼儿做总结：小青蛙的绿色皮肤是它的保护色。
活动建议	1. 教师为幼儿讲述故事时，当讲到小青蛙终于有件美丽的新衣服、小青蛙吃不到小飞虫、大灰狼惊喜地发现小青蛙、小青蛙害怕地逃走这些句子时，引导幼儿感受语气变化，理解故事表达的情绪情感，并尝试自己有感情地复述故事。

第七章　中班领域活动指导与活动案例

续表

水平	水平Ⅱ（下）
活动建议	2. 在想象如果青蛙不是绿色的会发生什么的环节中，教师鼓励幼儿大胆描述，不要拘泥于现实的答案，肯定想象力丰富的幼儿。 3. 在拼插玩具时，如果幼儿操作起来有难度，教师可以提供一定的帮助。
多元智能	本方案分为"想穿新衣的小青蛙""小青蛙连连看""拼插小青蛙玩具"三个小活动，有机会发展幼儿的语言智能、空间智能和自然智能。 幼儿通过听故事回答问题、根据图卡复述故事等，发展了幼儿的语言智能。语言智能强的幼儿语言表达流畅、吐字清晰，对故事的理解能力也更强，复述故事时能够说出大致的情节，甚至会加上一些形容词或者使用更丰富的词汇，如大灰狼恶狠狠地说、小青蛙拼命地跳啊跳啊等。语言智能弱的幼儿可能无法很好地复述故事，教师引导其说清故事的大概即可。通过拼插玩具、观察游戏图、为相同色彩的青蛙连线并总结出绿色是青蛙的保护色等，发展了幼儿的空间智能和自然智能。
活动延伸（1）	在图书/语言角投放更多关于小动物和保护色的图书，幼儿可以自主翻阅了解。在益智区幼儿可以继续玩拼插玩具。
活动延伸（2）	幼儿为家长展示自己拼插出的小青蛙，并为家长简单介绍《小青蛙穿新衣》的故事。
幼儿评定	观察幼儿能否有感情地跟随教师复述故事，并能理解故事内容。

表7-20　中班语言领域活动10

水平	水平Ⅱ（下）
活动名称	你说我猜
学习与发展目标	4—5岁-语言-Ⅰ-1：在群体中能有意识地听与自己有关的信息。
内容目标	1. 能够用"……像……"的句式说一句话。 2. 能够将摸到物体之后的感觉用完整的句子进行描述。 3. 能够理解游戏规则，并喜欢详细地描述某个事物。
活动材料	小号纸箱多个——"神奇箱"（幼儿可伸手探入箱子中）；苹果、橘子、葡萄等常见的时令水果一组；黄瓜、白菜、胡萝卜等常见蔬菜一组；奖励用小粘贴。
活动过程	1. 神奇箱里有什么 （1）教师展示神奇箱："小朋友们，这只箱子我们把它叫作神奇箱，里面装满了各种水果。今天的游戏任务是将手伸进神奇箱去，把摸到的东西用'……像……'的一句比喻句描述出来。"教师提醒幼儿尽量从水果的形状、果皮的手感等方面进行描述。 （2）请第一位志愿参与者先来尝试摸箱，然后将自己摸到的东西用完整的句子进行描述，并且尝试使用一句比喻句。如：这是一个圆圆的、软软的、像一个小球的水果，它应该是葡萄！

续表

水平	水平Ⅱ（下）
活动过程	（3）其他乐意尝试的幼儿，可以鼓励他们上前摸箱并进行语言描述。 2. 它可是最棒的 （1）教师也参与到摸箱游戏中，并将自己摸到的东西进行描述，比如摸到橘子："我的水果是圆圆的，像一个皮球，表面皱皱的，有哪位小朋友猜出来是什么了？"教师在自己描述的时候，尽量将水果或蔬菜的形状、表面温度、果皮或菜叶等特征描述得详细些，并将猜到的水果或蔬菜的味道、颜色或营养价值等进行描述，给幼儿更多开阔思路的提示。 （2）教师再请几名幼儿做此游戏，并重复游戏要求，以便加深印象。 3. 你说我猜 （1）教师为幼儿分组，每组幼儿大约4—5人，给每个小组发一个神奇箱，组内幼儿轮流进行描述。配班教师给予协助，指导幼儿的游戏，倾听幼儿用比喻句描述的内容。 （2）教师请小组推举代表在大家面前展示。在幼儿分享时，教师及时总结幼儿说出的新词汇以及句子并进行重复，扩大幼儿的词汇量以及联想能力。 （3）当幼儿完成两轮水果摸箱游戏后，可以再进行蔬菜摸箱的游戏，保持幼儿对游戏的新鲜感和兴趣。
活动建议	1. 摸箱游戏主要从两个环节展开，一是幼儿根据摸到的水果或蔬菜用比喻句进行描述，并自己猜出它究竟是哪种水果或蔬菜，然后尝试对它的味道、颜色或营养价值作更多的描述。二是以你说我猜的形式，即摸箱幼儿只对摸到的水果或蔬菜进行描述，让别的幼儿根据描述判断会是什么水果或蔬菜，并请猜对答案的幼儿进行关于味道、颜色或营养价值等的更多描述。 2. 教师参与摸箱游戏时，可适当使用一些四字词语，如形容苹果的果肉"又甜又脆"，形容橘子的果肉"酸酸甜甜"，以增加幼儿的词汇量，并使幼儿认识不同类型的词语形式。 3. 如果幼儿根据描述没能猜对正确的水果或蔬菜，不妨请幼儿说说自己的判断与正确的答案有什么不同。 4. 本活动重点在于描述水果或蔬菜的过程，不强求幼儿一定要答对。对于判断正确的幼儿，教师可以用小粘贴等物品做奖励。
多元智能	本方案"你说我猜"等活动，有机会发展幼儿的语言智能和自然智能。 幼儿用语言将一个未知的物品描述清晰，并做出正确的判断，锻炼了幼儿对语言精准把握的能力，发展了幼儿的语言智能。语言智能强的幼儿，能够清晰地描述出摸到的物品的特点，并且能够抓住物品其中的一个特点说出一个比喻句。语言智能弱的幼儿表达可能不完整，也无法描述清楚物品的特点，需要教师给予引导和帮助。通过对蔬菜、水果触感的描述，了解它们各自更多的特点、口味及营养价值等，发展了幼儿的自然智能。

续表

水平	水平Ⅱ（下）
活动延伸（1）	将神奇箱投放到角色游戏区，幼儿可以自己放新的物品进去，约同伴一起玩你说我猜的摸箱游戏。
活动延伸（2）	幼儿在生活中可以与家人一起玩此类游戏。家长可以引导幼儿尽量地多表达，锻炼幼儿的语言能力。
幼儿评定	观察幼儿能否在游戏中使用"……像……"的比喻句，并能用完整的句子进行描述。

三、科学领域活动

科学领域的活动注重幼儿与自然的亲近，主要培养幼儿主动探究，及通过探究认识周围事物与现象的能力，促进幼儿在科学探究方面的学习与发展。通过观察和探究的方法，让幼儿观察自然的变化、四季的变化、天气的变化。为幼儿提供进行实验和动手操作的机会，如研究力、水、沙、光、声、风、热和磁等物理现象。通过参与植物栽培、饲养动物等生物相关活动，认识探究动植物生长与环境的关系等。

（一）概述

4—5岁的幼儿对物体进行观察或探索比3—4岁的幼儿更加细致和多样，他们会对物体进行描述、比较、分类等，也能提出为什么的问题。他们会注意到因果关系，注意物体的相同点与不同点。在操作与探索物体与材料方面，他们一般至少能注意到物体与材料的一个特性，如颜色、大小、形状、重量、质地和温度等，同时思考一个物体的两种特征比较困难，如一个物体的颜色和形状。他们一次只能对事物的一个特点加以比较，然后再比较另一个特点。他们可以识别人和物体的位置与运动（如向前、向后、超越、之下、里面、外面、沉浮等），发现他们在位置上的变化。探索在其他力的作用下物体会发生什么（如扔球的弹力）。这个年龄的幼儿积累了许多有关生命或非生命物体的词汇，喜欢称呼这些物体的名称，如这是向日葵，那是青菜、狮子、老虎、长颈鹿等。幼儿开始使用气候词汇来描述气候和季节变化（如热、冷、晴、多云），识别云、太阳、月亮和星星的特点，收集、分组、识别和描述自然世界的物体（如岩石、土壤、树叶）。

4—5岁的幼儿爱问为什么的问题，喜欢探索，并从中发现事物的关系和特性。他们想知道：这么做结果会怎么样，并去尝试各种可能性，如把水装到不同的瓶子里，看会发生什么，对着瓶口吹气，听听声音有何不同，或者把沙子放到瓶子里，看看与把水装到瓶子里有何不同。

科学领域的活动为发展幼儿的自然智能与逻辑数学智能提供了机会。对于自然智能来说，需要个体有细致地观察事物的能力，能够通过自己的感官认识事物的不同特性，不论是无生命的还是有生命的，如石头、树叶的特征或小树、小兔的生长等。在发展观察能力的同时，也应注意让幼儿关注到事物的相同点与不同点，通过比较可以更好地发现事物的特点，如通过比较可以发现有的东西会沉到水里，有的则会浮在水面上。在观察比较的基础上，幼儿需要应用他们的概括能力来发现事物的特点，如植物可以生长，木头不可以，这需要应用他们的逻辑数学智能。这个时期的幼儿有很强的好奇心，会乐于观察事物的变化，如天气的变化、四季的变化、水温的变化等。但是由于幼儿年龄尚小，观察常常不细致，观察的焦点也会不断变化，许多活动需要在教师的关注、指导与帮助下才能完成。教师应该提供条件让幼儿自己去尝试、去发现，不要急于把结果告诉他们。在这个年龄，也可以让幼儿在做实验之前先去猜一猜会发生什么，然后再让他们尝试，这样可以发展他们提出假设和检验假设的能力，运用其逻辑数学智能来进行思考与推断。

（二）中班科学领域活动案例（01-10）

表 7-21　中班科学领域活动 01

水平	水平Ⅱ（下）
活动名称	蔬果发电机
学习与发展目标	4—5 岁 - 科学 - Ⅰ-1：喜欢接触新事物，经常问一些与新事物有关的问题；常常动手动脑探索物体和材料，并乐在其中。4—5 岁 - 科学 - Ⅰ-3：能感知和发现简单物理现象，如物体形态或位置变化等；初步感知常用科技产品与自己生活的关系，知道科技产品有利也有弊。
内容目标	1. 初步了解电流的概念，了解电池的正极和负极。 2. 深入探究水果的秘密。 3. 培养幼儿的动手能力和思考能力。
活动材料	水果发电的图片，装电池的手电筒 4 个，七号或五号电池若干，发电机材料 4 组，新鲜的苹果、柠檬、橙子或土豆若干，剪刀，垃圾桶。
活动过程	1. 认识手电筒 （1）教师拆开一个手电筒，请幼儿观察手电筒的结构：灯头、电池、筒壳等结构。 （2）教师请幼儿猜一猜手电筒为什么能发光，教师记录幼儿的猜测结果。

续表

水平	水平Ⅱ（下）
活动过程	（3）教师组装起手电筒，打开开关，请幼儿观察灯泡（亮了）；然后关闭手电筒，取出里面的电池，再次打开开关，请幼儿再次观察灯泡（没有亮）。 教师检测幼儿的猜想并总结：手电筒能发光是因为手电筒里的电池。 2. 认识正极和负极 （1）教师将幼儿随机分成4组，每组幼儿上前领取1个手电筒和几节不同型号的电池。 （2）教师引导幼儿打开手电筒，慢慢地倒出手电筒内的电池，在此过程中教师提醒幼儿注意观察电池组装的方向和电池两头之间的区别。 （3）教师请幼儿说一说自己的发现，教师做总结：电池两端的符号和形状不一样，标"＋"号并且凸起的那一端是电池的正极，组装的时候这头朝下装进手电筒；标"－"号平滑的一端是电池的负极，组装的时候这头朝上。 （4）教师引导幼儿尝试变换电池的组装方向，打开开关，观察前面的灯泡亮不亮。 3. 组装发电机 （1）"小朋友你们刚才认识了电池，探索了电池的正极和负极，可你们知道吗，我们经常吃的几种水果、蔬菜也是电池呦，它们也可以让灯泡亮起来（教师展示水果发电的图片），你们想试一试吗？" （2）教师请每组幼儿上前领取一种蔬果，按蔬果的名称给各小组命名，即苹果组、柠檬组、橙子组和土豆组。 （3）幼儿根据水果发电机里面的步骤图，组装蔬果发电机：① 把材料里的铜线和锌线与导线连接。② 把铜线和锌线成对地插入到柠檬（苹果、橙子或土豆）中。③ 连接二极管，观察二极管的变化，二极管慢慢变亮，代表安装成功。 （4）教师为幼儿解释水果发电的秘密：同你们刚才探究的干电池一样，水果和蔬菜里含有酸性物质，这种酸性物质会在金属片上形成电荷，其中的锌片代表负极，铜片代表正极，正负极连接在一起就会产生电流，所以越酸的蔬果发电能力越强。
活动建议	1. 活动前，教师请幼儿在家里带一些装电池的手电筒和不同型号的电池，电池是用过的也可以；教师提前准备好水果发电的图片或小视频；发电机材料，请在幼儿的玩教具箱内找出，并提前把导线上的金属线弄长一点。三个小活动，需要幼儿探索的时间较长，教师可根据班级幼儿的领悟程度，将活动拆分成两次完成。 2. 活动过程中，教师重点引导幼儿自己主动发现手电筒发光与电池的安装顺序(正极和负极)有关，并留给幼儿探索电池组装的方法。在制作水果发电机的过程中，如果班级幼儿能力较强，教师可请幼儿按照步骤图完成发电机的组装，可在导线连接环节提供帮助；如果班级幼儿能力较弱，教师可分步骤带领幼儿完成组装任务；这两种情况也可以分别针对不同能力的小组。
多元智能	物理探究活动《蔬果发电机》，主要发展了幼儿的自然智能、语言智能、人际交往智能、身体运动智能和空间智能。

续表

水平	水平Ⅱ（下）
多元智能	幼儿主要通过探索手电筒的工作原理、电池的正负极和蔬果发电机的组装和工作，增加幼儿关于电池的了解，激发幼儿探索电池的兴趣，发展了幼儿的自然智能。自然智能强的幼儿可以快速推导出手电筒发光是因为里面有电池，电池有正负两极，且组装顺序有要求；还可能在蔬果发电环节观察到不同蔬果发电的强度不一样，柠檬发电机上的二极管最亮。自然智能弱的幼儿对探究电池没有兴趣，不能掌握电池正确的组装方式，完成不了发电机的组装，发现不了蔬果之间发电的差异。幼儿通过回答教师问题，分享自己在活动中的发现，锻炼了幼儿的语言表达能力，发展了幼儿的语言智能。幼儿在组装蔬果发电机的环节，采用小组合作的方式，根据安装步骤图完成任务，增强了幼儿之间的合作意识，锻炼了幼儿的语言表达能力，发展了幼儿的人际交往智能和空间智能；组装过程中导线与金属片和二极管的连接步骤，需要幼儿的手指完成打结工作，锻炼了幼儿手指肌肉的灵活性，发展了幼儿的身体运动智能。
活动延伸（1）	把活动中的手电筒、电池、蔬果和发电机投放到科学探索区，方便对电池和水果发电感兴趣的幼儿继续探索。
活动延伸（2）	幼儿邀请家长，在家里找一找可以发电的蔬果吧，找到后不要忘记用玩教具箱内的发电机验证呦！
幼儿评定	幼儿是否能了解电池的正极和负极，并掌握电池的组装方式。

表 7-22　中班科学领域活动 02

水平	水平Ⅱ（下）
活动名称	动物宝宝不一样
学习与发展目标	4—5 岁 – 科学 – Ⅰ-2：能对事物或现象进行观察比较，发现其相同与不同；能用图画或其他符号进行记录。4—5 岁 – 科学 – Ⅰ-3：能感知和发现动植物的生长变化及其基本条件。
内容目标	1.通过对六种动物的认识，初步了解卵生动物和胎生动物的区别。 2.能对常见动物进行卵生和胎生的分类。 3.对动物的繁殖方式感兴趣。
活动材料	青蛙卵、蝴蝶卵、鸡蛋、小兔、小蝙蝠、小海豚的图片及其对应的长大后的动物图片，两个袋子、磁条、白板、双面胶、蜥蜴、蛇、恐龙、马、猫、狗、老鼠等动物的图片。
活动过程	1.认识卵生动物 （1）教师在白板上依次贴出青蛙卵、蝴蝶卵和鸡蛋的图片，请幼儿观察三种动物卵的形状（圆形或椭圆形），有什么异同（大小不一样、外壳不一样、颜色不一样、形状不一样等），并猜一猜这些卵孵化后会变成什么小动物（青蛙、蝴蝶和小鸡）。

续表

水平	水平Ⅱ（下）
活动过程	（2）教师出示三种小动物长大后的图片，请幼儿与上面动物卵的图片一一对应，并说出每组小动物的名称、生活习性或用途（青蛙，生活在稻田里，喜欢捉害虫；蝴蝶，一种美丽的昆虫，生活在花丛中；小鸡，长大后会下蛋，还可以吃肉）。 （3）教师为幼儿介绍卵生动物：有些动物，不是在动物妈妈的身体里生出来的，而是动物妈妈产生卵（蛋）后，孵化一段时间，小动物出壳后，才正式出生，一般鸟类、爬虫类、鱼类和昆虫类的动物都是卵生动物。 （4）教师请幼儿说一说生活中常见的卵生动物有哪些。（麻雀、蛇、金鱼、蝉等） 2. 认识胎生动物 （1）教师在白板上依次贴出兔子、蝙蝠和海豚的幼崽图片，请幼儿观察三种小动物，并说出小动物的名称。 （2）教师拿出三种小动物长大后的图片，分别请3名幼儿上前，把3种小动物的幼崽与长大后的图片做一一对应。 （3）教师为幼儿介绍胎生动物：有些小动物，刚开始的时候非常小、很脆弱，需要在动物妈妈的肚子里生长一段时间，吸取足够多的营养后，才能出来，这种小动物长得和动物妈妈一样，而且这些小动物出生后还要喝一段时间奶才能长大。 （4）教师请幼儿说一说生活中常见的胎生动物有哪些（狗、猫、马、老鼠等），并想一想自己是卵生动物还是胎生动物（胎生动物），为什么呀？（在妈妈的肚子里长大，出生后要喝奶才能长大）。 3. 胎生、卵生大归类 （1）教师用双面胶把蛋的图片粘到一个袋子上，代表卵生动物袋；把小兔的图片粘到另一个袋子上，代表胎生动物袋；并在相应的袋子上用签字笔写上"卵生"和"胎生"的字样。 （2）教师在原有的图片基础上增加一些其他动物的图片，如蜥蜴、蛇、恐龙、马、猫、狗、老鼠等。 教师每次请2名幼儿上前，分别选出1张卵生动物的图片和1张胎生动物的图片，放进对应的袋子里，直到全部的图片都找到对应的袋子后，活动自然结束。
活动建议	1. 活动开始前教师在电子材料包内找到青蛙卵、蝴蝶卵、鸡蛋、小兔、小蝙蝠、小海豚的图片及其对应的长大后的动物图片，并打印出来，有条件的园所可以塑封。后期增加的卵生动物和胎生动物的图片，数量要充足，两种类型动物的数量大致相等，种类不要重复，保证每名幼儿至少一张图片。 2. 在活动过程中，教师鼓励幼儿仔细地观察图片，大胆表达自己的发现，幼儿所有的回答没有对错之分，只有知道和不知道，不要现场纠正错误。 3. 在介绍卵生动物的环节，开始时幼儿可能不能全部准确地说出三种动物卵的名称，教师不要急于告知幼儿答案，可在动物卵与动物图片对应环节重复或告知幼儿该种动物的名称；教师可以根据班级幼儿的能力减少动物卵的图片数量或增加对三种

续表

水平	水平Ⅱ（下）
活动建议	卵生动物（青蛙、蝴蝶和小鸡）种类的追问，如蝴蝶属于哪类动物（昆虫类）。 4.在介绍胎生动物时，教师重点强调胎生动物需要在动物妈妈的肚子里成长，出生后一段时间需要喝奶才能长大。在动物分类环节，教师要根据班级幼儿的实际情况增加幼儿熟悉的动物图片，不局限于活动中提到的动物；在分类时，可以根据班级幼儿的人数调整每次参与活动的人数（4人、6人或8人），只要教师能控制班级秩序即可。
多元智能	动物探究活动《动物宝宝不一样》，主要发展了幼儿的自然智能、空间智能、语言智能、人际交往智能和逻辑数学智能。 幼儿主要通过认识卵生动物和胎生动物，了解动物的两种繁殖方式，增加幼儿关于动物种类的认识，提高了幼儿的观察和比较能力，发展了幼儿的自然智能。自然智能强的幼儿能很快掌握胎生动物和卵生动物的区别：在母体内发育还是母体外发育，出生后要不要喝奶。自然智能弱的幼儿，认识的动物种类少，在对常见动物进行胎生和卵生分类时频繁出错。幼儿通过观察图片和区分图片的方式开展活动，锻炼了幼儿的图片观察能力，发展了幼儿的空间智能。幼儿通过回答教师提出的问题，表达自己对两种类型动物的理解，锻炼了幼儿语言表达能力，发展了幼儿的语言智能。幼儿通过合作完成两种动物的归类时，两个人之间互相交流决定各自承担的任务，发展了幼儿的人际交往智能。幼儿通过对常见动物进行卵生和胎生的归类，锻炼了幼儿的比较、总结和归纳能力，发展了幼儿的逻辑数学智能。
活动延伸（1）	在图书/语言角投放关于胎生动物和卵生动物的科普绘本，方便对动物繁殖方式感兴趣的幼儿继续探索。
活动延伸（2）	幼儿在幼儿园已经认识了常见的卵生动物和胎生动物，爸爸妈妈可以邀请幼儿介绍一下图片上的动物。请幼儿讲一讲哪些动物是卵生，哪些动物是胎生，并提醒幼儿用笔把所有的卵生动物和胎生动物圈起来。
幼儿评定	幼儿是否能认识并说出2—3种常见的卵生动物和胎生动物。

表7-23 中班科学领域活动03

水平	水平Ⅱ（下）
活动名称	雨伞乐趣多
学习与发展目标	4—5岁-科学-Ⅰ-1：常常动手动脑探索物体和材料，并乐在其中。4—5岁-科学-Ⅰ-2：能对事物或现象进行观察比较，发现其相同与不同。
内容目标	1. 萌发对身边常见工具（物品）的研究兴趣。 2. 了解伞的结构、特征和作用。 3. 能根据伞的功能进行分类。

续表

水平	水平Ⅱ（下）
活动材料	教师准备1把折叠雨伞、1把长柄雨伞，幼儿每人从家带1把伞，伞的结构挂图、收纳箱2个。
活动过程	1. 鲁班造伞 （1）教师出示1把伞，请幼儿讲一讲该工具的名称（伞）、功能（遮雨、遮阳）。教师追问幼儿关于伞的来历。 （2）教师讲述《鲁班造伞》的故事，引导幼儿知道伞的来历。 　　很久很久以前，世界上没有伞。那时候，人们出门很不方便。夏天，太阳晒得皮肤火辣辣地疼；下雨天，把衣服淋得湿漉漉的。鲁班想：要是能做个东西，既能遮阳又能挡雨，那该多好呀！ 　　鲁班动了好多脑筋。后来他想出了一个办法，他跟几个木匠在路边造了许多的亭子，亭子的顶是尖尖的，四周用几根柱子支撑住。这样一来走路的人就方便多了，下雨了，去亭子里躲雨，太阳晒得太难受了，也去亭子里纳凉。 　　鲁班为大家办了一件好事，大家都很感谢他，可是有一个人问他："如果雨下个不停，怎么办呢？总不能一直待在亭子里吧？" 　　这个问题还真把鲁班难住了，于是鲁班继续想办法。一天，天气热极了，他一边做工，一边抹汗。忽然看见许多孩子"扑通扑通"跳到荷花塘里去玩水，一会儿，一个孩子摘了一个荷叶，倒过来顶在脑袋上。 　　鲁班觉得好奇，就问他们："你们头上顶着个荷叶干什么呀？"小孩子七嘴八舌地说了起来："鲁班师傅，您瞧，太阳像个大火轮，照在身上太难受了，我们头上顶着荷叶，就不怕晒了。" 　　鲁班抓过一个荷叶，仔细瞧了又瞧，荷叶圆圆的，背面有许多叶脉，朝头上一罩，又轻巧，又凉快。鲁班心里一下子亮堂了起来。他赶紧跑回家，找了一根竹子，劈成许多细细的条条，照着荷叶叶脉的样子，扎了个架子；又找了一块羊皮，把它剪得圆圆的，蒙在竹架子上。"好啦，好啦！"他高兴得叫起来："这东西既能挡雨遮阳，又轻便小巧。" 　　鲁班的妻子听见他大呼小叫，赶紧从屋里跑出来问他"出了什么事情？"鲁班把刚做成的东西递给妻子说："你试试这玩意儿，以后大家出门带着它，就不怕雨淋太阳晒了。" 　　鲁班的妻子瞧了瞧，又想了想说："不错不错，不过，雨停了，太阳下山了，还拿着这么个东西走路，那就太不方便啦！要是能把它收拢起来，那才好呢。" 　　"对，对！"鲁班听了很高兴，就跟妻子一起动手，把这东西改成可以活动的，用着它，就把它撑开，用不着，就把它收拢。这东西是什么呀？就是咱们今天用的伞。 2. 探索伞的结构 （1）教师出示伞的结构挂图，请幼儿认识伞柄、伞骨和伞面，并说一说这三个结构的功能和材质。（伞柄是一把伞的主心骨，像我们身体的骨架一样，支撑着整把

续表

水平	水平Ⅱ（下）
活动过程	伞，主要由木头、金属管制成；伞骨是支撑伞面用的，可撑开，可收起，还可以折叠，古时候用木头和竹子制成，现在用金属制成；伞面是伞中最重要的部分，担负着遮雨、挡阳的责任，主要由塑料布、油纸、绸布或尼龙布制成。） （2）教师请每名幼儿拿出自己从家带来的伞，在教室内分散站立，撑起自己的伞，找出伞柄、伞骨和伞面。 （3）教师打开自己带来的折叠伞和长柄伞。 3.归归类 （1）教师请幼儿收起打开的伞，在此过程中注意引导幼儿观察伞骨的变化，并请2—3名幼儿讲一讲收伞时的发现。 （2）两名教师当着幼儿的面同时各收起1把打开的折叠伞和长柄伞，请幼儿观察并说出这两把伞之间的异同。（一把伞折叠起来后，变短了；一把伞面收起来了，但是长度没有变化。） （3）教师指出收伞时长度变短的伞是折叠伞，长度不变的伞是长柄伞。把两把伞分别放入两个收纳箱内，分别代表折叠伞收纳箱或长柄伞收纳箱。 （4）教师请幼儿观察自己带来的伞，每次请3—5名幼儿上前，根据自己伞骨的功能分别把它放入折叠伞收纳箱或长柄伞收纳箱。
活动建议	1.本活动适合在夏天的下雨天或炎热的晴天开展，来园时让幼儿直接感受伞的功能遮雨或遮阳。教师在活动前务必准备1把折叠阳伞和1把长柄伞，并提前熟悉《鲁班造伞》的故事。教师可在活动前两天告知幼儿早上带一把自己最喜欢的伞来幼儿园，第一天请幼儿独自完成任务，对第一天没有完成任务的幼儿再增加家长提示，这样做的目的是为了培养幼儿独立完成任务的意识。 2.活动过程中教师在展示伞的结构挂图前，可以先让幼儿说一说伞的结构，提前了解幼儿关于伞的认知。在幼儿认识了伞的三个主要结构后，在实际探索伞的环节，教师要留给幼儿至少3分钟的探索时间，除了找到伞的三个主要结构（伞柄、伞骨和伞面）外，当幼儿有新的发现时，如伞扣、伞套、伞骨之间的连接扣等细节，教师要及时给予关注，并请该幼儿将自己的发现与其他幼儿分享。 3.在第三个小活动中根据伞骨的功能对伞进行折叠伞和长柄伞的分类时，综合考虑班级秩序的维护和轮流等待的时间，教师可根据自己班的常规调整每次上前的幼儿人数。
多元智能	工具探究活动《雨伞乐趣多》，主要发展了幼儿的自然智能、语言智能和逻辑数学智能。 幼儿主要通过认识伞的结构、探索伞的结构、对伞进行分类等方式，丰富幼儿对伞的来源和结构的认识，激发幼儿探究伞的兴趣，提高幼儿的观察能力，主要发展了幼儿的自然智能。自然智能强的幼儿能观察到伞柄、伞骨和伞面之外的其他细节，能很快根据教师的要求对自己带来的雨伞进行分类，并发现新的分类方式。自然智能弱

续表

水平	水平Ⅱ（下）
多元智能	的幼儿，不能找出实物伞的三个主要结构，并在伞的分类环节频繁出错。幼儿通过讲述自己对伞的已有认识、聆听《鲁班造伞》的故事和分享自己关于伞的新发现等环节，锻炼了幼儿的口语表达和聆听能力、理解故事的能力，发展了幼儿的语言智能。幼儿根据伞骨的功能进行分类，锻炼了幼儿的观察、比较和总结、归纳能力，发展了幼儿的逻辑数学智能。
活动延伸（1）	把不同类型的伞和伞的结构图投放到科学探索区，方便对伞的结构和功能感兴趣的幼儿继续对不同的伞进行探索。
活动延伸（2）	请爸爸妈妈协助幼儿拿出家里的几把伞，请幼儿找出2把自己最喜欢的伞，并为这2把伞编号，然后找出1、2号伞的伞柄、伞骨和伞面吧！找完后还可以数一数伞骨有几根、量一量伞面有多大、探索一下伞柄是否可以伸缩，并把发现记录下来。测量伞面时爸爸妈妈给予适当的帮忙。
幼儿评定	幼儿是否能掌握伞的三个主要结构，并能在实物伞上找到对应位置。

表7-24 中班科学领域活动04

水平	水平Ⅱ（下）
活动名称	森林歌唱家
学习与发展目标	4—5岁-科学-Ⅰ-1：喜欢接触新事物，经常问一些与新事物有关的问题；常常动手动脑探索物体和材料，并乐在其中。4—5岁-科学-Ⅰ-3：能感知和发现动植物的生长变化及其基本条件；能感知和发现简单物理现象，如物体形态或位置变化等。
内容目标	1. 认识蝉，了解蝉的生长周期和生活习性。 2. 知道蝉的基本结构：头部、胸部、腹部、翅膀、脚和发音器。 3. 对蝉的发声原理感兴趣。
活动材料	蝉的生长周期和身体结构挂图、蝉鸣的音频、音频播放器、蝉的腹面结构拼图若干、竹蝉（每名幼儿1个）。
活动过程	1. 认识蝉 （1）教师播放一段蝉鸣，请幼儿猜一猜这是什么昆虫的叫声。 （2）"小朋友们，你们刚刚听了一种小昆虫的叫声，并猜测了它的名字。你们说出了好几个名字，其实这种昆虫的名字叫'蝉'，也称作'知了'或'借落子'。蝉需要在地下生长很长很长的时间，并且不断地变化身体才能发出你们刚才听到的声音，你们想知道它的生长过程吗？" 教师出示蝉的生长周期挂图，重点引导幼儿观察蝉在土里的状态、爬出土时的状态和脱皮以后的状态。 （3）教师先请幼儿说一说自己观察到的不同状态的蝉，然后教师总结和补充幼儿的内容：蝉是夏天常见的一种昆虫，经常在雨后大量出现。蝉的生长经过：卵、不

续表

水平	水平Ⅱ（下）
活动过程	同年龄的幼虫（一龄幼虫、二龄幼虫和三龄幼虫等），幼虫成熟后爬到地面上，经历一次脱皮后变成成虫，这一过程需要三到十几年的时间。 　　2. 了解蝉 　　（1）教师出示蝉的身体结构挂图，请幼儿观察蝉的背面结构图，说一说蝉的颜色（黑色）、身体特点（拖着两个长翅膀）和身体结构（头部、胸部、腹部和翅膀）。 　　（2）刚才我们听了一段蝉鸣，那你们猜一猜，蝉是怎么发出声音的呀？（幼儿自由回答，答案多种多样，如身子、翅膀、嘴等） 　　（3）教师出示蝉的腹面结构图，引导幼儿认识蝉的发音器，说一说发音器的位置（腹部）和脚的位置（胸部）。 　　3. 探索蝉鸣原理 　　（1）教师将幼儿随机分成4—6组，分组幼儿桌上放置与幼儿人数一致的蝉的腹面拼图和竹蝉。 　　（2）教师请每组幼儿把蝉的腹面拼图打乱顺序，当教师发出"开始"的口令后，各组进行拼图比赛，每拼出一个完整的蝉，就用记号笔标出发音器的位置，看哪组最先完成。 　　（3）小组内每名幼儿领取一个竹蝉，根据竹蝉内的步骤图，组装竹蝉： 　　① 将牛皮纸中间穿一个孔，用尼龙绳穿过，尼龙绳的一端穿过硬纸片中心打一个结，一端系在木棒顶部带树脂的凹槽内。 　　② 将牛皮纸用双面胶牢牢地粘在竹筒上，为竹蝉粘上眼睛和翅膀。 　　（4）自由探索竹蝉，如手握木棒，挥动竹蝉。观察怎样才能让竹蝉发出声音，并在竹蝉鸣响时，观察牛皮纸的状态。 　　请幼儿说一说自己的发现。（蝉鸣时，牛皮纸会震动。）
活动建议	1. 本活动适合在夏天雨后开展，如果所在幼儿园能捉到实物蝉的幼虫，可在幼儿观察完蝉的背面和腹面结构挂图后，增加对实物蝉的观察环节。活动前，教师应提前把竹蝉从玩教具箱内拿出，并准备好电子版或纸质版的蝉的生长周期和身体结构挂图。 　　2. 在活动过程中，教师要留给幼儿探索和回答问题的时间，如在听声音猜昆虫环节，当幼儿猜不对时，教师不要急于告知幼儿答案，在后面的环节中自然地介绍该昆虫的名称，并引出蝉的生长周期的知识点。在探索蝉的身体结构时，请幼儿观察比较蝉的背面图和腹面图的不同，重点引导幼儿认识发音器，并指导发音器所在的位置，能力强的幼儿在该环节可加入雄蝉发音器和雌蝉发音器之间的区别（雄蝉发音器结构完整可发声；雌蝉发音器结构不完整，不能发声，雌蝉有听音器）。 　　3. 在探索竹蝉的环节，主要任务是让幼儿直观地感受到声音是由于震动产生的，本活动中组装竹蝉的环节，教师鼓励先完成的幼儿帮助未完成的幼儿，教师在穿孔环节和系结环节为一些手指精细动作弱的幼儿提供帮助。

续表

水平	水平Ⅱ（下）
多元智能	动物探究活动《森林歌唱家》，主要发展了幼儿的自然智能、空间智能、逻辑数学智能和语言智能。 　　幼儿主要通过观看挂图和玩拼图的方式，了解蝉的生长过程和身体结构，既增加了幼儿对蝉的了解，发展了幼儿的自然智能；又锻炼了幼儿的观察线索的能力，发展了幼儿的逻辑数学智能；还锻炼了幼儿的读图能力，发展了幼儿的空间智能。幼儿通过观察和感知竹蝉鸣响时牛皮纸的状态，发现声音产生的原理，发展了幼儿的自然智能。自然智能强的幼儿能很快掌握蝉的生长过程和身体结构，能快速地完成拼图任务，准确地找到发音器所在位置，并发现声音是由物体震动产生的。自然智能弱的幼儿，在完成拼图任务时频繁犯错，找不准发音器的位置，并发现不了声音与震动之间的关系。幼儿通过猜测昆虫的名字和分享自己发现的形式，锻炼了幼儿的语言表达能力，发展了幼儿的语言智能。
活动延伸（1）	在图书/语言角投放关于蝉的科普或故事绘本，邀请幼儿一起创编一本关于蝉成长的故事绘本；把蝉的身体结构图和竹蝉投放到科学探索区，方便对蝉感兴趣的幼儿继续探索蝉的身体结构和发声原理；还可以在自然角饲养一只蝉的成熟幼虫，请幼儿观察蝉脱壳的过程。
活动延伸（2）	幼儿可以与家人分享在幼儿园了解的蝉的生长周期和身体结构以及发声原理，如果条件，爸爸妈妈可以带幼儿去树林里捉一次知了或找一找蝉蜕。
幼儿评定	幼儿是否能知道蝉的三个基本生长过程（卵、幼虫、成虫），并能找到蝉的发音器所在位置。

表 7-25　中班科学领域活动 05

水平	水平Ⅱ（下）
活动名称	空气小课堂
学习与发展目标	4—5 岁 - 科学 - Ⅰ-1：常常动手动脑探索物体和材料，并乐在其中。4—5 岁 - 科学 - Ⅰ-2：能对事物或现象进行观察比较，发现其相同与不同。4—5 岁 - 科学 - Ⅰ-3：能感知和发现简单物理现象，如物体形态或位置变化等。
内容目标	1. 比较、观察物品产生的风力，并感受风力的大小。 2. 通过制作气球直升机，感受空气的推动力。 3. 对探究空气的移动感兴趣。
活动材料	电风扇（空调）、扇子、吹风机、吸管、乒乓球、记号笔、鞋盒盖子、气球直升机（每名幼儿 1 个）。
活动过程	在一个有风的日子开展此活动，活动前关闭教室内的风扇、空调和空气净化器。 1. 感知风力 （1）教师打开教室内的窗户，请幼儿分散站在窗口，感受并说一说风吹到脸上的感觉（凉凉或暖暖的、柔柔的），猜一猜风是怎样形成的（空气移动）。

续表

水平	水平Ⅱ（下）
活动过程	（2）教师关上门窗，请幼儿回到座位上："小朋友们，刚才你们感受了自然风，谁能说一说生活中哪些物品能产生风？"（如果幼儿回答不上来，教师可提示幼儿我们夏天用什么电器降温。） 幼儿自由回答教师的问题，教师打开教室内的空调（风扇），请幼儿直接感受人造风。 （3）教师分别展示扇子、吹风机、吸管，并请幼儿说一说该物品的名称和使用方法（摇动扇子、启动吹风机、吹吸管）。 2. 比比谁的风力大 （1）教师把幼儿随机分成4—6组，每组幼儿桌面上放置：1个吹风机、1把扇子、2—3根吸管、3个乒乓球和3个鞋盒盖子。 （2）教师请幼儿轮流感受扇子扇出来的风、吹风机吹出来的风和吸管吹出来的风。 （3）教师请各小组说一说哪个物品产生的风力最大，教师记录每个小组的猜测结果。 （4）每组派出3名幼儿，每个幼儿选取1种物品产生风力、1个鞋盒盖子和1个乒乓球，把乒乓球放到鞋盒盖子的同一个角，当教师发出"开始"的口令后，同时启动物品产生风力，看哪个幼儿最先把乒乓球吹到该角的对面角。小组内的其他幼儿观察乒乓球滚动的速度，记录比赛结果。 （5）教师汇总各个小组的比赛结果。 3. 气球直升机 （1）教师请每名幼儿取出一个气球直升机，拿出里面的组装步骤图。 （2）请幼儿按照组装步骤图组装气球直升机。 ① 将三个螺旋桨插入接口。 ② 把气球套在气嘴上，吹起气球。 ③ 气球吹大后用手捏住气球（气嘴）底下的位置，把气嘴和接口相连接，一个气球直升机就做好了。 组装好的幼儿，自由玩气球直升机。（气球内的空气推动直升机上升）
活动建议	1. 本活动适合在夏天里一个有风的天气展开，当天风力不宜过大。 2. 活动中使用的扇子、吸管、吹风机和鞋盒盖子的大小最好准备同种型号，吹风机务必具备冷风功能。还请教师根据班级内的插座分布，提前准备好安全插座。 3. 活动开始时，教师要留给幼儿至少1分钟感受自然风的机会，并请幼儿自由讨论风吹到身上的感受，可能是凉风，也可能是暖风，可能是柔柔的风（风小），也可能是有点大的风。感受不固定，幼儿的描述就不固定。 4. 根据当天风力的大小和气温的变化，教师重点观察出现新的描述词汇的幼儿。在比较风力大小的过程中，教师重点观察幼儿的小组内的分工合作的模式，和幼儿能否根据观察比较、提出假设和验证假设的流程完成任务。 5. 最后一个小活动中的气球直升机使用完毕后，请教师收回和保留材料，方便幼儿在大班上学期探索螺旋桨的原理时继续使用。

续表

水平	水平Ⅱ（下）
多元智能	自然感知活动《空气小课堂》，主要发展了幼儿的自然智能、语言智能、人际交往智能和身体运动智能。 幼儿主要通过直接感受自然风和人造风的方式，体会风的大小对物体的作用力，增加幼儿对空气中风的认识，发展了幼儿的自然智能。自然智能强的幼儿能很快感受到风，并发现风是由空气移动产生的，风可以产生推动力。自然智能弱的幼儿，对风的感受迟钝，并且对空气的气流变化也没有探究兴趣。幼儿通过描述风的感受，锻炼了幼儿的语言描述能力，发展了幼儿的语言智能。幼儿在比较风的大小环节，通过小组分工、合作完成观察任务等方式，增加了幼儿的合作默契，发展了幼儿的人际交往智能。幼儿通过控制不同物品产生的风力推动乒乓球移动，锻炼了幼儿的手眼协调能力和身体控制能力，发展了幼儿的身体运动智能。
活动延伸（1）	把扇子、吹风机、吸管和乒乓球投放到科学探索区，方便对人造风感兴趣的幼儿继续探索，还可以增加一些纸屑、硬币、羽毛等材料的投放，幼儿可以探索同等风力对不同物品的作用。
活动延伸（2）	幼儿和家长一起寻找家里产生风力的物品，并给每一种物品拍照，带到幼儿园跟其他小朋友分享。
幼儿评定	幼儿是否能区分出三种物品产生的风力，并能判断风力的大小。

表7-26 中班科学领域活动06

水平	水平Ⅱ（下）
活动名称	跟我走
学习与发展目标	4—5岁-科学-Ⅰ-1：常常动手动脑探索物体和材料，并乐在其中。4—5岁-科学-Ⅰ-3：能感知和发现简单物理现象，如物体形态或位置变化等。
内容目标	1.通过观察磁力的作用，对可磁化物品的移动感兴趣。 2.通过玩磁力车，初步认识磁极，直接感受磁铁的推拉魅力。 3.激发幼儿探究磁铁的兴趣。
活动材料	矿泉水瓶、卡纸、磁力棒、磁力车（每名幼儿1个）、回形针（铁质弹珠）、水若干。
活动过程	1.跟我走 （1）教师拿出1张卡纸，卡纸的上面放几个回形针，把磁力棒放到卡纸的下面，来回移动磁力棒，请幼儿观察回形针会产生什么变化。（回形针跟着下面的磁力棒来回移动） （2）教师把幼儿随机分成4—6组，每组幼儿桌前放置：与该组幼儿人数一致的卡纸、磁力棒、矿泉水瓶和回形针若干。 （3）教师请幼儿自由探索回形针在卡纸上的移动，并请发现新玩法的幼儿展示自己的新玩法，如把回形针立起。 （4）用完的材料放回到桌子中间。

续表

水平	水平Ⅱ（下）
活动过程	2. 排成排 （1）请幼儿在桌子上取1个矿泉水瓶，往瓶内注满水。 （2）将3—4个回形针放到矿泉水瓶中。 （3）请幼儿一手扶瓶子，一手拿磁力棒，将磁力棒放到瓶子的外面，直到回形针被吸到磁力棒上。 （4）贴着瓶子的外壁向上缓缓移动磁力棒。 （5）当磁力棒移动到瓶口时请幼儿观察会发生什么现象。（回形针从瓶中一跃而出，排成一排，吸附到磁力棒上） （6）用完的材料放回到桌子中间。 3. 听话的小车 （1）教师请每名幼儿取出一辆磁力车，拿出里面的组装步骤图和零件。 （2）请幼儿按照组装步骤图组装磁力车。 （3）组装好磁力车的幼儿，自由玩磁力车。（磁力棒推着小车走） （4）调整磁力车上磁铁的方向或磁力棒上磁铁的方向，会发生什么现象。（小车和磁力棒吸在一起了） （5）请幼儿自由探索小车的相互吸引和相互排斥。 教师告知幼儿该现象的物理原理：磁铁像我们的左右手一样有南北两个磁极，和我们不能用右手握右手一样，磁极相同磁铁就会相互排斥，才能产生动力推着磁力车走。磁极相异，磁铁就会相互吸引，磁力棒与磁力车连在了一起。
活动建议	1. 本活动由三个小活动组成，每个小活动的环节都比较复杂，所以可以分两次开展，第一次完成前两个小活动即可，第三个小活动可以单独完成或放到科学探索区内完成。 2. 活动开始前教师准备好磁力棒和玩教具箱内的磁力车，卡纸可用普通纸张或布代替。第一个活动用回形针效果更明显，第二个活动用铁质弹珠效果更明显，有条件的园所可两种材料都准备，也可以用其他的可磁化金属制品代替。 3. 活动过程中教师每个活动都要留给幼儿至少两分钟的探索时间，尤其在第一个活动中，教师可启发幼儿把磁力棒拿到卡纸的上面看看会发生什么有趣的现象。在第二个小活动中教师注意提醒幼儿注水的时候不要全部注满；可以一人完成操作，也可以两个人合作完成操作，即一名幼儿稳固瓶子，一名幼儿拿磁力棒吸回形针。在第三个小活动组装磁力车的环节，教师鼓励动手能力强的幼儿帮助动手能力弱的幼儿，教师也巡视全场为幼儿提供帮助。
多元智能	物理探究活动《跟我走》，主要发展了幼儿的自然智能、空间智能和逻辑数学智能。 幼儿主要通过探索磁铁对可磁化金属的作用及其在纸上和瓶子中的运动轨迹，对磁铁的牵引力感兴趣；通过玩磁力车，了解磁铁的两个磁极，增加幼儿探究磁铁的兴

续表

水平	水平Ⅱ（下）
多元智能	趣，发展幼儿的自然智能。自然智能强的幼儿能快速观察到可磁化金属（回形针）跟随磁力棒的运动轨迹，发现磁铁的牵引力；在玩磁力车的时候主动发现磁铁的两个磁极同极相斥、异极相吸。自然智能弱的幼儿不能跟着教师的步骤完成活动，过程中需要教师或同伴的帮助。幼儿通过看组装步骤图，完成磁力车的组装，锻炼了幼儿的读图能力和根据步骤组织安排材料的能力，发展了幼儿的空间智能和逻辑数学智能。
活动延伸（1）	把矿泉水瓶、卡纸、磁力棒、磁力车、回形针（铁质弹珠）等材料投放到科学探索区，方便对磁铁牵引力和磁极感兴趣的幼儿继续探索。
活动延伸（2）	感兴趣的家长可以和幼儿一起收集冰箱贴，或利用磁力棒寻找家里可磁化金属有哪些。
幼儿评定	幼儿是否能独立完成至少两个小实验，并发现磁铁的牵引力或两个磁极。

表 7-27 中班科学领域活动 07

水平	水平Ⅱ（下）
活动名称	它会消失吗？
学习与发展目标	4—5岁-科学-Ⅰ-1：常常动手动脑探索物体和材料，并乐在其中。4—5岁-科学-Ⅰ-2：能对事物或现象进行观察比较，发现其相同与不同；能用图画或其他符号进行记录。4—5岁-科学-Ⅰ-3：能感知和发现常见材料的溶解、传热等性质或用途。
内容目标	1.通过在水中添加不同物质做实验，初步了解可溶性物质和不可溶性物质。 2.能使用符号记录实验结果。 3.对物质的溶解感兴趣。
活动材料	同种型号的透明塑料杯、水、勺子和筷子若干、盐、糖、小苏打、泡沫颗粒、碎纸、木屑及其对应的小粘贴若干、记录表、马克笔、白板。
活动过程	1. 猜猜谁会消失 （1）教师拿出两个杯子，往杯子里倒入一半的水，用勺子分别往两个杯子里倒入一勺盐和一勺泡沫颗粒，并在杯子上贴上倒入物质的小粘贴，用筷子搅拌一下，请幼儿观察并说出两种物质在水中的变化。（盐消失在水里，泡沫颗粒漂浮在水面上） （2）教师为幼儿解释：盐消失在水里，是被水溶解了，所以放入水中消失的物质是可溶性物质；泡沫颗粒漂浮在水面上，没有消失，所以放入水里还存在的物质是不可溶物质。 （3）教师依次出示材料：糖、小苏打、碎纸和木屑，请幼儿猜一猜这些材料放入水中哪些会消失不见（可溶解），哪些会依然存在（不可溶解），教师在白板上记录幼儿的猜测结果，记录表如下：

续表

水平	水平Ⅱ（下）
活动过程	**哪种材料会消失统计表** 	材料	认为会消失的幼儿人数	认为不会消失的幼儿人数
---	---	---
糖		
小苏打		
碎纸		
木屑		| 2. 探索材料 （1）教师将幼儿随机分成4—6组，每组幼儿领取1份实验材料：糖、小苏打、碎纸、木屑及其对应的小粘贴，4个透明塑料杯、1把勺子、4根筷子和水若干。 （2）教师请幼儿讨论小组内的人员分工，确定出4名幼儿负责四种物质的探索，每人负责一种，1—2名幼儿负责观察、记录。 （3）幼儿根据教师做盐和泡沫颗粒的实验步骤探索四种物质的可溶性和不可溶性： ①在透明塑料杯中倒入半杯水。 ②选择一种物质用勺子将它倒入水中，并在杯子上贴上该种物质的小粘贴。 ③用筷子轻轻搅拌，观察杯子中物质的变化。（消失了，或者还存在） 3. 记录实验结果 （1）各小组将实验结果记录到下表中，在水中消失的物质在可溶解那一栏画"√"，在水中依然存在的物质在不可溶解那一栏画"×"。 **可溶性物质与不可溶性物质探索表** | 材料	可溶解	不可溶解
---	---	---
糖		
小苏打		
碎纸		
木屑			 （2）用实验结果检验前面的猜测。 教师汇总幼儿的实验结果，并得出最终结论：糖和小苏打是可溶性物质，碎纸和木屑是不可溶性物质。
活动建议	1. 教师可以根据班级幼儿的能力水平增加或减少活动材料，但材料最好是生活中常见的，并且规避一些产生悬浮物或沉淀物的物质，如面粉。活动中材料对应的小粘贴教师可自制，或用小图片背后粘双面胶的方式制作。

续表

水平	水平Ⅱ（下）
活动建议	2.在活动之初，教师做示范性实验的目的是为了让幼儿了解可溶性物质（放入水中会消失）和不可溶性物质（放入水中依然存在）的概念。当幼儿掌握两个概念后，教师鼓励幼儿大胆地猜测另外四种物质的可溶性和不可溶性，并把猜测结果记录在白板上。探究材料的过程中教师可以提醒幼儿探究的步骤，但不要动手帮助他们，先留给幼儿3—5分钟的探索时间，幼儿实在完不成实验时，教师再给予帮助，在此过程中教师重点观察幼儿对实验结果的记录和检验。
多元智能	化学探究活动《它会消失吗？》，主要发展了幼儿的逻辑数学智能、自然智能和语言智能。 幼儿主要通过实验的方式，了解可溶性物质和不可溶性物质的概念，并通过对四种生活中常见物质可溶性和不可溶性的探究，增加幼儿对物质属性的了解，提高幼儿的比较、归纳和总结能力，发展了幼儿的自然智能和逻辑数学智能。自然智能强的幼儿能很快发现并掌握可溶性物质和不可溶性物质的区别及判断标准，并能在后面的活动中做出正确的猜测和科学严谨的探究，对实验结果感兴趣。自然智能弱的幼儿不能很好地区分可溶性物质和不可溶性物质，实验过程粗糙，实验结果有误。幼儿通过预测结果、小组讨论和结果记录的形式，锻炼幼儿的口语表达能力和书面语言的书写能力，发展了幼儿的语言智能。
活动延伸（1）	将透明塑料杯、水、勺子、筷子、盐和糖等材料投放到科学探索区，幼儿可以继续探索并观察如果不停地往水中加入盐或糖会发生什么现象（溶液饱和后会出现结晶现象），教师可给予适当的引导和帮助。
活动延伸（2）	幼儿可与家人一起寻找家里的可溶性物质有哪些，如盐、糖、洗衣粉等。
幼儿评定	幼儿是否能掌握可溶性物质的标准，并能独立探索材料的属性。

表7-28　中班科学领域活动08

水平	水平Ⅱ（下）
活动名称	小乌鸦喝水
学习与发展目标	4—5岁-科学-Ⅰ-1：常常动手动脑探索物体和材料，并乐在其中。4—5岁-科学-Ⅰ-2：能对事物或现象进行观察比较，发现其相同与不同；能用图画或其他符号进行记录。
内容目标	1.通过对比沉浮现象，积累物体沉浮的经验。 2.观察石子沉底现象，初步感知下沉物体的轻重与水位变化高低之间的关系。 3.培养解决实际问题的能力。

续表

水平	水平Ⅱ（下）
活动材料	小乌鸦喝水的系列图片（视频）、白开水、透明水杯、尺子、勺子、干净的小石子和塑料玩具若干、纱网、纱线、记录表、记号笔。
活动过程	1. 小乌鸦喝水有办法 （1）"小朋友们，小乌鸦喝水的故事中说到聪明的小乌鸦用巧妙的方法把半瓶水最终全部喝掉了，那是一种什么办法呢？"教师引导幼儿用已知经验描述一下小乌鸦使用的方法。 （2）教师请幼儿思考并讲一讲，为什么小石子沉底后水位会升高，乌鸦就可以喝到水了？ 2. 用实验来证明 （1）教师将幼儿随机分成4—6组，将装有一半水的杯子放到每个小组的桌子上，并提供透明水杯、尺子、勺子、干净的小石子和塑料玩具等。 （2）教师请小组幼儿用下面的记录表和简单的符号记录自己的活动过程和结果，在左边的第一栏如果喝到水画"√"，如果没有喝到水画"×"；在中间一栏画出自己使用的材料；最右边一栏如果材料沉底画"√"，如果材料漂浮画"×"。 **材料沉浮表** | 是否喝到水 | 使用材料 | 材料是沉在水底还是浮在水面 | |---|---|---| | | | | （3）实验结果分析：塑料玩具漂在水面，水位没有变化；小石子沉底，水杯里的水上升了，小石子越多，水位升高越多。当石头沉到水底，就把它身体大小的水压到了上面，水位就升高了。 （4）教师请幼儿想一想生活中什么时候能看到物体进入水中后水位会上升。（在浴缸里洗澡的时候，洗蔬菜、洗水果的时候。） 3. 升高了、下降了 （1）教师为每组幼儿分发一个纱网和一支记号笔，请幼儿把10块左右的小石子放到纱网内，并用纱线将纱网系好。 （2）将水杯里的材料倒出，重新倒入半杯水，并用记号笔记录水位线的位置。 （3）教师请幼儿将装有石头的纱网放入水杯中，观察水位线的变化（上升），再次用记号笔记录水位线的位置。 （4）教师引导幼儿将纱网提起来，观察水位线又有什么变化呢？（下降） （5）小组幼儿依次放入和提起纱网，观察水位线的变化。（上升到上面的标记，下降到下面的标记）

续表

水平	水平Ⅱ（下）
活动建议	1. 活动开始前，幼儿对小乌鸦喝水的故事有了解。 2. 准备的透明杯子至少要有 15 厘米深，杯子最好是塑料或钢化玻璃的材质，避免打碎后划伤、割伤幼儿。勺子、小石子和塑料玩具要提前洗干净。 3. 在活动过程中，教师注重发挥幼儿的主动性，自主探索实验过程。重点观察幼儿是否尝试使用不同材料，并记录自己的实验过程。 4. 在幼儿探究水位线上升和下降的环节中，教师重点观察幼儿的表情，观察幼儿是否发现了这一现象，并对这种变化感兴趣。
多元智能	物理探究活动《小乌鸦喝水》，主要发展了幼儿的语言智能和自然智能。 幼儿通过符号记录的方式，记录实验过程，提高了幼儿的书面表达能力，发展了幼儿的语言智能。幼儿通过探索、观察不同材料的沉浮，深入了解沉浮现象，同时通过探索下沉物体对水位线的影响，初步了解体积的概念，发展了幼儿的自然智能。自然智能强的幼儿能很快感知到物体的轻重与水位上升高低之间的关系。自然智能弱的幼儿难以发现水位线的变化，需要教师的关注。
活动延伸（1）	把纱网、小石子、纱线、记号笔、水和透明容器投放到科学探索区，方便对探究下沉物体体积与水位线高低感兴趣的幼儿继续探索。
活动延伸（2）	家长带领幼儿使用浴缸（大盆）洗一次澡，洗澡前幼儿观察浴缸（大盆）里水位线的位置，坐进去后再次观察水位线的位置。
幼儿评定	幼儿是否能通过实验发现水位线的变化与下沉物体的轻重之间的关系。

表 7-29　中班科学领域活动 09

水平	水平Ⅱ（下）
活动名称	制作星空盒子
学习与发展目标	4—5 岁 - 科学 - Ⅰ-1：喜欢接触新事物，经常问一些与新事物有关的问题；常常动手动脑探索物体和材料，并乐在其中。
内容目标	1. 初步认识大熊星座和北斗七星，知道两者之间的关系。 2. 通过制作星空盒，让幼儿体会观星的乐趣。 3. 激发幼儿对星座的探究兴趣。
活动材料	夜光粉（每名幼儿1袋）、大熊星座图片（突出北斗七星）、牙签和棉签若干、油画棒、蓝色的丙烯颜料、刷子、废旧盒子（每名幼儿1个）、剪刀、水、地垫。
活动过程	1. 美丽的大熊星座 （1）"小朋友，你们晚上有没有观察过天空？晚上的天空有什么呀？（星星、月亮）有位画家，喜欢用不同亮度的星星做画笔，画各种各样的动物，如螃蟹、鱼、狮子和熊等。今天老师就带来了一幅他的作品！"

续表

水平	水平Ⅱ（下）
活动过程	（2）教师拿出大熊星座的图片，并把图片上的虚线用画笔连起来，请幼儿观察一下图片上画的是什么动物（一头大熊），图片上亮的星星看起来像什么形状（勺子）。 （3）教师向幼儿介绍图片上的星座：小星星连起来像一头大熊，这就是我们常见的大熊星座，亮的星星连起来像一把勺子，就是我们常说的北斗七星，最亮的那颗星星叫北极星，永远指向北方，我们迷路时可以用它来判断方位。 2. 制作星空盒 （1）教师把幼儿随机分成4—6组，每个小组的桌子上都会放置：1包荧光粉、1碗水、几只画笔、1—2把剪刀、几根棉签和牙签。 （2）教师请每名幼儿领取1张大熊星座的图片和1个盒子。 （3）教师请幼儿把盒子反过来，底部朝上，把大熊星座的图片贴在盒子底面上，用牙签描扎图片上的星星，牙签要穿透盒子，提醒幼儿在描扎北斗七星时，把洞扎得大一点，描扎北极星时洞最大。 （4）移除大熊星座的图片，把盒子正过来，打开盒子，在盒子内部用油画棒把盒子上的小孔连起来，连接过程中重点标出北斗七星，然后用刷子刷上一层蓝色的丙烯颜料。 （5）用湿棉签粘取夜光粉，描绘盒子上的小孔，在阳光（灯光）下晾1分钟。 （6）最后用胶带封闭盒子，星空盒完成。 3. 观察星空盒 （1）在盒子的上面用剪刀挖一个小孔。 （2）教师拉上窗帘，请幼儿躺在地垫上，透过盒子上的小孔观察盒子里的大熊星座。 （3）请几位幼儿说一说自己的发现。
活动建议	1. 本活动适合在室内光线充足的晴天开展。活动开始前，教师提前打印好电子材料中的大熊星座的图片。活动过程中使用的材料如废旧盒子、棉签、牙签等常见物品，可请幼儿从家里带到幼儿园，盒子不宜太小，30厘米×40厘米的鞋盒大小为宜。 2. 活动开始时，教师通过向幼儿提问题和讲故事的方式，了解幼儿对星空的经验，增加幼儿参与活动的兴趣。在制作星空盒的过程中，教师带领幼儿根据步骤一步一步地完成，在幼儿扎孔和涂荧光粉的环节，教师注意提醒幼儿在北斗七星的位置重点描画，尤其对北极星，描画的力度要最大。制作过程中教师鼓励幼儿相互帮助，如在根据图片轮廓描扎小孔的环节，可由两名幼儿合作完成，一名幼儿摁住大熊星座的图片，一名幼儿用牙签描扎大熊星座的轮廓。 3. 在星空盒观察环节，选择躺在地垫上观察，是为了让幼儿体会失重感。

水平	水平Ⅱ（下）
多元智能	物理探究活动《制作星空盒子》，主要发展了幼儿的自然智能、空间智能、身体运动智能和语言智能。 　　幼儿主要通过认识大熊星座及其里面的北斗七星和北极星，开启幼儿对星空的了解，增加幼儿探究星空的兴趣，发展了幼儿的自然智能。自然智能强的幼儿在活动中会表现出敏锐的观察力，能很快发现大熊星座和北斗七星的轮廓，并能说出两者之间的关系。自然智能弱的幼儿难以根据星空轮廓想象出星座的象征形象，并在图片上找不出北斗七星的位置。幼儿通过观察大熊星座的轮廓图，发现星座的象征形象和找出北极星所在位置，锻炼幼儿的空间想象能力，发展了幼儿的空间智能。幼儿在制作星空盒的过程中用牙签描扎、用蜡笔连线、用夜光粉描点、用胶带封盒子和用剪刀钻洞等环节，锻炼了幼儿手指肌肉的灵活性，发展了幼儿的身体运动智能。幼儿通过表达自己对图片轮廓的认识和观察星空盒的感受，锻炼了幼儿的口语表达能力，发展了幼儿的语言智能。
活动延伸（1）	夜光粉、牙签、棉签、鞋盒等材料投放到科学探索区，增加其他星座图的图片，如12星座图，鼓励幼儿制作其他星座观星盒。
活动延伸（2）	在晴天的晚上爸爸妈妈可以带幼儿观察一下星空，找一找北斗七星和北极星。
幼儿评定	幼儿能否主动说出图片上大熊星座和北斗七星的形状,并能独立完成星空盒的制作。

表7-30　中班科学领域活动10

水平	水平Ⅱ（下）
活动名称	天气魔法师
学习与发展目标	4—5岁-科学-Ⅰ-2：能对事物或现象进行观察比较，发现其相同与不同。4—5岁-科学-Ⅰ-3：能感知和发现不同季节的特点，体验季节对动植物和人的影响。
内容目标	1. 认识、了解春天、夏天常见的天气及其代表标识。 2. 能认识和区分不同类型的下雨天。 3. 激发幼儿探究天气的兴趣。
活动准备	春天、夏天常见的天气标识（晴天、多云、阴天、大雨、雷阵雨、小雨、雾霾、沙尘暴、冰雹）及对应的天气图片，天气预报的小视频、记录表、签字笔。
活动过程	1. 认识天气类型 （1）教师请幼儿说一说自己知道的天气类型有哪些，如下雨天、刮风天、大雾天、下雪天等。 （2）"小朋友你们说了好多天气类型，你们知不知道天上有一个管理天气的魔法师？他会根据不同的季节，让天空出现不同的天气。请你们回忆一下最近一段时间

续表

水平	水平Ⅱ（下）
活动过程	你遇到过哪些类型的天气？想一想我们现在是什么季节？然后总结一下这个季节经常会有哪些天气。" 教师引导幼儿回答问题，并和幼儿一起总结出常见的天气类型。 （3）"天气魔法师在春天、夏天很调皮呦，他喜欢组合不同的天气，如让城市的西边下雷阵雨，但东边却是晴天，我们快来一起认识一下这个调皮的魔法师吧！" 教师依次出示春天、夏天常见的天气图片：晴天、多云、阴天、大雨、雷阵雨、小雨、雾霾、沙尘暴、冰雹，每出示一张图片，请幼儿说出它代表的天气名称和天气特点。 2. 认识天气标识 （1）"我们认识了天气魔法师在春天、夏天时的招数，但你们知道吗？他每一个招数都有一个小符号代表，我们一起来看一下是些什么小符号呢？" 教师播放一段天气预报的小视频，引导幼儿观察视频中出现的天气符号。 （2）教师依次出示春天、夏天常见的天气标识的图片：晴天、多云、阴天、大雨、雷阵雨、小雨、雾霾、沙尘暴、冰雹，每出示一张图片，先请幼儿猜一猜该标识代表的天气类型，并请1名幼儿上前找到对应的天气图片。 （3）教师把天气图片和天气标识图片混合在一起，把图片分散放到教室的角落里，教师每次请2名幼儿，完成教师布置的任务（如两名幼儿，一人负责找到冰雹天的天气图片，一人负责找到代表冰雹天的天气标识图片），教师每次布置1个天气任务，全部天气任务完成后结束游戏。 3. 寻找下雨天 （1）教师请幼儿观察天气标识，挑出代表下雨天的天气标识，并找到相应的天气图片。 （2）教师先在白板上画出《雨天类型统计表》，然后请幼儿根据教师的提示把代表不同下雨天天气类型的图片，贴在统计表的左栏，最后请幼儿找到每个天气的天气标识，贴在统计表的右栏。 **雨天类型统计表** | 雨天天气类型图片	雨天天气类型标识图片
小雨图片	
大雨图片	
雷阵雨图片	| （3）教师请幼儿观察三个下雨天的标识和图片，说一说这三种天气的异同。

续表

水平	水平Ⅱ（下）
活动建议	1. 本活动适合在天气多变的夏季展开。在本学期初，教师就开始引导幼儿注意每天的天气。 2. 活动前，教师准备一段天气预报视频，并在电子材料包（光盘）内找到活动时使用的图片，打印或做成PPT。活动中关于天气的图片和标识，教师可以根据班级幼儿对天气了解的兴趣和经验调整，也可以根据当地的气候特征调整，但是注意只要变动了天气的图片，就要变动天气标识的图片。 3. 活动过程中，教师重点引导幼儿观察每种天气的特征和细节，如雷阵雨时天上有闪电，对应的天气标识上就有一个闪电的标识。在幼儿刚开始认识天气的时候，可能会把一些相似的天气弄混，如大雨和小雨，教师要允许幼儿出现这种错误，不必及时纠正，建议采用出示对应天气图片的方式，引导幼儿观察图片中的细节，如雨滴的大小和雨帘的疏密；对于一些不常见天气，如冰雹、沙尘暴，教师要给予解释。
多元智能	天气探究活动《天气魔法师》，主要发展了幼儿的空间智能、自然智能、语言智能、逻辑数学智能和人际交往智能。 幼儿主要通过观察图片和视频的方式，认识不同类型的天气和天气标识，既锻炼了幼儿的读图能力，发展了幼儿的空间智能，又增加了幼儿对天气的认识，发展了幼儿的自然智能。自然智能强的幼儿能快速认识图片上的天气类型，并准确地找到对应的天气标识。自然智能弱的幼儿容易混淆类似的天气类型，并在天气与天气标识配对时频繁出错。幼儿通过回忆以往天气的方式，为幼儿创造了语言表达的机会，发展了幼儿的语言智能。幼儿通过玩天气图片与天气标识对应的游戏，锻炼了幼儿的分析、比较和归纳能力，发展了幼儿的逻辑数学智能。幼儿以小组的形式，通过分配任务合作完成任务的模式，锻炼了幼儿的合作意识，发展了幼儿的人际交往智能。
活动延伸（1）	在班级的科学探索区添加一个天气统计板，或在班级教室的门口设置一个天气提示区，请幼儿轮流值日记录当天的天气或在前一天做第二天的天气预报。
活动延伸（2）	春天、夏天的天气多变，正是幼儿认识各种天气的好机会。爸爸妈妈根据幼儿图册上的9种常见天气图片，请幼儿讲一讲每张图片是什么天气，并和幼儿一起找出对应的天气标识小粘贴，贴在图片的右上角。
幼儿评定	幼儿是否能至少认识春天、夏天常见的五种天气类型及其对应的天气标识。

四、社会领域活动

社会领域活动是着眼于幼儿在人际交往和社会适应方面的学习与发展，通过设计相应的教学活动使幼儿在对待自己、对待他人和对待社会方面均形成良好的认知行为和态度的活动。社会领域主要的活动方式包括故事讨论与表演、参观、图片认知、戏剧表演、情景模拟等。

(一) 概述

4—5岁幼儿的语言、动作和思维比3—4岁的幼儿有了进一步的发展。这一时期的幼儿，有初步的与人交往的技能，开始喜欢和其他小朋友一起玩，而且在一起玩的时候，幼儿之间会有更多的交往活动，如帮助他人、寻求他人的帮助、和别人商量如何做、一起讨论等，这样的互动越来越多。他们能够初步认识到自己和他人的特点、要求和意愿，也能逐步控制自己的行为，服从小组团队或集体活动的要求。但在认识他人的能力上，幼儿之间有很大的差异，有的幼儿更多地处于以自我为中心阶段，考虑更多的是自己的感受、自己的愿望，易于和其他幼儿发生冲突。教师应该在社会领域活动中关注与活动目标、内容、人际关系以及幼儿对社会环境的认识、行为和态度有关的部分，支持和鼓励幼儿在社会情感方面的学习与发展。

在社会领域活动中有许多让幼儿运用他们的人际交往智能与自我认知智能的机会，让幼儿思考、讨论如何与人相处，表达对自己和他人的认识、情感和态度。如在读一个与同伴相处的故事时，故事的情节与帮助别人有关，教师可以提出问题，让幼儿思考故事里出现的是什么情景、发生了什么、他自己怎样、他的同伴怎样等，引导幼儿对人际关系进行思考，及对自我认知进行思考。

(二) 中班社会领域活动（01-10）

表7-31　中班社会领域活动01

水平	水平Ⅱ（下）
活动名称	我们不生气
学习与发展目标	4—5岁－社会－Ⅰ-4：能注意到别人的情绪，并有关心、体贴的表现。
内容目标	1. 幼儿了解生气对身体不好。 2. 懂得让自己不生气的几种方法。 3. 有关注周围人情绪的意识，并懂得关心和体贴。
活动材料	马哥和七妹的动画视频《我不要坏脾气》，自制的愤怒的小鸟连线图若干张。
活动过程	1. 我不要坏脾气 （1）教师播放视频《我不要坏脾气》，鼓励幼儿讲述故事中的马哥生气的原因，教师与幼儿共同谈论"马哥生气时的表现、马哥是如何不生气的、马哥不生气后是如

续表

水平	水平Ⅱ（下）
活动过程	何做的"等内容。最后，引导幼儿对生气有初步的认知：每个人都会生气，生气是一种很正常、平常的事情，但是生气的时候，如果对别人发脾气、摔东西，甚至打人，对周围的人和事物造成伤害就是不对的。 2. 生气的时候 （1）教师询问幼儿有没有生气的经历，还记不记得当时生气的原因。也可以让幼儿用动作或是表情来表现当时生气的样子，以及后来是如何不生气的等。启发幼儿从生气的原因、生气的过程、如何消气的这几个方面来思考和表达。 教师根据幼儿描述自己生气的经历，对幼儿做适当引导，让幼儿明白：生气时脸会变得很难看，心里也会不舒服，像装了个大火球，像要"爆炸"一样；生气能影响周围人的情绪，会使身边的人不开心；生气时会哭，喉咙会哑；如果长时间生气，可能会不想吃饭、睡不着觉，会得病，最后会影响身体健康。 （2）教师引导幼儿想想"怎样才能不生气"，鼓励幼儿说说办法，教师根据幼儿的回答情况，给予适当的引导总结，如：生气的时候，不要乱发脾气，也不可以乱扔东西，可以找自己的朋友、爸爸或妈妈说说自己生气的事情，或者找一个出气枕使劲捶打来发泄自己的情绪，或大口吸气和大口呼气，也可以做点自己喜欢做的事情，如玩玩具、做运动、听歌曲或者自己跳舞等，想办法让自己开心起来。 （3）"如果发现周围伙伴或者爸爸妈妈生气的时候，我们应该怎么做"，引导幼儿想办法让亲近的人不要生气，教师可以鼓励幼儿提出一些让周围的人开心的办法，教师根据幼儿的回答情况，可以给予总结，如：我们可以让他们说出自己为什么不高兴，然后陪他们玩，或者陪伴他们做喜欢做的事情。 3. 愤怒的小鸟 教师将幼儿分成4—5组，然后给每名幼儿发一张愤怒的小鸟图卡，教师引导幼儿观察图片，如果自己是这只愤怒的小鸟，你怎样才能让自己不生气、不愤怒呢？图卡的一侧有糖果、玩具、电视、球、故事本、玩具等，让幼儿选择一种能让自己不生气的物品，完成连线，如果幼儿想出其他的能让自己不生气的物品或者事情，幼儿可以自己画上，然后完成连线。 幼儿完成连线后，教师引导幼儿根据连线，以小组形式来分享和交流自己不生气的过程。
活动建议	1. 教师在准备愤怒的小鸟连线图卡时，要根据班内幼儿的人数来制定相应的卡片数，图卡上要突出小鸟的愤怒，图卡的一侧要有糖果、电视机、球、故事书、玩具等物品。 2. 教师引导幼儿说出自己生气的经历时，要关注平时不善于发言的幼儿，教师要给这部分幼儿表达和表现的机会。重点和幼儿交流如何才能让自己不生气，每个幼儿的想法可能不一样，根据幼儿的回答来做灵活的总结，了解幼儿的心理需求，并在控制和调节情绪方面给予幼儿正确的指导。在完成愤怒的小鸟的连线后，要注重幼儿之间的小组交流，给幼儿交流情绪的机会。

续表

水平	水平Ⅱ（下）
多元智能	《我们不生气》这一活动主要发展了幼儿的空间智能、语言智能、人际交往智能和自我认知智能。 　　幼儿通过观看视频来了解《我不要坏脾气》的内容，锻炼了幼儿对色彩的感知能力和画面的空间感知能力，发展了幼儿的空间智能。幼儿在说出自己生气的过程和如何让自己不生气的过程中，锻炼了幼儿的语言表达能力，有机会发展幼儿的语言智能。在如何让周围的人不生气的环节，幼儿有机会思考对周围人的关心与照顾，是人际交往意识的一种培养，发展了幼儿的人际交往智能。幼儿在连线环节以及在小组的交流环节，有机会让幼儿思考如何根据自己的情绪来做出适当的调节和控制，是对自我情绪的一种认识，发展了幼儿的自我认知智能。 　　自我认知智能强的幼儿能够认识到自己的情绪，并能够做出一定的调节；而自我认知智能弱的幼儿可能无法认识到自己的情绪，抑或无法对情绪做出调整，需要教师的关注和引导。
活动延伸（1）	在图书/语言角，可投放一些关于情绪方面的绘本等书籍，幼儿可通过阅读来进一步认识情绪和控制情绪。
活动延伸（2）	家长要关注幼儿的日常情绪，用合理的方式引导幼儿学会控制情绪，如可以和幼儿签订一份"生气合同"，让幼儿承诺：生气的时候，可以自己单独待一会儿，出去走走路，但是不会大吵大闹，不说难听的话，等等。
幼儿评定	幼儿能否懂得生气对身体不好，会使用调节情绪的方法，并有关心周围人情绪的意识。

表 7-32　中班社会领域活动 02

水平	水平Ⅱ（下）
活动名称	爸爸妈妈辛苦了
学习与发展目标	4—5 岁 – 社会 – Ⅰ -4：知道父母的职业，能体会到父母为养育自己所付出的辛劳。
内容目标	1. 懂得爸爸妈妈抚养自己的辛苦。 2. 萌发关心和体贴爸爸妈妈的情感。 3. 有为爸爸妈妈做力所能及的事情的意识。
活动材料	恣蚊饱血的图片、空白纸张若干、彩笔若干。
活动过程	1. 恣蚊饱血的故事 （1）教师出示恣蚊饱血的图片，让幼儿观察，并询问幼儿通过观察图片都看到了什么，引导幼儿注意图中的孩子光着上身趴在桌子上睡觉，床上躺着他的爸爸，孩子背的上方有好多点点似的飞虫。 （2）教师讲述《恣蚊饱血》的故事，引导幼儿理解孝敬父母的含义。

续表

水平	水平Ⅱ（下）

活动过程	图中的这位小朋友名字叫吴猛，他生活在一千多年前呢。他的妈妈在他很小的时候就去世了，他的爸爸把他养大，爸爸一边工作赚钱，一边还要照顾吴猛，每天起早贪黑，非常辛苦。吴猛虽然年纪很小，但非常懂事，知道爸爸很辛苦，除了自己的事情自己做以外，吴猛还尽可能帮爸爸做一些事情，让爸爸省心省力，能多休息。夏天，他们家里有好多蚊子，但是因为家里穷、买不起蚊帐，吴猛的爸爸常常因蚊虫叮咬而睡不好觉，为了让爸爸能够睡好觉，他自己脱光了上衣，让蚊子叮咬自己、吸自己的血，希望蚊子喝饱了血就不再叮咬爸爸了。
	  （3）教师向幼儿提出问题，引导幼儿理解故事内容，如：故事中的吴猛小朋友为爸爸做了什么事？他为什么要这么做？
	  教师根据幼儿的回答可作出适当的总结，如：吴猛小朋友知道爸爸每天很辛苦，为了让爸爸睡个好觉，自己脱光衣服喂蚊子。像他这样知道父母辛苦，愿意为父母做些事情的小朋友，我们就夸他是"孝敬父母"的好孩子。
	  2. 辛苦的爸爸妈妈
	  教师通过幼儿对故事的理解，引导幼儿体会自己爸爸妈妈的辛苦。
	  （1）吴猛小朋友的爸爸很辛苦，为了把他养大，一边工作赚钱，一边还要照顾他。小朋友们觉得自己的爸爸妈妈每天辛苦吗？可以请幼儿说一说认为自己爸爸妈妈辛苦的原因，之后教师可以引导幼儿认识到爸爸妈妈每天都在忙碌，为自己付出了很多，很辛苦。
	  （2）每天早上，是谁把小朋友们叫醒，给你们穿衣服，送你们来幼儿园？把小朋友送到幼儿园之后，爸爸妈妈去做什么了？教师在这个环节可以请几位幼儿介绍一下自己爸爸妈妈的工作。
	  （3）晚上回到家以后，爸爸妈妈还要做什么？教师根据幼儿的回答，可以做适当的补充，如：在吃完晚饭后，妈妈可能还要给一家人洗衣服、做家务，爸爸可能还要继续处理工作上的事情，父母在半夜起来给孩子盖被子等。
	  3. 我能做点什么
	  教师引导幼儿认识到爸爸妈妈为了把我们养大，都付出了很多，都很辛苦，我们应该像吴猛小朋友一样孝敬父母，主动为爸爸妈妈做点事情，鼓励幼儿讨论"我能为爸爸妈妈做点什么"的话题。
	  幼儿分享可以为父母做的事，教师做记录。幼儿没有认识到的，教师可以提出合理的建议，如帮爸爸妈妈接水、洗脚、按摩等。同时，要注意引导幼儿认识到如果自己懂事不乱闹、自己的事情自己做也同样可以减轻父母的劳累。
	  4. 为爸爸妈妈要做的事
	  教师对幼儿懂得了父母为自己付出了很多、很辛苦进行夸奖，并鼓励幼儿想出一件特别想给爸爸妈妈做的事情，然后用彩笔在空白纸上画出来，并给自己定一个完成这件事情的时间，以实际行动感恩对爸爸妈妈的爱。

续表

水平	水平Ⅱ（下）
活动建议	教师在组织活动时，不要过分强调爸爸或妈妈某一方，要让幼儿认识到爸爸和妈妈都很辛苦，都为幼儿付出了很多，注意照顾单亲家庭幼儿的情绪。如果班上有留守儿童，要引导幼儿认识到父母外出打工也是为了他们，他们要懂得感恩父母，体谅父母的辛苦，同时要懂得照顾他们的祖辈。
多元智能	《爸爸妈妈辛苦了》有机会让幼儿运用他们的语言智能和人际交往智能。 　　幼儿交流对故事的理解，理解爸爸妈妈的辛苦，以及分享能为父母做的事情时，锻炼了幼儿的口语表达能力，发展了幼儿的语言智能。幼儿理解父母的辛劳，学会关心、照顾父母，建立了对父母的关爱意识和责任意识，有利于幼儿人际交往智能的发展。人际交往智能强的幼儿能够有意识地关心和照顾父母，而人际交往智能弱的幼儿可能会没有这种意识，也不懂得关心和照顾父母，需要教师的日常引导。
活动延伸（1）	幼儿可以在美工区为父母制作爱心小礼物；鼓励幼儿对父母说一些甜蜜的话，教师帮助幼儿录下来。
活动延伸（2）	家长可以向幼儿讲讲幼儿出生和成长中的一些事，让幼儿体会爸爸妈妈为自己的付出；家长注意不娇惯幼儿，鼓励幼儿为长辈做事，并给予幼儿及时的表扬和鼓励。
幼儿评定	看幼儿能否懂得爸爸妈妈抚养自己的辛苦，并有为爸爸妈妈做力所能及的事情的意识。

表 7-33　中班社会领域活动 03

水平	水平Ⅱ（下）
活动名称	做事要专心
学习与发展目标	4—5 岁 - 社会 - Ⅰ-3：敢于尝试有一定难度的活动和任务。
内容目标	1. 懂得专心的含义。 2. 知道只有专心才能把事情做好。 3. 有专心挑战任务的意识。
活动材料	马哥和七妹的动画视频《专心做好一件事》，立体迷宫玩具若干。
活动过程	1. 专心做好一件事 　　播放马哥和七妹的视频《专心做好一件事》，教师和幼儿谈论马哥起初钓鱼失败和最后成功的原因。如： 　　（1）马哥和七妹在一起钓鱼，当七妹钓到第一条鱼时，马哥在做什么？（马哥在捉蜻蜓。）

续表

水平	水平Ⅱ（下）
活动过程	（2）当七妹钓到第二条鱼时，马哥怎么了？（马哥在追蜻蜓时，不小心把水桶打翻了，自己成了落汤鸡。） （3）马哥钓不到鱼，很生气，七妹对马哥说了什么？最后马哥钓到鱼了吗？（七妹告诉马哥不要追蜻蜓了，如果专心一点，不抓蜻蜓，肯定会钓到鱼的。马哥最后钓到鱼了。） 教师引导幼儿认识到：马哥追蝴蝶、不专心钓鱼，所以开始时没有钓到鱼，等马哥专心钓鱼后，自然就钓到鱼了。做事情不能三心二意，一心一意才能把事情做好。 2. 需要专心做的事 （1）教师引导幼儿讲述对"专心""一心一意""三心二意"这几个词语的理解，看幼儿是否明白这几个词语的意思，根据幼儿的理解情况做适当的引导与解释。 （2）教师组织幼儿讨论生活中需要一心一意做的事情，将故事中的道理迁移到幼儿的生活中。如，七妹对马哥说："钓鱼要一心一意。"除了钓鱼，有没有其他的事情也需要我们一心一意地做呢？引导幼儿尽可能地多说出生活中的例子，教师可做适当引导，如：画画时、练习舞蹈时、下棋时、玩益智玩具时等。 （3）教师可根据幼儿列举的情况，作进一步的引导，如："有这么多的事情都需要我们一心一意地做啊！有没有哪些事情是不需要一心一意地做就能做好的？"幼儿每提出一件事情，教师从合适的角度引导幼儿认识到要想做好也是需要专心的，最后让幼儿认识到每一件事都需要一心一意才能做好，都需要专心。 3. 迷宫小挑战 将准备好的立体迷宫玩具分发给幼儿，人手一个。 （1）教师交给每名幼儿一项任务：选定迷宫的一面或者两面，看谁在最短的时间内，不掉进"陷阱"，走完迷宫。给予幼儿充分的时间来玩，要能照顾到全体幼儿，让幼儿充分体验到只有专心、集中注意力才能完成任务。 （2）幼儿完成后，教师让幼儿反思一下挑战任务的过程，如：失败了几次后才完成走迷宫，为什么失败了呢？是注意力不集中吗？是不专心吗？最后是如何成功走完迷宫的？引导幼儿对自己的游戏行为进行反思，并认识到只有在专心时、在一心一意的情况下才能挑战成功。
活动建议	1. 在玩立体迷宫玩具之前，教师要提前熟悉玩具的玩法：该立体迷宫玩具是当钢珠转到钱币入口处的位置，按动开关才能将储钱罐打开，取出里边的钱币。教师根据时间来灵活制定玩具的规则，合理利用玩具，可以是在一定的时间内玩打开储钱罐的游戏，也可以规定玩立体迷宫的几面。 2. 在活动中，教师要注意给予幼儿充分的时间来体验挑战的过程和专心的过程。如果没有立体迷宫玩具，教师可以根据情况自行选择考验幼儿注意力的玩具，然后自行制定规则。

续表

水平	水平Ⅱ（下）
多元智能	《做事要专心》这一活动有机会发展幼儿的空间智能、语言智能和自我认知智能。幼儿在观看《专心做好一件事》的过程中，通过视觉化的视频有机会锻炼幼儿对色彩和空间的感知，发展了幼儿的空间智能。教师在和幼儿讨论需要专心做的事情的过程中，有机会锻炼幼儿对词语的理解和表达，同时给幼儿机会来说出专心做的事情，这个过程便发展了幼儿的语言智能。在迷宫游戏的过程中，给予幼儿充分的时间来挑战走迷宫，有机会让幼儿通过失败来调整注意力，体验专心能成功的过程，锻炼了幼儿对自己注意力的控制；幼儿反思自己挑战走迷宫的过程，也有机会让幼儿尝试对自己的行为进行反思，这些过程均发展了幼儿的自我认知智能。自我认知智能强的幼儿能对自己的行为进行反思，并能尝试进行控制；而自我认知智能弱的幼儿可能无法对自身行为进行反思与控制，需要教师的关注与引导。
活动延伸（1）	在图书/语言角可以投放《小猫钓鱼》的绘本故事，幼儿可以通过阅读来加深对专心做事的理解。
活动延伸（2）	家长在日常生活中要引导幼儿专心做事，同时在幼儿专心做事的时候不要打断幼儿。
幼儿评定	看幼儿是否有专心做事的意识，并懂得专心才能把事情做好。

表7-34　中班社会领域活动04

水平	水平Ⅱ（下）
活动名称	我能行
学习与发展目标	4—5岁-社会-Ⅰ-3：自己的事情尽量自己做，不愿意依赖别人。
内容目标	1. 懂得自己的事情自己做，不愿意依赖别人。 2. 知道自己有拿手的事情，并为此感到满意。 3. 懂得只要认真、努力，自己做什么事都能行。
活动材料	马哥和七妹的动画视频《我一定行的》，白板一块，实体皮球3—4个，装有土或沙子的塑料瓶若干。
活动过程	1. 我一定行的 （1）教师设计合适的场景，引导幼儿观看视频《我一定行的》，如："七妹今天遇到了一件困难的事情，小朋友们想知道是什么事情吗？我们赶快来看看吧！" （2）鼓励幼儿根据视频讲述七妹遇到困难的事情，教师可做适当的提示引导，如：七妹跳绳摔倒了，马哥说了什么？小羊老师和同学们都说了什么？谁帮助七妹练习跳绳？七妹最后成功了吗？ （3）教师可将视频的重点内容向幼儿进行简单的总结，如：马哥笑话七妹是不对的行为，老师和同学们夸奖七妹剪纸剪得好，是在帮助七妹树立信心，最后七妹学会了跳绳。只要有信心，什么事情都能做好，都能行。

续表

水平	水平Ⅱ（下）
活动过程	2. 我能做的事情 （1）教师将幼儿分成3—4组，让幼儿在小组之间分享自己能做的事情，在展开小组讨论之前，教师可以请一名幼儿说说自己能单独做的事情有哪些，或者自己做得比较好的事情有哪些，教师可从自己能独自完成穿衣服、能穿鞋子、能收拾玩具，或唱歌很好听、跳舞跳得好、折纸很漂亮等方面来启发幼儿，鼓励幼儿说出自己能做好的事情。小组讨论时，教师也应该这样来引导幼儿。 （2）教师根据幼儿的讨论情况，让小组间选取一名代表来发言，说出小组内的伙伴能做的事情有哪些，如果有不完整的组内成员可以做补充。教师在白板上以简笔画的形式记录每个小组的讨论情况。 （3）教师问幼儿是否有自己不能做的事情，可以从整理书包、系鞋带、下棋等方面来提示幼儿，让幼儿根据自身的情况说出一些事情，鼓励幼儿要对自己有信心，只要自己多加练习都能学会的，自己一定可以的。 3. "保龄球"游戏 （1）教师将幼儿分成3—4组，每组内各有一个实体皮球，把装有适量土或沙子的塑料瓶当作保龄球，每组6个，让组内的幼儿根据一定的顺序来玩"保龄球"。 "保龄球"的游戏玩法：幼儿用实体皮球进行推射，看谁能将所有的"保龄球"撞倒。当幼儿第一次没有将所有"保龄球"都弹倒时，可以给予幼儿第二次机会或者第三次机会，最多给三次机会。每次开始时引导幼儿鼓励自己"我能行"，让幼儿在自我鼓励的情境中完成推射。 （2）游戏结束后，教师可以引导幼儿分享自己玩游戏的感受，尤其是经过两次或三次将所有"保龄球"都撞倒的幼儿。教师可给予一定的总结与鼓励，让幼儿懂得：相信自己，不论做什么，付出努力越多，离成功就越近。
活动建议	1. 在分组说说自己能做的事情的过程中，如果有幼儿表现比较自卑，说不出自己做得好的事情，教师可以列举他/她做得好的事情，增强他/她的自信心。 2. 在玩"保龄球"的过程中，教师要在幼儿玩之前给予幼儿鼓励，引导幼儿相信自己"我能行"，也可以引导其他幼儿鼓励该幼儿说"你能行，一定能成功"，让该幼儿增强玩的动力和信心。在游戏中，让幼儿充分体验被鼓励和自我鼓励的过程，增强幼儿的自信。 3. 如果没有迷你保龄球的玩具，教师可以自行选择有一定难度、但稍加尝试与努力就能成功的玩具或者游戏，让幼儿体验通过自我鼓励来增强信心的过程。
多元智能	《我能行》这一活动主要有三个小活动，主要发展了幼儿的空间智能、语言智能、人际交往智能和自我认知智能。 在观看《我一定行的》的视频过程中，幼儿有机会锻炼对空间和色彩的感知能力，发展了幼儿的空间智能。在分组说出自己能做的事情的过程中，幼儿有机会锻炼自己的语言组织能力和表达能力，发展了幼儿的语言智能；同时在讨论过程中，给幼儿

续表

水平	水平Ⅱ（下）
多元智能	提供了相互分享与交流的机会，发展了幼儿的人际交往能力。幼儿通过分享自己能做的事情的过程，对自身的行为进行反思；并且，幼儿在游戏过程中有机会体验通过自我鼓励来增强自信，这些过程发展了幼儿的自我认知智能。自我认知智能强的幼儿可以较好反思自身行为并能尝试进行自我鼓励，而自我认知智能弱的幼儿可能无法反思自身行为或无法进行自我鼓励，需要教师的引导。
活动延伸（1）	在日常区域活动和户外活动，教师鼓励幼儿尝试一些有一定挑战、需要努力才可能成功的事情，让幼儿体验成就感，增强自信。
活动延伸（2）	在日常生活中幼儿努力去完成自己的事情，但时常会遇到各种困难，家长要及时给予幼儿正确的指导，鼓励幼儿敢于面对困难。
幼儿评定	看幼儿是否懂得自己的事情自己做，懂得付出努力越多，离成功越近。

表 7-35　中班社会领域活动 05

水平	水平Ⅱ（下）
活动名称	我们都是好朋友
学习与发展目标	4—5 岁 - 社会 - Ⅰ-1：喜欢和小朋友一起游戏，有经常一起玩的小伙伴。
内容目标	1. 知道朋友之间要互相关心和帮助，不能互相伤害。 2. 有愿意结交新朋友的意识。 3. 能感受到和朋友在一起的快乐。
活动材料	《我们都是好朋友》儿歌、眼罩若干。
活动过程	1. 猜朋友 教师引导幼儿说出自己好朋友的特征，让其他幼儿猜一猜这位好朋友是谁。 （1）教师示范讲述，如"我们每个人都有好朋友，老师也有。老师的好朋友就在我们班，想知道他是谁吗？我说一说他的特点，你们来猜一猜。""我的这个好朋友是一个瘦瘦的男孩，他每天吃饭很快，常常第一个吃完；他还很勤劳，经常帮助老师拿东西；他的小脑瓜特别灵，集体讨论的时候，他总是积极发言。"教师看全班幼儿是否能猜出来，如果没有猜出，教师可进一步做提示，如"他今天穿了件蓝色的牛仔裤和白色的外套"。 （2）教师请几名幼儿介绍他们朋友的特点，让其他幼儿来猜，可做引导，如"小朋友们，你们能像老师刚才那样，不说出好朋友的名字，只把他的特点说出来让大家猜吗？比如，他长得怎么样，经常做什么事，有什么本领，什么地方和别人不一样。"该环节引导幼儿思考并描述自己朋友的特点，促使幼儿加深对自己朋友的了解。 2. 朋友之间 （1）教师引导幼儿思考对"朋友"的理解，让幼儿认识到我们和朋友可以在一起共同游戏、共同分享快乐的事情，并能相互关心、相互帮助等。

续表

水平	水平Ⅱ（下）
活动过程	①"朋友和其他人有什么不一样？"大部分幼儿可能会说"他/她和我一起玩儿"。 ②"除了在一起玩儿，分享高兴的事情，好朋友之间还应该做什么？"教师可以根据幼儿的回答来做相应的提示，如"当你在幼儿园里不开心的时候，你最希望谁来关心你、安慰你？如果你的好朋友不开心了，你会关心他/她吗？你会怎么关心他/她？" ③"如果你的好朋友遇到了麻烦，需要你的帮助，你会去帮助他吗？" 教师鼓励幼儿分享和朋友之间的故事，教师可以讲述一件自己和朋友之间发生的故事，可以是互相关心，也可以是生气吵架，之后引导幼儿分享与好朋友之间的故事。如"你和好朋友之间有过什么让你记得特别清楚的事情？""你的朋友有没有做过什么事让你感觉很难过？" 3. 怎样交到更多朋友 教师引导幼儿来想想如何才能交到更多的朋友，如"我们今天已经听了这么多关于朋友的故事了，你们希望自己有更多的朋友吗？你知道怎样做才能有更多的朋友吗？"教师先鼓励幼儿说说自己的想法，可做适当的引导，如可以通过介绍自己的方式认识新朋友，可以通过分享自己喜欢的玩具来认识新朋友，可以通过帮助他人来交到新朋友等。 教师根据幼儿的说法进行简单的总结，如：朋友越多越快乐。我们大家都喜欢会和大家一起玩，会关心别人、帮助别人的人。只要能友好地对待别人，关心、帮助别人，就一定能找到自己的好朋友。 4. 盲人过桥 播放《我们都是好朋友》的背景音乐，开展盲人过桥的游戏。 游戏玩法：幼儿和自己的好朋友，两两一组，每组幼儿发放一个眼罩，在教室里布置好场地，安排两条或三条相同的路线，设置好相同的起点和终点。路线中间放置一个小板凳，当作"小桥"。 游戏开始后，两名幼儿中，一名先戴上眼罩扮演盲人，另一名幼儿帮助"盲人"按照路线走过"小桥"，到达终点，然后，两名幼儿互换角色，按照路线从终点出发，走过"小桥"到达起点，至此游戏结束。 两组或是三组幼儿中，看谁用时最短，用时最短的小组被评为"最佳搭档"。
活动建议	1. 教师要关注活动中不善于交流和表达的幼儿，可以给该部分幼儿机会来说他/她的好朋友，帮助该部分幼儿消除自卑心理。教师鼓励幼儿分享和朋友之间的故事时，若是快乐或感动的事情，让幼儿感受到有朋友的快乐；若是吵架等不愉快的事情，通过让幼儿说出自己当时的感受，引导其他幼儿也能认识到自己的某些行为会对朋友造成伤害。 2. 在进行"盲人过桥"的游戏时，教师可以根据对班内幼儿的了解来适当增加或是减少过障碍物的难度，如：可以让"盲人"先踩到"小桥"上，然后再下来；也可以直接让"盲人"跨过"小桥"，跨越难度由教师自行把握，但是要注意幼儿的安全。

续表

水平	水平Ⅱ（下）
多元智能	《我们都是好朋友》这一活动有四个小活动，主要发展了幼儿的语言智能和人际交往智能。 活动中需要幼儿说出朋友的特征，对"朋友"的理解，分享自己和朋友之间的故事，表达自己的感受，这些过程有利于运用和发展幼儿的语言智能。通过交流朋友之间应该如何相处，幼儿懂得了和朋友相处的技能；并且通过"盲人过桥"的游戏，让幼儿有机会体验和朋友之间的相互信任和相互帮助，同时也锻炼了幼儿之间的合作能力，有利于发展幼儿的人际交往智能。人际交往智能强的幼儿在游戏中能较好地进行小组间的合作和协调，而人际交往智能弱的幼儿则可能无法协调地进行游戏，需要教师的关注和引导。
活动延伸（1）	在角色游戏区，幼儿可以开展猜朋友的游戏；在集体活动时间，教师可组织幼儿开展"盲人过桥"的游戏，让幼儿体验朋友之间相互信任和相互帮助的合作过程。
活动延伸（2）	家长鼓励幼儿与同伴交朋友，为幼儿创造同伴交往的机会，必要时可告诉幼儿一些同伴交往的技巧。
幼儿评定	看幼儿是否知道朋友之间要互相关心和帮助，并有愿意结交新朋友的意识。

表 7—36　中班社会领域活动 06

水平	水平Ⅱ（下）
活动名称	危险的事情我不做
学习与发展目标	4—5 岁 – 社会 – Ⅰ-3：敢于尝试有一定难度的活动和任务；4—5 岁 – 社会 – Ⅱ-2：感受规则的意义，并能基本遵守规则。
内容目标	1. 幼儿能懂得生活中常见的危险的事情。 2. 能认识常见的注意危险的标志。 3. 有主动躲避危险的意识。
活动材料	马哥和七妹的动画视频《不能做的事》，幼儿抱热水壶、玩药片、玩打火机、拿着水果刀比划着玩、摸电源插座、攀爬窗户或阳台、在有禁止下河标志的河里玩水等的情景图片，小心触电、高压危险、危险有毒、注意危险、当心伤手、当心扎脚等的标志图片若干，玩具若干、相同的容器（或小盒子）若干。
活动过程	1. 不能做的事 （1）教师播放视频《不能做的事》，并与幼儿共同谈论视频中的主要情节，如：七妹在床上躺着看书，妈妈看到后对七妹说了什么？七妹看到马哥在床上乱蹦乱跳说了什么？在家里哪些危险的事情是不能做的呢？ （2）教师根据幼儿的回答情况来做适当的补充，并做简单的总结，如：就像七妹说的"生活中有很多危险的事情，我们要学会保护自己，健康成长，安全第一"。

续表

水平	水平Ⅱ（下）
活动过程	2. 危险的事情有哪些 （1）教师将幼儿分成4—5组，鼓励幼儿思考生活中不能做的事情还有哪些，引导幼儿从幼儿园的一日生活中、从家庭的日常生活中来思考这些问题。 幼儿讨论完后，可以让每个小组选取一名代表来分享讨论的结果，教师可以进行简单的记录。 （2）教师出示小心触电、高压危险、危险有毒、注意危险、当心伤手、当心扎脚等的标志图片，询问幼儿是否知道这些图片的意思，根据幼儿的认知水平讲解这些注意危险的标志图片。 3. 情景判断 教师出示准备好的幼儿抱热水壶、玩药片、玩打火机、拿着水果刀比划着玩、摸电源插座、攀爬窗户或阳台、在有禁止下河标志的河里玩水等的情景图片，然后口述一些假设的场景，让幼儿判断行为是否正确。如： 情景一：强强拿着爸爸的打火机来玩。 情景二：杜杜试着去爬窗户或阳台。 情景三：珍珍拿着湿毛巾擦电源插座上的灰尘。 情景四：牛牛和奇奇用真的水果刀来比武玩耍。 教师可以根据幼儿对问题的反应情况对情景中的内容做简单的解释，帮助幼儿在理解问题后做出判断，也可以在幼儿做出判断后做出进一步的说明，使幼儿认识到这些事情的危险性。 4. 躲避危险找宝贝 教师设置游戏场地，根据幼儿人数将其分成2—3组，安排2—3条找宝贝路线，每条路线的途中放置相同的容器，容器里可放置幼儿喜欢的玩具、积木、图书等材料，一个容器只放置一件。然后，将准备的危险标志，如：小心触电、高压危险、危险有毒、注意危险、当心伤手、当心扎脚等标志随机放在路线途中的容器里，每条路线上保证有2—3处的容器里有危险标志，把放有危险标志的容器呈不规律状态放置在路线途中。将没有放置危险标志的容器视为安全的，幼儿可以直接从里边拿材料；放有危险标志容器里的材料为危险品，如果拿后便视为犯规，幼儿应该绕过此容器。 游戏玩法：小组内的幼儿，两人三足，合作完成寻宝的过程。两名幼儿要躲避途中带有危险的容器，取一件安全的"宝贝"，到达终点就好，不能多取。看哪个小组的全部幼儿在最短的时间内完成躲避危险找宝贝的任务。
活动建议	1. 在小组讨论环节，教师要关注每个小组内不善于交流的幼儿，在必要的时候教师可给予这部分幼儿机会来交流自己的想法。 2. 在情景判断的小活动中，教师要根据幼儿的回答情况和生活认知水平来选择合适的情景，如：亮亮抱着比较大的热水壶倒水；娟娟在标有高压电器的地方玩玩具；几个小朋友在标有危险标志的河里玩水；壮壮拿着药瓶里的药片，想要去舔着吃等，适当扩大幼儿的认知水平和生活常识。

续表

水平	水平Ⅱ（下）
活动建议	3. 教师根据教室的大小来安排场地，可以是圆形的闭合线路，也可以是非闭合的曲折线路。教师根据小组内幼儿的成对数量来确定可以直接拿取的"安全"容器和玩具，比如：某小组共6名幼儿，两两合作后便为3对，则在该小组的相应路线上放置3个没有危险标志的材料。 4. 教师可根据时间的安排来对活动的部分内容进行灵活取舍，也可以选取其中的某个小活动延伸成新一节的活动。
多元智能	《危险的事情我不做》这一活动主要发展了幼儿的空间智能、语言智能和人际交往智能。 幼儿在观看《不能做的事》的视频过程中，有机会锻炼幼儿对空间方位的感知能力和对色彩的审美感知能力，有利于发展幼儿的空间智能。在交流危险的事情、认识危险标志和判断情景的过程中，均有机会锻炼幼儿的语言组织能力、理解能力和表达能力，发展了幼儿的语言智能。幼儿在小组的讨论过程中锻炼了幼儿的交流能力，在躲避危险找宝贝的过程中，锻炼了幼儿之间的配合能力和合作能力，两个过程均发展了幼儿的人际交往智能。人际交往智能强的幼儿可以在小组游戏中配合较好地完成任务，而人际交往智能弱的幼儿则可能出现合作问题，需要教师的引导。
活动延伸（1）	在图书/语言角，可以投放小心触电、高压危险、危险有毒、注意危险、当心伤手、当心扎脚等的标志图片，幼儿可以通过观看图片加深认知；在集体活动时，教师可以组织幼儿展开躲避危险找宝贝的游戏。
活动延伸（2）	家长在平时要关注幼儿的行为，避免危险事情的发生。幼儿在家中要远离锋利的刀具、药品、热水瓶、电源插座等，随时对危险有防范意识。
幼儿评定	幼儿是否知道常见的危险事情和危险标志，并有躲避危险的意识。

表7-37 中班社会领域活动07

水平	水平Ⅱ（下）
活动名称	做守信用的人
学习与发展目标	4—5岁-社会-Ⅱ-2：感受规则的意义，并能基本遵守规则。
内容目标	1. 理解守信用的含义。 2. 懂得生活中很多事情应该说到做到。 3. 能遵守基本的行为规则。
活动材料	《说到做到的乌龟》绘本故事，梅花鹿生日派对邀请卡，梅花鹿头饰或粘贴、乌龟头饰或粘贴、其他动物的头饰或粘贴若干，拐棍儿一个。

续表

水平	水平Ⅱ（下）
活动过程	1. 梅花鹿的邀请 （1）教师出示梅花鹿生日派对邀请卡，并为幼儿讲述梅花鹿的生日派对："梅花鹿就要过生日了，他邀请了很多动物朋友参加他的派对。小朋友们想扮成小动物，去参加梅花鹿的派对吗？"鼓励幼儿选择自己想要扮演的动物角色，教师根据幼儿的选择给幼儿相应的粘贴或者头饰。 （2）"梅花鹿还说，收到邀请卡的朋友要告诉他去还是不去，他好知道要准备多少人的食物。小狗，你要来吗？小猴子，你要来吗？小乌龟，你要来吗？"教师引导参加派对的幼儿做出"去"的肯定回答，强调承诺的重要性。 2. "不守信用"的小乌龟 情景故事表演，主班教师做旁白来讲故事，辅班教师扮演梅花鹿，借用大班幼儿来扮演小乌龟，全体幼儿扮演各种小动物。 辅班教师扮演的梅花鹿，起床打扫房间了。主班教师描述场景："第二天，梅花鹿早早地起床，把家里打扫得干干净净。等着朋友们来参加派对。不一会儿，朋友们都来了，有小兔子、小狗、大象、长颈鹿、小斑马，还有小鸟，梅花鹿热情地跟大家打招呼。"幼儿按照教师讲到的顺序依次走向梅花鹿，只剩下扮演小乌龟的幼儿站在门口原地没动。 梅花鹿："咦，小乌龟呢？我记得他告诉我他会来的，我们等等他吧！" 主班教师："梅花鹿伸长了脖子使劲儿往山下看，其他的动物朋友们也伸长了脖子往山下看。大家都希望小乌龟能快一点来，好一起参加生日派对。""大家站着等一会儿，又坐下等一会儿，等了好久，一直等到太阳都下山了，吃饭的时间已经到了，可是还没有看到小乌龟的影子。大家的肚子饿得咕咕直叫，开始埋怨起小乌龟了。" 主班教师引导幼儿说说等待别人的感受，如"小朋友们，等了这么久都没有等到小乌龟，小乌龟会不会不来了呢？你们的心情怎么样？想说些什么呢？"鼓励幼儿说说小乌龟的行为带给自己的感受，以及他们对小乌龟的看法。这个环节可以让幼儿设身处地了解不守信用给他人带来不好的影响。 如果没有幼儿提到"不守信用"，辅班教师以梅花鹿的身份参与分享，引导幼儿认识到"说到没有做到就是不守信用"。梅花鹿可说："小乌龟明明说过要来的，却没有过来，他是个不守信用的人。" 主班教师借用梅花鹿的说法继续引导幼儿："梅花鹿说小乌龟是不守信用的人，小朋友们觉得梅花鹿说得对吗？怎样做才是守信用的表现呢？"引导幼儿理解守信用就是答应别人的事要说到做到。 3. 小乌龟来了 主班教师继续描述场景，如"这时啊，天完全黑了，咦！小乌龟终于出现了！但他是一瘸一拐地从山底下走到山顶上来的。""小乌龟拄着拐棍儿走到梅花鹿的房子前，开始敲门，咚咚咚！"扮演小乌龟的幼儿慢慢地、一瘸一拐地走向梅花鹿，示意敲门。

续表

水平	水平Ⅱ（下）
活动过程	梅花鹿："谁呀！"（一边说一边打开房门）"呀，是小乌龟来了！小乌龟，你这是怎么了？怎么拄着拐棍儿，脸上还贴着胶布？" 小乌龟不好意思地说："对不起，梅花鹿，我在半路受伤了，差一点就不能来了。" 主班教师："原来小乌龟走到半路摔了一跤受伤了，他去医院包扎了伤口。为了能够守信用，小乌龟拄着拐棍儿就来了。" 梅花鹿："小乌龟，我们错怪你了。你受了伤，还来参加我的生日派对，你是一个守信用的人，我真的好感动啊！"说完梅花鹿拥抱小乌龟，其他的小动物也来拥抱守信用的小乌龟。 4.做守信用的人 情景表演结束后，教师根据故事来引导幼儿，联系实际生活来说说怎样做一个守信用的人。 （1）鼓励"小乌龟"和幼儿分享守信用的感受，如"小乌龟，所有的小动物都说你是'守信用的人'，而且都来拥抱你，你的感觉怎么样？""小乌龟"可以表达自己守信用后的感受，如"答应了别人的事情，虽然自己中途受了伤，但是要守信用，最后参加了梅花鹿的生日派对，自己很开心。" （2）引导所有幼儿说说在生活中如何讲信用，如"小朋友们什么是讲信用呢？你们愿意做守信用的人吗？""生活中，我们怎样做才能成为守信用的人呢？"教师引导幼儿认识到：守信用就是答应别人的事要做到，做不到的就不要轻易答应别人，比如答应帮助朋友，就应该说到做到；说好一起玩游戏就应该一起玩，一起制定的游戏规则要共同遵守等，守信用的人会更受人欢迎。
活动建议	1.教师可提前制作梅花鹿生日派对邀请卡。为了简化活动，也可以让一组内的幼儿扮演同一种动物；教师要根据具体的角色安排来提前准备角色道具。 2.在讨论"不守信用"的小乌龟环节，可以给予幼儿一定的时间来理解"答应了别人没有做到就是不守信用"；在"小乌龟来了"的环节，让幼儿充分认识到小乌龟能来参加梅花鹿的生日派对很不容易，小乌龟遵守了信用。教师可以根据活动时间来灵活控制表演的情节和内容。
多元智能	《做守信用的人》这一活动有机会发展幼儿的语言智能和人际交往智能。 在整个角色的情景表演中，幼儿需要和教师进行语言互动，并理解情景的内容，有机会运用幼儿的表达和理解能力，发展了幼儿的语言智能。最后的讨论让幼儿懂得与人交往需要守信用，说到做到，增强了幼儿对交往技能的认识和理解，有利于发展幼儿的人际交往智能。人际交往智能强的幼儿能在与同伴交往过程中有意识地运用学到的交往技能，能做到守信用；而人际交往智能弱的幼儿则可能有这样的意识，但是无法做到，需要教师的引导。

续表

水平	水平Ⅱ（下）
活动延伸（1）	图书/语言角可以放置关于讲信用的绘本，供幼儿阅读与理解；一日生活中，让幼儿参与一些事情的讨论，一旦商定下来，所有幼儿都要遵守执行。
活动延伸（2）	家长可以与幼儿商量一些事情或制定行为规则，共同同意后，就要求幼儿尽量去做。
幼儿评定	看幼儿是否理解什么是守信用，并有守信用的意识。

表7-38 中班社会领域活动08

水平	水平Ⅱ（下）
活动名称	给地球妈妈治病
学习与发展目标	4—5岁-社会-Ⅱ-2：在提醒下，能节约粮食、水电等。
内容目标	1. 简单了解地球生病的原因。 2. 懂得保护地球的基本方式。 3. 幼儿有初步的环保意识。
活动材料	白色垃圾成堆、森林被砍伐、工厂排放废气、排放污水、漂着废弃塑料袋的河流、被污染了的河流等污染环境的图片若干，捡垃圾、垃圾分类处理、种树、节约用水用电、不使用一次性筷子等保护地球的图片或视频，微笑的地球和哭泣的地球的卡通图片，迷你地球仪若干，较大地球仪一个，彩笔若干、纸张若干。
活动过程	1. 地球妈妈生病了 （1）出示地球仪，教师鼓励幼儿观看地球仪，并和幼儿共同谈论地球的整体颜色、形状等特征，引导幼儿认识到地球妈妈的美丽。 （2）教师引导幼儿懂得我们有一个共同的家园，这个家园就是地球，然后出示哭泣的地球图片，让幼儿猜猜地球妈妈为什么会哭泣，鼓励幼儿猜测。 （3）教师出示准备好的白色垃圾成堆、森林被砍伐、工厂排放废气、排放污水、漂着废弃塑料袋的河流、被污染了的河流等污染环境的若干图片，每出示一张图片便提出相应的问题，让幼儿说说从图片中都看到了什么，猜猜为什么会变成这样，这样会有什么影响，然后教师根据图片的内容和幼儿的认知情况做相应的解释和总结。 2. 如何给地球妈妈治病 （1）教师引导幼儿想想"地球妈妈生病了，用什么方法来给地球妈妈治病"，鼓励幼儿自由发言，说说自己的想法。 （2）教师分别出示捡垃圾、垃圾分类处理、种树、节约用水用电、不浪费粮食、不使用一次性筷子等保护地球的图片或视频，每展示一张图片或一段视频先让幼儿说说图片上的做法，教师可做必要的认知补充。

续表

水平	水平Ⅱ（下）
活动过程	（3）出示完图片或视频，教师询问幼儿是否知道了如何来给地球妈妈治病，自己平时应该如何去做呢？鼓励幼儿说说自己要怎样去做，让幼儿懂得给地球妈妈治病可以从身边的小事做起，如平时不乱扔垃圾、不随地吐痰、捡随地扔的垃圾、节约用水用电、不浪费粮食、种植花草树木、尽量不使用一次性筷子等都可以来给地球妈妈治病。 （4）教师出示微笑的地球卡通图片，引导幼儿懂得：只要我们平时注意保护地球妈妈，地球妈妈就不会生病了，就会变得健康、快乐起来。 3.地球妈妈的生日 （1）教师询问幼儿是否知道地球妈妈的生日，让幼儿知道每年的4月22日是"世界地球日"。 （2）启发幼儿讨论在地球妈妈生日的时候如何表达对地球妈妈的爱呢？教师鼓励和支持幼儿的想法，如做一些保护地球妈妈的力所能及的事，或送给地球妈妈一份生日礼物等。 （3）教师给幼儿发放彩笔和纸，让幼儿画出自己心目中的地球妈妈，然后作为生日礼物送给地球妈妈。
活动建议	1.在让幼儿根据地球仪说说地球的整体颜色、形状等特征时，如果考虑到幼儿拿到小地球仪会因为玩地球仪影响教师正常教学的话，教师可以只展示教学用的大地球仪，也可以让幼儿将观察完的小地球仪放置在一旁。 2.在画地球的活动中，如果幼儿无法画出地球的样子，教师可做相应引导，如让幼儿参照小地球仪画出地球的模样，然后用彩笔来画出地球妈妈；如果幼儿自己能有自己的想法，教师不做干涉，鼓励幼儿的创作。
多元智能	《给地球妈妈治病》这一活动主要发展了幼儿的语言智能、自我认知智能和人际交往智能。 在了解地球生病的原因和说出保护地球的方法过程中，均有机会锻炼幼儿的语言表达能力和理解能力，发展了幼儿的语言智能。在为地球妈妈准备礼物的过程中，幼儿懂得可以通过做礼物表达对地球，以及对家人、朋友的爱，这是一种人际交往方式的渗透，发展了幼儿的人际交往智能。在让幼儿说出自己平时应该怎样去做的过程中，幼儿懂得如何通过自己的行为来保护地球，是对自身行为的一种认识和修正，也让幼儿有了简单的保护地球的责任意识，发展了幼儿的自我认知智能。 自我认知智能强的幼儿能够对自我的行为有简单的初步认识，并能尝试修正自身行为；而自我认知智能弱的幼儿可能无法做到对自身行为的认识和修正，需要教师的关注和日常引导。
活动延伸（1）	教师可将保护地球的图片放在图书/语言角，幼儿平时可以观看学习。可以组织幼儿去户外参加植树活动，增强幼儿通过植树来保护地球的意识。

续表

水平	水平Ⅱ（下）
活动延伸（2）	家长要注意幼儿的日常行为，对浪费水电、乱扔垃圾等行为及时制止，增强幼儿的环保意识。
幼儿评定	幼儿是否有保护地球的意识，并懂得保护地球的基本方法。

表 7-39　中班社会领域活动 09

水平	水平Ⅱ（下）
活动名称	我们的班级
学习与发展目标	4—5岁-社会-Ⅱ-3：喜欢自己所在的幼儿园和班级，积极参加集体活动；4—5岁-社会-Ⅱ-2：感受规则的意义，并能基本遵守规则。
内容目标	1. 幼儿知道自己班级的名称。 2. 懂得爱护自己的班级。 3. 喜欢参加班级活动。
活动材料	用力敲击班内的积木、拿着玩具往墙上碰、将班内的玩具乱丢/扔等不爱护班内物品等内容的图片若干，眼罩若干。
活动过程	1. 说说班级 （1）教师向幼儿提出问题："有谁知道我们是哪个班级的小朋友啊？谁能说出我们班级的名字？"引导幼儿说出自己班级的名称，更好地认识自己的班级。让幼儿根据班内的布局来说说班里的分区，或让幼儿选择自己喜欢的一面墙/一个角落来描述下教室的布置。 （2）引导幼儿回想班级一起参加的活动或者举办的活动，还可以说说自己的感受。 2. 如何爱护班级 （1）教师出示准备好的几张图片：用力敲击班内的积木、拿着玩具往墙上碰、将班内的玩具乱丢/扔等不爱护班内物品等内容的图片，让幼儿先说说图片中的内容，然后让其判断图片中的行为对不对，并说说应该如何做，破坏公物后应该怎样来弥补自己的行为。 （2）教师做简单的总结，如：我们身为班级的一员，应该懂得爱惜班内的物品，不应该乱丢乱扔，故意损坏，见到有其他小朋友发生这样的行为应该及时制止等。 3. 我为班级做什么 （1）教师让幼儿思考自己能为班级做点什么，先鼓励幼儿说说自己的想法，教师根据幼儿的回答情况，做出相应的提示和引导，如让幼儿除了爱护班内物品外，还要保持班内的环境，还可以尝试着装扮教室，让教室更漂亮。 （2）在举办节日的时候代表班级去表演节目，班里有需要帮助的小朋友尽量去帮助等，引导幼儿从不同的方面来为班集体做点事情。

续表

水平	水平Ⅱ（下）
活动过程	4.设计最美的班级 （1）教师给幼儿发放彩笔、颜料、纸和各种小装饰，请幼儿设计心中最美的班级，然后画到画纸上，并涂上美丽的颜色，最后进行装饰，并写上自己的名字。 （2）教师将幼儿的创作画进行张贴和展示，请幼儿欣赏彼此的作品，从中感受班级的美丽，并热爱自己的班级。
活动建议	1.在说出如何爱护班级的物品时，如果班内有调皮的、经常破坏公物的幼儿，可以让这些幼儿说说自己应该如何去做，增强该部分幼儿爱护物品的意识。 2.在为班级做什么的小活动中，可以根据对班内幼儿爱好、兴趣的了解，鼓励该部分幼儿发挥自己的特长来为班级做事情，如喜欢唱歌、跳舞的幼儿，可鼓励该部分幼儿在集体晚会上表演节目，让喜欢运动的幼儿可以让其代表班级参加运动会等。 3."设计最美的班级"的小活动，可以根据时间来灵活调整，也可将其延伸到活动区让幼儿自主展开活动。
多元智能	《我们的班级》这一活动主要发展了幼儿的语言智能、自我认知智能和空间智能。 幼儿在说说班级、如何爱护班级和我为班级做什么的小活动中，都有机会锻炼幼儿在语言方面的组织能力和表述能力，发展了幼儿的语言智能。在我为班级做什么的过程中，幼儿会从自身的角度思考为班集体做什么，是幼儿集体意识的一种培养和树立，也是幼儿作为班级中一员的责任意识的感知，有机会发展幼儿的自我认知智能。幼儿在设计最美的班级的绘画创作过程中，发展了幼儿的空间智能。
活动延伸（1）	在美工区幼儿可以设计更丰富的最美班级创作画。幼儿在园的一日活动中教师要给予及时的引导，使幼儿有爱护公物、爱护班级的意识。
活动延伸（2）	家长要关注幼儿对自己班级的态度，是否有自己喜欢的同伴，并让幼儿懂得要爱护自己的班级。
幼儿评定	看幼儿是否喜欢自己的班级，并有爱护班内物品的意识。

表7-40　中班社会领域活动10

水平	水平Ⅱ（下）
活动名称	好玩的筷子
学习与发展目标	4—5岁－社会－Ⅰ-1:喜欢和小朋友一起游戏，有经常一起玩的小伙伴。
内容目标	1.了解各种材质的筷子。 2.知道筷子是中国传统的用餐工具。 3.能正确使用筷子，并注意用筷安全。
活动材料	竹筷、木筷、塑料筷、不锈钢筷、动物骨筷等不同材质的筷子若干双，供幼儿使用的筷子若干，碟子若干，黄豆、蚕豆、花生米、花生、红豆或绿豆等大小不同的食材若干，有关介绍筷子历史的视频。

续表

水平	水平Ⅱ（下）
活动过程	1. 认识筷子 （1）教师讲述一个关于筷子的谜语："哥俩好，好哥俩，一样胖瘦一样高。早中晚，上餐桌，酸甜苦辣先来尝。"请幼儿猜出谜底，如果幼儿没能猜出，教师则可通过出示筷子，让幼儿说出答案。 （2）教师询问幼儿是否知道筷子都有哪些材质，鼓励幼儿说说自己的认识。教师根据幼儿的回答情况，出示准备的不同材质的筷子，先让幼儿来猜猜出示的筷子是哪种材质，然后再对幼儿的认识水平做适当的指导。 （3）播放有关筷子历史的视频，让幼儿简单了解筷子的历史文化。并对筷子的文化做简要的总结，如：筷子是中国人发明的，已有三千多年的历史，是我们中国的国粹。在古代，人们用手抓食物吃，因热的食物烫手便用树枝、木棍等夹取食物，最后发明了我们现在用的筷子。 2. 如何使用筷子 （1）教师为幼儿各分发一双筷子和一个碟子，鼓励幼儿演示筷子的使用方法，教师根据幼儿的演示情况来做适当地指导，如：两根筷子放在右手大拇指和食指的中间（准许个别幼儿习惯用左手），大拇指在两根筷子的上面，食指、中指、拇指尖夹住外面一根筷子，无名指和拇指内侧抵住里面一根筷子，小拇指在无名指的下面。筷子可以用来夹食物、挑食物和拨食物等，两支筷子在一起称为一双筷子。 （2）组织幼儿说说使用筷子应注意哪些问题，根据幼儿的回答教师做简单总结：使用筷子时要注意安全，以防戳到自己或周围的小朋友；还要注意文明卫生，做到不敲打桌碗，不乱翻菜。 3. 筷子夹夹乐 教师将幼儿分成3—4组，将黄豆、蚕豆、花生米、花生、红豆或绿豆等大小不同的食材放入3—4个容器内。 游戏玩法：幼儿每人一双筷子和一个碟子，小组内的幼儿将从容器内夹取每种食材各两个，看哪个小组在最短时间内完成任务，小组内提前完成任务的幼儿可以帮助未完成任务的幼儿。
活动建议	1. 教师在准备不同材质的筷子时，有条件的话可以准备动物骨筷，如果没有则可以准备常见材质的筷子即可。有关筷子历史的视频由教师自主准备。 2. 在筷子夹夹乐的游戏环节，教师可以根据园内的条件灵活准备食材，只要让幼儿能体验到大小不同或是材质不同，用筷子夹的难易也不同就可以，也同样增加幼儿使用筷子的乐趣。
多元智能	《好玩的筷子》这一活动主要发展了幼儿的语言智能、身体运动智能和人际交往智能。 幼儿通过教师的引导说出对筷子的材质认识、对使用筷子的注意事项等，有机会锻炼幼儿的语言理解能力和表达能力，发展了幼儿的语言智能。幼儿通过用手操作筷

续表

水平	水平Ⅱ（下）
多元智能	子，并根据食材的不同来灵活控制筷子，这个过程便锻炼了幼儿手的控制能力和协调能力，发展了幼儿的身体运动智能；在这个过程中，先完成任务的幼儿能有机会帮助暂时没有完成任务的幼儿，幼儿之间体会到帮助与被帮助的合作意识和团队精神，发展了幼儿的人际交往智能。人际交往智能强的幼儿在完成任务后能主动帮助未完成任务的幼儿，有一定的团队合作意识；而人际交往智能弱的幼儿可能没有初步的团队意识，需要教师的提醒才能主动给予同伴帮助。
活动延伸（1）	幼儿在益智区可以展开筷子夹夹乐的游戏。教师在一日生活中要注意个别幼儿的用筷习惯和用筷安全。
活动延伸（2）	家长在家中要关注幼儿的用筷习惯和安全，对幼儿的不良的用筷方式要及时给予指正，并告诉幼儿筷子不可当玩具来玩，避免危险事情的发生。
幼儿评定	看幼儿是否了解筷子的基本材质和简单的历史文化，并能正确使用筷子。

五、音乐领域活动

音乐领域活动注重幼儿在音乐艺术感受、表现与创造方面的学习与发展，旨在帮助幼儿学习和感受音乐艺术，获得一些基本的音乐艺术表现技巧和音乐艺术体验，提高幼儿的音乐艺术表现与创造能力。音乐领域活动包括聆听、感受、欣赏自然界的声音，唱歌，玩打击乐，学习律动和音乐剧或音乐表演等。

（一）概述

幼儿4—5岁时，能用更准确的音调、音准和节奏来唱歌，他们乐于探索各种各样的打击乐器，在教师的指导与帮助下，能够开始给歌曲及音乐故事做即兴伴奏。这个年龄段的幼儿已不再是仅仅模仿教师给的一个音或节奏，而是可以在教师的指导下知道这是什么节奏，给歌曲配上伴奏，这是个了不起的发展。在音乐运动方面，他们能跟随音乐走、跑、移动或者蹦蹦跳跳，在做的时候可以体现音乐的速度与节奏。

幼儿在音乐领域活动中，有对音乐的表现形式，如音高、节奏、节拍、旋律等的认识与把握，也有对音乐表现的特点、结构、风格与表达情感等方面的认识、感受与把握。音乐艺术活动的观察视角主要体现在：看幼儿对音乐要素的认识与把握，不是比较与区别幼儿是否能模仿，在模仿中恰当地表达音乐的要素，而是看幼儿对音乐表现的认识，他们是否能认识或感受到音乐所表现的内容情感，是否能把自己的感受用音乐或舞蹈的形式表现出来等。教师应该根据每个音乐领域活动的具体内容确定观察视角，观察幼儿相应的表现，支持和鼓励幼儿在音乐方面的学习与发展。

如幼儿唱歌时会涉及音准、音高、节拍、节奏、旋律等音乐要素，幼儿在这些音乐要素上表现出强烈的个别差异，教师应该根据幼儿在活动中的实际水平，有针对性地给予支持、帮助，让幼儿有机会去比较、模仿和表现。在打击乐的活动中，无论是让幼儿模仿给定的节奏，还是让幼儿自己尝试不同的节奏，都可以看出幼儿对节奏、节拍的掌握情况。同样，在舞蹈与律动中，幼儿用身体的动作来表现音乐传递的情感、节奏与韵律，在音乐剧的表现中，幼儿在情节、动作、唱歌或与音乐的配合方面也会有很大的个别差异，教师可以针对幼儿不同的表现给予相应的支持、鼓励与指导。

在音乐领域活动中有许多让幼儿使用他们的音乐智能和其他多种智能的机会。如教师给出一段旋律、一组节奏让幼儿模仿，就会让幼儿有机会应用他们的音乐智能来分辨、模仿、调整与尝试。在音乐领域活动中也有许多应用幼儿的身体运动智能和空间智能的机会。这通过舞蹈和身体的律动活动表现出来，幼儿要设法协调身体的动作，配合节奏和音乐表现的内容，调节身体的运动。

（二）中班音乐领域活动（01-10）

表 7-41　中班音乐领域活动 01

水平	水平Ⅱ（下）
活动名称	小熊找家
学习与发展目标	4—5 岁 - 艺术 - Ⅱ-2：能用自然的、音量适中的声音基本准确地唱歌。
内容目标	1. 通过故事，调动幼儿学习歌曲的兴趣。 2. 通过寻找小熊的游戏，感受与同伴一起合作的快乐。 3. 通过角色扮演，提升幼儿创编动作的能力。
活动材料	《谁是小熊》的歌曲音频，眼罩一个。
活动过程	1. 小熊没有家 （1）教师播放歌曲，并提出问题："今天我们来听一首歌曲，名字叫《谁是小熊》，请你们听一听歌曲唱了什么内容，你最喜欢哪一句？"幼儿倾听完歌曲后，引导他们进行讨论、交流并发表自己的想法，以及对没有家的小熊的感受。 （2）教师用钢琴伴奏，鼓励幼儿跟着钢琴唱一唱自己喜欢的乐句。 （3）教师再次播放歌曲，幼儿跟唱，并给予幼儿适当的提示和要求："我们用好听的声音，跟着音乐唱一唱。音乐有前奏和间奏，请小朋友注意倾听。" （4）分组演唱儿歌，鼓励幼儿自愿选择问句或答句的演唱。

续表

水平	水平Ⅱ（下）
活动过程	2. 寻找小熊 （1）教师用故事情境，向幼儿介绍寻找小熊的游戏玩法："这是一只会魔法的小熊，小熊在每一个乐句都会变换一个新动作，它做什么动作，娃娃们就会跟着做什么动作，现在老师是那只会魔法的小熊，你们是娃娃，一定要看好小熊做了什么动作。小熊变动作时，你们也要变换动作。"教师随音乐每一个乐句做一个动作，一个动作按节拍持续一个乐句。先播放前四个乐句，变换四个动作即可。 （2）请一名幼儿扮演小熊，其他幼儿是娃娃，一边唱一边进行变换动作游戏。教师鼓励幼儿创编丰富而优美的动作。 （3）丰富游戏玩法： ①"现在需要一个小朋友，找出那只会魔法的小熊，解救那些娃娃们。"教师请出自愿寻找小熊的一位幼儿。 ②"寻找小熊的小朋友需要先蒙住眼睛，音乐开始时，其他娃娃们要跟着你们当中的那位魔法小熊做动作。"魔法小熊带娃娃们做完前四个乐句的动作后，在音乐间奏的时候，拿下蒙眼幼儿的眼罩，请蒙眼幼儿猜猜谁是那个魔法小熊。 ③娃娃们一起问："小熊是谁呀？"蒙眼幼儿指出自己的猜测并唱出："小熊就是它！" ④如果没有猜对小熊是谁，蒙眼幼儿可以主动请娃娃们给出相关线索，如小熊穿着红色的衣服，或穿了一双蓝色的运动鞋等信息（不能直接给出答案），蒙眼幼儿根据线索做出正确的判断。 ⑤如果能够找出正确的小熊，则由蒙眼幼儿来主导游戏，并带领大家继续做游戏。 附儿歌： **谁是小熊** 1=F 2/4　　　　　　　　　　　　　　　　佚名 词曲 （一） 3·5 3 5 | 5 1 2 | 6·1 6·1 | 2 2 2 | 一个娃娃　一个　家，小熊小熊　没有　家， × × × × | × 0 ‖ 小熊是谁　呀？ 　　　　　　　（二） 5 1 2 3 | 1 — ‖: 3 5 6 5 1 5 6 5 :‖ 1 0 | 我们要找到　它。 　　　　　　　（三） × × × × | × 0 ‖ 5 1 2 3 | 1 — ‖ （问）小熊是谁　呀？（答）小熊就是　它！</td>

续表

水平	水平Ⅱ（下）
活动建议	1. 播放歌曲时音量要适中，不覆盖幼儿的声音，又能起到帮助幼儿唱准音调的作用。 2. 在新歌学唱的过程中，发现歌唱能力强的幼儿，教师还要关注其有可能在动作表演方面的不足。 3. 幼儿最好是围成圆形坐好，方便幼儿进行模仿动作游戏。 4. 确定小熊时，小熊要站起来，确保模仿动作的幼儿看清。 5. 开始游戏时，教师可在乐句开始时敲一下铃鼓，提示幼儿乐句的开始，需要变换动作。 6. 幼儿熟悉游戏后，可请扮演小熊的幼儿增加动作的量，使动作尽量丰富而优美。
多元智能	音乐游戏《小熊找家》，发展了幼儿的音乐智能、身体运动智能、逻辑数学智能和人际交往智能。 幼儿在演唱过程中，对歌曲的节奏、曲调、前奏、间奏等音乐要素的学习，发展了幼儿的音乐智能，音乐智能强的幼儿能够合拍演唱，曲调准确。音乐智能弱的幼儿对节奏和旋律音准的掌握能力都偏弱，教师可以多用钢琴伴奏，帮助幼儿清楚地听出曲调，掌握节奏和音准。幼儿在进行创编动作和动作模仿过程中，锻炼了幼儿大肌肉和小肌肉及肢体的协调性和控制力，使幼儿的身体运动智能得到了发展。幼儿在寻找小熊的游戏活动中，蒙眼幼儿通过同伴提供的线索进行思考和推理，并从中找到答案，而提供线索的幼儿需要观察、归纳和概括出小熊的特点，这个合作游戏的过程，发展了幼儿的逻辑数学智能和人际交往智能。
活动延伸（1）	幼儿可以在构建区为没有家的小熊搭建一个漂亮而温暖的家，并且可以边唱边做。喜欢乐器演奏的幼儿可以到戏剧表演区，挑选自己喜欢的乐器给《谁是小熊》这首歌曲进行伴奏。
活动延伸（2）	幼儿可以将歌曲唱给家人听，并且描述游戏的玩法，从而有效地发展幼儿语言表达的能力。如果家庭成员比较多，幼儿还可以组织家人进行小熊找家或寻找小熊的游戏。
幼儿评定	幼儿是否唱会歌曲，并能为游戏活动创编动作。

表 7-42　中班音乐领域活动 02

水平	水平Ⅱ（下）
活动名称	三只猴子
学习与发展目标	4—5 岁 – 艺术 – Ⅱ–1：经常唱唱跳跳，愿意参加歌唱、律动、舞蹈、表演等活动。
内容目标	1. 通过有趣的歌词，调动幼儿学习歌曲的兴趣。 2. 通过给歌曲加入动作表情，提高幼儿的表现力。
活动材料	《三只猴子》的音乐音频，猴子图片组图。

续表

水平	水平Ⅱ（下）
活动过程	1. 我们一起来做客 （1）教师出示猴子家的图片请幼儿说一说画面提供的信息："小朋友，今天我们来到一个家庭做客，你们猜猜这是谁的家？家里都有谁？家里还有什么？你是从哪里看出来的？"教师引导孩子认真观察画面提供的信息，鼓励幼儿清楚地表达自己的发现。 （2）教师引导幼儿做有礼貌的客人："我们去别人家做客，怎样做一个有礼貌的客人呢？"请幼儿结合自己的经验说一说，教师肯定幼儿有礼貌的语言和行为。 2. 三只淘气的猴子 （1）教师模仿敲门的声音，出示猴子妈妈图片："小朋友，我来介绍一下，这是猴子妈妈，跟它打个招呼吧。"教师及时表扬幼儿有礼貌的做法。 （2）教师用讲述的方式引出歌曲："猴妈妈和猴爸爸还有三只小猴原本是幸福的一家，但是猴妈妈向我说了一件伤心的事，它的孩子都住院了（出示三只猴子躺在医院的照片），你们想知道发生什么事情了吗？让我们来听一听《三只猴子》这首歌，看看能不能从歌中找到答案。" （3）教师放慢速度边弹奏钢琴边唱歌曲《三只猴子》，并向幼儿提出要求："请小朋友认真听，三只猴宝宝为什么住进了医院。" （4）请幼儿说一说三只猴宝宝住进医院的原因，并鼓励幼儿复述歌词。 （5）教师一一展示猴子图片组图，帮助幼儿记忆歌词： ① 教师展示猴子的家和三只猴子在床上蹦跳的照片，其中穿着印有数字1的猴子头上摔了一个包。 ② 再展示猴子妈妈的图片，图中猴妈妈急得大声叫：赶快下来别再跳！ （6）用此方法演示到第三段结束，教师可以边操作边请幼儿复述歌词，再请个别幼儿到前面操作，其他幼儿复述歌词。 （7）教师出示猴子的家和医院的图片，并复述歌词："你们看床上静悄悄，猴子们不知道哪去了，床上床下都找不到，他们躺在医院不能动了。" （8）幼儿熟悉歌词后，教师钢琴伴奏，幼儿跟唱2—3遍。 3. 猴子们的心情 （1）请幼儿结合歌词，猜想猴子们的心情："小猴子在床上跳的时候心情是怎样的？摔包之后又是怎样的？妈妈让他们不要再跳时的心情是什么样的？"鼓励幼儿用自己的词汇表达对猴子们的情绪和情感的理解与感受。 （2）启发幼儿思考可以用什么方式表达猴子们的心情："怎样演唱这首歌曲能够让听众听出猴子们的心情？"肯定幼儿的想法，并且给幼儿表现交流的空间。 （3）教师与幼儿共同总结表现歌曲情绪的方法：加入动作，表情的变化，速度的变化，演唱声音的控制等。

续表

水平	水平Ⅱ（下）
活动过程	4. 大家表演小猴子 （1）幼儿自愿结组，4人一组，自主分配角色，进行《三只猴子》的歌表演。 （2）每组进行展示，鼓励幼儿发表对各组表演的点评意见。 5. 帮助小猴不受伤 请幼儿结合日常游戏安全的经验，给小猴子提供不受伤的好办法。
活动建议	1. 教师在用图片演示前三段歌词后，可以请幼儿用分角色扮演的方式表演《三只猴子》的歌曲内容。 2. 总结表现歌曲情绪的方法，要结合幼儿的具体表现，鼓励幼儿用更多的表情和动作来表现歌曲的情绪和情感。 3. 幼儿自愿结组过程中，可能会出现一些状况，如人数刚好不能均分，谁和谁不想在一起等，教师要把解决问题的机会留给孩子。 4. 对于相对较弱的组，教师可以同伴的角色加入到幼儿的表演中。 5. 在请幼儿对表演进行点评时，鼓励幼儿既要点评出优缺点，还要尽量给出好的建议。 6. 教师肯定大胆表演和创新表演的幼儿，也要肯定认真观看演出的幼儿，更要肯定能够提出自己想法和建议的幼儿。
多元智能	律动游戏《三只猴子》，发展了幼儿的音乐智能、语言智能、身体运动智能、人际交往智能和自我认知智能。 幼儿通过学唱歌曲，感知音乐旋律与节奏的变化，并运用表情、速度、动作及声音控制等表现歌曲的情绪与情感等，发展了幼儿的音乐智能和身体运动智能。幼儿通过不同的画面信息，概括和描述故事内容并用自己的词汇去表达对猴子们的情绪、情感的理解和感受等，发展了幼儿的语言智能和空间智能。幼儿通过到猴子家做客，做文明小客人以及对大家表演小猴子进行点评等过程，发展了幼儿的人际交往智能。幼儿结合自己的游戏经验反思猴子游戏的安全隐患，使幼儿的自我认知智能得到了发展。
活动延伸（1）	幼儿可以到戏剧表演区继续《三只猴子》的故事表演活动，也可以到美工区自己设计安全标志，提醒大家在容易出现安全隐患的地方注意安全。
活动延伸（2）	幼儿可以把歌曲表演给家人看，并与家人交流如果自己受伤了，家人的心情，知道他们对自己的关爱，促进彼此间的感情。
幼儿评定	幼儿能否理解歌词，唱会歌曲，并能跟随音乐做律动。

表 7-43　中班音乐领域活动 03

水平	水平Ⅱ（下）
活动名称	四只小天鹅
学习与发展目标	4—5岁-艺术-Ⅱ-1：经常唱唱跳跳，愿意参加歌唱、律动、舞蹈、表演等活动；4—5岁-艺术-Ⅱ-2：能通过即兴哼唱、即兴表演或给熟悉的歌曲编词来表达自己的心情。
内容目标	1. 在观赏音乐中进一步认识天鹅的外形特征及肢体形态。 2. 在故事情境中理解音乐的内容，感受乐曲欢快跳跃的情绪。 3. 能够通过肢体动作表现对于音乐的理解。
活动材料	天鹅姿态图片、ABAC 音乐（动作）图谱、纱巾、《四小天鹅舞曲》音频及舞蹈视频。
活动过程	1. 听，谁在跳舞 （1）教师讲述《天鹅湖》的故事：很久以前，在一个遥远的国度里，住着一位高贵的女王和英俊的王子齐格菲。有一天女王准备为她年轻的王子举办一场选妃舞会，就在举行舞会的前一天晚上，王子因为追赶猎物来到了一个大湖边，原来这就是传说中的"天鹅湖"。 （2）教师引导幼儿展开有关天鹅的话题讨论：是否见过天鹅？能否描述天鹅的模样？并为幼儿展示各种姿态的天鹅图片，帮助幼儿进一步认识天鹅的外形特征和生活习性等。如：白天鹅与黑天鹅的体形较大，脖颈修长且姿态优雅高贵，生活在多芦苇的湖泊、水库和池塘中。 （3）教师继续讲故事：王子看见月光下的湖面有许多美丽的天鹅，一瞬间一只只天鹅都化成了一位位美丽的少女，其中有位头戴皇冠，身着珍珠般耀眼白袍的美丽女子是邻国的奥吉塔公主，因为被恶魔施了魔法，变成了一只天鹅，只有在午夜12点之后才能变回人身。奥吉塔公主告诉王子，只有一位王子发誓永远爱她，魔法才能解除。王子已经爱上了公主，他真诚地说："我敢发誓，永远爱你！"王子与公主在森林里愉快地跳起了舞，这时有四只美丽的小天鹅也在湖边跳起了欢快、活泼的舞蹈。 （4）播放《四只小天鹅》的音乐，请幼儿安静欣赏，然后分享聆听音乐的感受。 2. 手指来跳舞 （1）教师随音乐歌唱，带领幼儿用手指在地面（或腿上）跳舞： A. 跳跳跳跳跳起来呀，跳跳跳跳跳起来呀，四只小天鹅，四只小天鹅。跳跳跳跳跳起来呀，跳跳跳跳跳起来呀，四只小天鹅，四只小天鹅。 B. 它们的羽毛多么洁白又美丽，（梳理羽毛的动作）它们的舞姿多么优雅，多优雅（自由跳舞），它们的脚尖多么灵巧又活泼（踢、踮脚、伸伸腿），它们的倒影多动人，多动人（喝水、低头、抬头）。 A. 跳跳跳跳跳起来呀，跳跳跳跳跳起来呀，四只小天鹅，四只小天鹅。跳跳跳跳跳起来呀，跳跳跳跳跳起来呀，四只小天鹅，四只小天鹅。 C. 小天鹅啊，小天鹅啊，美丽又可爱；小天鹅啊，小天鹅啊，美丽又可爱。

续表

水平	水平Ⅱ（下）
活动过程	（2）出示音乐图谱，结合唱词帮助幼儿理解音乐的情境与ABAC的结构。 音乐（动作）图谱： 3. 身体来跳舞 （1）教师引导幼儿尝试各种天鹅的造型动作：抬高头代表天鹅的长脖子，双手打开代表天鹅展开翅膀，轻抚胳膊代表梳理羽毛…… （2）教师带领幼儿随音乐舞动，表现音乐故事情节。 A段：四只小天鹅游过来了； B段：小天鹅在水中愉快嬉戏的场景； A段：四只小天鹅继续游来游去； C段：美丽又可爱的小天鹅高兴地转圈跳舞并最后造型定格。 （3）发给幼儿人手一条纱巾，让幼儿自由地随着音乐舞动，表达欢快跳跃的情绪。
活动建议	《四小天鹅舞曲》是芭蕾舞舞剧《天鹅湖》第二幕中的舞曲，八分音符奏出活泼跳跃的伴奏音型，以二重奏的形式呈现出轻快的乐句，形象地刻画了小天鹅在湖畔嬉游的情景。活动中教师的故事引领，帮助幼儿进入到音乐的情境。在故事的过程中教师尽可能地引发幼儿的参与和互动，如：学天鹅抖抖翅膀、梳梳羽毛、手指在腿上随教师的歌唱跳舞等。音乐图谱的运用，是音乐视觉化的呈现，幼儿可以借助它理解音乐的结构和内容。
多元智能	音乐故事《四只小天鹅》发展了幼儿的音乐智能、身体运动智能和空间智能。 幼儿通过聆听音乐，观察音乐图谱等，加深了对音乐的感知和理解，发展了幼儿的音乐智能。音乐智能强的幼儿能够透过图画和音乐，理解音乐的结构，并能较快地熟悉音乐的旋律并感知欢快的节奏。音乐智能弱的幼儿则在听辨音乐的旋律和掌握音乐的结构等方面表现一般，需要教师给予适当的引导。幼儿用肢体动作对音乐的表现不仅反映出幼儿音乐智能的发展，同时也反映了其身体运动智能和空间智能的发展。能力强的幼儿在音乐伴随下的动作中，表现出在空间的移动、探索以及较好的音乐敏锐性，并能随机调整自己的动作变化，创造性地表现出自己的理解。能力弱的幼儿则多为原地或平行空间的运动，动作相对也比较单一，且以动作模仿居多，需要教师关注。

续表

水平	水平Ⅱ（下）
活动延伸（1）	在戏剧表演区投放长款白色手套，幼儿可以套在手臂上跳《四只小天鹅》之手之舞，也可以在手套食指和中指的指尖粘贴硬币，模拟踢踏舞的声效，来一段手指踢踏舞。在图书/语言角投放《天鹅湖》的绘本故事，供幼儿翻阅。
活动延伸（2）	幼儿有机会可以与家人去剧场观看芭蕾舞剧《天鹅湖》，也可以寻找相关的绘本、视频等进行阅读和欣赏。
幼儿评定	观察幼儿能否理解音乐故事，并能根据音乐的节奏和内容创编不同的动作。

表7-44 中班音乐领域活动04

水平	水平Ⅱ（下）
活动名称	小船
学习与发展目标	4—5岁-艺术-Ⅱ-2：能用自然的、音量适中的声音基本准确地唱歌；能用拍手、踏脚等身体动作或可敲击的物品敲打节拍和基本节奏。
内容目标	1. 初步学唱歌曲《小船》，感知歌曲三拍子的特点。 2. 感受歌曲优美抒情的情绪，尝试用乐器撞钟和响板为歌曲伴奏。
活动材料	歌曲内容图卡、儿歌《小船》音频、三拍子节奏卡、纱巾、响板、三角铁。
活动过程	1. 快乐律动 （1）跟随三拍子的音乐进入教室。 （2）教师以强拍走步，弱拍拍手交替进行的方式，随音乐围圈行走感受三拍子的规律，最后在音乐结束声中围圈坐下。 2. 可爱的小船 （1）教师首先向幼儿提问，在听到这首歌的音乐时，给自己带来怎样的感受（优美的、抒情的），并请幼儿说出这是几拍子的音乐。 （2）教师带领幼儿共同回忆三拍子的节奏特点，可以请幼儿连续轻抚三角铁的三条边，来仔细地体会三拍子，并按照三拍子打出节奏。 （三拍子指挥手势图示） （3）跟随歌曲《小船》的音乐拍击身体，感知和感受三拍子的节奏。引导幼儿自己创编拍击身体不同部位的方法，来做伴奏的动作。

续表

水平	水平Ⅱ（下）
活动过程	儿歌《小船》节奏图谱： 　　　　3/4　　X　　X　　X　｜ 　　　　　　●　　○　　○ 　　　　　　一　　二　　三 　　　　　　**强　　弱　　弱** 儿歌《小船》三拍子伴奏动作图： 　　　　3/4　　X　　X　　X　｜ （4）教师为幼儿展示歌曲图片，请幼儿结合歌曲图片，回忆一下歌曲的内容，说一说这首歌曲唱了些什么？并带动幼儿边拍打身体节奏边朗诵歌词： 　　花瓣花瓣，浮在水面，多像小船，升着小帆。 　　小船小船，漂在花园，多么可爱，载着春天。 （5）认识反复记号：歌曲中出现了两次反复演唱，在音乐中有专门的音乐符号来告诉演唱者在哪个地方需要反复演唱，这个符号就叫"反复记号"。 （6）教师带幼儿一起演唱歌曲，引导幼儿用声音和体态表现歌曲的抒情与优美。同时启发幼儿开动脑筋，利用纱巾来表现小船和水的波浪。教师可以适当地稍作提示，如纱巾上下抖动，可以表现水的波浪，而两个幼儿用一条纱巾抓住两头左右摆动，可以表现漂泊的小船，等等。 3.奏响小船 （1）根据三拍子"强弱弱"的特点，选择乐器进行伴奏。例如：用相同的乐器演奏，如响板，也可以用不同的乐器演奏，如加入三角铁或串铃等。

续表

水平	水平Ⅱ（下）
活动过程	3/4 X X X ｜ （2）鼓励幼儿自己选配适宜乐器和演奏方法为歌曲伴奏。
活动建议	《小船》是一首优美的三拍子歌曲。歌曲描写了一片片的花瓣漂荡在水面，犹如小船载着春天的动人形象。歌曲内容图卡的运用，能够帮助幼儿快速记忆歌词，理解歌曲的内容，并很快地进入到音乐的情境。活动中的难点是对三拍子的感应，从跟随三拍子的节拍律动进入教室，到幼儿依节拍在身上不同部位打拍子，以及用乐器进行三拍子的演奏等，都是通过不同方式让幼儿来学习、感受和表现三拍子的歌曲。能力强的幼儿能够完整地、基本准确地演唱歌曲，并能基本理解和掌握三拍子的特点，对于这部分幼儿，可以启发和鼓励他们选配多种自己认为适宜的乐器和演奏方法，为歌曲进行伴奏。对于能力弱的幼儿，教师可以引导他们加强对歌曲演唱的练习，特别是对歌词的记忆和音准的把握。对节奏的感知和器乐伴奏的练习可适当减少，让幼儿有一个慢慢学习和适应的过程。
多元智能	音乐唱游活动《小船》，主要发展了幼儿的语言智能、音乐智能、身体运动智能和空间智能。幼儿通过回答教师的提问以及对歌曲内容的描述等，发展了幼儿的语言智能。通过聆听、歌唱、演奏等方式，发展了对音高、节拍、节奏、音乐符号的认识，促进了幼儿音乐智能的发展。音乐智能强的幼儿，能够较好地理解和运用三拍子的节奏，并富有创造性地用不同的身势及选配乐器表现三拍子，为歌曲伴奏。幼儿通过观察图片，探究图片中表达的内容，并通过图片加深对歌词的记忆，发展了幼儿的空间智能。同时，幼儿参与性的身势动作和乐器演奏，也锻炼了幼儿身体的协调性，促进了幼儿身体运动智能的发展。
活动延伸（1）	幼儿可以在戏剧表演区继续探索，用三拍子的指挥手势来表现歌曲。也可以在戏剧表演区投放三角铁，幼儿可以一边歌唱一边轻抚三角铁的三条边来感应三拍子。
活动延伸（2）	亲子纱巾小船的游戏：父母手持一条大的纱巾或床单两端，请幼儿坐在纱巾中央，模仿花瓣船，一边歌唱一边轻轻地移动"小船"。
幼儿评定	观察幼儿能否理解歌曲，并能用拍打肢体或演奏乐器的方式为歌曲伴奏。

表 7-45　中班音乐领域活动 05

水平	水平Ⅱ（下）
活动名称	鸭子骑车记
学习与发展目标	4—5岁-艺术-Ⅱ-1：经常唱唱跳跳，愿意参加歌唱、律动、舞蹈、表演等活动；4—5岁-艺术-Ⅱ-2：能用拍手、踏脚等身体动作或可敲击的物品敲打节拍和基本节奏。
内容目标	1. 感受音乐故事《鸭子骑车记》的情节与音乐段落。 2. 感受音乐轻快活泼的曲风及拍念勇敢魔咒带来的乐趣。
活动材料	《鸭子骑车记》故事图、音乐《库乞乞》音频、音乐图谱、鸭子头饰。
活动过程	1. 鸭子骑车记 （1）教师与幼儿讨论关于骑自行车的话题，如是否会骑自行车，平时都是怎样骑车的，等等。引导幼儿分享自己骑车的经验，并模拟骑车的动作和流程。 （2）教师一边展示《鸭子骑车记》故事图，一边讲述故事并引导音乐：农场里的鸭子突然冒出一个疯狂的主意——骑车。只见它一摇一摆地走到自行车旁（播放《库乞乞》音频 A 段音乐），抬起脚使劲地往上够（播放间奏音乐），它终于骑上车子了。开始的时候车子还左摇右晃，鸭子想起了妈妈教给它的勇敢魔咒："库 0，库 0，库乞乞 0。"于是它一边骑车一边念起了勇敢魔咒（播放 B 段音乐），车子越来越稳了，它终于可以轻松而快乐地骑车了！ 2. 认识鸭子骑车图 （1）教师出示图形谱，告诉幼儿这个故事用图画出来了，请幼儿仔细观察，判断每个图形表示的都是什么意思？鼓励幼儿之间进行讨论，并大胆表达他们的发现。 **音乐节奏（故事）图形谱** 引子　X　X ｜ X　— ｜ A　｜X　X ｜ X　X ｜ X　X ｜ X　X ‖ 间奏　X　— ｜ X　— ｜ X　— ｜ X　— ｜ B　‖: X　0 ｜ X　0 ｜ X　X ｜ X　0 :‖ 🌲：小树，是音乐的引子部分。 ：轮手拍腿，模仿鸭子走。也可以用响板和手摇铃有节奏地边走边敲击。 ：上行爬车动作。 ：拍手念魔咒，也可以用铃鼓或邦戈鼓拍击念魔咒。 ：鸭子的嘴一张一闭。

续表

水平	水平Ⅱ（下）
活动过程	（2）根据幼儿对小树、脚印、轮手拍腿、上行爬车、拍手念咒语几个图形所代表的含义的认知，再进行与音乐的匹配。教师一边播放音乐，一边带领幼儿随音乐指点图谱，想象每一个图形所代表的故事情节。 3.律动骑车记 （1）带领幼儿扮演小鸭子，来一次勇敢的骑车经历。先按照图谱中的基本动作，做一做双手轮拍双腿，模仿鸭子走路的样子，再做手脚并用爬车的动作，最后张嘴、闭嘴念勇敢魔咒："库0，库0，库乞乞0"。其中，"0"为空拍的闭嘴，其他都为张嘴。即"张闭，张闭，张张张闭"，或"库空，库空，库乞乞空"。（"空"即空拍） （2）播放音乐，请幼儿随音乐做律动。在律动中教师尽量引导幼儿感受音乐的情绪：A段—轻快的，B段—鼓舞人心的。 A段.学鸭子一摇一摆在空间自由地走路； 间奏，停下来，双手做随音乐往上爬的动作；' B段.随音乐边拍手边念出勇敢魔咒。
活动建议	1.教师需要先熟悉《库乞乞》的音乐旋律，并能在活动的律动和节奏练习中为幼儿随时哼唱。 2.幼儿最初对鸭子骑车图形谱的认识可能会感觉有一定的困难，需要教师适当地引导和提醒。 3.幼儿的律动骑车动作，可以充分发挥他们的想象力，自己去尽情地表现，不一定要求动作的统一。 4.B段的拍手节奏练习，双手对拍时，在空拍处不拍手，也可用单手握拳击掌。因为魔咒语词的加入，可以帮助幼儿较好地掌握其节奏特点。能力强的幼儿能够敏感地把握其中的空拍休止，并在演奏动作上有相应的表现。能力弱的幼儿通常会忽略空拍而变成长音的节奏，需要教师关注和引导。
多元智能	音乐故事《鸭子骑车记》活动发展了幼儿的语言智能、音乐智能、空间智能和身体运动智能。 幼儿通过话题讨论并分享自己骑自行车的经验以及反复对勇敢魔咒词的练习，发展了幼儿的语言智能。幼儿通过观察音乐故事图及音乐图谱，并运用拍手、拍腿等方式，完成了节奏的认知和对不同节奏的体验，发展了幼儿的音乐智能和空间智能。音乐智能强的幼儿，能够较为准确地理解和看懂音乐故事图及音乐图谱，并能探索多种方式打出节奏。音乐智能弱的幼儿，对图谱的认知及节奏的探索都会有一定的困难，教师应给予针对性的引导和帮助。幼儿模仿鸭子走路、做手脚并用爬车的律动以及运用肢体打出节奏的过程，锻炼了幼儿肢体的力度及控制能力，发展了幼儿的身体运动智能。

续表

水平	水平Ⅱ（下）
活动延伸（1）	在图书/语言角投放《鸭子骑车记》的绘本故事，幼儿可以自主阅读故事，了解鸭子骑上自行车后，一路上遇到猪、马、绵羊、山羊、狗、老鼠和鸡这些形形色色的动物们的态度，以及后来鸭子带动其他动物们一起骑车做了一生不敢做的事情，从而获得大家的赞扬等更多故事内容。并可以尝试扮演各种各样的动物骑车的样子。在戏剧表演区投放《鸭子骑车记》音乐图谱，幼儿可以尝试用乐器进行演奏。
活动延伸（2）	幼儿回家可以同家人一起探讨《鸭子骑车记》绘本故事里的内容，表演一下有趣的故事，并尝试用喜欢的乐器奏出勇敢魔咒的节奏。
幼儿评定	观察幼儿是否能随音乐做律动，并能用肢体奏出勇敢魔咒的节奏。

表 7-46　中班音乐领域活动 06

水平	水平Ⅱ（下）
活动名称	库乞乞
学习与发展目标	4—5 岁 - 艺术 -Ⅱ-2：能用拍手、踏脚等身体动作或可敲击的物品敲打节拍和基本节奏。
内容目标	1. 在熟悉音乐故事《鸭子骑车记》的基础上，建立看图、听音、演奏之间的感觉联系。 2. 感受音乐轻快活泼的曲风和音乐的节奏，学习用响板和铃鼓演奏乐曲。 3. 在演奏中学会边奏边看指挥，并使自己的动作与音乐协调一致。
活动材料	打击乐图谱、音乐《库乞乞》音频、小地垫、响板、铃鼓、串铃等。
活动过程	1. 大家一起"库乞乞" （1）教师带领幼儿随音乐做鸭子骑车的律动，边舞蹈边念出库乞乞的勇敢魔咒。 （2）教师引导幼儿回忆和复习《鸭子骑车记》的活动内容，同时启发幼儿探索用更新颖的方式奏出勇敢魔咒的节奏。教师出示节奏图卡：（在此可将乐器行遮挡住）并请幼儿试着边说魔咒，边用手拍出节奏。 打击乐《库乞乞》节奏图谱： A ｜ X ｜ X ｜ X ｜ X ｜ X ｜ X ｜ X ｜ X ‖

续表

水平	水平Ⅱ（下）
活动过程	看图拍念节奏，说一个字拍一下，不说为空拍且不拍手，或单手握拳击掌：库0，库0，库乞乞0。 （3）鸭子走路的时候是怎样的节奏呢？教师哼唱A段旋律，并出示节奏图卡（在此可将乐器行遮挡住），引导幼儿试着边说边用手打出节奏。 B ‖: X 0 | X 0 | X X | X 0 :‖ 教师带领幼儿拍念图谱，一拍一动，一词一动。 （4）引子和间奏：教师带幼儿把音乐开始的引子和间奏爬车的节奏加进来。引导幼儿拍念图谱引子和间奏部分的二拍节奏： 引子（小树）："1 -，2 -，3 -； 间奏（阶梯）："爬 -，爬 -，爬 -，爬 -。" 引子 | X - | X - | X - | A | X X | X X | X X ‖ 间奏 | X - | X - | X - | X - | B ‖: X 0 | X 0 | X X | X 0 :‖

续表

水平	水平Ⅱ（下）
活动过程	2. 铃鼓和响板奏起来 （1）教师出示乐器铃鼓和响板，请幼儿为 A、B 二段配上不同的乐器，看看哪种乐器的音色更加匹配。 （2）幼儿探索乐器并演奏，决定出自己喜欢的配器方案。 （3）看指挥分声部练习：幼儿全体安静地坐在椅子上，将幼儿分成 A、B 二组。教师用手击节奏型的方法指挥幼儿分组演奏乐器。 3. 快乐的器乐合奏 （1）教师指点乐器图谱，边唱边引导幼儿进行合奏。（引子和间奏部分不奏，可以做适当动作来表现。） （2）引导幼儿在音乐的伴随下进行合奏，表现音乐的欢快与活泼。 （3）请幼儿交换乐器，尝试用新的乐器进行合奏。引导幼儿学会注意倾听音乐，并控制乐器演奏的音量。 4. 分享与合作 请幼儿自由讨论，分享对于合作演奏的一些感受。
活动建议	1. 幼儿跟随音乐演奏时开始会感觉有难度，所以乐器演奏前的身体动作和认识图谱都是为演奏作铺垫。进入演奏时，教师开始需要用哼唱曲调的方法使速度放慢下来，以便幼儿跟随演奏。这就要求教师把曲调背得很熟，以便在任何需要的时候可以开始演唱。 2. 在配器方面，教师可以从音乐的风格情绪引导幼儿进行编配，如 A 段轻快活泼，B 段鼓舞人心，这样的情绪理解容易帮助幼儿选择合适的乐器。
多元智能	打击乐活动《库乞乞》发展了幼儿的音乐智能、身体运动智能、语言智能、空间智能和人际交往智能。 幼儿通过对图谱的观察来感知节奏，锻炼了幼儿的知觉能力和想象力，发展了幼儿的空间智能。幼儿通过拍手、拍腿打节奏以及探索乐器的演奏和律动的结合等，发展了幼儿的音乐智能和身体运动智能。能力强的幼儿能够感知到作品结构中的不同特点，并尝试透过不同乐器的体验进行表现。能力弱的幼儿在节奏的把握上以及乐器的配器和演奏上都很难做到位，需要引起关注。幼儿通过器乐的合奏以及分享合作的感受，发展了幼儿的语言智能和人际交往智能。
活动延伸（1）	幼儿可以在戏剧表演区尝试用新的乐器配乐并与同伴合作演奏。比如：响板可以换成手摇铃，铃鼓可以换成堂鼓等，还可以边演奏边律动。
活动延伸（2）	幼儿可以教会家人《库乞乞》的音乐节奏，并请他们选择合适的乐器进行配乐演奏，自己做他们的小指挥。
幼儿评定	观察幼儿能否自选乐器为音乐伴奏，并能在演奏中表现出良好的节奏感。

表 7-47　中班音乐领域活动 07

水平	水平 Ⅱ（下）
活动名称	有趣的纸刮胡
学习与发展目标	4—5 岁 – 艺术 – Ⅱ-2：能用拍手、踏脚等身体动作或可敲击的物品敲打节拍和基本节奏；能运用绘画、手工制作等表现自己观察到或想象的事物。
内容目标	1. 利用生活中的废旧材料从事乐器创作，建立废物利用和环保的概念。 2. 演奏自制乐器，体验活动的乐趣。
活动材料	旧纸箱、瓦楞纸、饼干盒、双面胶、胶带、竹筷 1 把、彩色皱纹纸、安全剪刀若干、节奏图谱、音乐《呱呱曲》音频。
活动过程	1. 敲敲打打 请幼儿找找教室里哪些东西可以敲敲打打发出响声？（水桶、纸箱、板凳……） 2. 纸箱的妙用 （1）请幼儿说说纸箱的功用（如：可以敲打发出声音，可以作积木搭房子……）。 （2）教师出示乐器"刮胡"，让幼儿讨论还有什么不同的演奏方法。 （3）纸箱变刮胡：教师将纸箱上的一层纸皮撕开，露出有瓦楞纸的一面，向幼儿介绍这种凹凸不平的波形纸叫"瓦楞纸"。继而展示购买的瓦楞纸作补充说明，让幼儿触摸瓦楞纸感受材料的特点。 （4）教师刮奏瓦楞纸，让幼儿观察瓦楞纸和刮胡二者之间有什么共同的特点？它们是如何发出声响的？ 3. 自制刮胡 （1）发给幼儿人手一张瓦楞纸板，请幼儿拿出自己带的饼干盒。 （2）指导幼儿剪出和自己饼干盒面大小相同的瓦楞纸，将饼干盒三面包裹起来（凹凸面朝外），然后用胶带固定接口。 （3）在未包裹的那一面挖出两个洞，以便拇指和中指可以穿进去持握住纸刮胡。 （4）给幼儿每人一根竹筷，请幼儿在竹筷尾端利用胶带沾上彩色皱纹纸，给自己的刮棒造型。 （5）给幼儿彩笔为自己的乐器着色做整体美化设计。 （6）请幼儿刮奏自己的纸刮胡，探索其刮奏的方法，并听听自己的纸刮胡音响和别人的有什么不同。 4. 刮胡合奏 请幼儿用自制的纸刮胡乐器随《呱呱曲》音乐演奏，并进行语词念白。

续表

水平	水平Ⅱ（下）
活动过程	《呱呱曲》节奏及语词图谱： 4/4 XX XX X X | X 0 X 0 | 我拿 一个 刮 胡，　　　　， XX XX X X | X 0 X 0 | 我拿 一个 刮 胡，　　　　， XX XX X X | XX XX X X | 我拿 一个 刮 胡， 我拿 一个 刮 胡， X X X X | X X X 0 ‖
活动建议	1. 在制作乐器纸刮胡的学习过程中，幼儿对于瓦楞材料的认识以及如何将瓦楞纸固定在饼干盒上是做好乐器的关键。教师可以引导幼儿观察瓦楞纸波形纹的特点，继而寻找生活中的那些瓦楞（波形）材料并探索其演奏的声响。 2. 在张贴固定瓦楞纸时，能力强的幼儿能够按照自己的习惯方式剪贴完成，能力弱的孩子操作起来会有困难，建议他们可以选择比较简单的围圈固定方法或者其他适合的简单方式。 3. 在乐器探索及演奏方面，教师尽可能引导和鼓励幼儿在反复的听辨和比较中获得对不同演奏方法及乐器音色的认知。
多元智能	乐器制作"纸刮胡"活动，使幼儿在探索乐器刮胡及制作纸刮胡的过程中发展其音乐智能和空间智能。 幼儿在活动中通过观察、聆听、辨别、演奏等方式，促进了音乐智能的发展。音乐智能强的幼儿，探索新乐器的音色及掌握演奏方式等方面的能力都比较强。音乐智能弱的幼儿，对乐器的音高、音色的辨别有困难，需要教师的关注。幼儿对"纸刮胡"乐器的设计及制作并在拼贴和组装中探索材料的使用，美化作品的设计等，发展了幼儿的空间智能。
活动延伸（1）	幼儿可以找寻生活中有瓦楞的物品，如：搓衣板、有瓦楞的矿泉水瓶、百叶窗等，然后用刮棒试试能否奏出好听的声音。
活动延伸（2）	幼儿在家中可以用自制的纸刮胡和用废旧纸箱制作的乐器等，与家人一起愉快地玩奏，或随音乐合奏一曲《呱呱曲》。
幼儿评定	观察幼儿能否制作完成简单的纸刮胡乐器，并能在音乐伴随下有节奏地演奏。

表 7-48　中班音乐领域活动 08

水平	水平Ⅱ（下）
活动名称	点点圈圈本领大
学习与发展目标	4—5 岁 - 艺术 - Ⅱ - 2：能用拍手、踏脚等身体动作或可敲击的物品敲打节拍和基本节奏。
内容目标	1. 通过节奏歌，复习简单的节奏。 2. 通过尝试运用图示创编节奏，体验节奏创编的乐趣。 3. 通过《大花猫和小老鼠》的节奏游戏，能够敲打出基本节奏。
活动材料	《大花猫和小老鼠》的歌曲音频，《大花猫和小老鼠》节奏图谱，图画纸、彩笔人手一份，铃鼓，制作四种节奏型且每种至少四张卡片：第一种 X，第二种 X X，第三种 X. X，第四种 0。
活动过程	1. 有趣的节奏歌 （1）复习节奏歌，巩固幼儿对节奏的认识。教师向幼儿介绍圈圈"0"在节奏谱里的名字叫休止符，遇到圈圈"0"可将双手举起表示此处是休止，不出声。而见到"X"即拍手。 （2）教师可用节奏型卡片拼出几条节奏谱，请幼儿用拍手、拍腿等动作打出节奏。 （3）请个别幼儿拼摆节奏型卡片，其他幼儿用节奏动作拍出节奏。 （4）启发幼儿在图画纸上进行节奏创编，幼儿创编后，可将幼儿创编的节奏拼成一个长长的节奏谱，幼儿用节奏动作进行拍节奏游戏。 2. 点点圈圈本领大 **大花猫和小老鼠节奏谱** 2/4 X. X X X ｜ X　0 ｜ X. X X X ｜ X　0 ｜ 一 只 小 老　鼠，　　　瞪 着 小 眼　珠， X. X X X ｜X. X X X ｜X. X X X ｜ X　0 ｜ 呲 着 两 颗 小　牙 长 着 八 字　胡， X. X X X ｜ X　0 ｜ X. X X X ｜ X　0 ｜ 一 只 大 花　猫，　　　喵 喵 喵 喵　喵， X. X X X ｜X. X X X ｜X. X X X ｜ X　0 ‖ 吓 得 老 鼠 赶　快 往 回　跑 。 （1）教师出示《大花猫和小老鼠》的节奏谱，请幼儿观察节奏谱中都有哪些符号。（有圈圈"0"、叉叉"X"，还有点点"."） （2）引导幼儿发现两个在一起的叉"X"的区别（一个是有点的：X. X，一个是不带点的：X X），并向幼儿介绍：点点"."在节奏谱里的名字叫附点音符，遇到点点"."时，表示前面的音比后面的音要稍长一点。

续表

水平	水平Ⅱ（下）
活动过程	（3）教师用口诀总结《大花猫和小老鼠》节奏谱中两个在一起的叉"X"的区别： 两个X，打两下，稍快的，均匀打。～　X X 有附点，变化打，前音长，后音短。～　X．X （4）教师带幼儿尝试用拍手、踏脚等身体动作或敲击物品的方式，拍出《大花猫和小老鼠》的基本节奏。 （5）教师范唱一遍《大花猫和小老鼠》，请幼儿仔细倾听。然后教师指着相应的节奏谱每唱一句，就引导幼儿将每句的歌词与节奏谱建立起联系。 （6）教师唱第二遍《大花猫和小老鼠》，请小朋友按照《大花猫和小老鼠》的节奏谱用拍手的方式拍出节奏。 3.铃鼓敲起来 （1）铃鼓游戏规则：两名幼儿自愿结组，面对面坐好，铃鼓放在中间。幼儿自己协商，一名幼儿扮演猫，一名幼儿扮演老鼠。 （2）扮演老鼠的幼儿演唱前两句的老鼠部分时，扮演猫的幼儿在空拍处敲打一下铃鼓；扮演猫的幼儿演唱后两句的猫的部分时，扮演老鼠的幼儿在空拍处敲打一下铃鼓。
活动建议	1.本次活动之前，可以让幼儿提前听一听这首歌曲，以便更好地熟悉歌曲。 2.教师最好提前将《大花猫和小老鼠》的节奏图谱，制作成大挂图在活动中给幼儿展示，或制作成电子图方便在屏幕上播放。 3.幼儿演唱《大花猫和小老鼠》时，教师尽可能地先用钢琴伴奏的形式带动幼儿，以便幼儿掌握歌曲的速度。然后再播放这首歌的音频伴奏，带动幼儿演唱的情绪和情感的表达。 4.鼓励幼儿在铃鼓游戏演唱时拍出节奏，或者加入自己创编的一些肢体动作，表现自己对音乐的理解和感受。
多元智能	节奏游戏活动《点点圈圈本领大》发展了幼儿的音乐智能、语言智能和人际交往智能。 幼儿在拍打节奏、创编节奏、学唱歌曲的过程中，发展了幼儿的音乐智能。音乐智能强的幼儿，能够较快地理解不同节奏所表达的含义，能够尽快地掌握节奏地打法，并能创编出正确的节奏。音乐智能弱的幼儿，对节奏的理解和掌握都会有一定的困难，从而使歌曲演唱的学习也出现节奏的偏差，需要教师加强引导。幼儿对拍念歌词和节奏歌的练习以及在铃鼓游戏中自主分角色，表达自己的想法，使幼儿组织语言和口齿的清晰表达得到了有效的锻炼，发展了幼儿的语言智能。幼儿与同伴游戏的过程也培养了彼此的交流和合作意识，使幼儿的人际交往智能得到了发展。
活动延伸（1）	在戏剧表演区，幼儿可以自制节奏卡进行不同节奏的创编，然后自选乐器进行节奏的演奏练习。

水平	水平Ⅱ（下）
活动延伸（2）	幼儿可以和家长一起玩敲击节奏的游戏，一方写节奏，一方打节奏。还可以一起玩《大花猫和小老鼠》的铃鼓游戏。
幼儿评定	幼儿是否能敲击出歌曲的基本节奏，并能够准确地认识和感知休止符。

表7-49 中班音乐领域活动09

水平	水平Ⅱ（下）
活动名称	青蛙长成记
学习与发展目标	4—5岁–艺术–Ⅱ-1：经常唱唱跳跳，愿意参加歌唱、律动、舞蹈、表演等活动；4—5岁–艺术–Ⅱ-2：能用拍手、踏脚等身体动作或可敲击的物品敲打节拍和基本节奏。
内容目标	1. 能随着音乐合拍地做卵颤动、蝌蚪游和青蛙跳的动作。 2. 探索青蛙生长不同阶段动作的合适力度，在游戏过程中注意与同伴保持适当的距离。
活动材料	青蛙生长过程图和视频，卵颤、蝌蚪游、蛙跳各阶段故事图卡，音乐《呱呱曲》音频、刮胡（蛙鸣筒）。
活动过程	1. 青蛙生长的秘密 请幼儿根据已知经验，说一说青蛙生活在哪里？它是怎么长大的？并结合青蛙成长图熟悉青蛙生长的过程。 2. 小卵的话 （1）出示故事图卡：池塘里的水草们欣喜地传递着一个好消息："它们动起来了，真的动起来了。"只见一颗颗圆圆的小卵在水草上一边轻轻地颤动着，一边愉快地说着： 4/4 X X X X X X | X 0 X 0 | X X X X X X | X 0 X 0 | 我 是 一 颗 小 卵， 颤， 颤； 我 是 一 颗 小 卵， 颤， 颤； X X X X X X | X X X X X X | X X X X X X | X X X 0 ‖ 我 是 一 颗 小 卵， 我 是 一 颗 小 卵， 颤 颤 颤 颤 颤 颤。 （2）原地拍念小卵的语词，在"颤"处颤动身体。 （3）请幼儿尝试将身体团成一颗小卵，边念儿谣边在"颤"处用自己喜欢的方式自由地颤动身体。 （4）请幼儿思考蛙跳的力度，并随音乐进行表现。 3. 小蝌蚪的话 （1）出示故事图卡：小卵长出了小尾巴，它们现在有了新的名字，叫什么？（蝌蚪）它们会在水中如何游戏呢？

水平	水平Ⅱ（下）
活动过程	4/4 X X X X X X | X 0 X 0 | X X X X X X | X 0 X 0 | 我是一只蝌 蚪， 游， 游； 我是一只蝌 蚪， 游， 游； X X X X X X | X X X X X X | X X X X X X | X X X 0 ‖ 我是一只蝌 蚪， 我是一只蝌 蚪， 游游游游 游游游。 （2）请幼儿探索刮胡的演奏，并尝试奏出"呱呱"的节奏。 （3）带领幼儿随音乐边念儿谣边演奏乐器。 （4）请幼儿思考蝌蚪游动时合适的力度表现，并随音乐进行表现。 4. 小青蛙叫呱呱 （1）出示故事图卡：小蝌蚪游啊游，慢慢地长出了一对后腿，接着又长出了一对前腿；它游啊游，忽然有一天尾巴也不见了。它纵身一跳，跳到岸上唱起歌来。 4/4 X X X X X X | X 0 X 0 | X X X X X X | X 0 X 0 | 我是一只青 蛙， 呱， 呱； 我是一只青 蛙， 呱， 呱； X X X X X X | X X X X X X | X X X X X X | X X X 0 ‖ 我是一只青 蛙， 我是一只青 蛙， 呱呱呱呱 呱呱呱。 （2）请幼儿原地边念儿谣边在"呱呱"处用拍腿动作模仿青蛙跳。 （3）边念儿谣边在"呱"处有节奏地模仿双脚蛙跳的动作。 （4）请幼儿思考蛙跳的力度，并随音乐进行表现。 5. 快乐的小青蛙 （1）幼儿伴随着音乐表现青蛙长成的过程，感受集体游戏的快乐。 （2）刮胡（蛙鸣筒）演奏：有一种乐器它演奏出来的声音很像青蛙的叫声，它是用木棒刮奏，能发出"呱呱"的声音，因为这种声音很像青蛙的叫声，所以它也有另外一个名字叫"蛙鸣筒"。请幼儿仔细倾听，教师进行刮胡演奏。 4/4 X 0 X 0 | X 0 X 0 | X X X X | X X X 0 ‖ （3）请幼儿探索刮胡的演奏，并尝试奏出"呱呱"的节奏。 （4）带领幼儿随音乐边念儿谣边演奏乐器。

续表

水平	水平Ⅱ（下）
活动建议	1. 本活动是在音乐中引导幼儿探索青蛙生长不同阶段的动作表现。在表现卵颤、蝌蚪游、蛙跳不同阶段的韵律活动中，教师尽可能地引导幼儿探索身体表现的各种可能性，支持每位幼儿的努力，而不是去评判或是比较幼儿的努力。可以通过一些问题启发幼儿的思考，如：试试除了摆动手臂你还可以找到蝌蚪游泳的其他方法吗？有没有既可以在教室里到处游戏，又可以保持不碰到别人的好办法呢？教师不要直接给予指导或示范。 2. 对于那些愿意模仿他人动作的幼儿也不必着急，因为他们或许还没有准备好要独立地去探索，或许还没找到合适的创意点，甚至有可能还没有明白教师的要求。 3. 只要多给予幼儿探索的机会并加以适当的鼓励，越来越多的幼儿就会喜欢在身体动作中表现创意并分享自己的点子。
多元智能	音乐律动《青蛙长成记》发展了幼儿的语言智能、音乐智能、身体运动智能和空间智能。 幼儿通过青蛙成长的话题讨论以及对说念语词的练习，发展了幼儿的语言智能。通过感知《呱呱曲》音乐的节奏和旋律以及对刮胡乐器的探索和演奏，发展了幼儿的音乐智能。音乐智能强的幼儿对探索新的乐器并正确地掌握演奏的技巧和节奏等都有突出的表现，音乐智能弱的幼儿对四拍子的节奏以及对空拍的掌握会有一定的困难，需要教师的关注。幼儿通过身体动作的力度和变化来展现对青蛙长成不同阶段形象的理解，以及对于空间探索的多样化呈现，发展了幼儿的身体运动智能与空间智能。
活动延伸（1）	幼儿可以在戏剧表演区继续创编、模仿青蛙或其他小动物的动作，也可以约同伴一起玩动作创编游戏，如青蛙抓虫子、小鸟飞、小鱼游等。喜欢探索乐器的幼儿，可以继续进行刮胡的演奏。
活动延伸（2）	幼儿可以在家和家人用自制的纸刮胡和纸箱等废旧材料，一起愉快地玩奏，并共同合奏一曲《呱呱曲》。
幼儿评定	观察幼儿能否随音乐边说语词边有节奏地做动作及演奏，且动作与音乐能协调统一并有适当的力度变化。

表 7-50　中班音乐领域活动 10

水平	水平Ⅱ（下）
活动名称	春
学习与发展目标	4—5岁-艺术-Ⅱ-1：经常唱唱跳跳，愿意参加歌唱、律动、舞蹈、表演等活动；4—5岁-艺术-Ⅱ-2：能通过即兴哼唱、即兴表演或给熟悉的歌曲编词来表达自己的心情。
内容目标	1. 在情境中通过反复感受，初步了解音乐的内容和 ABACADABACA 的回旋曲结构。 2. 听音乐分辨角色，初步尝试分角色扮演，感受表演的乐趣。

水平	水平Ⅱ（下）
活动材料	维瓦尔第的《春》音乐音频、主题角色图卡（农夫10张、小鸟3张、鱼2张、雷电1张）、鼓槌、砂蛋、纱巾、彩色手套、铁盖若干。
活动过程	1. 初步理解音乐形象 　　教师讲述故事，将幼儿带入故事情景中：春神来了，万物都来迎接春神的到来。小草钻出了地面，小鸟飞来飞去地寻觅小虫，小鱼儿在水中欢乐地游来游去，农民带着他的孩子也开始播种春耕。忽然，乌云密布，一道雷电之后迎来了春雨。小鸟们忙着四处避雨，小鱼也急忙潜入深水之中，农夫父子俩赶忙跑到屋子里躲雨。不一会儿，雨停了，大家又出来赶赴这春之宴会了。农夫父子接着耕种忙碌，小鱼、小鸟也出来玩了，这一切构成了春天生气蓬勃的画面。 2. 建立故事人物与音乐的对应关系 （1）介绍音乐名称：《春》 （2）播放全曲：请幼儿仔细倾听音乐，想想音乐中哪里是农夫父子在耕种？小鸟、小鱼、雷电又出现在哪里？启发幼儿边听边尝试用自己的动作来表现自己听到的角色。 （3）听辨A段农夫父子主题，以音乐中的强弱变化为线索，教师可以在过程中夸张一点地哼唱，以便幼儿在强弱的力度中听辨出哪里是农夫爸爸，哪里是小农夫，并鼓励幼儿将自己的判断分享给大家。 （4）听一段音乐则出示相应图卡与之配对，A段—农夫；B段—小鸟；C段—小鱼游水；D段—打雷下雨。并鼓励幼儿在聆听音乐的同时尝试用动作进行表现。 （5）完整聆听音乐，并以图卡确定角色与音乐的关系。 A×4　B　A　C　A　D　A　B　A　C　A×2 （6）曲式分析：数一数各个角色出现多少次？找出出现最多和最少的角色。确定A的主题（农夫），然后在主题之后的插部B（小鸟）出现了，接着主题A又反复（农夫）了，插部C（小鱼游水）出现，接着主题A又反复（农夫），插部D（打雷下雨），主题A（农夫）又反复出现了，插部B（小鸟）出现了，主题A（农夫）又反复了，插部C（小鱼游水）出现了，最后主题A（农夫）再次反复出现。在音乐中这种AB-AC-AD-AB-AC-A的音乐顺序结构叫作回旋曲结构。 3. 角色动作扮演 　　教师用情景描述的方式，引导并鼓励幼儿大胆进行角色创造和肢体表现。 （1）A～农夫爸爸和小农夫都在地里干活，可是他们干的活可不一样。想想他们分别会干什么活呢？（爸爸锄地～重，小农夫播种～轻）

续表

水平	水平Ⅱ（下）
活动过程	（2）B～小鸟可以怎样飞？它飞的高度是一样的吗？为什么？（引导幼儿根据旋律的走向表现小鸟高高低低地飞。） （3）C～小鱼在水中嬉戏，双手合掌在身体前游动，小手一前一后摆动，是不是还能想出更多的动作？ （4）D～打雷下雨，要藏在椅子后面，还是要手抱头或者蜷缩身体蹲在地上？ 4.角色道具扮演 （1）农夫：用打棒锄地，砂蛋（或沙锤）播种；小鸟：纱巾当翅膀；小鱼游水：彩色手套或手套袜子当鱼尾；打雷、闪电：一人两个铁盖或者软地垫互拍。 （2）请幼儿自行选择道具，进行角色扮演。最后收放道具，活动自然结束。
活动建议	1.这首《春》是意大利作曲家维瓦尔第小提琴协奏曲套曲《四季》的第一首（E大调作品第8号）。全曲旋律优美，曲意清新，具有很强的形象感和画面感。活动中，故事的引导为幼儿初步理解音乐奠定了基础。教师可以在讲故事之前请幼儿说说关于春天的发现，引发幼儿的已有经验。 2.图卡的运用帮助幼儿将音乐和角色形象进行匹配，在此环节教师注意采取分段聆听和整体聆听相结合的方式。 3.在对于回旋曲结构的理解上，本节课主要是通过聆听音乐辨别各个角色出现的顺序，并通过角色出现次数之比较（农夫6、小鸟2、小鱼游水2、打雷1）知道农夫主题与各插部形象之间的关系即可。对于ABACADABACA的结构表述，只是让幼儿知道除了角色图形的表现以外还可以用字母来表示就可以了。 4.在角色扮演时，建议配班教师协助扮演。在利用道具进行角色扮演时，幼儿可以进行简单的道具探索，教师也可以通过语言和肢体给予提示，引导幼儿将道具与角色对应。
多元智能	音乐欣赏活动《春》有机会发展幼儿的语言智能、音乐智能、身体运动智能、逻辑数学智能和空间智能。 幼儿通过欣赏《春》的音乐，感受声音和情绪的变化，并运用身体动作和语言表达各种不同的角色以及对音乐的理解和想象，从而发展了幼儿的语言智能、音乐智能和身体运动智能。音乐能力强的幼儿对较为复杂的音乐结构充满了探索的主动性，并乐在其中。身体运动智能强的幼儿在动作的表现上更富有创造力，在道具的探索上也表现更为主动。但音乐智能弱的幼儿，有可能在动作的创编和肢体动作的表达方面有欠缺，需要教师的关注。幼儿通过建立故事人物与音乐的对应关系、图卡角色与音乐的对应关系、透过图形的提示及角色出现的顺序理解回旋曲的结构特征等过程，发展了幼儿的逻辑数学智能和空间智能。
活动延伸（1）	在戏剧表演区继续开展角色扮演活动，幼儿可以尝试用不同的乐器对角色人物和场景进行配器。如：农夫～打棒，小鸟～手摇铃，小鱼游～撞钟，雷电～铃鼓等。

水平	水平Ⅱ（下）
活动延伸（2）	幼儿可以根据对音乐的理解，在家和父母一起边听音乐边完成一幅关于《春》的亲子绘画作品。
幼儿评定	观察幼儿是否理解音乐的内容，并根据音乐做角色动作扮演和道具扮演。

六、视觉艺术领域活动

视觉艺术领域活动着眼于幼儿在视觉艺术感受、表现和创造等方面的学习与发展，通过设计相应的活动让幼儿学习和感受艺术家看事物的方法，学习一些基本的艺术表现技巧，进行艺术创造活动，提高幼儿艺术的表现与创造能力。视觉艺术领域活动包括从艺术的角度观察事物或艺术品，用不同材料进行绘画和制作，培养幼儿平面艺术的表现能力，如印画、拓画、水彩画、拼贴画和铅笔画等，培养幼儿立体艺术的表现能力，如泥塑、手工制作和模型等。

（一）概述

4—5岁幼儿的视觉艺术感受能力比3—4岁的幼儿有明显的提高，他们已经能够用各种艺术材料来表现物体、愿望与情绪，乐于观赏别人的艺术作品。随着幼儿语言的发展，他们能更多地表达自己对艺术作品的感受，能对他人的艺术作品进行评论。这些对艺术作品的观赏与评论有助于发展幼儿的艺术感受和审美能力。

4—5岁幼儿的绘画能力有很大的发展，成人可以识别他们画的人物、房子、汽车或其他想要表达的内容。在这个年龄段幼儿画人物最典型的特点是只有头、身子、胳膊和腿，他们很少考虑物体的相对大小和粗细。最重要的是他们在纸上画想画的东西，表现想表现的内容，像不像并不重要，他们画的内容主要根据他们对物体的印象，画的也只是主要部分，如画一个汽车有四个轮子，但可能没有窗户，不过和3—4岁的幼儿相比，他们艺术表现的内容要丰富得多。虽然这个年龄段的幼儿只画自己知道的，而不是看到的事物，但他们开始有意识地选择艺术材料进行制作，能表现一定的主题、情绪或愿望，他们通过各种艺术材料表达对周围事物的认识。在这个阶段，幼儿对艺术材料的选用也在发展，他们选择自己喜爱的颜色，不关心用的颜色是否与现实相符合，他们可能在纸上画的一切都是红色的。

在视觉艺术活动中，教师除了关注幼儿对视觉艺术的感受、表现与创造方面的学习与发展，也应注意让幼儿使用他们的空间智能和其他多种智能来参与艺术活动。在视觉艺术领域活动中需要幼儿运用空间智能又考虑物体的特点、位置、线条构图等，如教师让幼儿用橡皮泥表现鸭子的形状就是一个对空间智能的挑战。在视觉艺术活动中，也常有运用身体运动智能的机会，如在学习握笔与用笔时需要小肌肉协调动作，或者运用逻辑数学智能比较物体间的大小、粗细和位置的变化关系。

（二）中班视觉艺术领域活动案例（01-10）

表 7-51　中班视觉艺术领域活动 01

水平	水平 II（下）
活动名称	有趣的沙画
学习与发展目标	4—5 岁 - 艺术 - II -1：经常用绘画、捏泥、手工制作等多种方式表现自己的所见所想。
内容目标	1. 体验利用特殊的工具制作彩沙，锻炼幼儿的动手操作能力和创作能力。 2. 感受彩色沙子在作画中的作用，锻炼幼儿色彩搭配的能力。 3. 培养幼儿独立创作的能力，感受艺术带来的快乐。
活动材料	彩色沙（每人一套）、沙画纸（多张）、小木棒或棉签（每人多根）、普通沙子、水溶颜料（稀释好的）、白色盘子（一次性）、垃圾桶、沙画图片等。
活动过程	1. 神奇的沙子会作画 （1）"老师听说有好多小朋友会用沙子作画，你们觉得可能吗？沙子怎么会作画呢？"引起幼儿对沙子的兴趣，并请有经验的幼儿描述生活中见到的或动手制作过的沙作画。 （2）教师出示沙画的图片，鼓励幼儿猜猜这些作品是用哪些材料制作的，引导幼儿仔细观赏。同时观察幼儿是否能发现有颜色的区域就是用沙子填充的。 （3）将普通的沙子发给幼儿，请幼儿观察和玩耍，并请幼儿思考和展开讨论：怎样使普通沙子变成彩色沙子？如果沙子变成彩色怎样填充在画面中？如何使画面中的彩色沙子不散落下来？ 教师总结：普通沙子要用不同的颜料进行浸泡，就可以变成彩沙；用小木棒将彩沙均匀铺在画面中，就可以进行作画；沙纸上涂上胶水，彩沙就可以粘在沙纸上了。

续表

水平	水平Ⅱ（下）
活动过程	2. 沙子快变身 （1）将制作彩色沙子所需要的材料（普通沙子、稀释的颜料、一次性白色盘子、小木棍）分发给幼儿，鼓励幼儿自己尝试去制作彩色沙子。 （2）幼儿在制作过程中，教师巡回指导，可以先将沙子分成几堆，每堆染一个颜色。在制作过程中，鼓励幼儿按自己的想法和方式来制作，无论幼儿的制作方法是否正确，教师都要给予适当的建议和鼓励。提醒幼儿注意不要随处扔撒沙子或将沙子弄到眼里和嘴里。 3. 制作美丽的沙画 （1）将制作好的彩色沙子放置阳台上晾干。教师将准备好的彩沙和沙纸以及所需的材料分发给幼儿，引导幼儿进行创作。提醒幼儿在区域作画时，将区域的表面薄纸一点点地揭开。 （2）提醒幼儿在铺沙过程中切记不要把所有区域的薄纸揭开，以免造成区域之间不明显导致的颜色混乱。创作时要借助小木棍或棉签来帮助铺沙。鼓励幼儿配色要大胆，作画时要有耐心。 4. 我的沙画最漂亮 教师请幼儿将自己设计的沙画进行分享，向大家讲述自己作画的图案是什么形状，表达了什么意思，并在作品上写上名字，放在教室展览。
活动建议	1. 在观察沙作画图片时，教师要引导幼儿发现沙作画的色彩搭配以及想象沙作画的方法。在制作彩沙时，教师可以和幼儿一起制作，注意沙子和颜料的配制比例。 2. 制作彩沙过程中教师不要过多地限制幼儿的操作，主要以引导为主。在沙作画过程中，提醒幼儿动作要轻柔、小心，避免彩沙撒得到处都是，造成浪费。 3. 鼓励幼儿耐心创作，彩沙要均匀地铺在所在领域。如果幼儿有自己独特的见解和想法，教师要仔细倾听，并给予适当的建议和鼓励。 4. 创作时要注意环境卫生，并注意节约材料。
多元智能	色彩创作《有趣的沙画》活动方案主要发展了幼儿的语言智能、人际交往智能、空间智能、身体运动智能和自我认知智能。 幼儿通过描述生活中见到的沙作画并与其他幼儿一起进行讨论，发展了幼儿的语言智能和人际交往智能。利用材料和工具制作彩沙并进行沙画创作，发展了幼儿的空间智能。空间智能强的幼儿能够将沙子染得五颜六色，在用沙作画中色彩搭配得非常饱满、和谐且画面工整。空间智能弱的幼儿制作的彩沙色彩不明显，作品中的彩沙弄得到处都是，可能导致画面区域模糊，需要教师及时发现并给予适当的帮助。幼儿通过染沙子以及动手将彩沙铺在画面中，锻炼了幼儿的动手操作能力和小肌肉的发育，发展了幼儿的身体运动智能。幼儿在铺沙过程中，培养了幼儿耐心、细心以及认真的能力，发展了幼儿的自我认知智能。

续表

水平	水平Ⅱ（下）
活动延伸（1）	在美工区投放足够的纸张、胶水、油画棒等工具，幼儿可以将自己制作的彩沙拿来进行创作。幼儿可以先在纸张上画出自己喜欢的形状，想在哪个地方铺沙就在哪个区域涂上胶水，涂完就可以进行创作了，教师可给予适当的协助或引导。
活动延伸（2）	可以和家人一起用提供的彩沙和沙纸进行创作，幼儿也可以教给爸爸妈妈制作彩沙的方法，增强幼儿的自信心。
幼儿评定	观察幼儿是否利用材料制作出彩沙，并能用彩沙创作出色彩饱满、和谐的作品。

表7-52 中班视觉艺术领域活动02

水平	水平Ⅱ（下）
活动名称	小小油纸伞
学习与发展目标	4—5岁–艺术–Ⅱ-2：能运用绘画、手工制作等表现自己观察到或想象的事物。
内容目标	1. 通过观察和了解油纸伞上不同的图案和形状，锻炼幼儿的审美能力。 2. 能用不同的颜色进行绘制，创作出属于自己的油纸伞。 3. 激发幼儿对民间艺术的热爱和对艺术的热情。
活动材料	各种图案的油纸伞（PPT）、迷你白色油纸伞、水粉颜料、笔刷、水桶、调色盘、白纸、卫生纸等。
活动过程	1. 个性的油纸伞 （1）教师向幼儿展示油纸伞："你们看到的这把伞的图案是老师亲自绘制的，你们知道这种伞叫什么吗？"请幼儿根据已知经验作出判断。 （2）教师向幼儿讲解油纸伞的基本知识："这种伞叫油纸伞，是我国传统的工艺品之一，是一种画在纸上或布上的雨伞，非常的漂亮，我们一起来欣赏一下！"教师向幼儿展示各种各样的油纸伞，引导幼儿观察油纸伞上的图案以及色彩。 2. 定制油纸伞 （1）将所需的材料分发给幼儿。教师示范在油纸伞上进行绘画：先将油纸伞撑开，蘸取喜欢的颜色在纸伞上进行简单的绘制。 （2）幼儿开始进行操作，先请幼儿设想自己最喜欢或擅长的图案，并在白纸上打草稿，鼓励幼儿展开想象。 （3）请幼儿用自己喜欢的图案样式以及颜色为油纸伞进行创作。教师也可以为幼儿设定一个主题，并启发幼儿利用更多的技巧和方式来绘制，比如：用双手蘸取颜料进行绘制、用刷子蘸取颜料进行涂刷、用笔刷进行绘画、用其他材料进行粘粘贴贴等，激发幼儿创作的兴趣。在制作过程中提醒幼儿注意不要把颜料弄到眼睛、鼻子和嘴巴里。

续表

水平	水平Ⅱ（下）
活动过程	3.纸伞大合集 （1）请幼儿相互欣赏和交流彼此的油纸伞，选出一把自己认为最漂亮的油纸伞，并进行点评。 （2）教师针对有特色的或想象力丰富的作品，给予肯定和鼓励，同时发动幼儿将自己的油纸伞用绳索绑住伞柄，倒挂起来放在教室的美工区进行展览。
活动建议	1.在制作过程中鼓励幼儿大胆想象，用自己最擅长的技法或者图案进行创作。 2.针对能力强的幼儿，教师要引导其注意画面的构图和色彩搭配，画面要完整。对于能力弱的幼儿，鼓励先用简单的图形以及线条进行绘制，并给予适当的帮助。
多元智能	手工ＤＩＹ《小小油纸伞》活动方案主要发展幼儿的语言智能、空间智能、身体运动智能和人际交往智能。 幼儿通过观看油纸伞发表自己的意见和想法，发展了幼儿的语言智能。通过观察图片了解油纸伞的图案和色彩并在白色油纸伞上进行装饰，发展了幼儿的空间智能。空间智能强的幼儿通过用常用的技法以及色彩图案，能够在油纸伞上绘制出漂亮的图案，并且色彩搭配鲜艳充满童趣；空间智能弱的幼儿在油纸伞上绘制创作时会不知所措，可能使油纸伞创作得不完整，需要教师及时发现并给予帮助。幼儿通过撑着纸伞，用画、涂、刷等技法进行创作，促进了幼儿大、小肌肉的发育，发展了幼儿的身体运动智能。幼儿在欣赏作品中与其他幼儿进行交流和点评，并共同将作品进行展览，发展了幼儿的人际交往智能。
活动延伸（１）	在美工区投放纸张、小木棍以及其他材料，幼儿可以制作小的纸伞，并用自己的方式来装饰。
活动延伸（２）	幼儿回家可以在图册中进行创作，选取自己喜欢的颜色和形状，绘制出漂亮的小伞。
幼儿评定	观察幼儿能否用不同的颜料在白色油纸伞上创作出完整的图案。

表 7-53 中班视觉艺术领域活动 03

水平	水平Ⅱ（下）
活动名称	我的彩虹世界
学习与发展目标	4—5 岁 - 艺术 - Ⅱ -2：能运用绘画、手工制作等表现自己观察到或想象的事物。
内容目标	1.能区分和认识红、橙、黄、绿、青、蓝、紫七种颜色。 2.初步学习使用油画棒，尝试用油画棒在画纸上大胆地表达自己的想法，并能画出线条和点。 3.培养幼儿对于美术活动的兴趣，激发幼儿进行艺术创造的情感。
活动材料	油画棒、水彩笔、画纸、《七彩下雨天》PPT绘本、《彩虹世界》作品图片、卫生纸。

续表

水平	水平Ⅱ（下）
活动过程	1. 我们一起猜猜看 幼儿已经欣赏过绘本《七彩下雨天》，教师请幼儿猜谜语： 　　　　　一座天桥， 　　　　　造得很高。 　　　　　七种颜色， 　　　　　没人能到。 　　　　　　　　　　　　　　　　　——谜底：彩虹 引起幼儿猜谜语的兴趣，吸引幼儿对彩虹的注意力。 2. 美丽的《七彩下雨天》 （1）教师播放幻灯片《七彩下雨天》PPT绘本，和幼儿一起回忆绘本的内容，重点引导幼儿观察下雨时的具体情景和细节。"下起红色（黄色、绿色、蓝色）的雨时，天空的云是什么颜色？小朋友在做什么？花、房子、小草、树叶都变成了什么样子？"教师在活动过程中穿插提问来认识不同的颜色。 （2）教师出示《彩虹世界》的范画，请幼儿描述这些作品是怎么画的？画中都表现了哪些内容？教师对幼儿的判断进行总结。"这是一幅彩虹世界的画，彩虹被画成一朵彩色的花，每一个花瓣都是不同的颜色，花的叶子被画成了粉红色，而且天空中还用一条一条的蓝色的雨进行装饰，看起来真是美极了！"引导幼儿认识范画中主要的色彩和装饰，拓宽幼儿的视野。 3. 我的彩虹世界 （1）发放水彩笔和画纸，引导幼儿正式开始《七彩下雨天》的绘画。例如："小朋友们觉得当天上下起彩虹雨时，这个世界会发生什么事情呢？"启发幼儿的想象力，大胆作画。 （2）在绘画过程中，可以要求幼儿按照范画中的情景进行临摹，但范画只是教会幼儿在进行创作时的表现手法，不能限制孩子的思维，只要幼儿能说出自己对画的内容的见解和感受就给予支持和鼓励。 4. 欣赏与交流 （1）教师请幼儿分享自己的绘画作品，并向大家讲解作品中表现了什么内容。教师对于幼儿的作品进行适当的点评并给出有针对性的建议。 （2）教师可以在幼儿的绘画作品上写上幼儿的姓名，并且张贴起来进行展览，便于幼儿之间更好地交流与学习。
活动建议	1. 在猜谜语的活动过程中，教师可给予幼儿适当的提示。 2. 在观察范画过程中，教师要引导幼儿仔细观看范画中的构图和色彩搭配。 3. 制作过程中由于幼儿能力的不同，绘制画面的效果就不一样，教师要对能力弱的幼儿适时进行引导和帮助。对于完成绘画任务比较快的幼儿，可以引导他们观摩其他幼儿的绘画过程，并对自己的作品进行完善。

续表

水平	水平Ⅱ（下）
多元智能	色彩创作《我的彩虹世界》活动方案主要发展了幼儿的语言智能、自然智能、空间智能、身体运动智能和人际交往智能。 幼儿通过猜谜语以及描述自己想到或见到的事物，表达自己的想法，发展了幼儿的语言智能。通过观察绘本和其他作品，发现作品中的色彩、构图以及形状，并用不同的色彩进行绘制，发展了幼儿的空间智能。空间智能强的幼儿绘画作品中的色彩丰富和谐，且内容表现充满童趣。空间智能弱的幼儿对形状、颜色、构图的把握欠缺，需要教师及时帮助。幼儿通过对各种绘画工具的操作使用，使大小肌肉群得到锻炼，促进了幼儿身体运动智能的发展。幼儿之间的作品分享与交流，促进了幼儿之间的交往和了解，发展了幼儿的人际交往智能。
活动延伸（1）	在美工区投放不同颜色的纸张、剪刀和胶水等其他工具，幼儿可以利用这些材料制作一条彩虹，并在彩虹上设计有趣的故事或造型画面，锻炼幼儿的创作力。
活动延伸（2）	幼儿将自己制作的作品带回家，向家人讲解自己的作品内容，并和家人一起探索彩虹形成的过程，体验亲子活动带来的乐趣。
幼儿评定	观察幼儿能否辨认出七种以上的颜色，并能绘制出色彩饱满、构图和谐且富于想象力的作品。

表 7-54　中班视觉艺术领域活动 04

水平	水平Ⅱ（下）
活动名称	森林音乐会
学习与发展目标	4—5 岁 - 艺术 - Ⅱ-2：能运用绘画、手工制作等表现自己观察到或想象的事物。
内容目标	1. 认识动物的主要特征，巩固剪刀的使用方法，锻炼幼儿的造型能力和动手操作能力。 2. 能用画笔描绘自己想要表达的动物的大致形象，并能将剪下来的动物进行重新布局。 3. 体会同伴间协作的乐趣，喜欢参加美术活动。
活动材料	油画棒、水彩笔、画纸（每名幼儿一张）、胶棒（每 3—4 名幼儿一只）、1m×3m 纸（适应本班儿童的数量、教师先在画纸上画森林音乐会的场景）、剪刀、动物图片（小猫、小狗、小鸭子、小猪、小羊、大象、老虎、长颈鹿、小老鼠等）及相应的声音。
活动过程	1. 可爱的小动物 （1）"今天老师给小朋友们带来了几只小动物，你们猜猜它们是谁？"教师用动物特有的声音模仿每一只小动物，并请幼儿来分辨这些动物都是谁？

续表

水平	水平Ⅱ（下）
活动过程	（2）教师出示与动物声音相对应的图片，引导幼儿一起观察小动物的特征，并请幼儿进行简单的动作及声音的模仿。主要认识特征明显和声音区分大的动物（比如，小猫、小狗、小鸭子、小猪、小羊、大象、老虎、长颈鹿、小老鼠等）。 2. 森林音乐会 （1）"森林里的小动物们要组织一场音乐会，大象伯伯是这场音乐会的策划人，他希望小朋友们能够帮助他邀请更多的小动物来参加他的音乐会。请小朋友们把你们想要邀请的小动物画在画纸上，一会儿我们一起把小动物们送去参加音乐会。"教师发放绘画工具：油画棒、水彩笔、画纸（每人一张）。 （2）引导幼儿思考自己要邀请的小动物都有谁，想邀请几位？然后根据小动物的主要特征进行绘画。 （3）引导幼儿将已知经验在图画中加以运用。有的动物看起来会大一些，比如大象、长颈鹿。有的动物看起来不大也不小，比如小猪、小羊等，而有的动物看起来则小一些，比如小猫、小老鼠等。因此绘画作品中应区分出不同动物的大小，但不必过于注重构图是否合理。 （4）幼儿在对动物进行涂色活动时，教师还应该鼓励幼儿大胆地进行创造性的涂色，可以画成粉红色带条纹的大象，可以画成穿花衣服的长颈鹿等，鼓励并支持幼儿丰富的想象力。 3. 小动物们快出现 （1）教师发放幼儿用的手工剪刀，跟幼儿一起复习剪刀的使用方法：左手纸，右手刀，大拇哥儿在上面，二哥三哥洞里放。提醒幼儿注意两只手的配合，拿纸的一只手可以转一转纸，让剪出来的线条更加平滑，不能在没有完全剪断的时候撕扯。请幼儿将自己绘制的小动物的外轮廓剪下来。 （2）教师将已经准备好的1m×3m的森林音乐会背景，铺在足够长的桌子上或地上。"请小朋友们把自己想邀请的小动物送来音乐会现场吧！可以跟小伙伴商量，看看怎么安排这些可爱的小动物。"引导幼儿通过商量、合作的方式将自己的小动物和其他幼儿的小动物进行组合。如：这几个小动物紧靠着粘贴在一起很有趣！教师也可以用情景带入的方法使幼儿更有参与活动的兴趣："我跟某某小朋友合作，我把我的长颈鹿和小老鼠跟某某小朋友的小猫、斑马和小兔子连成了一个圈，他们看起来就像是在玩丢手绢的游戏一样。"教师要及时帮助不善于沟通的幼儿寻找合作伙伴。 4. 快乐的合作 教师和幼儿一起把完成的大型绘画作品张贴在幼儿园的作品展览区，请幼儿欣赏并进行相互交流，感受创意的绘画与彼此协作取得的成果，体会合作带来的快乐。
活动建议	1. 在活动中尽可能让幼儿多描述动物的不同特征，通过对比发现动物的不同体型、形状等。

水平	水平Ⅱ（下）
活动建议	2.幼儿进行剪纸环节时，教师应注意照顾不同剪纸水平的幼儿。小肌肉发展较好的儿童，教师可引导幼儿尽量贴紧所画的线进行裁剪。而能力相对弱的幼儿则可以降低一点难度，将小动物的大致轮廓剪下来即可，教师也应该给这些幼儿以更多的陪伴。 3.提醒幼儿使用剪刀时注意安全，注意剪纸时保持地面卫生，随时养成良好的卫生习惯。
多元智能	艺术创作《森林音乐会》活动主要发展了幼儿的自然智能、逻辑数学智能、语言智能、空间智能、身体运动智能和人际交往智能。 幼儿通过辨别动物声音、观察动物的特征、比较动物的大小，并组织语言描述他们的发现和判断，发展了幼儿的自然智能、逻辑数学智能和语言智能。幼儿绘制出各具特征的小动物，并剪下来重新组合拼贴，发展了幼儿的空间智能。空间智能强的幼儿，绘制的动物生动、有趣，在画面布局中粘贴的小动物合理、紧凑，搭配和谐。空间智能弱的幼儿绘制的动物形象不明显，粘贴过程中动物间的距离不恰当，同时也缺少对空间的想象力。幼儿运用肢体动作模仿不同动物的形象，并利用剪刀剪出动物的轮廓进行粘贴，促进了大、小肌肉的发育，发展了幼儿的身体运动智能。幼儿通过跟同伴商量，表明自己粘贴的想法，并与同伴合作完成作品，发展了幼儿的人际交往智能。
活动延伸（1）	教师可将绘画材料投放到美工区，幼儿可以继续进行绘画活动，教师可引导幼儿给作品添加一些背景，如：小草、小花、吉他、鼓架、云朵等。
活动延伸（2）	幼儿可以和家人一起制作一幅《海洋音乐会》，共同设计各种海洋小动物，并进行涂色、裁剪和粘贴。然后带回幼儿园，与大家共同分享自己的新作品。
幼儿评定	观察幼儿能否画出有明显特征的小动物，并能将动物进行合理的布局与粘贴。

表 7-55　中班视觉艺术领域活动 05

水平	水平Ⅱ（下）
活动名称	色彩的家庭成员
学习与发展目标	4—5岁-艺术-Ⅱ-2：能运用绘画、手工制作等表现自己观察到或想象的事物。
内容目标	1.初步感知色彩的同类色和对比色等，能够正确地区分色彩的差异，发展幼儿的色彩认知能力。 2.通过感知色彩，能够利用所学知识对大场景进行涂色，增强对色彩的感受。 3.体验合作创作的乐趣，探索多种色彩的应用方式，养成关注生活中美的色彩的习惯。
活动材料	大幅的公园的背景图、变色龙图片、花的同类色图片、叶子的同类色图片、水果的同类色图片、油画棒、彩笔等。

续表

水平	水平Ⅱ（下）
活动过程	1. 变色龙又变身了 （1）引导幼儿根据自己在动物园或其他地方见过的变色龙进行描述，简要说明变色龙的基本特点。"今天啊！好多变色龙跑出来了，跑到了我们的图片里，大家来仔细找一找，它们都藏到哪了？"请幼儿仔细寻找，并说出他们的发现。观察幼儿是否能发现变色龙隐藏在同类色的植物里。 （2）"因为它变成了和植物相类似的颜色，所以我们很难发现它，这种相同的颜色就是同类色。"教师出示花的同类色（比较红色的同类色）、叶子的同类色（比较绿色的同类色）、水果的同类色（比较黄色的同类色）等，引导幼儿进一步加深对同类色的理解。 2. 藏猫猫的技巧 出示公园的背景图，"图片上的小朋友们正在玩躲猫猫，怎样才能让他们不被其他人发现呢？"引导幼儿进行思考，并展开想象。"用你们刚才学到的同类色，赶紧把他们隐藏起来吧！" （1）发放水彩笔和油画棒。引导幼儿为公园里的小朋友进行涂色，涂色之前可让幼儿之间进行讨论：公园里的小朋友（躲藏者和寻找者），处在不同的环境中，给躲藏者身上应该涂哪个颜色的同类色？这个同类色的范围可先在油画棒或彩笔中找出。 （2）在绘画过程中，教师尽量引导幼儿按照场景中的色彩来找同类色。当幼儿给躲藏者的小朋友涂完颜色后，教师可要求为寻找者涂色："为了让公园里躲藏的小朋友发现寻找者，好让自己隐藏起来，我们应该把寻找者涂什么颜色呢？怎样才能让他更容易发现呢？" （3）教师出示花朵的对比图片："你们是不是一眼就看到了和其他颜色不同的花朵？这种颜色就是对比色。"依次出示叶子和水果的对比图，引导幼儿了解对比色的特征和用处。"你们知道了对比色就可以为公园里的寻找者设计颜色了。是不是要和场景中的色彩对比很大才容易被发现呢？"引导幼儿运用对比色的方法进行涂色。 3. 我来帮你找 （1）教师请幼儿分享自己的绘画作品。 （2）设置公园红花、白花和绿树的场景，并请幼儿充当公园里的寻找者，来寻找藏在公园中的小朋友，体验同类色和对比色带来的乐趣。
活动建议	在认识同类色与对比色的过程中，对于理解力弱的幼儿，教师要细心、耐心讲解，并反复出示图片加深幼儿对色彩的理解。在绘画过程中先引导能力弱的幼儿找出同类色都是哪些颜色，再进行作画。对于能力强的幼儿可鼓励其为小朋友身上涂出两种或两种以上的同类色，并注重色彩的微妙变化（暂且忽略隐藏者的身份）。对比色的选择可由幼儿自行确定，只要理解是与隐藏者的颜色有明显的差异就可以了。

续表

水平	水平Ⅱ（下）
多元智能	色彩创作《色彩的家庭成员》活动方案主要发展了幼儿的语言智能、逻辑数学智能、空间智能和自我认知智能。 　　幼儿通过描述自己的想法和观察到的现象，锻炼了组织语言的能力，发展了幼儿的语言智能。通过观察颜色，并给色彩进行分类等，发展了幼儿的逻辑数学智能。幼儿通过使用同类色和对比色进行作画，发展了幼儿的空间智能。空间智能强的幼儿能够很快理解哪些颜色是同类色，哪些是对比色，并能用恰当的颜色体现在画面中。空间智能弱的幼儿对色彩容易混淆，需要教师及时帮助。幼儿通过认识不同类型的色彩，使幼儿对色彩的认知和理解更深一步，对生活中色彩的把握更准确，发展了幼儿的自我认知智能。
活动延伸（1）	幼儿可以在图书/语言角将书架上的书进行分类，哪些可以归为同类色，哪些可以归为对比色，也可以在美工区进行作画，创作五颜六色的变色龙。
活动延伸（2）	幼儿回家可以将自己的衣服进行分类，同类色放置一边，对比色放置一边。爸爸妈妈也可以随时给幼儿提供认识色彩的机会。
幼儿评定	观察幼儿能否认识和理解同类色和对比色，并能为场景中的小朋友涂上同类色和对比色。

表 7-56　中班视觉艺术领域活动 06

水平	水平Ⅱ（下）
活动名称	美丽的春天
学习与发展目标	4—5 岁 - 艺术 -Ⅱ-2：能运用绘画、手工制作等表现自己观察到或想象的事物。
内容目标	1. 鼓励幼儿发现与观察春天带来的变化，激发与促进幼儿的观察能力。 2. 学习用几何图形进行绘画，尝试合理安排画面。 3. 在观察中感受大自然，体会周围事物变化的美妙。
活动材料	有关春天的图片（迎春花、柳树、小河、风筝、燕子、蝴蝶、房子、冬眠醒来的小动物），儿歌《春天来了》音频，《美丽的春天》作品（几何图形绘制的），水彩笔，油画棒，画纸（每位幼儿一份）。
活动过程	1. 春天在哪里 （1）播放儿歌《春天来了》的音频，歌词： 　　　　春天来， 　　　　春天来， 　　　　花儿朵朵开。 　　　　红花开， 　　　　白花开，

续表

水平	水平Ⅱ（下）
活动过程	蜜蜂蝴蝶都飞来。 　　教师引导幼儿一起用自己喜欢的方式翩翩起舞。"小朋友们跳得真好看，比春天的花儿还要美呢！现在请'小花'坐到自己的'花盆'里，我们要开始今天的旅行了。" 　　（2）教师跟幼儿一起讨论春天来了以后，我们的身边发生了哪些变化？幼儿边说教师边播放相应的视频图片，请幼儿创造性地叙说图片中的内容。 　2. 别人眼中的春天 　　（1）欣赏《美丽的春天》作品，请幼儿说一说作品中哪些体现了美丽的春天，对幼儿的各种描述和想法教师及时进行总结和鼓励。 　　（2）教师对作品中的情境和绘制所用的几何图形进行讲解："这位小朋友画了春天和爸爸妈妈一起放风筝，他还把风筝画成三角形的样子，高高地飞在空中。"要求幼儿按照范画中的绘画内容临摹，使幼儿初步掌握运用几何图形绘画的方法。 　3. 春天在小朋友们的画笔下 　　（1）教师发放画笔和纸，播放背景音乐，请幼儿画一画心目中的春天。鼓励幼儿运用自己喜欢的颜色、形状以及作画工具，根据自己的构想，将画面展现在画纸上。 　　（2）教师可给予幼儿一个主题，比如：星期天的上午。帮助不能独立创作的幼儿确定内容。同时，教师鼓励幼儿的自由创作，不局限于主题内容。 　　（3）引导幼儿运用几何图形来表现画面，比如，汽车可用半圆形和长方形、大树用长方形和圆形等。鼓励幼儿大胆想象，根据想象内容合理安排画面。 　4. 有趣的几何画 　　（1）教师和幼儿一起欣赏绘制完成的几何画作品，请幼儿说一说自己的绘画内容，并运用了哪些几何图形（形状），教师对幼儿的表达予以肯定和鼓励。 　　（2）在自己的作品上写下名字，教师和幼儿一起将作品布置在教室里进行展览，提高幼儿对绘画活动的兴趣。
活动建议	1. 幼儿观察图片描述春天，意在让幼儿认识春天的特点，引导幼儿初步学习几何图形的组合方法，感受春天事物变化的美妙。 2. 教师在组织活动时应注意时间的合理安排，把主要的时间留给幼儿动手操作。 3. 在绘画中，能力强的幼儿教师引导其绘制更多细节的部分或场景，能力弱的幼儿可鼓励他去周围观看其他幼儿的作品，激发创作的兴趣，教师要适时地给予帮助和引导。
多元智能	艺术创作《美丽的春天》活动方案主要发展了幼儿的音乐智能、语言智能、空间智能和身体运动智能。 　　幼儿通过听音乐，并伴随音乐翩翩起舞，发展了幼儿的音乐智能和身体运动智能。在活动中幼儿发表自己的观点并表达自己的所见所想，发展了幼儿的语言智能。幼儿将心目中的春天运用线条、色彩、图形等画在画纸上，发展了幼儿的空间智能。空间智能强的幼儿绘制的场景及表现的内容等都表现出合理的布局和饱满的色彩。空间智能弱的幼儿画面简单、色彩单调，需要教师给予一定的帮助和鼓励。

续表

水平	水平Ⅱ（下）
活动延伸（1）	将活动中的材料投放到美工区，有兴趣的幼儿可以在区角活动中继续进行绘画。教师和幼儿一起将绘画作品中的实物进行裁剪，并制作一个大的背景板和幼儿一起把实物贴在背景板上，制作成"我们的春天"装饰教室。
活动延伸（2）	有机会跟爸爸妈妈一起旅游一次，感受春天的美妙，回家后将自己在游玩时看到的景物进行绘制。
幼儿评定	观察幼儿能否用几何图形和饱满的色彩，创作出美丽的春天的画作。

表7-57 中班视觉艺术领域活动07

水平	水平Ⅱ（下）
活动名称	可爱的小猪
学习与发展目标	4—5岁-艺术-Ⅱ-2：能运用绘画、手工制作等表现自己观察到或想象的事物。
内容目标	1.通过欣赏各种猪的卡通图片，会用撑压、搓、捏、连接、塞纸法等技能，塑造小猪胖嘟嘟的形象，锻炼幼儿的造型能力。 2.通过幼儿两两合作，体验合作动手的乐趣。 3.激发幼儿对于艺术活动的热爱，体验创作的快乐。
活动材料	各种小猪的卡通图片、教师范例、课件、每两人一块陶泥、陶艺板、泥棍、泥浆、火柴棒若干、报纸若干。
活动过程	1.聪明脑袋猜猜看 （1）教师通过谜语引发幼儿的兴趣。 　　耳朵大脚儿小。 　　吃饱就睡觉， 　　走路哼哼叫。 　　　　　　　　　　　　　——谜底：猪 （2）根据幼儿的已有经验，教师询问幼儿："你们在哪里见到过哼哼叫的小猪呢？你们还知道小猪的一些什么秘密或者有趣的故事呢？"请幼儿分享自己了解的小猪。 2.欣赏可爱的小猪 （1）教师播放各种小猪的卡通图片。从小猪的肚子、耳朵等特征进行介绍，并随时与幼儿进行互动。 （2）教师展示自己做的陶泥小猪，并询问幼儿是否知道制作方法。根据幼儿对制作小猪的描述，进行逐步解释：小猪的耳朵是用一小块陶泥，陶泥用泥棍碾压得薄薄的。小猪的肚子是圆圆的，应该怎么做呢？引导幼儿想办法，并进行总结：可以用报纸团成一团，在外面裹上陶泥等。小猪的尾巴可以搓一搓，打个圈，就变出小猪的

续表

水平	水平Ⅱ（下）
活动过程	小尾巴了！小猪的鼻孔可以用火柴棒来帮忙。小猪的眼睛和嘴巴，留给幼儿自己探索设计。 3.创意制作小猪 （1）教师发放陶泥、陶泥板、泥棍等工具，两人一件。并提醒两名幼儿分工合作，如谁做小猪的肚子，谁做小猪的耳朵、眼睛等。 （2）在创作过程中，对于幼儿的各种设想，鼓励其大胆进行尝试和制作。 （3）教师巡回观察并提醒幼儿制作的小猪是否结构完整，如有没有忘记用火柴棒钻小猪的鼻孔；有没有忘记制作小猪的尾巴等。对有特殊想法的幼儿给予适当的指导和建议。 4.展示小猪作品 （1）教师请幼儿展示自己的作品，并询问是如何制作的？两人是如何分工的？ （2）在幼儿的作品上贴上两名幼儿的名字，展示在班级的美工区，进一步加强幼儿的合作意识和成就感。
活动建议	1.在幼儿猜谜语过程中，如果幼儿猜错了谜语，却有自己的想法和理由，教师要给予幼儿鼓励和支持。 2.欣赏小猪的各种图片时，引导幼儿仔细观察小猪的主要特征，以便制作时用工具和材料准确地体现出来。 3.在制作活动过程中，对于创作比较快的幼儿，可以引导其进一步精细和完善自己的作品；对于创造有困难的幼儿，教师需要花更多的时间陪伴，并提供必要的帮助与指导。 4.提醒幼儿在制作过程中，注意安全，如不能用沾有陶泥的小手揉搓眼睛等。
多元智能	造型创作《可爱的小猪》活动方案主要发展了幼儿的语言智能、空间智能、身体运动智能和人际交往智能。 幼儿通过猜谜语以及描述自己的想法，发展了幼儿的语言智能。幼儿将小猪的尾巴、肚子等各部位进行组合，塑造出形状可爱的小猪，发展了幼儿的空间智能。空间智能强的幼儿能将小猪的基本特征用陶泥体现出来，且形状相似。空间智能弱的幼儿制作的小猪可能结构不完整，且特征不清晰，需要教师的关注。幼儿通过撑压、揉、搓、捏、连接等技能，使他们的大、小肌肉得到了锻炼，发展了幼儿的身体运动智能。制作过程中幼儿与同伴商讨，对小猪的具体制作进行合理分工等，发展了幼儿的人际交往智能。
活动延伸（1）	在美工区继续投放陶泥、橡皮泥等材料和工具，幼儿可以感受和利用不同的材料进行小猪的制作。
活动延伸（2）	幼儿可以与家长一起制作其他的小动物，并带到班级和小朋友们分享，进一步感受动手制作的乐趣。
幼儿评定	观察幼儿能否与同伴合作塑造出形状可爱的陶泥小猪。

表 7-58　中班视觉艺术领域活动 08

水平	水平Ⅱ（下）
活动名称	五颜六色的小灯笼
学习与发展目标	4—5 岁 - 艺术 - Ⅱ - 1：经常用绘画、捏泥、手工制作等多种方式表现自己的所见所想。
内容目标	1. 能运用剪刀进行均匀剪裁，掌握手的力度，制作可爱的小灯笼。 2. 通过装饰灯笼，锻炼幼儿的动手操作能力和创作能力。 3. 培养幼儿热爱手工制作，感受艺术带来的乐趣。
活动材料	卫生纸筒、彩色卡纸（长 15cm× 宽 12cm）、双面胶、剪刀、铅笔、直尺、废纸若干张、一小团毛线、制作好的小灯笼等。
活动过程	1. 可爱的小灯笼 （1）教师展示制作好的灯笼："在我们的生活中，会在什么时候或者是在哪里经常看到灯笼？"启发幼儿根据已知经验表达对灯笼的认知。 （2）教师为幼儿介绍红灯笼是一种民间的手工工艺品，它的造型多样，在民间流传了几千年，象征着幸福、光明等。请幼儿仔细观察小灯笼，探索运用了哪些材料和制作技法。 2. 制作小灯笼 （1）请幼儿拿出从家里拿来的卫生纸筒，引导幼儿讨论卫生纸筒与小灯笼的关系以及卫生纸筒可以用来制作小灯笼的哪些部位？鼓励幼儿将讨论的结果分享给大家。教师对幼儿的各种想法给予鼓励。 （2）教师和幼儿一起简单讨论灯笼分哪些部分，如：可大致分为灯笼芯、灯笼罩、灯笼提手和灯笼穗。 （3）教师示范制作灯笼： ① 选取自己喜欢的颜色的卡纸，将卡纸横向对折。 ② 将卡纸对折的一方留出 0.5~1.0cm，用直尺先按等分画好若干条平行线。 ③ 用剪刀沿直线的地方剪开。 ④ 将双面胶沿卫生纸筒的顶部和底部围绕粘贴。 ⑤ 将剪好的彩色卡纸展开，也沿着卫生纸筒顶部与底部贴牢，小灯笼的基本造型就出来了。 ⑥ 剪一小段毛线绳，将毛线绳的两端分别粘在小灯笼的左右顶端。 ⑦ 另取一张卡纸，剪成大约长 10cm、宽 4cm 的长方形，用剪刀沿卡纸的底端向顶端进行剪穗，注意不要剪断。 ⑧ 最后，将剪好的灯笼穗围绕着灯笼底部进行粘贴，小灯笼就制作完了。 （1）　　　（2）　　　（3）　　　（4）

续表

水平	水平Ⅱ（下）
活动过程	（4）将材料分发给幼儿，请幼儿根据教师的步骤进行操作。在剪纸部分教师可取废纸让幼儿先练习剪纸并提出要求：按直线均匀地进行剪裁，每条线之间的距离要大致相等，且不能剪断。 3. 欣赏与交流 （1）请幼儿将自己制作的五颜六色的小灯笼拿起来，向大家展示。鼓励幼儿之间分析在制作小灯笼时的难点，对于幼儿的讨论，教师可做适当的点评。 （2）教师和幼儿一起将小灯笼挂起来，装扮自己的教室。
活动建议	1. 课前准备：请幼儿前一天从家里带一个卫生纸筒备用。 2. 教师出示制作好的灯笼，先让幼儿观察这个纸灯笼是如何制作的，并发表自己的意见。制作前先请幼儿根据已知经验练习剪纸，剪纸时注意力度。剪纸过程中教师需要提醒两个要点：一是不能剪断；二是每条之间要均匀。 3. 将剪好的彩色纸张进行粘贴时，提醒幼儿注意动作要轻，避免把纸张扯破。 4. 制作过程中对于能力强的幼儿，可要求其为灯笼做其他的装饰。比如，可在灯笼罩上画上喜欢的图案，也可以画上眼睛、鼻子和嘴巴等，使灯笼更加可爱。能力弱的幼儿制作中会遇到剪裁困难、粘贴灯罩不牢固或破损等问题，教师要多给予关注和帮助。
多元智能	手工创作《五颜六色的小灯笼》活动方案主要发展了幼儿的自然智能、语言智能、空间智能和身体运动智能。 幼儿通过观察灯笼，探索灯笼制作的方法，发展了幼儿的自然智能。幼儿根据已知经验表达对灯笼的认知等，发展了幼儿的语言智能。幼儿利用材料和工具制作小灯笼，发展了幼儿的空间智能。空间智能强的幼儿制作仔细、精致、造型漂亮。空间智能弱的幼儿对造型的把握能力欠缺，需要教师的引导。幼儿利用工具进行剪裁、粘贴等，锻炼了手部动作的协调性，发展了幼儿的身体运动智能。
活动延伸（1）	在美工区投放颜料、工具以及各种纸张，幼儿可以制作各种形状和颜色的灯笼，如，圆灯笼、方灯笼，也可以在灯罩上进行绘画创作。
活动延伸（2）	幼儿可以在家利用透明玻璃杯代替卫生纸筒制作小灯笼，在玻璃杯中可以放上点燃的蜡烛（需要家人协助），一盏漂亮的可照明灯笼就完成了。
幼儿评定	观察幼儿能否运用剪刀进行均匀剪裁，并能够制作出造型漂亮的小灯笼。

表 7-59　中班视觉艺术领域活动 09

水平	水平Ⅱ（下）
活动名称	丰盛的美食
学习与发展目标	4—5 岁 - 艺术 - Ⅱ -1：经常用绘画、捏泥、手工制作等多种方式表现自己的所见所想。

续表

水平	水平Ⅱ（下）
内容目标	1. 通过认识美食的种类和形状，激发幼儿热爱生活的乐趣。 2. 利用橡皮泥的特殊质感，制作出各种各样的美食，锻炼幼儿的造型能力和动手操作能力。 3. 通过有趣的活动，培养幼儿热爱艺术的兴趣。
活动材料	多色橡皮泥或轻黏土、各种美食图片（月饼、蛋糕、烧麦、汉堡、披萨、三明治等）。
活动过程	1. 我最爱的美食 （1）教师展示准备的美食图片，如月饼、蛋糕、烧麦、汉堡、披萨、三明治等，引导幼儿在观看图片时讨论这些食物是由哪些材料组成的？自己最喜欢的食物是哪个？ （2）请幼儿根据已知经验，讲述自己最喜欢的食物是怎么做出来的。对幼儿的描述教师给予适当的引导和补充。如，三明治是由两片面包夹着生菜、火腿、鸡蛋饼，再涂上沙拉酱，最后再切成三角形等。 2. 制作最爱的食物 （1）将多色橡皮泥或轻黏土发放给幼儿（每人一份），教师可先以汉堡做示范： ① 将土黄色的轻黏土平均分成两块，分别进行揉搓做成圆形，再进行按压，制作成圆形面包片后放置一边。 ② 选取合适颜色的橡皮泥或轻黏土进行搓圆、压扁，制作成中间的生菜和肉片等。 ③ 最后将两片面包片与生菜、肉片叠加组合起来，汉堡就做好了。 （2）幼儿进行制作时，可以任选自己喜欢的食物来制作，也可按照教师刚才制作的技法和顺序来制作汉堡。在创作过程中只要幼儿能够说出自己的想法，教师都给予尊重并提供适当的帮助。 3. 看看我爱吃的是什么 （1）将幼儿制作的食物摆放在桌前，请幼儿前来欣赏。 （2）猜猜彼此做的都是什么食物？讲一讲自己是怎么制作食物的？食物里用到了哪些食材？鼓励大家一起分享。
活动建议	1. 教师尽可能引导幼儿将生活中见过或吃过的食物描述出来，鼓励幼儿仔细观看图片中的食物都是怎么制作的。 2. 在制作过程中，能力强的幼儿鼓励他将食物更多的细节部分表现出来，并选取多种颜色来制作多样的食物。能力弱的幼儿，教师要及时给予关注，必要时可以和幼儿一起制作，增强其自信。 3. 提醒幼儿在活动过程中节约材料，避免浪费。
多元智能	形状创作《丰盛的美食》活动方案主要发展了幼儿的语言智能、空间智能和身体运动智能。 幼儿通过回答问题表达自己的想法以及描述自己在生活中见过的食物等，发展了幼儿的语言智能。通过观察图片和教师示范以及制作美食，发展了幼儿的空间智能。

续表

水平	水平Ⅱ（下）
多元智能	空间智能强的幼儿能够制作出形状相似，颜色搭配漂亮的美食造型。空间智能弱的幼儿制作过程中会感到困难，美食的造型以及色彩搭配不够合理，需要教师适当引导。
活动延伸（1）	在美工区投放橡皮泥，幼儿可以继续美食制作活动。教师可以和幼儿一起将制作好的美食搬运到区域超市的货架上进行买卖，或者和其他幼儿制作的食物进行交换，加深同伴之间的关系。
活动延伸（2）	幼儿在家可以和爸爸妈妈一起制作可口的美食。还可以在图册上为自己喜欢的食物涂色。
幼儿评定	观察幼儿能否利用多种颜色的橡皮泥制作出漂亮的美食造型。

表 7-60 中班视觉艺术领域活动 10

水平	水平Ⅱ（下）
活动名称	本领大的垃圾箱
学习与发展目标	4—5 岁 - 艺术 - Ⅱ-2：能运用绘画、手工制作等表现自己观察到或想象的事物。
内容目标	1. 利用不同的材料和工具，设计制作好玩的垃圾箱，锻炼幼儿的创作能力。 2. 学习运用各种技能以及知识进行创作，发展幼儿小肌肉的灵活性。 3. 锻炼幼儿的团体合作意识以及不随地乱扔垃圾的习惯。
活动材料	废旧纸盒、剪刀、透明胶、彩色纸张、记号笔、纸张、彩笔、笔刷、颜料、垃圾箱种类图片等。
活动过程	1. 垃圾箱的作用 （1）教师请幼儿猜谜语： 天生大肚能容物， 吃饭从来不挑食。 脏乱污物从不嫌， 美化环境都靠它。 ——谜底：垃圾箱/垃圾桶 通过猜谜语，引起幼儿对垃圾箱的关注并能清楚地表达垃圾箱的作用。 （2）请幼儿说说常见的垃圾箱的形状，并描述一下自己见过的造型最有趣的垃圾箱。 2. 垃圾箱的种类 （1）教师播放垃圾箱的种类图片，请幼儿对比与自己见过的垃圾箱有什么相同和不同。 （2）仔细观察图片中的垃圾箱都有什么形状的？这些垃圾箱的外形有哪些地方是一样的，哪些地方是不一样的？鼓励幼儿大胆说出自己的观察和判断。

续表

水平	水平Ⅱ（下）
活动过程	3. 为小猫制作垃圾箱 "今天啊，小猫开了一个生日宴会，小动物们都来给小猫庆生，可是当这些小动物离开后，地上、桌上到处都是垃圾，都不知道把它们放在哪儿！可愁坏小猫了，我们来帮帮它，一起为小猫制作个垃圾箱吧。" （1）教师进行分组，将材料分发给每组幼儿，告诉幼儿用它们来制作垃圾箱。 （2）教师可先进行示范： ① 先将废旧纸盒进行粘贴和切割，制作成圆形或者方形的立体图形。 ② 在合适的部位先用记号笔画出一个大圆或者其他形状，再用剪刀剪出一个大洞，用彩色纸张进行包裹，垃圾箱的基本造型就出来了。 ③ 用不同的材料进行装饰。 幼儿观看教师的示范后，小组内进行商讨，确定垃圾箱的造型以及各自的分工。 （3）各小组制作垃圾箱的过程中，教师做巡回指导，为小组提供适当的帮助。在制作中教师应尊重幼儿的想法，并注意小组内部的工作协调，帮助幼儿顺利完成垃圾箱的制作。 4. 垃圾箱展览 （1）请每组幼儿为自己的垃圾箱设计一个好听的名字，教师协助幼儿将名字贴在小组的垃圾箱上，并将幼儿的作品摆放在桌子上，组织幼儿进行观赏和交流。 （2）"你们真厉害，小猫说非常感谢你们为它解决了一个大问题，他可以把家里的垃圾都扔到垃圾箱里了，所以小朋友们，现在咱们教室里的垃圾应该怎么做呢？"请幼儿将废旧材料以及地上的垃圾打扫干净。
活动建议	1. 活动前请幼儿从家里带一个废旧纸箱，大小均可。 2. 观察图片时，尽可能让幼儿了解垃圾箱的各种造型和用途，为幼儿的创作提供思路。 3. 教师做示范时，可请部分幼儿参与协助，增强互动感。 4. 幼儿制作垃圾箱时，对于能力强的小组，教师尽可能提供更多的材料，比如，橡皮泥、多种小装饰等，扩展幼儿的创作空间。能力弱的小组，教师要给予关注，并适当降低制作难度。
多元智能	手工创作《本领大的垃圾箱》活动方案主要发展了幼儿的语言智能、人际交往智能、空间智能、身体运动智能和自我认知智能。 幼儿通过猜谜语以及描述自己生活中见到的垃圾箱形状和作用，以及幼儿之间进行商量、交流和讨论等，发展了幼儿的语言智能和人际交往智能。通过观察教师的示范以及自己动手制作垃圾箱，发展了幼儿的空间智能。空间智能强的幼儿能够按照自己的设计构想，制作出形状独特、色彩漂亮的垃圾箱。空间智能弱的幼儿不能独立设计和完成制作，需要在别人的帮助下才能完成。幼儿通过改造各种纸箱以及动手制作，

续表

水平	水平Ⅱ（下）
多元智能	锻炼了大小肌肉，发展了幼儿的身体运动智能。幼儿懂得保护环境，知道垃圾要放在垃圾箱里，发展了幼儿的自我认知智能。
活动延伸（1）	在美工区投放各种塑料瓶或者硬纸张以及各种工具，幼儿可以利用材料和工具设计和制作自己喜欢的个人垃圾桶，幼儿在使用剪刀或者锋利工具时教师可适当给予引导和帮助。
活动延伸（2）	幼儿在家可以利用废旧纸箱或者饮料瓶，为家人设计一个可爱的专属垃圾箱，并标上独特的名称。
幼儿评定	观察幼儿能否与同伴合作，共同设计制作出漂亮的垃圾箱。

七、运动领域活动

运动领域活动注重培养幼儿的大小肌肉运动技能，尤其是大肌肉运动能力的发展，包括对身体的控制、动作协调、力量、灵活与耐力，增强幼儿的运动观念和运动意识，提高幼儿的运动能力。运动领域活动包括根据走、跑、跳、钻、爬、攀等基本动作设计的体育活动与游戏，也包括一些使用运动器械的活动，如过障碍物、扔沙包、攀爬架、跳沙坑、单双杠等，此外还包括一些音乐的律动或体现创造性的运动观念的活动，如模仿小动物走路、用躯体表演树叶飘落等。

（一）概述

4—5岁幼儿的大肌肉动作的运动及协调能力在不断发展，他们走、跑、跳、攀爬等能力都在提高，力量及控制身体灵活性的能力也在增强。他们喜爱运动，爱尝试各种挑战身体能力的运动项目。他们玩球的能力在提高，不仅能抛接球，也能拍球、踢球、追球跑。他们的平衡能力也比3岁前提高许多，能够单脚跳着走、快走、跑过平衡木、绕过障碍物、荡秋千等。虽然他们的运动能力高于3—4岁幼儿很多，但还不能完全自如地控制自己的身体与动作，在活动时需要教师密切关注。这个年龄段幼儿的小肌肉运动能力也在发展，能够使用剪刀、胶水和其他工具来制作模型，画画的能力也有所提高，可以控制手的运动，表现物体和人物、动物等。在搭积木、拼插活动中能够搭建完成比较复杂的物体和建筑。

在设计和实施4—5岁幼儿运动领域活动时，应该考虑到幼儿在大肌肉基本动作上的协调，如走、跑、跳、钻、爬、攀的表现，要为幼儿提供多种运动的机会，让幼儿有机会练习和调节他们的动作。在运动领域活动的教案中,设置与活动目标关联的观察视角,教师可以根据"活动建议"的观察视角,了解幼儿所表现出来的个体差异,给予指导与建议。如在扔沙包的活动中,观察视角是幼儿对扔沙包时的一系列动作的掌握情况,包括助跑、停、向后和再向前扔出的动作的协调性。确定了观察视角,就能看到幼儿在这方面表现的个体差异,有的幼儿很快就掌握了一系列的动作要点,教师可以提出在力量、速度上的要求。有些幼儿搞不清这些动作的顺序与要求,教师可以给予必要的帮助。这些运动能力与身体的成熟相关,有的幼儿还没有达到相应的成熟阶段,需要给他们更多的时间来练习。

在运动领域活动中,有很多发展幼儿身体运动智能的机会,身体运动智能体现在幼儿参与运动时,对身体的意识与控制,对特定运动的动作要求、动作顺序及其要点的理解与把握。身体运动智能高的幼儿,能够很快理解动作的顺序要点,并用自己的身体动作表现出来。在运动领域活动中,教师可以提供许多运用身体运动智能的机会,如在障碍运动中,教师根据规则变换要求,使幼儿意识到要求的变化,对身体的运动做出相应的调节与应变,以便更好地完成任务。此外在运动领域活动中也有发展幼儿的空间智能和音乐智能的机会,如在一些钻爬的活动中,幼儿要对相应的空间高矮做出判断,对身体做出调整。在有障碍物的运动中,幼儿也要在不同的位置上做好相应的身体调节,为幼儿提供发展身体运动智能和空间智能的机会。在一些伴着音乐节奏的运动中,既需要幼儿运用他们的身体运动智能,也需要应用他们的音乐智能,即对音乐节奏的感知、把握和身体的运动相配合。

(二)中班运动领域活动案例(01-10)

表 7-61　中班运动领域活动 01

水平	水平Ⅱ(下)
活动名称	信息传递员
学习与发展目标	4—5 岁 - 健康 - Ⅱ-2:能快跑 20 米左右。
内容目标	1. 练习接力快跑,锻炼幼儿的腿部肌肉的爆发力。 2. 初步尝试遮目走,锻炼幼儿的方位意识。 3. 培养幼儿之间的责任感和信任感。
活动材料	平坦宽阔的场地、欢快的音乐、音乐播放器、接力棒、眼罩(个数为幼儿人数的一半)、哨子、古代骑马的士兵粘贴(每名幼儿 1 个)。
活动过程	1. 我是信息传递员 (1)一名教师吹哨子,一名教师组织幼儿站队:"信息传递员们,起床号吹响了,你们要出发传送消息了,请信息传递员检查一下自己的信息筒是否装好信(拿好接力

续表

水平	水平Ⅱ（下）
活动过程	棒），是否换上了信息传递员的服装（粘上古代骑马小士兵的粘贴）。" （2）幼儿扮演信息传递员，在教师的带领下做准备活动，重点活动脖子、手腕、脚腕、膝关节和腰等部位，然后进行业务训练。 "检查完毕，出发前先进行业务训练，请信息传递员听口令做动作：起跑，围着滑梯慢跑1圈；加速，围着滑梯快跑1圈；危险，原地静止不动；躲避前进，下蹲快走；到达营地，闭目前进。" 2. 出发啦 （1）在节奏紧急的音乐背景下："信息传递员们，今天长官（教师）接到一个重要任务，请我们把第三战区的信息传递到总指挥部去，由于路途遥远，我将派出4队信息传递员完成任务，你们能保证完成任务吗？" （2）教师将幼儿随机分成4队，每队第一名幼儿站在跑道的起跑线上，当教师发出"出发"的口令后，每队的第一名幼儿拿接力棒快跑到终点，转身快速跑回，将接力棒传给自己队伍里的第二名幼儿，依此类推，直到队员全部完成接力任务。 3. 到达营地 （1）"到达营地附近了，为了保证我们总指挥部的安全，请信息传递员带上眼罩，在引路士兵的带领下，走到指挥中心。" （2）教师引导幼儿两两结组，手拉手站在场地的一端（入口），小组内的一名幼儿带上眼罩，另一名幼儿领着戴眼罩的幼儿走到场地的另一端（指挥部），把接力棒放下，然后两名幼儿互换角色，原路返回（完成信息传递）。 4. 完成任务 （1）"信息传递员们，你们已经把信息安全送达，我们该返回营地了，现在开始庆祝我们顺利完成任务吧！" （2）教师在欢快的背景音乐下带领幼儿扭扭头、甩甩胳膊、弯弯腰、捶捶腿，做放松活动。 （3）教师对今天的活动进行简要小结："信息传递员们，你们今天出色地完成了任务，把信息成功地传递到总指挥部，这与你们团结合作和互相信任是分不开的，我们鼓掌表扬一下自己吧！"
活动建议	1. 活动前教师在幼儿图册和玩教具箱内找到活动要使用的小粘贴、接力棒和眼罩，并保持地面通畅，避免幼儿在活动中绊倒、撞伤。跑道的距离可以根据班级幼儿的水平自由调整，长度在10—20米之间即可。 2. 在接力跑时，重点观察幼儿之间的配合动作，后面的幼儿有没有站在起跑线上提前准备、接力棒传递是否平稳。在遮目行走的环节，若幼儿是初次遮目行走，开始时距离一定要短，并请幼儿事先观察一下走道，等幼儿熟悉后，逐渐增加遮目行走的距离，最后鼓励幼儿独自遮目前进。过程中教师重点观察幼儿行走的方向是否与引路幼儿的方向一致，并事先提醒引路幼儿不要走得太快。

续表

水平	水平Ⅱ（下）
多元智能	走跑活动《信息传递员》，主要发展了幼儿的身体运动智能、空间智能和人际交往智能。 　　幼儿主要通过练习接力快跑和遮目走的动作，锻炼了幼儿的腿部肌肉的爆发力和耐力，增加了幼儿的空间方位感，发展了幼儿的身体运动智能和空间智能。身体运动智能强的幼儿，能与队友配合默契地完成接力赛，并在自己快跑时，速度快、转换方向灵敏；在遮目走环节，相信队友，快速判断出队友引领的方向，敢迈步前行。身体运动智能弱的幼儿，不能很好地控制自己快跑的速度，闭目走时按自己的想法走，不听同伴的指挥。幼儿通过团队合作的方式完成此次信息传递，无论是团队的接力赛还是两人小组的遮目走，都增加了幼儿之间的团队意识，发展了幼儿的人际交往智能。
活动延伸（1）	把眼罩投放到班级益智区，方便对遮目走感兴趣的幼儿继续玩遮目取物的游戏。
活动延伸（2）	幼儿可以在家里与爸爸妈妈一起玩闭目走或闭目旋转的游戏。
幼儿评定	幼儿是否能至少快跑20米，并遮目前进10米。

表7-62　中班运动领域活动02

水平	水平Ⅱ（下）
活动名称	纸球真好玩
学习与发展目标	4—5岁-健康-Ⅱ-2：能快跑20米左右。
内容目标	1. 练习用木棍控球直线跑，发展幼儿的手眼协调能力。 2. 练习桌面吹球，锻炼幼儿的肺活量。 3. 探索纸球的多种玩法，激发幼儿的创造性思维。
活动材料	欢快的音乐、音乐播放器、平坦宽阔的场地、地垫、废旧报纸、胶带、木棍（40—50 cm）、平衡木、桌子、两面空的纸箱。
活动过程	1. 纸球操 （1）一名教师在欢快的音乐背景下带领幼儿步入场地，分散站立。幼儿跟随教师说儿歌做动作： 　　　　一张大报纸，（双腿尽可能大地分开站立，双臂展开平举） 　　　　团成一个球，（下蹲，双手抱膝左右摇晃） 　　　　滚一滚，（幼儿仰面朝上，四肢着地，左手和左脚不动，180度翻转身体） 　　　　跳一跳，（下蹲，连续往前跳） 　　　　欢欢乐乐真好玩！（哈哈大笑）

续表

水平	水平Ⅱ（下）
活动过程	（2）一名教师布置场地：在操场的一个角落铺好地垫，地垫上放置废旧报纸、胶带；画出一条起始线，画若干条直线，对面放置若干个纸箱。 （3）教师带领幼儿围坐在地垫上用废旧报纸团纸球，要求纸球团得要圆，不能散开，每名幼儿团2—3个纸球。 2.赶纸球 （1）教师示范怎样用木棍赶纸球：握住木棒的一端，采用合适的力度用另一端沿直线敲击纸球，小步快跑跟上纸球，等纸球滚动慢时，再次敲击纸球，注意控制纸球的方向，不要偏离直线太远，纸球进洞后从旁边快速跑回，沿另一条直线赶第二个小球进洞。 （2）幼儿各拿一根木棒，把纸球放到起始线，开始进行赶纸球比赛，每名幼儿至少需要赶2个纸球进洞。 （3）先完成任务的幼儿可以试着在平衡木上赶纸球，把纸球从平衡木的这一端赶到另一端，过程中纸球不能从平衡木上掉下来，如果掉落，从头开始。 3.吹纸球 （1）教师把幼儿随机分成若干个4人小组，每组幼儿合作搬一张桌子放在空地上，教师在每个桌子的中间放置一个纸球。 （2）教师发出"开始"的口令后，幼儿开始吹纸球，把纸球吹向对面，对面的幼儿用手拦截纸球，并把纸球吹回去，依此类推，看哪组幼儿的纸球最先落地，坚持时间长的小组获胜。 （3）和旁边的人互换位置，再进行一次比赛。 4.纸球新玩法 （1）教师鼓励幼儿自由玩纸球，可以一个人玩，也可以多个人玩，如踢纸球、纸球掷远、你抛我接、呼啦圈套纸球、双腿夹纸球跳。 （2）教师请发现纸球新玩法的幼儿示范玩纸球的方法。
活动建议	1.木棍可以用纸棍替代，也可以请幼儿从家里带，木棍的长度可根据班级幼儿的身高进行调整，一般40厘米为宜，最长不宜超过幼儿腿的长度，不宜过粗。准备的箱子的大小可根据班级幼儿的能力调整，如班级幼儿整体能力较强，箱子可以小一些，反之则大一些，也可以准备不同大小的箱子，鼓励能力强的幼儿赶球进小箱子。起点到箱子的距离也可以根据班级幼儿的能力进行随机调整。 2.在幼儿尝试用木棒沿直线赶球进洞时，教师可提示幼儿左右手都可以试一下，并感受左右手之间的差异。在赶球的过程中，教师提示幼儿不要用力过大，把球打飞。赶球时身体前倾，小跑前进，身体重心的起伏要小。鼓励完成赶两个球进洞的幼儿在平衡木上练习赶球，增加游戏难度。 3.在吹纸球环节，教师引导幼儿调整呼吸，短吸气，长吹气，同时提醒幼儿控制自己的口水，不要喷到对方的脸上。鼓励能力较强的小组吹重一点的球，肺活量

续表

水平	水平Ⅱ（下）
活动建议	小的小组，吹重量轻、形状圆的球。 4. 在探索纸球的新玩法的时候，教师巡视幼儿玩纸球，发现有新玩法的幼儿，及时鼓励这些幼儿进行动作示范。
多元智能	走跑活动《纸球真好玩》，主要发展了幼儿的身体运动智能、语言智能、人际交往智能和自我认知智能。 幼儿通过第一个小活动说儿歌做动作，锻炼了幼儿的语言理解和肢体表达能力，发展了幼儿的语言智能和身体运动智能。幼儿通过第二个小活动中的练习用木棒直线赶纸球小跑的动作，锻炼了幼儿的手眼协调性，提高了幼儿的身体控制能力，发展了幼儿的身体运动智能。身体运动智能强的幼儿能赶纸球走直线，纸球进洞时动作干净利索。身体运动智能弱的幼儿，在赶纸球时，木棒接触不到纸球，或纸球方向多次偏离直线。幼儿通过第三个小活动中小组合作吹纸球的小游戏，既锻炼了幼儿的反应能力，又提高了幼儿之间的合作默契，还锻炼了幼儿的肺活量，为幼儿身体运动智能和人际交往智能的发展提供了机会。幼儿在第四个小活动中自由玩纸球的环节，通过寻找玩纸球的新方法，体验玩纸球的快乐，并通过示范纸球新玩法获得自我价值的认同，发展了幼儿的创造力和自我认知智能。
活动延伸（1）	在美工区投放废旧报纸、挂历、杂志、卷纸棍的步骤图，为幼儿创造卷制纸棍的条件，并把卷好的纸棍投放到户外活动区。
活动延伸（2）	家长和幼儿一起探索用不同材质的纸做纸球，如报纸、卫生纸、二次打印纸等，并和幼儿玩一场你用木棍赶球，我用木棍截球的纸球比赛。
幼儿评定	幼儿是否能持木棍控球直线跑，并赶球进洞，且球不偏离、不飞出。

表 7-63 中班运动领域活动 03

水平	水平Ⅱ（下）
活动名称	企鹅宝宝保护记
学习与发展目标	4—5 岁 - 健康 -Ⅱ-2：能快跑 20 米左右。
内容目标	1. 能用球拍托球快走，控制球不落地。 2. 能托球绕障碍物接力快走。 3. 培养幼儿的团队合作意识。
活动材料	《彩虹的约定》儿歌音频，宽敞平坦的场地，小企鹅、企鹅爸爸和企鹅妈妈的胸贴，网球每名幼儿 1 个，乒乓球每名幼儿 1 个，乒乓球拍每名幼儿 1 个，装有棉花（面巾纸、泡沫、人造雪）的盒子 4 个，大可乐瓶若干，木桩若干，计时器 1 个。
活动过程	1. 模仿企鹅 （1）一名教师带领幼儿在《彩虹的约定》的音乐背景下，模仿小企鹅走路：双脚打开，手臂自然垂直，手掌向左右两边打开，左右摇晃地走路。

续表

水平	水平Ⅱ（下）
活动过程	（2）一名教师布置场地：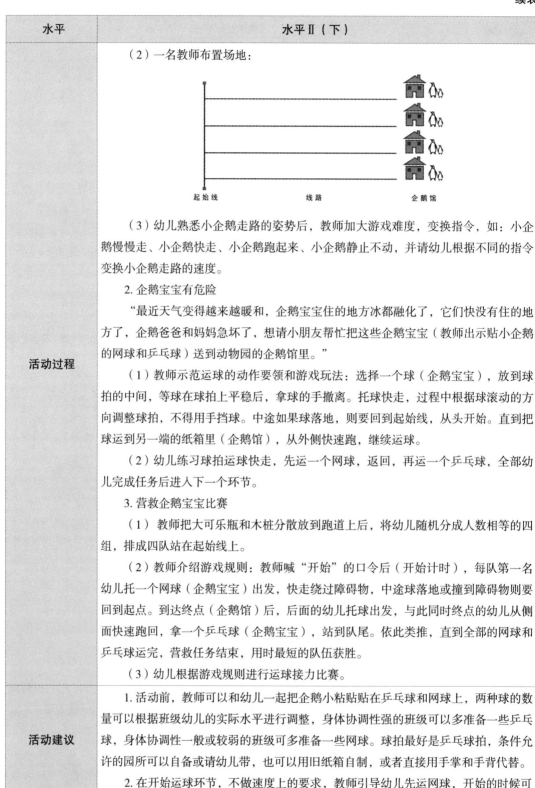 （3）幼儿熟悉小企鹅走路的姿势后，教师加大游戏难度，变换指令，如：小企鹅慢慢走、小企鹅快走、小企鹅跑起来、小企鹅静止不动，并请幼儿根据不同的指令变换小企鹅走路的速度。 2. 企鹅宝宝有危险 "最近天气变得越来越暖和，企鹅宝宝住的地方冰都融化了，它们快没有住的地方了，企鹅爸爸和妈妈急坏了，想请小朋友帮忙把这些企鹅宝宝（教师出示贴小企鹅的网球和乒乓球）送到动物园的企鹅馆里。" （1）教师示范运球的动作要领和游戏玩法：选择一个球（企鹅宝宝），放到球拍的中间，等球在球拍上平稳后，拿球的手撤离。托球快走，过程中根据球滚动的方向调整球拍，不得用手挡球。中途如果球落地，则要回到起始线，从头开始。直到把球运到另一端的纸箱里（企鹅馆），从外侧快速跑，继续运球。 （2）幼儿练习球拍运球快走，先运一个网球，返回，再运一个乒乓球，全部幼儿完成任务后进入下一个环节。 3. 营救企鹅宝宝比赛 （1）教师把大可乐瓶和木桩分散放到跑道上后，将幼儿随机分成人数相等的四组，排成四队站在起始线上。 （2）教师介绍游戏规则：教师喊"开始"的口令后（开始计时），每队第一名幼儿托一个网球（企鹅宝宝）出发，快走绕过障碍物，中途球落地或撞到障碍物则要回到起点。到达终点（企鹅馆）后，后面的幼儿托球出发，与此同时终点的幼儿从侧面快速跑回，拿一个乒乓球（企鹅宝宝），站到队尾。依此类推，直到全部的网球和乒乓球运完，营救任务结束，用时最短的队伍获胜。 （3）幼儿根据游戏规则进行运球接力比赛。
活动建议	1. 活动前，教师可以和幼儿一起把企鹅小粘贴贴在乒乓球和网球上，两种球的数量可以根据班级幼儿的实际水平进行调整，身体协调性强的班级可以多准备一些乒乓球，身体协调性一般或较弱的班级可多准备一些网球。球拍最好是乒乓球拍，条件允许的园所可以自备或请幼儿带，也可以用旧纸箱自制，或者直接用手掌和手背代替。 2. 在开始运球环节，不做速度上的要求，教师引导幼儿先运网球，开始的时候可

续表

水平	水平Ⅱ（下）
活动建议	以走慢一点，找到球的平衡点后，再加快速度，每名幼儿至少运一个网球和一个乒乓球，鼓励能力强的幼儿多运球或一次运两个球。 3. 在运球接力赛环节，教师提醒幼儿，前面的幼儿运网球，后面的幼儿运乒乓球，教师引导每队幼儿确定出场顺序，建议能力强的幼儿在后面。
多元智能	球类活动《企鹅宝宝保护记》，主要发展了幼儿的音乐智能、身体运动智能和人际交往智能。 幼儿在音乐背景下，根据音乐节奏模仿小企鹅走路，提高幼儿的音乐节奏感，发展幼儿的音乐智能。幼儿通过不断变化的口令调整"小企鹅"走路的速度，锻炼了幼儿的反应能力；幼儿通过练习球拍托网球、乒乓球快走以及绕障碍物等动作，锻炼幼儿的身体控制能力和身体协调性，发展幼儿的身体运动智能。身体运动智能强的幼儿能很快找到球拍托球快走的平衡点，中途球不落地，能快速完成托网球、乒乓球快走，并能不断挑战托球快走的难度，完成托网球、乒乓球绕障碍物快走的动作。幼儿通过托球快走绕障碍物接力赛的方式，提高幼儿的团队合作精神，增加幼儿的规则意识，为发展幼儿的人际交往智能提供了机会。
活动延伸（1）	把球拍、网球和乒乓球投放到户外活动区，方便对托球快走感兴趣的幼儿或身体控制能力弱的幼儿继续练习。
活动延伸（2）	用玩教具箱里的乒乓球，幼儿可以约家人一起开展一次球拍托球比赛。
幼儿评定	幼儿是否能独立完成球拍托网球、乒乓球快走，且中途球不落地。

表 7-64　中班运动领域活动 04

水平	水平Ⅱ（下）
活动名称	美丽的降落伞
学习与发展目标	4—5 岁 – 健康 –Ⅱ-2：能单手将沙包向前投掷 4 米左右。
内容目标	1. 幼儿通过练习抛降落伞，锻炼幼儿手臂肌肉的爆发力。 2. 探索手抛降落伞的新玩法。 3. 培养幼儿的探索精神。
活动材料	玩手抛降落伞的视频、节奏欢快的音乐、视频音乐播放器、平坦宽阔的户外活动场地、彩虹伞（每名幼儿 1 个）。
活动过程	1. 降落伞飞起来 （1）在欢快的背景音乐下，教师带领幼儿边说儿歌，边做热身活动，玩"降落伞飞起来"的游戏： 　　降落伞真奇怪，（身体正直站立，左右手交替在空中画问号） 　　不遮阳来，（抬头，手臂上举，双掌在眼前上翻） 　　不挡雨，（低头，手臂上举，十指合拢在头顶相搭） 　　带着宝宝满天飞，（双臂打开，围着操场跑）

续表

水平	水平Ⅱ（下）
活动过程	飞过山，（绕过滑梯） 飞过河，（跨过平衡木） 飞到一个幼儿园，（汇集在教师身边） 大家一起做游戏！（围着教师边跳边拍手） （2）教师请幼儿讲一讲降落伞的样子和用途。 2.认识降落伞 （1）教师出示手抛降落伞并提问："小朋友们，知道这是什么吗？知道怎么玩吗？" （2）教师请每个幼儿拿一个手抛降落伞，仔细观察并讨论一下怎样玩：上面的两个半圆是做什么用的？带子是做什么用的？该往上抛还是向远处抛？ （3）教师示范手抛降落伞的步骤。 ① 打开降落伞：把手抛降落伞在袋子里取出、理顺。 ② 折伞球：先用一只手抓住伞的顶盖，另一只手抓住顶盖下的布，拧半圈按进盖子里，把剩下的布折一下按进盖子里，最后把上面的伞盖拿下来，放到下面的盖子里，使两个伞盖合一起。 ③ 缠伞带：合起来以后用大拇指按住下面的伞盖，食指按住上面的伞盖，用中指勾住较长的那根彩带，用短的那根彩带把伞球缠3圈，缠的时候要用力缠紧。缠好后，继续用拇指按住短的彩带，同时放开中指勾住那根长彩带，用另一只手的拇指和食指在伞球的根部捻住两根彩带，转动伞球3—4圈。然后将两根彩带分开，用力拉一下，用拇指按住伞带的交叉处。 ④ 抛飞伞：一只手抓住彩带的末端，慢慢松开按住伞球的另一只手（一松手），慢慢向后摆动伞球（二后摆），然后向上用力抛出降落伞（三甩出）。 （4）幼儿自由地玩手抛降落伞，教师提醒幼儿尽力往上抛。 3.谁的降落伞飞得高 （1）教师请幼儿先用左手抛一次降落伞，再用右手抛一次降落伞，最后用双手抛一次降落伞，比比哪种方式抛得高。 （2）幼儿在户外场地分散站好，当教师发出"开始"的口令后同时抛出手中的降落伞，比比谁的降落伞飞得最高。
活动建议	1.开展活动前，可以让幼儿扔一会沙包，练习扔的方法，发展幼儿的手臂力量。教师可在网上查找玩手抛降落的视频，并下载下来。 2.游戏适宜在宽敞的户外展开，玩手抛降落伞时引导幼儿注意安全，不往别人的身上和人多的地方扔，学会保护他人。活动过程中教师要多次示范扔降落伞的方法和技巧：一松手、二后摆、三甩出，可以请幼儿观看视频学习手抛降落伞的玩法。幼儿抛降落伞时，教师巡回指导，手把手地教幼儿折伞球，鼓励上肢力量弱的幼儿多练习，及时请发现降落伞新玩法的幼儿示范新动作。

续表

水平	水平Ⅱ（下）
多元智能	投掷活动《美丽的降落伞》，主要发展了幼儿语言智能、身体运动智能和自然智能。幼儿通过边说儿歌边做动作的方式，锻炼了幼儿肢体表达能力和语言理解能力，发展了幼儿的语言智能和身体运动智能。幼儿通过认识手抛降落伞和探索手抛降落伞的玩法，在折伞球环节锻炼了幼儿手指肌肉的协调性，在抛飞伞环节，锻炼了幼儿手臂肌肉的爆发力，发展了幼儿的身体运动智能和自然智能。身体运动智能强的幼儿能很快掌握折伞球和抛飞伞的动作要领，伞球结实，降落伞飞出得较高、较远。身体运动智能弱的幼儿折伞球时手忙脚乱，折出来的伞球，松松散散，抛飞降落伞时，降落伞也飞得不高。
活动延伸（1）	把手抛降落伞投放在户外活动区，分散活动时幼儿可以继续练习。也可在美工区利用废旧塑料袋自己制作降落伞。
活动延伸（2）	休息时间，家长可以带着幼儿去宽阔场地玩手抛降落伞，并查找关于降落伞的历史资料。
幼儿评定	幼儿是否能够掌握手抛降落伞的动作要领，并把降落伞扔出4米以外。

表7-65 中班运动领域活动05

水平	水平Ⅱ（下）
活动名称	好玩的呼啦圈
学习与发展目标	4—5岁-健康-Ⅱ-2：能单脚连续向前跳5米左右。
内容目标	1. 练习单脚连续往前跳，锻炼幼儿腿部肌肉的耐力。 2. 探索呼啦圈的不同玩法，激发幼儿的创造力。 3. 通过合作玩呼啦圈，体验合作的快乐。
活动材料	《开火车（轰隆隆）》儿歌音频、宽敞平坦的场地、不同颜色的小彩旗若干（不重色）、呼啦圈每名幼儿1个、户外活动器械若干。
活动过程	1. 火车开啦 （1）教师请每名幼儿拿一个呼啦圈，套在身上，双手握住呼啦圈的两端，模仿开火车的动作排队去户外活动场地。 （2）在《开火车（轰隆隆）》的音乐背景下步入场地，教师带领幼儿练习切断分队走，一队变四队，站成做操队列，做热身活动： 双手拿圈，做上举动作。 左右手交替拿圈，做转体、侧身动作。 双手胸前拿圈，做蹲起、跳跃动作。 2. 呼啦圈跳起来 "每个小朋友手中都有一个呼啦圈，现在老师给你们一个任务：请小朋友自己找队友，然后拿你们手里的呼啦圈摆成一个美丽的图案，练习单脚跳的动作。"

续表

水平	水平Ⅱ（下）
活动过程	（1）教师请幼儿自由组队，每队的人数不少于3人即可成队，然后每队选择一面小旗子，并为自己队起一个名字。 　　每队幼儿用自己队的呼啦圈摆出一个美丽的图形，如奥运五环。并利用摆出的图案练习单脚连续跳的动作。 （2）教师示范单腿跳的动作要领：一条腿抬起，另一条腿做主力腿，身体重心调整到主力腿上，跳时主力腿脚掌用力蹬地，往前跳出，落地时主力腿膝盖弯曲，身体保持平稳，连续跳10次呼啦圈。 （3）教师在幼儿练习单脚连续跳时，利用户外场地的活动器械，如平衡木、跨栏、拱形门等，连接每个队伍的图案。 （4）教师设置一个起点，请幼儿排队过各种连接物，并单脚连续跳过每个队伍的呼啦圈图案。 　　3.呼啦圈玩法多 　　"小朋友，我们刚才用呼啦圈玩了开火车和单脚连续跳的游戏，你们玩得非常好，尤其在练习单脚连续跳的时候，每队幼儿摆的图案都非常有特点。现在请你们用手上的呼啦圈，在自己的队伍里探索呼啦圈的新玩法，老师相信你们一定能找到许多玩呼啦圈的方法，现在请你们根据老师的提示玩呼啦圈吧！" （1）教师请幼儿探索一个人玩呼啦圈的方法，鼓励幼儿用身体的不同部位，如用手臂、腰、腿转呼啦圈；把呼啦圈竖直放立，玩滚呼啦圈、钻呼啦圈；还可以用呼啦圈当套圈玩等。 （2）教师请幼儿探索多人玩呼啦圈的方法，如：两名幼儿用肚子顶圈走；用少于幼儿人数1个的呼啦圈围成一个大圈，玩抢呼啦圈的游戏；把呼啦圈竖放成一排，玩过山洞的游戏；把呼啦圈套在身上，后面的幼儿拉前面的幼儿的呼啦圈，比比哪队走得快…… （3）教师请每队幼儿示范一个单人玩呼啦圈的新动作和多人玩呼啦圈的新动作。
活动建议	1.活动前教师应提前准备好活动中要用的儿歌音频和小旗子，小旗子可以用彩纸和细竹签（筷子）自制，可以让幼儿在活动前的美工区完成。活动中要用的呼啦圈，可用玩教具箱提供的，但需要教师或家长提前组装好，也可以用园所户外活动区里的，直径最好在45cm到60cm之间。 2.在活动过程中教师先引导幼儿用呼啦圈做热身活动，锻炼幼儿身体的协调性和控制能力，教师可以自由地改编动作。在自由组队时，教师注意引导幼儿人多力量大。在练习单脚连续跳的动作时，教师注意观察幼儿单脚站立的姿势是否稳定，单脚跳时脚掌是否用力蹬地，落地时膝盖是否弯曲。在自由探索呼啦圈的玩法时，教师掌握探索的时间，保证幼儿至少有5分钟的探索时间，以确保幼儿的创造力被充分地挖掘；在幼儿玩呼啦圈时，教师巡视全场，观察发现呼啦圈新玩法的幼儿，在每队展示呼啦

续表

水平	水平Ⅱ（下）
活动建议	圈的新玩法时，教师对呼啦圈的新玩法根据跳圈、转圈、滚圈、套圈、带圈走等玩法进行分类。能力强的组可以示范多种玩呼啦圈的方法，能力弱的组，示范一种方法即可，但是要求不要与前面的重复，教师可以让能力弱的组先示范。
多元智能	跳跃活动《好玩的呼啦圈》，主要发展了幼儿的音乐智能、身体运动智能、人际交往智能和创造力。 幼儿在音乐背景下，用呼啦圈为道具，根据音乐节奏模拟开火车的动作，提高了幼儿的音乐节奏感和身体表达能力，发展了幼儿的音乐智能。幼儿在用呼啦圈做热身活动时，初步感受到了呼啦圈的多种玩法，与后面探索呼啦圈的各种玩法结合，锻炼了幼儿的身体控制能力和观察、探索能力，发展了幼儿的创造力。通过用呼啦圈练习单脚连续跳的动作，锻炼了幼儿腿部大肌肉的耐力、爆发力和身体控制平衡的能力，发展了幼儿的身体运动智能。身体运动智能和创造力强的幼儿，能够身体平稳地单脚连续往前跳，并不断发现呼啦圈的新玩法。在自由组队环节和展示新玩法环节，锻炼了幼儿的人际交往和组织能力，提高了幼儿的团队意识，发展了幼儿的人际交往智能。
活动延伸（1）	把呼啦圈投放到户外活动区，幼儿可以继续探索呼啦圈的新玩法；也可以在美工区利用教师提供的材料（废旧管子）和制作步骤，自己制作呼啦圈。
活动延伸（2）	幼儿可以教家长玩呼啦圈，并一起探索呼啦圈的不同的玩法。
幼儿评定	幼儿能否单脚连续跳至少10个呼啦圈，且身体平稳，抬起的脚不落地。

表7-66 中班运动领域活动06

水平	水平Ⅱ（下）
活动名称	小蚂蚁抬西瓜
学习与发展目标	4—5岁-健康-Ⅱ-1：能在较窄的低矮物体上平稳地走一段距离。4—5岁-健康-Ⅲ-3：运动时可能主动躲避危险。
内容目标	1. 通过练习单双数报数和左右分队，锻炼幼儿的反应能力。 2. 通过练习两人抬物走平衡木的动作，锻炼幼儿身体的控制能力和平衡能力。 3. 体验与同伴共同合作参加体育活动的乐趣。
活动材料	欢快的音乐、平坦宽阔的场地、音乐播放器、平衡木2台、大纸箱1个、西瓜纹皮球若干、蚂蚁胸饰（每名幼儿一个）。
活动过程	1. 左右站 （1）教师在欢快的音乐背景下带领幼儿步入活动场地，围着操场慢跑3圈，做热身运动。 （2）一名教师带领幼儿贴上蚂蚁胸贴，扮演小蚂蚁，站成一纵队，练习左右分队走。

续表

水平	水平Ⅱ（下）
活动过程	"全体小蚂蚁听信号，迅速站成一纵队，进行1212单双数报数，从排头开始，根据教师的手势，单数左转弯走，双数右转弯走。" （3）一名教师布置场地： 瓜田　　小桥（平衡木）　　蚂蚁巢穴（纸箱） 2. 去瓜田 （1）"小蚂蚁们，告诉你们一个好消息，一只小蚂蚁发现了一块西瓜田，里面有很多西瓜，但是西瓜太重了，它自己搬不动，我们过去一起把大西瓜运回来好不好？可是西瓜田很遥远，我们要走过一个非常危险的独木桥（平衡木），独木桥非常窄，底下的河水很急，你们过的时候一定要小心呀！" （2）教师组织幼儿分成两队，从蚂蚁巢（纸盒）出发，小心翼翼地走过平衡木（独木桥），到达瓜田。 3. 抬西瓜 （1）"西瓜田终于到了，小蚂蚁们，我们开始抬西瓜吧！请两只小蚂蚁一组，在瓜田里摘一个西瓜（拿起一个皮球），一起抬着西瓜（皮球）走过独木桥（平衡木），把西瓜（皮球）放到蚂蚁巢（纸箱）中，每只小蚂蚁至少要运一个西瓜才能完成任务呀。" （2）教师示范两人抬物走平衡木的动作要领：两人用四只手托住皮球，侧身上平衡木，两人同时移动右脚，左脚跟上，依此类推，直到平衡木的尾端。 （3）教师组织幼儿两两结队抬西瓜（皮球），走过小桥（平衡木），到达蚂蚁巢（纸盒）。 4. 切西瓜 "西瓜运完了，让我们一起来切个大西瓜尝一尝吧！" （1）幼儿手拉手围成圆圈，大家边转圈边念儿歌："切，切，切西瓜，绿的皮，红的瓤，我把西瓜一切二，甜甜的汁水四处淌。"当念到"切"的时候，幼儿手拉手往中间聚拢，念到"淌"的时候，全体幼儿撒开手四处跑开。 （2）重复玩"切西瓜"的游戏2—3次。
活动建议	1. 教师可用椅子、木桩、石块和砖头代替平衡木，距离和间隔可根据班级幼儿的平衡能力增加或减少；可以用西瓜纹路的皮球代表西瓜，也可在其他纹路的皮球上贴上代表西瓜的小贴纸，该环节可以由幼儿完成。

续表

水平	水平Ⅱ（下）
活动建议	2. 在活动开始时，教师要注意热身运动的重要性，提前做好热身活动，可以根据园所户外活动的场地，调整慢跑的圈数。本次活动幼儿初步掌握左右分队走和侧身走平衡木的动作，活动内容较多，可分两次完成，可以先练习左右分队走，熟练后再练习侧身走平衡木。每个环节教师要保证全体幼儿能参与进来，对于能力较弱的幼儿，教师要注意对其及时关注与指导，多次示范动作要领；对于能力较强的幼儿，教师注意引导其适当加大活动频率、提高活动的速度和保证动作的规范，并引导其在合作环节中发挥带头作用。 3. 在活动过程中教师要注意培养幼儿的规则意识。在"切西瓜"环节中，四散跑开时要提醒幼儿注意安全，注意及时躲避，以免受伤。
多元智能	平衡活动《小蚂蚁抬西瓜》，主要发展了幼儿的身体运动智能、人际交往智能和语言智能。 幼儿通过练习左右分队，锻炼了幼儿的反应能力，提高了幼儿的身体反应速度；通过练习侧身走平衡木，锻炼幼儿的身体控制能力和协调性，为增加幼儿的四肢协调性创造了机会，共同发展了幼儿的身体运动智能。身体运动智能强的幼儿，能很快发现左右分队走的规律，并掌握侧身走平衡木的动作要领，即同时移动一侧的脚。幼儿通过两两合作搬球走平衡木，锻炼了两名幼儿之间的动作一致性，增加了幼儿间的合作默契，发展了幼儿的人际交往智能。在切西瓜的游戏环节，幼儿通过根据儿歌做动作的活动，体会到了儿歌的韵律美，发展了幼儿的语言智能。
活动延伸（1）	在美工区投放水彩笔和画纸，引导、鼓励幼儿在区域活动时创造自己的"小蚂蚁运西瓜"的故事。在图书/语言角投放《蚂蚁和西瓜》绘本，幼儿可以进行欣赏阅读。
活动延伸（2）	有机会幼儿可以随家长去海鲜市场观察螃蟹怎样走，也可以玩横着走的游戏。
幼儿评定	幼儿在侧身走平衡木的游戏中，是否能同时移动一侧的脚。

表 7-67 中班运动领域活动 07

水平	水平Ⅱ（下）
活动名称	摘蔬菜
学习与发展目标	4—5 岁 - 健康 - Ⅱ-1：能以匍匐、膝盖悬空等多种方式钻爬；能助跑跨跳过一定距离，或助跑跨跳过一定高度的物体。
内容目标	1. 练习手脚着地、膝盖悬空横向爬，锻炼幼儿的四肢肌肉的耐力和协调性。 2. 练习双脚从下往上跳，锻炼幼儿的身体控制能力。 3. 培养幼儿不断挑战困难的精神。
活动材料	《清早听到公鸡叫》儿歌音频、平坦宽阔的场地、音乐播放器、小篮子、地垫、轮胎、跨栏、5米长的绳子 3—6 条、夹子、椅子若干，丝瓜、黄瓜、茄子、西红柿、豆角、青椒、南瓜等蔬菜的图片（实物）。

水平	水平Ⅱ（下）
活动过程	1. 准备去菜园 （1）一名教师带领幼儿在《清早听到公鸡叫》儿歌背景音乐下，跟随儿歌做动作： 　　清早听到公鸡叫，（一手叉腰，一手掌打开放到耳边，左右交替做蹲起动作，模拟听的动作） 　　推开窗门迎接晨曦到，（双手自胸前向左右两边打开，模拟开窗动作） 　　花香鸟语春光好，（闭眼，深呼吸） 　　今天又是一个艳阳照。（向左上方抬头，左手遮眼；向右上方抬头，右手遮眼） 　　那青青的草地在对我笑，（转身，面对面微笑） 　　那绿油油的秧苗在长高，（下蹲，慢慢站起） 　　那葱葱的山林在身旁，那白茫茫的云雾在山腰。（原地转圈） 　　早起运动身体好喔喔，身强体健智慧也增高，（原地高抬腿） 　　奉劝大家要起早喔喔，美好时光不要辜负了。（双手、双脚打开跳跃） （2）一名教师布置场地，设置一条起始线，依次铺上地垫（草地）、摆放轮胎（小水洼）和设置跨栏（栅栏），并把粘有各种蔬菜图片的绳子系在柱子（树）上，充当菜园。 起始线　　草地（地垫）　　小水洼（轮胎）　　栅栏（跨栏）　　菜园（绳子+图片） 2. 摘蔬菜 "小朋友们，今天天气可真好，菜农伯伯邀请我们去他的菜园摘蔬菜，菜园里有很多美味的蔬菜，我们可以把摘到的蔬菜送给厨师叔叔，这样我们晚上的时候就能吃到好吃的菜了！可是菜园离我们幼儿园有点远，我们要爬过很长的草地（垫子），跳过三个小水洼（轮胎），还要跨过栅栏（跨栏）才能到达，你们有信心克服困难吗？过草地的时候，你们一定要当心呀，因为草地里可能会有蛇，你们可以手脚着地、膝盖悬空横着慢慢地爬，爬的过程中千万不要碰到蛇的身体呀。如果碰到，则要回到老师身边消毒、包扎伤口，然后再出发。" （1）教师示范膝盖悬空横爬和从下往上跳的动作要领： ①膝盖悬空横爬：手脚着地、腿挺直，身体悬空，同时移动右（左）侧的手脚，左（右）侧的手脚跟上，依此类推，直到爬出草地。

水平	水平Ⅱ（下）
活动过程	② 从下往上跳：双脚合拢，下蹲，后脚掌抬起，前脚掌用力蹬地，用力往上跳过轮胎，落地时膝盖弯曲。 （2）教师组织幼儿分成四队，每名幼儿提一个小篮子，四纵队从起始线出发，膝盖悬空横爬过草地（地垫）、双脚跳过小水洼（轮胎）、跨跳过栅栏（跨栏）到达菜园。 （3）到达菜园的幼儿，在蔬菜架上摘一个（取下一张图片）蔬菜放到篮子里，从旁边快速跑回，把篮子里的蔬菜交给教师，然后重新排队去摘蔬菜。 3.送蔬菜 （1）蔬菜架上的蔬菜全部摘完后，教师和幼儿一起数一数摘了哪些蔬菜、哪种蔬菜最多，并把蔬菜分类放进篮子里。 （2）教师带领幼儿把蔬菜送到幼儿园的厨房，自然地结束活动。
活动建议	1.教师在活动前可以用橡皮泥、废旧报纸和管子制作玩具蛇；活动中的小篮子可用方便袋代替，也可请幼儿在美工区提前做好；教师可用电子材料包里的图片提前打印好活动中使用的蔬菜的图片，也可用模型或实物蔬菜代替，蔬菜的种类可以根据幼儿的生活经验随时调整，图片用夹子夹在绳子上，模型或实物则用毛线系在绳子上。 2.教师带领幼儿做热身活动时，教师可以根据儿歌自己创编动作，幼儿可以跟着老师做动作，也可以自己创编动作，不做固定要求。在幼儿了解游戏规则后，因为幼儿已经有双脚连续跳的经验，所以教师重点示范膝盖悬空横爬，观察幼儿膝盖悬空横爬时，是否能手掌、脚掌撑地，身体弓起，同时移动一侧的手脚。跳跃能力强的幼儿，可以练习双脚原地跳过轮胎和尝试双脚助跑跳过跨栏，过程中教师注意保证幼儿安全，跳轮胎时，引导幼儿跳进轮胎的洞里，跳跨栏时，可以先原地纵跳，高度超过跨栏时才可以助跑跳，如果被绊倒，注意手掌着地。跳跃能力弱的幼儿可以单脚跨跳过轮胎和栅栏。在摘蔬菜的环节，教师强调一次只能摘一个蔬菜，启发幼儿可以搬凳子摘高处的蔬菜。 教师可提前跟园所的厨房沟通今天活动中需要的蔬菜，并请厨房在中餐或晚餐时做1—2种今天摘到的蔬菜，可以丰富幼儿的活动，增加活动的参与性。
多元智能	钻爬活动《摘蔬菜》，主要发展了幼儿的音乐智能、身体运动智能和逻辑数学智能。 幼儿通过歌词做动作，锻炼了幼儿的身体表达能力和音乐的节奏感，发展了幼儿的音乐智能。幼儿通过练习膝盖悬空横爬、从下往上双脚跳和单脚跨跳的动作，提高了幼儿的身体协调性和控制能力，锻炼了幼儿四肢肌肉的耐力和腿部肌肉的爆发力，发展了幼儿的身体运动智能。身体运动智能强的幼儿能很快掌握横爬的动作要领，即同时移动一侧的手脚，并能双脚从上往下跳过轮胎和跨栏，落地时身体平稳。幼儿通过对蔬菜进行点数和分类，锻炼幼儿口手一致数数的能力和比较总结的能力，发展了幼儿的逻辑数学智能。

续表

水平	水平Ⅱ（下）
活动延伸（1）	在美工区，投放制作纸篮子的步骤图和各种颜色的折纸，感兴趣的幼儿可以制作纸篮子，并把纸篮子投放到户外活动区。
活动延伸（2）	家长和幼儿在闲暇时间，可以在床上练习手脚着地膝盖悬空横爬，还可以探索不同的横爬的方法，比比谁爬得快。
幼儿评定	幼儿是否能手脚着地膝盖悬空横爬3—5米，并能立定双脚跳进轮胎。

表 7-68 中班运动领域活动 08

水平	水平Ⅱ（下）
活动名称	提水浇地了
学习与发展目标	4—5岁-健康-Ⅱ-1：能在较窄的低矮物体上平稳地走一段距离；能以匍匐、膝盖悬空等多种方式钻爬。
内容目标	1. 练习肘膝着地爬，锻炼幼儿的身体灵活性。 2. 练习双手提桶走高跷，锻炼幼儿的身体平衡和手臂肌肉的耐力。 3. 培养幼儿不怕炎热，坚持做一件事情的品质。
活动材料	节奏紧急的音乐、音乐播放器、平坦宽阔的户外活动场地、地垫若干、可以拎的小桶或空瓶（油或大瓶饮料，每名幼儿两个）、种植地、装满自来水的大水桶、小高跷（每名幼儿1对）。
活动过程	1. 干干的土壤 （1）一名教师带幼儿去幼儿园内的种植地，请幼儿观察种植地里的植物和土壤，并说一说自己的发现。（植物没精神，低着头，像午睡没睡醒一样；土壤干干的，地皮都裂开了或翘起来了。） （2）一名教师布置活动场地： 起始线　地垫　仓库（纸箱）　井（水桶）　菜地 （3）教师播放节奏紧急的音乐。

续表

水平	水平Ⅱ（下）
活动过程	2. 取桶 "小朋友，你们刚才看到了，我们幼儿园里的种植地太干了，地里的植物很危险，可是我们这里没有小河，没有办法给植物浇水。不过不远的地方有一口井（水桶），我们去井里取水去吧！但是去取水之前你们需要先去仓库（大纸箱）里取装备，仓库在地下，你们需要爬过一条长长的隧道（地垫），这个隧道又窄又矮，需要你们学习一个新本领，你们有信心能通过吗？" （1）教师示范肘膝着地爬的动作要领：整个身子趴在地垫上，头稍微抬起，用肘部和膝盖交替向前移动，臀部不要翘起。教师注意提醒幼儿，移动时不要同时移动身体同侧的肘关节和膝关节，避免顺拐影响身体的协调性。 （2）教师将幼儿随机分成人数相等的4队，纵排站在起始线上，当教师发出"开始"的口令后，每队的第一名幼儿出发，按照教师示范的动作肘膝着地爬地垫，爬到中间的位置时，每队的第二名幼儿出发，依次类推，直到全部幼儿到达仓库（大纸箱），该环节自然结束。 3. 提水 （1）"小朋友，你们刚才已全部通过了隧道，到达了仓库，现在请你们每人先取出一对小高跷，把它穿在脚上。" 幼儿在纸箱里拿出一对小高跷，把脚伸进上面的皮筋里。教师巡视全场，帮幼儿穿小高跷。 （2）教师请穿好小高跷的幼儿在地上走一走，并讲解动作要领：踩高跷走步时，头保持正直，身体要稳，不要来回晃动、不要低头，眼看前方大胆迈步。 （3）"小朋友你们现在已经穿好了小高跷，因为井边有许多的水，穿小高跷可以避免我们的鞋子沾到水。现在请你们各拿两个小桶，跟老师一起去井（水桶）边打水吧！" （4）教师带领幼儿踩着小高跷，提着小水桶，去井（水桶）里取水。 4. 浇地 "小朋友，你们已经取到水了，我们赶紧去浇地吧！" 幼儿踩着小高跷，左右手各拎一个小桶，以鱼贯式的方式，走到种植地，把自己水桶里的水倒到植物的根部。过程中教师提示幼儿目视前方，保持身体平稳，小步子前进。
活动建议	1. 本活动适合在夏天的午后进行，当天的气温较高，可以让幼儿更真实地体验活动。活动前不要给幼儿园内的种植地浇水。活动中使用的水要提前晒好，避免水太凉，给植物根部造成伤害。 2. 活动过程中，肘膝着地爬的动作强度较小，可采用鱼贯进行的方式减少幼儿等待的时间，两名幼儿之间的间隔在0.5米左右即可，活动时教师重点提醒幼儿压低臀部，肘关节和膝关节交替用力。

续表

水平	水平Ⅱ（下）
活动建议	3. 活动中使用的水桶的尺寸可以根据班级幼儿的水平调整，能力强的班级可以使用较大一点的桶，能力弱的班级用小一点的桶。活动时教师根据不同幼儿的能力灵活地调整小桶内的水量，能力强的幼儿可多装一些水，能力弱的幼儿少装一点水。运水时，教师重点提醒幼儿集中注意力，不要着急，眼睛看前方，不要盯着水桶，身体平稳地小步小步地向前走，尽量减少水的洒出。当幼儿熟练掌握双手提拎物走高跷的时候，教师可以采用增加障碍物（如轮胎）的方式，增加活动的难度。
多元智能	平衡活动《提水浇地了》，主要发展了幼儿的语言智能、身体运动智能和人际交往智能。 　　幼儿通过分享自己观察到的种植地的实际情况，锻炼了幼儿描述事情的能力，提高了幼儿的语言表达能力，发展了幼儿的语言智能。幼儿通过团队合作的形式完成肘膝着地爬的任务，发展了幼儿的人际交往智能。幼儿通过练习肘膝着地爬和双手拎桶走小高跷的动作，锻炼了幼儿身体协调性、身体平衡能力和手臂肌肉的耐力，提高了幼儿的身体灵活性，发展了幼儿的身体运动智能。身体运动智能强的幼儿，能很快掌握肘膝着地爬的动作要领，并能独立穿上小高跷；在运水环节，身体平稳，水很少洒出。身体运动智能弱的幼儿，在肘膝着地爬时容易出现顺拐现象，并且踩高跷运水时，会出现洒水甚至摔倒的现象。
活动延伸（1）	将小高跷和水桶投放到户外活动区，方便平衡能力弱或对小高跷感兴趣的幼儿继续练习走高跷。
活动延伸（2）	利用家里妈妈的高跟鞋，开展一场家庭穿高跟鞋运蔬果的比赛。幼儿设计起点和终点，并确定要运的水果和蔬菜。
幼儿评定	幼儿是否能踩小高跷运水且身体保持平稳，水很少洒出。

表 7-69　中班运动领域活动 09

水平	水平Ⅱ（下）
活动名称	麦子丰收了
学习与发展目标	4—5 岁 - 健康 - Ⅱ-1：能在较窄的低矮物体上平稳地走一段距离；能以匍匐、膝盖悬空等多种方式钻爬。
内容目标	1. 模仿割麦子的动作，锻炼幼儿的身体协调性。 2. 练习弯腰双手扶脚腕过障碍物，锻炼幼儿的身体柔韧性。 3. 培养吃苦耐劳的品质。
活动材料	《打麦号子》音频、镰刀割麦子的视频或录像，宽敞平坦的场地，轮胎若干、平衡木 3 架、拱形门若干、大纸箱 3 个、小马、袋装粮食的小粘贴，麦子丰收、小土丘、小桥和山洞的图片。

续表

水平	水平Ⅱ（下）
活动过程	1. 割麦子 "小朋友们，麦田里的麦子熟啦，农民伯伯正在热火朝天地收麦子呢，我们快去帮忙吧！" （1）教师带领幼儿观看割麦子的视频，请幼儿观察农民伯伯是怎样用镰刀割麦子的，并模仿动作。 （2）一名教师播放《打麦号子》的音频，和幼儿一起模仿割麦子的动作：弯腰，低头，一手抓握（抓住麦秆），一手前后摆动。 （3）一名教师布置场地： 起始线　　小土丘(轮胎)　　小桥(平衡木)　　山洞(拱形门)　　粮仓(纸箱) 2. 运麦子 "小朋友们，刚才我们割了好多的麦子，劳动真快乐呀！但是现在有个问题，我们需要把这些粮食（袋装粮食小粘贴）运回粮仓。从麦地到粮仓只有一条崎岖的山路，不能开车，只能用小马驮着粮食跨过小土丘（轮胎）、走过独木桥（平衡木）和钻过山洞（拱形门），才能把麦子运回粮仓。" （1）教师随机将幼儿分成人数相等的三组，并请幼儿把小马的粘贴贴在胸前，扮演小马。 （2）教师示范怎样运粮食：幼儿互相帮忙把袋装粮食小粘贴贴在后背，弯腰，左右手分别扶住左右脚腕（小腿），腿伸直，分别跨过轮胎、走过平衡木和钻过拱形门，走到终点后，直起腰，把粮食小粘贴揭下来，贴在纸箱（粮仓）上，从旁边快速跑回，运下一袋粮食。 （3）幼儿根据教师示范的动作，排成鱼贯式运粮食。教师在平衡木旁保护幼儿的安全。 3. 庆祝丰收 "粮食都运回粮仓了，小马们辛苦啦！我们一起数一数我们运了多少袋粮食，比一比哪一队运得多，然后我们一起来庆祝丰收吧！" （1）教师请每队幼儿数一数自己箱子上有几袋粮食，并把总数报给教师。教师根据每队运输总数选出运量最多的队伍。 （2）教师带领幼儿围着粮仓（箱子）唱歌、跳舞，庆祝丰收。

续表

水平	水平Ⅱ（下）
活动建议	教师在活动之前，提前准备好传统镰刀割麦子的视频和《打麦号子》的音频，找不到视频的老师也可用图片代替。在模仿用镰刀割麦子的环节，教师可进行无实物模仿，也可提前准备好自制镰刀，进行有实物表演，幼儿只要能表现出弯腰割东西的动作即可。在练习弯腰双手扶脚腕过障碍物的环节，对于身体柔韧性好的幼儿要求扶脚腕，手臂和腿伸直；身体柔韧性弱的幼儿，只要能做到可以扶小腿，腿伸直即可。在贴粮食贴的环节，幼儿可以自己贴在后腰上，也可以请其他幼儿帮忙贴在背上。在手扶脚腕过平衡木时，教师要在平衡木两侧保护幼儿，选用的平衡木不宜太高，5—10cm高即可，如果幼儿能熟练地走过平衡木，可以调整平衡木的高度，增加游戏的难度。
多元智能	综合活动《麦子大丰收》，主要发展了幼儿的音乐智能、身体运动智能、逻辑数学智能和自我认知智能。 幼儿根据民间音乐的节奏模仿割麦子的动作，既锻炼了幼儿的节奏感，又让幼儿感知了不同风格的音乐，发展了幼儿的音乐智能。在手扶脚腕跨过轮胎、走过平衡木和钻过拱形门的活动中，锻炼了幼儿的身体柔韧性和不断挑战困难的精神，增加了幼儿手臂和腿部肌肉的耐力，发展了幼儿的身体运动智能。身体运动智能强的幼儿，能很容易做到手扶脚腕，并且手臂和腿是伸直的状态。身体运动智能弱的幼儿只要能做到手扶腿走过障碍物即可。幼儿通过点数箱子上的粮食小粘贴和比较各队小粘贴的总数，锻炼幼儿数数的能力和比较大小的能力，发展了幼儿的逻辑数学智能。幼儿通过庆祝丰收，感受劳动后的快乐，激发幼儿的自主意识，发展了幼儿的自我认知智能。
活动延伸（1）	在建筑区投放各种粮仓的图片和一些大型的拼插辅材，鼓励感兴趣的幼儿探索粮仓的搭建方法和粮仓的结构，搭建出有功能区分的粮仓。
活动延伸（2）	在去超市或商场买米面或蔬菜水果的时候，为锻炼幼儿的手臂力量和身体耐力，妈妈可以尝试让幼儿把2.5千克以内的物品抱回家，距离最好在500米以内。
幼儿评定	幼儿是否可以独立做到手扶小腿且腿伸直，过2种障碍物。

表7-70　中班运动领域活动10

水平	水平Ⅱ（下）
活动名称	搭建停车场
学习与发展目标	4—5岁－健康－Ⅱ-1：能在较窄的低矮物体上平稳地走一段距离。4—5岁－健康－Ⅱ-3：能沿轮廓线剪出由直线构成的简单图形，边线吻合。
内容目标	1.通过练习持物走平衡木，锻炼幼儿的身体平衡能力。 2.通过利用大小不同的纸箱搭建停车场，锻炼幼儿的创新意识。 3.萌发幼儿的合作创新意识。

第七章 中班领域活动指导与活动案例

续表

水平	水平Ⅱ（下）
活动材料	节奏欢快的音乐、音乐播放器、平坦宽阔的户外活动场地、平衡木3架、大小纸箱若干、剪刀、胶带、宽双面胶、玩具汽车、记号笔、纸箱停车场的图片、尺子。
活动过程	1. 没地停车 （1）教师在欢快的背景音乐下带领模仿开小汽车（双手在胸前左右摆动）的幼儿步入活动场地，幼儿跟随教师口令，调整开车速度做热身运动： 当教师发出"平稳行驶"的口令后，幼儿围着操场慢跑；当教师发出"踩油门"的口令后，幼儿围着操场快跑；当教师发出"停车"的口令后，幼儿原地保持不动。 （2）教师模拟开小汽车的动作，在幼儿中间穿过，中途身体碰到许多幼儿，当教师被堵住时引导幼儿回答以下问题： "小朋友，如果我们把车随意地停在路上，会发生什么现象？"（堵车、车祸） "那怎样才能避免这种问题出现呢？"（把车停到停车场） "可是我们这里没有停车场怎么办？"（搭建停车场） （3）一名教师布置场地： 仓库　　起始线　　平衡木　　　　　　建筑工地 2. 运输材料 （1）"小朋友，搭建停车场之前，我们需要把仓库里的材料（各种大小的纸箱）运到建筑工地，现在我们开始运材料吧！老师提醒你们，材料有大有小，你们可以先运小箱子，然后两人合作运大箱子。" 教师将幼儿分成人数相等的3队。 （2）幼儿在仓库里挑选一个小材料（小纸箱），排队站在起始线上，双手抱盒子走过平衡木，把材料放到自己队的建筑工地后从侧面跑回。 （3）运完小材料的幼儿两两结组，两人在仓库里挑选一个大材料（大纸箱），一人抬箱子的一边，两人侧身走过平衡木，把材料放到自己队的建筑工地。

续表

水平	水平Ⅱ（下）
活动过程	3. 搭建停车场 （1）"小朋友，你们已经完成了材料的运输任务，你们每个队伍都有一块建筑场地，现在开始搭建停车场吧！" （2）教师为每队幼儿发放纸箱停车场的图片、剪刀、宽胶带（双面胶）、记号笔、玩具汽车、尺子等材料。 （3）教师引导每队幼儿自由讨论，搭建自己队的停车场。建议幼儿在剪纸箱时先用尺子画出直线，提醒幼儿停车场要有出口和入口。 （4）教师引导幼儿轮流参观其他队的停车场，参观过程中教师和幼儿一起做点评。
活动建议	1. 活动前两周教师请幼儿家长开始准备各种尺寸的纸箱。教师可用椅子、木桩、石块和砖头代替平衡木，距离和间隔可根据班级幼儿的平衡能力增加或减少。 2. 在两两结组时，教师提醒幼儿要考虑对方的意愿、个头和平衡能力。在双人协同抬物的过程中，教师重点引导幼儿侧身、动作协调一致（同时移动一侧的脚）地通过平衡木。在用纸箱搭建停车场的环节，教师引导幼儿在搭建前讨论分工，确定搭建目标，重点观察幼儿在搭建过程中该队是否出现领袖幼儿，活动安排是否有组织，遇到困难时是否不停地寻找解决办法。
多元智能	建构活动《搭建停车场》，主要发展了幼儿的语言智能、身体运动智能、人际交往智能和空间智能。 幼儿与教师问答的方式，既可以让教师引出活动，又可以锻炼幼儿的倾听和表达能力，发展了幼儿的语言智能。幼儿主要通过练习持物独自走、协同走平衡木的方式，锻炼了幼儿的身体平衡能力；幼儿通过合作用纸箱搭建停车场的环节，锻炼了幼儿手指肌肉的灵活性，增加了幼儿对停车场空间结构的认识和团队合作的默契，共同发展了幼儿的身体运动智能、人际交往智能和空间智能。身体运动智能强的幼儿能很快掌握单人持物或双人抬物走平衡木的技巧，并在搭建停车场环节，有新的搭建创意。身体运动智能弱的幼儿，在双人抬物走窄道时，两人不能同时移动双脚，容易出现掉落物品或失去平衡的情况。
活动延伸（1）	在建构区投放各种停车场的图片，并增加玩具汽车、斜坡类积木、环形积木的投放，鼓励幼儿探索搭建不同功能的停车场，如多层停车场。
活动延伸（2）	在小区或商场停车时，爸爸妈妈引导幼儿观察不同种类停车场（地上停车场和地下停车场）的入口、出口，并比较其区别。
幼儿评定	幼儿能否合作侧身抬物走过平衡木且身体保持平稳，并能合作搭建出一个出口和入口分开的停车场。

第八章

中班单元主题活动指导与活动案例

单元主题活动是课程的一个重要组成部分，它是围绕特定的主题开展的一系列相关联的活动，涉及不同的领域，如科学、运动、数学、视觉艺术、社会和语言等。围绕同一主题展开的多领域相关活动给予了幼儿整合的经验。

领航单元主题活动设计的核心是探索，要求先让幼儿表达他们已有的相关主题的认识、兴趣和想法，再去进一步探索、认识与体验，在认识的基础上让幼儿表达他们的认识，最后展示与分享成果。这里提供的单元主题活动可以为教师提供参考，在单元主题活动开展过程中，教师可以根据幼儿表现出来的兴趣和探索的愿望，增加或减少探索的内容，支持幼儿发起的探索活动。同时教师也可根据当地的资源、幼儿的兴趣设计新的单元主题活动。在安排每周的活动时，如果选用单元主题活动，就不再安排领域活动，因为单元主题活动中包含了许多领域的活动，同时又是围绕一个主题内容连贯、连续地展开，给幼儿围绕主题提供了完整的经验。

一、单元主题活动：我最棒

单元目标：1. 了解自己的优点和长处，知道自己表现棒的地方。2. 擅于表现自己的优势，并通过多种游戏和艺术创作活动，发展语言表达能力、运动能力、概括归纳能力及艺术创造等多种能力。3. 善于发现与思考，知道自己的事情自己做，并能完成很多事情。

表 8-1　单元主题活动我最棒 01：我的简历

活动名称	我的简历
学习与发展目标	4—5 岁 – 社会 – Ⅰ –3: 知道自己的一些优点和长处，并对此感到满意。
活动目标	1. 简单了解简历的作用。 2. 知道自己表现棒的地方。 3. 愿意大胆地向大家介绍自己的兴趣或优点。
活动材料	幼儿各自的照片、A4 纸、胶水、彩笔、儿童剪刀、彩条、小绒球若干，常见形式（贴有照片）的简历一份，自制的拼贴简历一份。
活动过程	1. 认识简历 （1）教师请幼儿讲述对简历的已有认识，鼓励幼儿描述见过的简历的样子，是否知道简历上有哪些内容，教师给幼儿一定的时间来交流。 （2）教师出示常见形式的简历，给幼儿做简单的介绍，如：这是 XX 老师的简历，上边有这位老师的姓名、电话等联系方式，还有这位老师的学习经历、个人爱好、优点和个人评价等信息，通过简历，我们就能了解这位老师了，大人们经常在找工作时写简历。 2. 准备自己的简历 （1）教师将幼儿分成 3—4 组，引导幼儿思考自己哪些地方做得棒，如果做自己的简历，会体现自己哪些才能、优势或兴趣，鼓励幼儿在小组内描述自己，除了自己的才能、兴趣爱好和优点外，还可以是自己喜欢的颜色、小动物和食物等。然后，教师引导幼儿思考用哪些材料来制作自己的简历，表现自己的优点、兴趣和做得棒的地方，小组间讨论简历上除了照片、图画外，还可以用哪些材料，如漂亮的小彩条、小绒球、星星状的纸片，还可以是自己收藏品的漂亮糖纸、车票、门票等。 （2）教师拿出自制的拼贴简历模型，给幼儿做简单的介绍，如：这是老师的孩子自己做的拼贴简历，简历上有他/她的照片，有书，有宠物小狗，有乐器，这些都是他/她喜欢的东西，他/她画画最棒了，上边还有画的蓝天和小羊。 3. 制作自己的简历 （1）教师将准备好的幼儿照片、A4 纸、胶水、彩笔、儿童剪刀等材料分发给各小组，给幼儿充分的时间制作自己的简历。 （2）幼儿完成自己的简历拼贴后，教师鼓励幼儿在全班面前主动讲解自己的简历。
活动建议	教师在准备常见的简历时，简历照片可以是自己，也可以是幼儿都认识的教师，引起幼儿对简历的兴趣。教师在准备自己的简历的环节，要给予幼儿一定的时间来引导幼儿思考自己的兴趣、爱好等，鼓励幼儿较多地讲述自己认为做得棒的地方。在制作自己简历的环节，教师要关注幼儿对材料的使用，对幼儿进行适当引导；在制作完后，注意引导内向的、不善交流的幼儿介绍自己的简历，教师可以根据活动时间来选取个别的幼儿进行讲解，注意对全体幼儿的个别引导。

续表

多元智能	在《我的简历》整个活动中主要发展了幼儿的自我认知智能、人际交往智能、语言智能和空间智能。幼儿通过思考自己的兴趣、爱好、优势和做得棒的地方，锻炼了幼儿的自我反思能力和自我认识能力，发展了幼儿的自我认知智能。幼儿通过小组内交流自己的优点、爱好，并且讨论如何拼贴自己简历的过程，锻炼了幼儿之间的交流能力和表达能力，同时发展了幼儿的人际交往智能和语言智能。幼儿在拼贴简历的过程中，有机会锻炼幼儿对色彩、空间位置的感知能力，发展了幼儿的空间智能。自我认知智能强的幼儿可以较好地表达自己的兴趣、爱好和优势，而自我认知智能弱的幼儿可能对自身的优势认识不清楚，需要教师的引导与关注。
活动延伸	在美工区，幼儿可以对自己的简历继续增加新的拼贴内容；在家中，幼儿可以给家长讲解自己的简历，家长也可以帮助幼儿收集更多的材料来丰富幼儿的简历。
幼儿评定	幼儿是否知道自己表现棒的地方；能否大胆主动地在集体面前讲述自己的优势、兴趣等。

表 8-2 单元主题活动我最棒 02：我发现

活动名称	我发现
学习与发展目标	4—5 岁 - 语言 - Ⅰ-2：讲述比较连贯。
活动目标	1. 可以用"我发现……不见了"的句式说出三个或三个以上不见的物品。 2. 可以口齿清晰地说出不见的物品和其他物品有什么不同。 3. 讲述比较连贯，且喜欢玩"我发现"的游戏。
活动材料	苹果、梨、香蕉、橘子、草莓一组；铅笔、橡皮、转笔刀、钢笔、本子一组；乒乓球、羽毛球、篮球、足球、弹力球一组；其他类似物品五个一组，若干组；奖励小粘贴；眼罩。
活动过程	1. 森林幼儿园的物品 （1）教师设置悬念，"小朋友们，森林幼儿园需要买一批物品，我们这里准备好了要给熊猫老师送过去，并且老师给它们排好了队，可是总有一两件淘气物品喜欢跑丢，我们来玩一个游戏，把跑丢的找出来好不好？"教师为幼儿讲解游戏规则：展示一组物品，请大家观察后全部戴上眼罩，教师拿走一件，请幼儿取下眼罩，用"我发现……不见了"的句式说说哪个物品不见了，并且说出不见的物品和其他物品有什么不同。 （2）教师带领幼儿体验游戏。前两轮可以降低难度，摆出第一组，先请幼儿观察，并说说该组物品有什么，描述一下每个物品是什么样子，再请幼儿蒙上眼睛，继续游戏。 2. 我发现……不见了 （1）教师与幼儿一起玩游戏，可由第一个发言的幼儿为下一轮游戏拿走物品，请其他幼儿猜，注意引导幼儿在说出哪件物品不见的时候应用新句式。

活动过程	（2）进行几轮游戏后，适当提高游戏难度，拿走两件物品，请幼儿猜猜是哪些不见了。 3. 我最棒 幼儿分组进行游戏，在游戏过程中，教师随机进行指导，注意引导幼儿遵循游戏规则，在其他幼儿发言时，注意倾听。游戏结束后，教师为幼儿颁发"大眼睛""巧嘴巴""我最棒"等奖项。
活动建议	1. 本方案重点在于用语言描述物品的特点和物品间的区别，难点是找出丢失的物品后，描述准确。在活动过程中，如果幼儿无法正确指出丢失的物品，能够用词准确、语言流畅地描述某一物品的特点也可。 2. 教师准备奖励小粘贴时，可以为"大眼睛""巧嘴巴""我最棒"三个奖项准备不同的奖品，分别分发给寻找准确、描述连贯和积极参与的幼儿。除个别优秀幼儿外，大部分幼儿都可以奖励"我最棒"，鼓励幼儿参与游戏。 3. 分组游戏过程中，遵循游戏规则是重点，当有部分幼儿不太理解游戏规则时，教师可以单独指导，如果可以很好地按照规则游戏，教师鼓励幼儿更详细地描绘物品的特征。
多元智能	本方案分为"森林幼儿园的物品""我发现……不见了""我最棒"三个小活动。有机会发展幼儿的语言智能和人际交往智能。 通过描述第一组里每个物品的样子、说说哪个物品不见了、不见的物品和其他物品有什么不同等环节，锻炼了幼儿对词汇的有效利用能力和流畅表达能力，发展了幼儿的语言智能。语言智能强的幼儿可以口齿清晰地描述出物品的样子，在说出不见的物品和其他物品有什么不同时思路更清晰、语言更流畅。语言智能较弱的幼儿可能无法掌握"我发现……不见了"的句式，需要教师多提供范例引导其模仿应用该句式。通过幼儿间相互分组进行游戏，发展了幼儿的人际交往智能。
活动延伸（1）	在角色游戏区，幼儿可以继续玩游戏，教师注意适当进行指导，提醒幼儿使用新的句式。
活动延伸（2）	幼儿可以带领家长玩"我发现"的游戏，家长帮助幼儿适当规范游戏规则，选取家里同类型的物品，鼓励幼儿多多用语言描述。
幼儿评定	观察幼儿能否用"我发现……不见了"的句式说出不见的物品，能否口齿基本清晰地说出不见的物品和其他物品有什么不同。

表 8-3 单元主题活动我最棒 03：了不起的值日生

活动名称	了不起的值日生
学习与发展目标	4—5 岁 - 艺术 - Ⅱ-2：能通过即兴哼唱、即兴表演或给熟悉的歌曲编词来表达自己的心情。

续表

活动目标	1. 有表情地演唱歌曲，创编简单的动作进行歌表演。 2. 通过仿编歌词，知道自己能做很多事情，从而获得自信。
活动材料	歌曲《我是值日生》的音频、班级幼儿当值日生的短片或组图、白板、白纸和笔。
活动过程	1. 猜猜我是谁 （1）教师播放短片或展示一组图片，请幼儿猜猜视频中（或图片中）的小朋友在做什么？我们把这些能干的小朋友称作什么？ （2）教师请幼儿仔细倾听歌曲《我是值日生》，然后引导幼儿把歌中的故事讲给大家听。 2. 我是小小值日生 （1）教师总结幼儿对歌曲《我是值日生》的故事分享，引导幼儿理解值日生早起为大家做事的辛苦。 （2）教师范唱歌曲，并请幼儿随着教师歌唱的音乐旋律拍手打节奏。 我是值日生 1=F 2/4　　　　　　　　　　　　　佚名 词曲 中速 3 3 1 2 | 3 1 5 | 6 6 7 5 | 1 — 今天我很早起床，要到幼儿园。 3 3 1 2 | 3 1 5 | 6 6 7 5 | 1 — 妈妈问我为什么，我是值日生。 3 3 3 | 2 2 2 | 7 7 6 5 | 7 2 擦桌子，擦椅子，玩具放得整　齐。 3 3 3 | 2 2 2 | 3 3 2 3 | 1 — 爱学习，爱劳动，做个好孩子。 （3）教师带幼儿有节奏地拍念歌词。 （4）反复演唱歌曲，可以用齐唱、轮唱等方式增加演唱的趣味性。 3. 了不起的值日生 （1）教师在白板上画出一双手："这是值日生一双能干的小手，除了歌曲中唱到的内容，值日生还能干很多的事情，都可以做哪些事情呢？"请幼儿通过多种方式表达自己的想法，如：通过肢体表演，让其他幼儿猜的形式；通过用简单符号或简单绘画的方式进行表达；语言描述的方式；等等。教师可在白板上用歌词的形式记录幼儿的想法。 （2）教师带幼儿有节奏地拍念仿编的歌词，并将歌词补充到歌曲《我是值日生》中，尝试按照旋律唱出歌词。 4. 谢谢值日生 （1）启发幼儿展开话题讨论：当值日生每天早起，为了用干净的环境迎接小朋友而辛苦付出时，其他小朋友应怎样做？想一想如果没有值日生会怎样？请幼儿表达自己的想法以及自己做值日生的感受。教师尊重幼儿的想法和感受，并提供充分的时间供幼儿讨论。

续表

活动过程	（2）通过学唱儿歌以及对值日生的话题讨论，引导幼儿尊重别人的劳动，激发幼儿当值日生的自豪感，增强幼儿的自信心。
活动建议	1. 教师需要提前准备好歌曲《我是值日生》的音频，并尽可能用钢琴弹奏。 2. 幼儿将仿编歌词与旋律对应时，教师给予适当的协助，与幼儿共同确定好歌词的顺序，并用钢琴进行伴奏。随着幼儿对歌词仿编的熟悉程度，可以调整伴奏的速度。 3.《我是值日生》的短片或组图，最好出现班级上的每一位小朋友，劳动内容尽量广泛。一方面使幼儿知道自己能做很多事情从而获得自信，另一方面也为后续的歌词仿编活动搭建平台。
多元智能	歌曲唱游活动《了不起的值日生》，发展了幼儿的音乐智能、语言智能、身体运动智能和自我认知智能。 幼儿通过自己的已有经验并运用自己掌握的词汇仿编歌词，以及在话题讨论中表达自己的感受和想法，锻炼了幼儿语言的概括能力和表达能力，发展了幼儿的语言智能。在学唱歌曲和仿编歌词的过程中，幼儿需要感知歌曲的音调、节奏、旋律及速度等，发展了幼儿的音乐智能。音乐智能强的幼儿能够较准确地将自己仿编的歌词与旋律相对应。音乐智能弱的幼儿，对这首歌曲的音准掌握会有一定的难度，需要多加练习。幼儿用肢体动作表现劳动内容的过程，发展了幼儿的身体运动智能。幼儿通过值日生劳动的体验，得到了别人的认可和尊重，从而认识到自己的能力，并愿意去做更多自己能够做到的事情，发展了幼儿的自我认知智能。
活动延伸	幼儿可在各个区角进行玩具和图书等物品的整理，教师可引导幼儿用分类、归纳或排序等方法进行整理，丰富值日生的内容，为幼儿提供更多锻炼的机会，并及时地肯定，使幼儿获得更多的自信。鼓励幼儿去认识更多为我们服务的人，珍惜他们的劳动成果。如食堂老师辛苦做出的饭，大家要珍惜，不浪费等。幼儿在家做力所能及的事情，成为家庭小能手。家长幼儿共同记录，定期来园分享。
幼儿评定	幼儿能否唱会歌曲，乐意仿编歌词，并能创编简单的动作进行歌表演。

表8-4 单元主题活动我最棒04：我来装扮我自己

活动名称	我来装扮我自己
学习与发展目标	4—5岁–艺术–Ⅱ-2：能运用绘画、手工制作等表现自己观察到或想象的事物。
活动目标	1. 通过仔细观察自己的五官、肢体以及衣着，锻炼幼儿的观察力和耐心。 2. 幼儿运用工具，相互之间进行合作为自己的身体轮廓进行装扮，锻炼幼儿的合作能力和装饰能力。 3. 激发幼儿热爱美术活动，增加幼儿对艺术的兴趣。

续表

活动材料	镜子一个、白色大纸100cm×100cm（每人一张）、油画棒或记号笔、彩色纸张、海绵纸、瓦楞纸、胶带、双面胶、剪刀等。
活动过程	1. 我的样子 教师带领幼儿在穿衣镜前一一打量自己的穿着和身体特征，引导幼儿发掘自己的美，并和过去的自己比较，看发生了哪些明显的变化。鼓励幼儿之间相互讨论彼此的眼睛大小、头发长短以及鼻子、嘴巴、手、脚等的形状。 根据幼儿的身体特征将幼儿分为A组、B组、C组、D组、E组，例如头发的长短、男女的性别等，注意避免使用会引起尴尬的特点，比如矮、胖、瘦小等。 2. 绘制我自己 ① 将白色大纸分发给小组，每人一份，将白色纸张平铺在地上，请小组中的一位幼儿躺在白色区域内，个别幼儿的身高可能会超出纸张，引导幼儿自己想办法解决。 ② 小组的其他幼儿用记号笔或油画棒在平躺幼儿身边进行绘制，画出身体基本特征的轮廓并在教师的帮助下在白纸反面写上自己的名字。 ③ 引导幼儿轮流进行平躺和绘制出每一位幼儿的身体轮廓。 "每一位小朋友都有自己独特的样子，怎样才能让其他小朋友认出这就是你呢？咱们来装饰一下自己吧！" ④ 将所需材料分发给每组，请小组内的成员进行讨论每个成员的特征是什么？和其他小组有什么区别？在白色区域内应如何用材料进行呈现？ ⑤ 讨论完请幼儿先简单地装饰自己，认为自己区别于其他幼儿的特点是什么，之后请其他成员来进行补充。 在绘制过程中，教师要及时地提供帮助，可根据材料的材质来安排画面。比如，海绵纸和瓦楞纸可用来制作头发，彩色纸张可用来制作衣服，也可将不同的材料进行叠加制作特殊效果的衣服或头发。 3. 猜猜哪个是我 绘制完成后，请幼儿按小组进行展示，幼儿之间相互帮助将作品贴在教室的墙壁上。 "大家来猜一猜这些作品中的小朋友都是谁吧！"观赏A组时请其他小组成员来猜作品中是A组中的哪位幼儿，并说出为什么？并与后面的名字进行对比看是否猜对，依次轮流进行猜。 竞猜游戏结束后，在教师的帮助下请幼儿进行拍照留念并将自己的作品收起来，进行保存。
活动建议	活动中幼儿在打量自己时，教师要在一旁进行语言引导，让幼儿发现自己的独特之处，增强其自信心。鼓励幼儿大胆地将现在的自己和过去的自己进行比较，并说出自己的变化，教师可用过去的照片给予一定的提示。进行绘制时鼓励幼儿之间要相互合作，能力强的幼儿鼓励其绘制出自己更多的特点，并制作精细，比如，眼睛的结构、嘴形的特征等。并在自己制作完成后多帮助其他幼儿。能力弱的幼儿，引导其只抓住自己一个最显著的特点进行绘制即可，或是衣着或是身体特征。提醒幼儿在制作时注意安全和环境卫生，活动结束后帮教师收拾工具和材料。

多元智能	本单元活动《我来装扮我自己》，有机会锻炼幼儿的逻辑数学智能、语言智能、身体运动智能、空间智能和自我认知智能。幼儿之间通过比较不同，锻炼了幼儿的逻辑思维能力，发展了幼儿的逻辑数学智能。幼儿将自己观察到的结论表述出来，在幼儿之间用语言相互帮助和交流，发展了幼儿的语言智能。幼儿将自己的身体进行平躺并用工具在身体周围进行绘制轮廓线，锻炼了幼儿的动手能力，发展了幼儿的身体运动智能。运用各种材料进行装饰自己，发展了幼儿的空间智能。空间智能强的幼儿能够根据自己的特点用材料制作出来，且形状相似、色彩搭配合理，装饰出漂亮的自己。空间智能弱的幼儿在制作时抓不住自己的特点以及在表现自己时不知从何下手，需要教师给予一定的帮助和语言引导。幼儿通过绘制自己并了解自己的特殊变化，从而感到满足，发展了幼儿的自我认知智能。
活动延伸	引导幼儿诉说自己将来想成为什么样的人，并为自己长大的样子进行想象和设定，可先进行草稿再进行修改和绘制。根据设计的模样和职业，幼儿可在戏剧表演区进行表演。
幼儿评定	观察幼儿是否注意到自己的独特性并利用材料装饰出来。

表8-5 单元主题活动我最棒05：敢于挑战的小袋鼠

活动名称	敢于挑战的小袋鼠
学习与发展目标	4—5岁–健康–Ⅱ–1：能助跑跨跳过一定距离，或助跑跨跳过一定高度的物体。 4—5岁–健康–Ⅱ–2：能单脚连续向前跳5米左右。
活动目标	1. 练习单脚连续跳呼啦圈，锻炼幼儿的腿部肌肉的耐力。 2. 练习助跑跳过地面上的障碍物和跨跳过一定高度的绳子，锻炼幼儿的腿部肌肉的爆发力和身体协调性。 3. 培养幼儿相信自己、不怕困难的精神。
活动材料	《袋鼠爱跳高》儿歌、袋鼠跳跃奔跑的视频（图片）、音乐（视频）播放器、平坦宽阔的户外活动场地、呼啦圈若干、10cm—80cm宽的蓝色废纸若干张、草地的图片、10cm—40cm的积木若干、苹果图片（模型）若干、橡皮筋3—6条、小袋鼠胸贴、宽胶带。
活动过程	1. 小袋鼠爱跳高 （1）在《袋鼠爱跳高》儿歌音乐背景下，教师和幼儿一起学儿歌、做动作，做热身活动。 　　　　张张嘴，河马爱喝水； 　　　　抓抓脸，猫儿在洗脸； 　　　　弯弯腰，猴子捡香蕉； 　　　　动动脚，袋鼠爱跳高。 （2）教师带领幼儿观看袋鼠跳跃奔跑的小视频（图片），请幼儿观察并模仿袋鼠跳跃奔跑的动作：双手在胸前弯曲，双脚用力蹬地，向前上方跳起。

续表

活动过程	（3）幼儿和教师一起把呼啦圈排成一个圆圈，模仿袋鼠跳跃的动作，练习双脚连续往前跳呼啦圈1—3遍。 2. 小袋鼠跳得远 （1）教师和幼儿一起把不同宽窄的蓝色的纸张和草地的图片用宽胶带贴在地上，充当河流和草地，具体如下图。 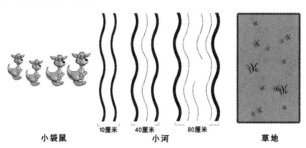 （2）教师和幼儿贴上袋鼠胸贴，分别扮演袋鼠妈妈和小袋鼠。 "小袋鼠们，太阳落山啦，趁着其他小动物们都在睡觉，我们赶紧去对面的草地找吃的去吧！可是要到达对面的草地，必须跳过3条小河，这3条小河一条比一条宽，你们有信心跳过去吗？" （3）教师示范助跑跳远的动作：在离第一条小河10—30米的距离快速跑直线到河边，起跳时屈膝降低身体重心，身体稍微向前倾斜，手臂用力往后摆，双脚快速用力蹬地，向前上方腾空跳起，落地时膝盖弯曲。 （4）教师引导幼儿分批跳过小河，每次可跳4—6名幼儿。幼儿在起跑时，其他教师和幼儿让出跑道，连续跳过3条小河（不踩纸）的幼儿在草地上等待，未跳过小河（踩纸）的幼儿则排到队尾，再次挑战助跑跳过小河，直到全部幼儿跳过小河。 3. 小袋鼠跳得高 （1）幼儿和教师合作把积木搭建成10cm、25cm和40cm高度的矮墙，充当"栅栏"。把苹果图片（模型）粘在高90—130cm的绳子上，具体如下图。 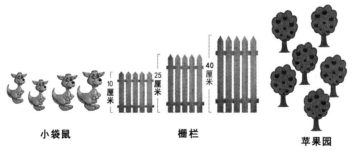 （2）"小袋鼠们，刚才跳过了小河，吃到了美味多汁的青草，想不想吃点饭后水果呀？前面就是苹果园，里面的苹果又大又甜，我们赶紧去摘苹果吃吧！袋鼠妈妈提醒你们，去果园要跳过3道栅栏才可以，你们能跳过去吗？" （3）教师示范助跑跨跳的动作：距离第一道栅栏10—30米处快速直线跑，接近栅栏时起跳腿用力蹬直地，摆动腿屈膝快速向前大幅度摆起，上体正直可稍前倾，两臂自然摆动，摆动腿着地后继续向前跑几步，然后停下来。

续表

活动过程	4. 夸夸小袋鼠 （1）幼儿和教师围圈坐，教师夸夸快速跳过小河和栅栏t的"小袋鼠"和不断挑战的"小袋鼠"。 （2）请"小袋鼠"与同伴分享一下自己是怎样跳过小河和跨过栅栏的，然后互相夸一夸对方。
活动建议	教师提前准备好《袋鼠爱跳高》的儿歌音频和袋鼠跳跃奔跑的小视频，小视频可用动图代替，也可以用手机的录像功能截取动物影片的片段。可根据园所的实际条件，借助户外场地上的树木、滑梯支架等拉起一个橡皮筋网，网子的高度在1.1m—1.5m之间，把苹果的图片（模型）粘到网子上。在活动开始前的美工区，教师可引导幼儿画苹果或捏苹果模型，然后把材料直接投放到户外活动区。 在活动过程中教师重点是示范助跑跳远和跨跳过障碍物的动作。幼儿起跑前教师要清空跑道，同一批起跑的幼儿之间的间隔距离至少1米。在跳过小河的环节，蓝色的废旧纸张用画线代替，幼儿双脚的后脚跟不踩到纸即为通过，小河的距离可以根据班级幼儿的跳跃水平进行调整，最宽的距离以三分之二的幼儿能跳过为宜。在跨跳栅栏的环节，教师根据园所的实际情况投放积木（软积木或空心积木）、跨栏或直接用橡皮筋，栅栏的高度根据班级幼儿的水平进行调整，跨跳过程中提醒幼儿不要被绊倒，如果摔倒先用手着地。
多元智能	跳跃活动《敢于挑战的小袋鼠》，主要发展了幼儿的语言智能、身体运动智能、人际交往智能和自我认知智能。 幼儿通过边做动作边学儿歌，能加深对儿歌的理解，促进幼儿快速掌握儿歌，增加幼儿的语言学习能力，发展了幼儿的语言智能。幼儿通过练习助跑跳远和助跑跨跳的动作，锻炼幼儿的身体控制能力、反应能力和腿部肌肉的爆发力，发展了幼儿的身体运动智能。身体运动智能强的幼儿能很快掌握助跑双脚跳和跨跳的动作要领，助跑时能自如地控制自己的身体，在临界点时舒展身体，轻松跳过最宽的纸张和最高的积木。身体运动智能弱的幼儿助跑后容易跑过或还未到临界点就开始起跳，不能完成跳远的任务，跨跳时双腿配合不灵敏，容易摔倒。"夸夸小袋鼠"小活动通过同伴间的相互分享和鼓励，锻炼了幼儿的口语表达能力，增加了幼儿不断挑战困难的勇气和完成任务后的自我价值感，初步培养了幼儿换位思考的能力，发展了幼儿的人际交往智能和自我认知智能。
活动延伸（1）	户外活动时间，鼓励幼儿利用户外活动器械，如跨栏和沙坑，练习助跑跳远和助跑跨跳。
活动延伸（2）	在日常生活中，家长鼓励幼儿跳过小水坑或低矮的马路牙。
幼儿评定	幼儿能否助跑跳过80厘米的距离，是否能助跑跨跳过40厘米的障碍物。

表 8-6　单元主题活动我最棒 06：生活小能手

活动名称	生活小能手
学习与发展目标	4—5岁-科学-Ⅱ-3：能感知和发现常见几何图形的基本特征，并能进行分类。
活动目标	1. 了解生活中常见物品的基本用途，并能够按用途进行分类，发展幼儿的分类能力。 2. 尝试用语言表达自己的分类方法，能概括出每组物品共同的名称。 3. 体验分类活动的快乐。
活动材料	准备物品：羽毛球拍、足球、跳绳（体育用品）；台灯、吹风机、电话（家用电器）；书本、笔、文具盒（学习用品）；鞋子、袜子、帽子（服饰类）；4类物品的标签，4个收纳箱，胶棒。
活动过程	1. 小猴子搬家 "小猴子要搬新家了，所有的物品摆放得乱七八糟的，它想帮妈妈把这些东西装到箱子里。可是，猴妈妈对小猴说：'这些东西需要分类后，才可以装到箱子里面。'" （1）了解小猴家的物品，观察物品的一些特征（样子、材质等），并说出物品的名称和基本用途，鼓励幼儿踊跃发言，看谁说得多而准确，比一比谁是生活中的小能手。 （2）讨论交流如何分类，引导幼儿结合生活去思考总结，并鼓励幼儿大胆说出想法以及理由，幼儿尝试表达出将用处差不多的放在一起，如，羽毛球拍、足球、跳绳都是用来运动的、锻炼身体的等，启发幼儿知道按用途分类。 2. 装箱子 （1）幼儿合作展开求同活动，挑选出具有相同用途的物品。小组之间可通过竞赛形式展开活动，看哪组完成得又快又准确，教师巡回指导，提醒幼儿注意合作。 （2）操作完成后，请幼儿再次说出每组物品的分类理由，尝试给每组物品总结一个概括性名词，给它们概括出一个共同的名称，鼓励幼儿畅所欲言，大胆概括。最后，将玩具整齐地归置到箱子里。 （3）认识标志，并将标志对应地贴到收纳箱上。 （4）"小朋友帮小猴子把家里的物品都整理好了，太棒了，看来你们都是生活中的小能手啊！"
活动建议	1. 教师在准备活动材料的时候，可以做出一定的调整。在制作标签的时候，可以拿同一类物品中的一种作为标志；活动前，请将幼儿根据材料准备情况进行分组。 2. 幼儿在讨论分物品的方法时，教师可以启发幼儿从实际生活去思考，如，书是用来读用来看的，笔是用来写字的，文具盒是用来装铅笔的，它们都是用来学习的。分类过程中，教师调动幼儿的积极性，引导小组成员间注意合作分工，并不断讨论交流，确保每位幼儿都积极参与到活动中。

续表

活动建议	活动中，针对分类错误的幼儿，引导幼儿结合生活再说一说那些物品的用处，启发幼儿从实际生活的运用中考虑方法。针对能力强的幼儿，教师可以鼓励幼儿自己概括分类名称，或者教师说出其他的一些物体，如，交通工具：小轿车、公共汽车、摩托车等，请幼儿根据它们的共同属性，概括出一个共同的名称。
多元智能	本活动方案通过引导幼儿对现实中一些物品进行分类，发展了幼儿的逻辑数学智能、人际交往智能和语言智能。 幼儿通过根据物品的共同属性，概括归纳分类方法，并根据方法对物品展开分类活动，发展了幼儿的逻辑数学智能。逻辑数学智能强的幼儿能够根据物品的共同属性，按用途完成分类，并可以给每组物品概括归纳出一个共同名称；逻辑数学智能弱的幼儿分析归纳能力有些欠缺，在分类活动中表现得有些困难。在分类过程中，幼儿分组合作，小组成员间通过协调、分工完成活动，发展了幼儿的人际交往智能。同时，活动中幼儿通过不断讨论交流，发表自己的看法，锻炼了幼儿语言表达能力，发展了幼儿的语言智能。
活动延伸	幼儿可以在美工区自己设计物品的标签，并按标签对物品进行分类。在日常生活中，家长可鼓励幼儿按物品用途归置家里的物品。
幼儿评定	幼儿能否按物品用途，展开分类活动，并给每组物品概括出一个共同的名称。

二、单元主题活动：谷物飘香

单元目标：1.了解谷物的生长过程，愿意探究生活中由谷物做成的食品。2.初步感知谷物与食品之间的关系，喜欢进行谷物探索，了解更多的奇妙事物。3.愿意通过制作美食、讲谷物之间的故事或唱歌来表达自己的情感，了解谷物之间的不同和各自的作用。4.了解粮食的来之不易，懂得珍惜粮食。

表8-7 单元主题活动谷物飘香01：小麦！小麦！

活动名称	小麦，小麦！
学习与发展目标	4—5岁－社会－Ⅱ-2：在提醒下，能节约粮食、水电等。
活动目标	1.简单了解小麦的生长过程。 2.认识生活中常见的麦制品。 3.懂得尊重农民的辛勤劳动，有节约粮食的意识。
活动材料	实物小麦一株（包括麦穗、麦秆，带叶），小麦生长过程的图片或视频，馒头、面条、油条、水饺、面包、饼干等麦制品的图片若干，大米饭、豆浆、绿豆糕、红豆粥等非小麦制品图片若干，草帽、垫子、工艺品等麦秸编制品，放置图片的容器8—10个。

续表

活动过程	1. 认识小麦 （1）教师讲述谜语：秋天撒下粒粒种，冬天幼芽雪里藏，春天返青节节高，夏天成熟一片黄。请幼儿猜想这是哪种粮食，给予幼儿一定的时间来猜测，引起幼儿的兴趣；教师可以做适当提示，如"这种粮食可以用来做馒头"等，引导幼儿说出"小麦"。教师请幼儿讲述对小麦的已有认识，如：是否见过小麦，在哪里见的，小麦长什么样子等，引导幼儿尽量多地描述关于小麦的已知经验。 （2）教师出示实物小麦，引导幼儿认识整株小麦的麦穗部分和麦秆部分，如：小麦的麦秆俗称麦秸，中间是空心，一节一节的，上边的叶子狭长；在麦秆的顶端是麦穗，麦穗有针一样的麦芒，麦穗成熟时是金黄色的。 （3）教师出示小麦生长过程的图片或视频，引导幼儿了解小麦的播种和收获过程，如：在秋天，农民伯伯把麦种播撒在农田里；冬天，麦种慢慢孕育、长幼芽；到第二年的春天，绿油油的麦苗逐渐长大，然后抽穗、开花、结小麦；夏天时，麦子从绿色变成黄色，就慢慢成熟了，农民伯伯就开始收麦，这也叫夏收。 2. 小麦和麦秸制品 （1）教师引导幼儿讲述用小麦做的食品都有哪些，鼓励幼儿联想生活中的一日三餐来表达，教师根据幼儿的描述情况做适当的概括总结，如：日常生活中的麦制品有馒头、面条、油条、水饺、面包、饼干等，这些食品是由小麦磨成面粉，用面粉来做的。之后，教师可引导幼儿思考麦秸可以用来做什么，鼓励幼儿的想法和猜测，教师可做简单总结，如：麦秸可以用来编织草帽、垫子，还可以用来制作工艺品，有的人用它来作画等，然后，出示麦秸制品的图片，引导幼儿认识。 （2）教师带领幼儿理解儿歌《白馒头》，引导幼儿懂得尊重农民伯伯的劳动，有爱惜粮食的意识。 **白馒头** *白馒头，喷喷香，农民伯伯种的粮。* *小朋友们要爱惜，浪费实在不应当。* （3）教师带领幼儿理解儿歌《大馒头，哪里来》，引导幼儿懂得尊重农民伯伯的劳动，有爱惜粮食的意识。 **大馒头，哪里来？** *大大的馒头哪里来？白白的面粉做出来。* *白白的面粉哪里来？黄黄的小麦磨出来。* *黄黄的小麦哪里来？农民伯伯种出来。* *伯伯阿姨劳动忙，大家都要爱惜粮。* 3. "帮麦爷爷找孩子"游戏 将幼儿分成4—5组，每组分发两个容器，在同一个容器中放置馒头、面条、油条、水饺、面包、饼干等麦制品的图片和大米饭、豆浆、绿豆糕、红豆粥等区分明显的非小麦制品图片，另一个容器贴上自制的"小麦爷爷"的图片，代表"麦爷爷"。

续表

活动过程	教师可简单描述情景，如："麦爷爷"年纪大了，眼睛有些看不清了，他的"孩子们"成了食品后，个个都变了模样，"麦爷爷"现在都认不出自己的孩子了。现在需要大家帮助"麦爷爷"找到自己的孩子，看哪个小组能够找到"麦爷爷"的所有孩子，要注意不要将"麦爷爷"的孩子认错。教师可根据小组的表现给予奖励或授予合适的称号。
活动建议	1. 准备小麦生长过程的图片或视频时，也可以根据需求自制成PPT，教学手法可以灵活多变。在猜谜语的环节，幼儿由于经验和知识的不足，可能无法猜出"小麦"的答案，教师可根据实际情况做适当提示，启发幼儿，使有该经验的幼儿能讲出谜底。 2. "帮麦爷爷找孩子"的游戏过程，幼儿可能对大米饭、豆浆、绿豆糕、红豆粥等非麦制品辨认不足，教师可根据幼儿的认知水平，选择在游戏开始前对非麦制品给予一定的讲解，然后再进行小组游戏。
多元智能	本活动主要发展了幼儿的语言智能和人际交往智能。 幼儿在认识小麦、认识小麦制品和念儿歌的过程中，均有机会锻炼幼儿的语言组织能力和表达能力，发展了幼儿的语言智能。幼儿在"帮麦爷爷找孩子"的小组游戏中，有机会锻炼幼儿在小组中的配合、合作和交流能力，发展了幼儿的人际交往智能。人际交往智能强的幼儿可以在小组中做到与同伴的合作与交流，并能表现出管理者、协调者的角色特征；而人际交往智能弱的幼儿，在小组合作中可能表现不够积极或角色特征不明显，需教师的关注与日常引导。
活动延伸	将游戏材料投放在益智区，幼儿之间可进行"帮麦爷爷找孩子"的游戏；教师可在幼儿的进餐时间，对浪费粮食的现象进行随机教育，引导幼儿有爱惜粮食的意识。在家中，幼儿可为家长朗读《大馒头，哪里来？》的儿歌，家长可带幼儿去附近农田拣拾麦穗，增强幼儿的社会实践经验。
幼儿的评定	幼儿是否了解小麦的生长过程和日常的小麦制品；是否有爱惜粮食的意识。

表8-8 单元主题活动谷物飘香02：稻谷和麦子

活动名称	稻谷和麦子
学习与发展目标	4—5岁–语言–Ⅱ–1：喜欢把听过的故事或看过的图书讲给别人听。
活动目标	1. 通过观察图片，可以描述出稻粒和麦粒的不同之处。 2. 可以理解故事内容，并发挥想象续编故事。 3. 明白稻谷和麦子的作用，不挑食，喜欢吃相关食物。
活动材料	稻谷、麦子、稻粒、麦粒的真实图片，米饭、馒头、花卷等食物图卡。
活动过程	1. 找不同 教师展示稻谷和麦子的图片，请幼儿观察，并引出主题。"小朋友们，今天要介绍两个新朋友，它们就是稻谷和麦子，可能有的小朋友一下子叫不出名字，那咱们先观察一下，谁能告诉老师这两幅图里的作物长的有什么不一样呀？"教师为幼儿简单说明哪一个是稻谷，哪一个是麦子，并鼓励幼儿描述稻谷和麦子的不同之处，重点突出麦子的肚皮上有一条缝，米粒的头上有一个缺口。

续表

活动过程	2. 稻谷和麦子的故事 （1）教师为幼儿讲述稻谷和麦子的故事，"你们想不想知道为什么麦子的肚皮上有一条缝，米粒的头上有缺口吗？我们来听一个故事。" **稻谷和麦子** 　　原先稻谷和麦子住在一起，他们很调皮，天天打打闹闹。一天，稻谷一头撞在麦子的肚皮上。哎呀！不好了，麦子的肚皮裂了一条缝，稻谷呢，脱下衣服一看，米粒头上碰了一个缺口。泥土妈妈很生气，让他们分开住。从此，稻谷种在水田里，麦子种在旱田里，他们再也见不上面，就开始想念过去在一起的日子。 （2）教师鼓励幼儿简单描述一下为什么稻谷和麦子分开住，然后加上表情和动作再表演一遍故事，与幼儿一起进一步讨论问题：① 稻谷和麦子打架后是否受伤？伤在哪里？② 是谁让稻谷和麦子分开住的？③ 稻谷住在什么地方？麦子又住在什么地方？④ 他们俩分开后为什么又想念对方？ 3. 续编故事 "稻谷和麦子，一个在水田里，一个在旱田里，他们彼此想念对方，稻谷和麦子之间还会发生什么事情？他们会和好吗？"教师鼓励幼儿续编故事，并与幼儿一起讨论续编故事的情节。
活动建议	1. 在观察稻谷和麦子的图片时，如果有部分幼儿不认识这两种作物，引导其从形状、颜色等角度，说出两者有何不同即可。 2. 在引导幼儿理解故事内容时，教师可以多读几遍故事，重点句子加上肢体动作表演，逐步带领幼儿跟随复述。 3. 在续编故事时，能够基本按照地点、人物、故事情节等要素说明白即可，如果幼儿对该环节兴趣浓厚，可以鼓励其加上肢体动作表演续编故事。
多元智能	本单元活动《稻谷和麦子》，有机会发展幼儿的语言智能、自然智能和身体运动智能。 　　通过与教师讨论故事的相关情节、续编故事等环节，锻炼了幼儿对语言的理解力和表达能力，发展了幼儿的语言智能。语言智能强的幼儿能够更好地理解故事内容，在讨论问题时吐字更加清晰、语言更加流畅，他们对续编故事环节兴趣浓厚，可以将续编的故事情节描述得更加完整。语言智能较弱的幼儿续编故事时可能无法顺利表达，教师可以从稻谷和麦子变成粮食后的角度加以引导和帮助。通过认识稻谷和麦子两种作物，学习两种作物的不同之处，发展了幼儿的自然智能。通过加上肢体动作表演故事，发展了幼儿的身体运动智能。
活动延伸	在戏剧表演区，幼儿可以分角色表演故事，并且加入自己创编的故事情节，尝试丰富自己的表演。
幼儿评定	观察幼儿能否描述出稻粒和麦粒的不同之处。能否理解故事内容，并发挥想象续编故事。

表8-9 单元主题活动谷物飘香03：制作美味的面食

活动名称	制作美味的面食
学习与发展目标	4—5岁–艺术–Ⅱ-2：能运用绘画、手工制作等表现自己观察到或想象的事物。
活动目标	1. 引导幼儿观察各种面食的图片，鼓励幼儿想象这些食物是如何制作的，并尝试进行和面。 2. 锻炼幼儿用面粉制作各种形状的美食，发展幼儿的探索能力和艺术创作能力。 3. 通过各种形式的艺术活动，增加幼儿热爱艺术创作的兴趣。
活动材料	面粉、面盆（每组一份）、筷子（每组一份）、一碗水（每桌一份）、各种面食的图片、砧板（每人一份）、小围裙（每人一份）、水洗颜料（每桌一份）、笔刷、毛巾等材料和工具。
活动过程	1. 好吃的面食 （1）"小朋友们你们平时都见过哪些面食？最喜欢的是哪一个？"引导幼儿将生活中见到的各种美食描述出来，并表达出面食的口味和最喜欢的面食是哪种。 （2）教师一一展示各种面食的图片，请幼儿观察这些面食的造型和装扮，是否知道这些面食的名字。引导幼儿之间讨论这些面食的制作过程是怎样的，并将讨论的结果告诉大家，教师根据幼儿的回答进行引导，用恰当的语言告知幼儿面食正确的制作方法。 2. 好玩的面粉 将幼儿按照三人一组进行分组。"大家都知道面食是用面粉做成的，那制作面食之前，我们是不是先得把面粉和成面呢？"请幼儿讨论和面的方法，教师在听取了幼儿的讨论后进行和面的示范过程。 ① 将面粉倒在干净的小盆里，用筷子在面粉中心挖一个小洞。 ② 徐徐地将水倒入挖好的小洞里，同时用筷子从小洞的边缘，把干面粉向小洞的水里扒拉，同时，用筷子将拌入水里的干面粉与水充分地搅拌均匀，形成许多细小面絮。 ③ 用筷子把剩余的干面粉与冷清水充分搅拌调和均匀，面盆内形成雪花状带葡萄状面絮，用手把雪花状带葡萄状面絮揉合在一起，光滑的面团就基本成型了。 将所需的材料分发给每组一份，请每组的成员商量各自的任务是什么？比如，有人负责倒水，有人负责用筷子搅拌，有人负责用手揉和。任务分配完，请每组进行尝试制作，教师在幼儿制作期间给予适当的帮助。 3. 巧手做面食 面团制作完，请小组幼儿讨论用面团可以制作哪些面食？达成共识后，幼儿之间进行合作，用面团捏出面食的基本形状后，可利用笔刷蘸取水洗颜料为所制作的面食上色。 4. 面食展览会 请每组幼儿将自己的作品放在桌子中央，教师和幼儿进行观赏，鼓励幼儿大胆讲述自己制作的是什么？幼儿之间进行交流看谁制作的面食看起来最可口？请幼儿选出最棒的作品并放置在窗台上进行展览。

续表

活动建议	幼儿在了解面食时，教师可给幼儿讲解面粉是如何制作的，加深幼儿对粮食的概念。在和面过程中，教师要时刻观察每组幼儿的情况，必要时给予一定的帮助，要提醒幼儿切不可乱吹、乱撒面粉，以免造成面粉进入口、鼻、眼、耳等地方。对于能力弱的小组教师要亲自示范讲解和面的过程。制作面食时，教师可根据每组幼儿的情况提供一定的建议，比如，能力强的小组可鼓励其大胆想象，可用面团制作各种小动物，并为小动物涂上漂亮的颜色。也可小组之间进行合作，进行捏饺子，最后涂成五颜六色的饺子，等等。能力弱的小组，教师可鼓励其制作简单的披萨和馒头，要给予幼儿一定的帮助。在活动结束后，请幼儿帮忙收拾材料和工具，保持教室的环境卫生。
多元智能	本单元活动《制作美味的面食》，有机会锻炼幼儿的语言智能、人际交往智能、自然智能、身体运动智能和空间智能。 幼儿通过组织语言讲述生活中见过的面食，并与幼儿商量和讨论面食的制作过程，锻炼了幼儿的表达能力和幼儿之间的沟通能力，发展了幼儿的语言智能和人际交往智能。幼儿通过观看教师示范后进行和面，发展了幼儿的自然智能和身体运动智能。自然智能强的幼儿通过观察教师的示范能够掌握制作面团的过程，合理把握水和面粉的比例。身体运动智能强的幼儿能够协调身体的力量，将面粉制作成面团。幼儿利用面团制作各种美食，并为其添上各种颜色，发展了幼儿的空间智能，空间智能强的幼儿能够制作出各种造型，且形状相似，颜色鲜艳饱满。空间智能弱的幼儿可能制作出造型简单的面食，造型欠缺需要教师及时给予帮助。
活动延伸	在美工区准备相应的面粉等材料，教师可提供糖、盐等调料，幼儿可以在清洗双手之后再次制作各种形状、各种味道的面食，并将制作好的面食拿去蒸煮，分给其他幼儿，体验生活的乐趣。
幼儿评定	观察幼儿能否利用材料和面，能否用面团制作出美味的面食。

表 8-10　单元主题活动谷物飘香 04：大馒头

活动名称	大馒头
学习与发展目标	4—5 岁 - 艺术 - Ⅱ-1：经常唱唱跳跳，愿意参加歌唱、律动、舞蹈、表演等活动。 4—5 岁 - 艺术 - Ⅱ-2：能用自然的、音量适中的声音基本准确地唱歌。
活动目标	1. 感受歌曲欢乐活泼的情绪，理解并记忆歌词的内容。 2. 能够有感情地、完整地演唱和对唱歌曲。
活动材料	图片（馒头、面粉、小麦、农民种粮）各一张，儿歌《大馒头》音频，白板和板吸。
活动过程	1. 奇妙的大馒头 （1）教师出示大馒头的图片，请幼儿根据已知经验展开与馒头有关的话题讨论，请幼儿自由发表自己的认知。 （2）教师梳理幼儿的各种表达，并引导幼儿分享与家人一起制作馒头的经验和感受，或与馒头有关的故事和风俗等。

续表

| 活动过程 | 2. 大馒头从哪里来
（1）"大大的馒头是从哪里来的呢？"在教师问题的引领下，请幼儿倾听歌曲《大馒头》，从歌中寻找答案。

大馒头

$1=D \quad \frac{2}{4}$

1	6̣ 5̣	1	2	3	2	3	—
大	大 的	馒	头	哪	里	来？	
黄	黄 的	小	麦	哪	里	来？	

1	6̣ 5̣	1	3	2	1	2	—
白	白 的	面	粉	做	出	来！	
农	民	伯	伯	种	出	来！	

3	2 1	6̣	1	2	3	5	—
白	白 的	面	粉	哪	里	来？	
大	大 的	馒	头	做	得	好！	

2	3 5	3	2	1	1	1	—
黄	黄 的	小	麦	磨	出	来！	
小	朋 友	吃	了	身	体	好！	

（2）根据幼儿的回答，教师出示图片，并用歌词的形式解说：大大的馒头哪里来？白白的面粉做出来。那白白的面粉又是哪里来的呢？是黄黄的小麦磨出来的。黄黄的小麦又是从哪里来的呢？原来是农民伯伯种出来的！（依次将四张图片摆在白板上并记忆歌词）同时引导幼儿知道粮食的来之不易，懂得要爱惜粮食。

（3）教师分段播放歌曲，师生共同验证图片摆放的歌词顺序。

（4）教师带领幼儿结合图卡把歌词完整拍念一遍。引导幼儿边看图，边在腿上打拍子。重点强调"做""磨""农""种"等字音。

3. 吃馒头身体壮
（1）请幼儿仔细聆听歌曲《大馒头》，边听边轻轻地拍击身体，感受歌曲2/4的拍子与情绪，并请幼儿说说歌曲的最后两句中，大馒头能给大家带来什么好处？

（2）教师带幼儿学唱歌曲，并边唱歌边用手秀出歌曲的旋律高低，同时引导幼儿一起唱一唱、秀一秀。

（3）介绍歌曲一问一答的对话特点，请幼儿观察歌曲中哪一句是问？哪一句是回答？一共问了几句？又回答了几句？歌曲中哪两句不是问答句？

（4）这首歌曲一问一答好像是两个人在对答一样，这种演唱方式就叫"对唱"。请幼儿自告奋勇，选择提问组或回答组进行对唱练习。主班教师和配班教师可各带一组进行对唱游戏，最后没有问答的两句，两组共同演唱。

（5）幼儿熟悉歌曲的演唱后，可以由教师和幼儿之间进行对唱游戏，也可以个别幼儿之间进行对唱游戏。|

续表

活动建议	1. 教师需要提前准备四张图片，即，馒头、面粉、小麦、农民种粮各一张，及儿歌《大馒头》的音频。 2. 这是一首二段式的儿童歌曲，每段四句，每句四小节，共16小节，结构方整，而且五声性旋律也易于幼儿学唱。歌曲采用一问一答的形式，一环扣一环地询问、解答，形象、生动地描绘了大馒头的形成过程，激发幼儿吃了馒头身体好的愿望，具有较强的说服力和感染力。幼儿在演唱歌曲时，尽量启发他们能够有感情地进行演唱。 3. 教师在操作图卡帮助幼儿有效记忆歌词时，如果幼儿记错，不要急于更正，可以再次播放歌曲给幼儿验证的机会，帮助幼儿学会自我修正的方法。 4. 在说念歌词时，需要注意依照歌曲的语词节奏进行念念。在用手秀出旋律的高低时，建议开始速度要慢，熟悉后再回复到原速。
多元智能	歌曲唱游活动《大馒头》，发展了幼儿的语言智能、逻辑数学智能、音乐智能和人际交往智能。 幼儿通过对大馒头进行话题讨论进而分享自己的认知和故事等，锻炼了幼儿的语言表达能力，发展了幼儿的语言智能。幼儿在对应歌词的图片排序中以及点数歌曲中的问句和答句等过程中，发展了幼儿的逻辑数学智能。幼儿以聆听、歌唱、念白等方式，发展了对旋律音高、节拍、节奏等的认识，促进了幼儿音乐智能的发展。音乐智能强的幼儿对节奏和音高的掌握会比较到位，音乐智能弱的幼儿对旋律的记忆和音准的演唱都会有一定困难，需要教师有针对性地引导和鼓励。歌曲的对唱游戏，需要幼儿之间的相互配合，保持速度、节奏、音调等的一致性，同时这种唱问和唱答的交流形式，也促进了幼儿人际交往智能的发展。
活动延伸	在戏剧表演区，幼儿可以探索和体验两种乐器的演奏，一种乐器演奏问句，一种乐器演奏答句，进行问答的演奏活动。也可以思考尝试通过一种乐器的不同演奏方式来区分问答句等。幼儿回家还可以和父母一起进行角色扮演游戏，或邀请父母一起进行对唱的游戏活动。
幼儿评定	观察幼儿能否理解和记忆歌词的内容，并能完整地演唱和与人对唱歌曲。

表8-11 单元主题活动谷物飘香05：香喷喷的玉米松饼

活动名称	香喷喷的玉米松饼
学习与发展目标	4—5岁-科学-Ⅰ-1：常常动手动脑探索物体和材料，并乐在其中。4—5岁-科学-Ⅰ-3：能感知和发现常见材料的溶解、传热等性质和用途。
活动目标	1. 幼儿通过动手制作松饼，了解松饼的制作过程。 2. 通过品尝松饼，体会劳动的快乐。
活动材料	玉米棒、蒜臼或研磨器、大碗、玉米面、面粉、白糖、牛奶、食用油、鸡蛋、烘焙粉、量杯、量勺、刷子、搅拌勺、松饼垫纸、松饼模具、烤箱、围裙。

续表

活动过程	1. 制作玉米面 （1）教师展示玉米棒和玉米面，请幼儿调动所有的感官（除了味觉以外）对两种物品进行探索，并说一说自己的探索发现。 （2）教师追问幼儿玉米棒和玉米面之间的关系，请幼儿讲述玉米面是怎么来的。（剥下玉米棒上的颗粒，把玉米粒碾压碎，就能成玉米面） （3）教师示范制作玉米面的步骤：将玉米粒从玉米棒上剥下来，放入蒜臼中，用石杵使劲地捣碎玉米粒。 （4）幼儿按照教师示范的步骤，制作玉米粉。 2. 制作玉米松饼 （1）一名教师组织幼儿去洗手、系围裙。一名教师将桌面进行消毒，铺上保鲜膜，把2—3张桌子拼在一起。 （2）教师将幼儿随机分成2大组。 （3）两名教师各带领一组幼儿示范如何量取固体原料和液体原料，具体步骤如下。 ①先用量杯量取250毫升（1杯）的玉米面和面粉，然后量取125毫升（杯）的白糖，倒入大碗中。 ②然后用量勺量取10毫升（1量勺）的烘焙粉。 ③继续用量杯量取250毫升（1杯）的牛奶、85毫升的食用油。 ④最后加入2个鸡蛋。 （4）过程中教师请小组幼儿轮流加入原料。 （5）教师请幼儿轮流搅拌混合物，直到混合物充分混合在一起。 （6）教师带领幼儿一起制作松饼：先用刷子在模具上轻轻地刷一层食用油，然后将松饼垫纸铺到模具上，最后将混合物倒入模具中，不要倒太满，将制作好的松饼放到托盘里。 （7）教师和幼儿一起将托盘带到厨房，将松饼放入烤箱烘焙，温度设在180摄氏度，时长为25—30分钟。 3. 品尝玉米松饼 （1）松饼烤好后，教师请每名幼儿拿起一个松饼，先闻一闻松饼，再尝一尝松饼。 （2）教师请幼儿回忆制作玉米松饼的过程，请幼儿谈谈他们的体会。
活动建议	活动开始前教师提前准备好烘焙粉、玉米棒和蒜臼。 本活动虽然要准备的材料较多，除常见的玉米面、面粉、食用油、鸡蛋、牛奶、白糖、刷子等材料外，其他材料都能找到替代品，如250毫升的杯子和10毫升的汤匙替代250毫升的量杯和10毫升的量勺；普通勺子替代搅拌勺；一次性纸杯剪掉一半替代松饼模具和松饼垫纸，用蒸锅替代烤箱（变成蒸松饼）。

续表

活动建议	在第一个小活动中教师重点引导幼儿观察碾压对种子的影响，即玉米种子一点一点地变碎，然后慢慢地变成粉。在制作松饼的活动中，教师重点让幼儿感受量取材料的严谨性，并告知幼儿先量取固体，再量取液体的取物原则，本环节，教师鼓励对数字敏感的幼儿量取材料，力气大的幼儿搅拌材料。本活动重点让幼儿初步了解食品制作的流程很复杂，所以在品尝玉米松饼环节教师引导幼儿回忆自己的制作步骤和自己制作的松饼尝起来的感觉，激发幼儿体会到自己动手制作的东西最好吃的感受，从而了解粮食的来之不易。
多元智能	食品制作活动《香喷喷的玉米松饼》，主要发展了幼儿的自然智能、语言智能、身体运动智能、逻辑数学智能和自我认知智能。 幼儿主要通过观察碾压对玉米粒的作用、动手制作玉米松饼和品尝玉米松饼，增加幼儿对种子加工和食品制作流程的认识，丰富幼儿对玉米的认识，发展了幼儿的自然智能。自然智能强的幼儿能通过碾压玉米，发现玉米种子与玉米面的关系，观察到变化中的过程是先变碎、再变粉，并在制作玉米松饼的过程中熟练、准确地使用量杯和量勺，量取物品数量精确。自然智能弱的幼儿不能发现玉米粒与玉米面之间的关系，并在制作玉米松饼的过程中频繁出错。幼儿通过描述对玉米棒、玉米面和玉米松饼的感受，锻炼幼儿的语言表达能力，发展了幼儿的语言智能。幼儿通过动手剥玉米粒、碾压玉米粒和制作玉米松饼，锻炼了幼儿手指肌肉的灵活性和手臂肌肉的爆发力和耐力，发展了幼儿的身体运动智能。幼儿通过练习使用量杯和量勺量取材料，锻炼了幼儿的数量意识，发展了幼儿的逻辑数学智能。幼儿通过品尝自己的劳动成果，激发了幼儿的劳动光荣意识，发展了幼儿的自我认知智能。
活动延伸	将玉米棒和蒜臼（研磨器）投放到科学探索区，并增加小麦、大米等粮食的投放，方便对种子碾压感兴趣的幼儿继续探索。
幼儿评定	幼儿是否能发现玉米棒与玉米面之间的关系，并能根据教师提示独立完成玉米松饼的制作。

表8-12 单元主题活动谷物飘香06：美味有趣的爆米花

活动名称	美味有趣的爆米花
学习与发展目标	4—5岁-健康-Ⅱ-1：能与他人玩追逐、躲闪跑的游戏。
活动目标	1.通过玩"爆米花"的游戏，锻炼幼儿遵守游戏规则的意识和反应速度。 2.通过玩彩虹伞抖物，锻炼幼儿手臂的控制力和爆发力。 3.喜欢探索同一游戏的不同玩法。
活动材料	节奏欢快的音乐、音乐播放器、平坦宽阔的户外活动场地、爆米花一袋、牙签若干、彩虹伞3—4个、海洋球若干。

续表

活动过程	1. 品尝爆米花 （1）在欢快的背景音乐下，教师拿出准备好的爆米花和牙签，请幼儿品尝爆米花。 （2）教师先请幼儿说一说爆米花的味道，然后带领幼儿回忆一下爆米花的制作过程。（中班上册科学领域设计过制作过程的活动） 2. 身体爆米花 （1）教师带领幼儿学儿歌： 　　　　锅子转，爆米花， 　　　　锅子米粒噼噼啪， 　　　　时间到了就开炸， 　　　　砰！米花熟了快来抓！ （2）教师介绍"爆米花"的游戏玩法：教师将幼儿分成两队，一队幼儿手牵手围成一个圈（锅子），领一队幼儿钻到圈里面（米粒），当教师发出"开始"的口令时，"锅子"沿着顺时针方向边走边说儿歌，"米粒"在"锅里"舞动身体，当"锅子"说到"砰"的时候，"锅子"和"米粒"同时向上跳一下，然后"锅子"松开互相拉着的手蹲下，"米粒"赶紧往外跑，"锅子"立刻站起，去追赶"米粒"，"锅子"全部捉到"米粒"后，两队角色互换，继续玩游戏。 （3）幼儿自由结队，玩"爆米花"的游戏。 3. 彩虹伞爆米花 （1）"小朋友们，刚才你们用身体玩了'爆米花'，那你们想一想，用体育器材能不能玩'爆米花'的游戏？" 教师先请幼儿讨论一下自己的想法，然后出示彩虹伞和海洋球，请幼儿讲一讲怎样用彩虹伞和海洋球玩"爆米花"游戏。 （2）教师示范彩虹伞爆米花的玩法：幼儿站在彩虹伞周围，双手拉住彩虹伞的边缘，教师往彩虹伞放上若干个海洋球，当教师发出"小火烧"的口令时，幼儿轻轻抖动彩虹伞；当教师发出"大火烧"的口令时，幼儿用胳膊使劲抖动彩虹伞；当教师发出"关火"的口令时，幼儿倾斜彩虹伞，倒出伞内的海洋球。 教师请幼儿自由结队，每队幼儿7—10人，请幼儿自由探索彩虹伞"爆米花"的玩法。
活动建议	在上学期的科学领域活动方案《玉米变形记》中，幼儿已经掌握了爆米花的制作过程。活动前，教师要提前准备爆米花和牙签，教师请幼儿自由地品尝爆米花，但是每名幼儿不宜尝太多，避免进食太多运动后肚子痛。 在"身体爆米花"小活动中，教师重点观察幼儿的反应能力，扮演"锅子"的幼儿捉到一粒"米粒"后，将该幼儿带到老师身边，然后继续追赶其他的"米粒"。 在"彩虹伞爆米花"小活动中，教师引导幼儿体会大火和小火手臂抖动力量的区别，大火时用手臂抖动彩虹伞，小火时用手腕抖动彩虹伞。

续表

多元智能	本单元活动《美味有趣的爆米花》，主要发展了幼儿的身体运动智能、自然智能、语言智能和人际交往智能。 幼儿通过用味觉品尝爆米花的方式，增加幼儿对爆米花的了解，发展了幼儿的自然智能。幼儿通过描述爆米花的味道和回忆爆米花的制作流程的方式，锻炼幼儿的语言表达能力，发展了幼儿的语言智能。幼儿通过团队合作的方式探索身体爆米花和彩虹伞爆米花的玩法，锻炼幼儿的身体反应能力和手臂肌肉的爆发力，发展了幼儿的身体运动智能和人际交往智能。身体运动智能强的幼儿在玩身体爆米花游戏时，身体反应迅速，在玩彩虹伞爆米花游戏时，在抖动海洋球时，手臂力量掌握恰当，海洋球不易跑出。身体运动智能弱的幼儿，游戏中反应速度慢，容易被别人捉住。
活动延伸	在自然角投放土壤、肥料、玉米种子、小铲子和玉米种植步骤图，请幼儿根据步骤图，种植玉米。
幼儿评定	幼儿是否能灵敏地躲过别人的追赶。

三、单元主题活动：端午节

单元目标：1. 知道端午节的习俗及其来源。2. 通过歌曲了解端午节的庆祝方式，并感受节日中欢快热烈的情绪。3. 了解端午节代表食物"粽子"的来源、制作材料和常见形状。4. 认识端午节代表运动"划龙舟"中龙舟的形状、结构和功能。5. 通过创意划龙舟比赛，了解龙舟上的人员分工和动作技巧。

表 8-13 单元主题活动端午节 01：欢度端午节

活动名称	欢度端午节
学习与发展目标	4—5 岁 - 社会 - Ⅱ-3：喜欢自己所在的幼儿园和班级，积极参加集体活动。
活动目标	1. 知道端午节的习俗。 2. 了解端午节的来历和屈原的故事。 3. 感受屈原的爱国情怀和过节的愉快氛围。
活动材料	体现端午节习俗的图片：吃粽子、赛龙舟、饮/涂雄黄酒、门口挂艾草菖蒲、挂香包、系五彩绳；有关端午节来历的视频。
活动过程	1. 端午习俗知多少 （1）教师出示有关端午节习俗的图片，请幼儿描述图片中代表的事情，引导幼儿猜节日。

续表

活动过程	（2）根据幼儿猜测的结果，请幼儿讲述端午节的习俗有哪些，幼儿每说出一件事情，教师便出示准备好的图片，加深全体幼儿的认知。最后，教师可对端午节的习俗做适当的总结，如：端午节时，人们通常会包粽子、划龙舟，有的地方会在门上挂艾草和菖蒲，还有的地方会挂香包、系五彩绳和饮/涂雄黄酒等，每个地方的习俗会有所不同。 2. 端午节的由来 （1）教师引导幼儿思考是否知道端午节的由来，请某名幼儿来分享端午节的来历，教师可在幼儿讲述的过程中对幼儿的描述做适当的补充和引导，帮助幼儿将已知的故事讲完。 （2）播放有关端午节由来的视频或是为幼儿讲述端午节由来的故事，教师可提出相应的问题，引导幼儿懂得端午节是每年的农历五月初五，了解屈原与理解屈原的爱国情怀，并帮助幼儿了解包粽子和划龙舟都是为纪念屈原而流传下来的习俗；国家为了纪念屈原，规定每年的端午节放假三天。 附：故事 **端午节的来历** 在古时候，有一个楚国人名字叫屈原，他很能干，很热爱自己的祖国，他帮助楚国国王治理国家，楚王很相信他。可是，有一些不喜欢屈原的坏人，总是到楚王面前说屈原的坏话，慢慢地楚王就不信任屈原了，并且楚王让屈原到了很远很远的地方去做事，不准他回来。屈原非常难过，他每天都睡不好觉，很担心自己的国家。当屈原听到楚国被秦国消灭的消息时，非常伤心，于是他来到汨罗江，跳了下去，这天就是农历的五月初五。人们听说屈原跳江了，就划着舟去救屈原，还用竹叶和糯米包成的粽子投入江中喂鱼，别让鱼把屈原吃掉。可是，还是没有救活屈原。后来，人们为了纪念屈原，把每年的农历五月初五称为端午节，划舟救屈原变成了赛龙舟的活动，并且，包粽子的活动也流传了下来。 3. 端午计划 （1）班内要举行庆祝端午节的集体活动，作为班内的一员，都要思考如何来度过端午节。 教师将幼儿分成4—5组，引导幼儿思考与讨论端午节准备如何度过，打算以怎样的方式来纪念屈原，如有的幼儿想集体包粽子，可以引导幼儿讲述打算包什么馅的粽子和什么形状的粽子，如果有幼儿想挂艾草、菖蒲、香包和五彩绳等，可引导幼儿讲讲准备挂在哪里。鼓励小组内进行讨论和交流，最后教师引导每组选出发言代表来总结组内的交流结果。 （2）教师将每组的讨论结果记录在白板上，和幼儿一起商定度过端午节的具体计划。

续表

活动建议	教师在准备讲解端午节习俗的环节，可以结合当地的习俗来具体说明，将其他地域庆祝端午节的不同方式当作拓展知识来丰富幼儿关于端午节的认知。教师与幼儿商定度过端午节的计划后，要鼓励与引导幼儿根据具体计划共同完成，展开类似于包粽子、挂艾草、做/挂彩绳等的活动，增强幼儿的活动兴趣和成就感。
多元智能	《欢度端午节》这个活动主要发展了幼儿的语言智能和人际交往智能。活动中幼儿通过分享自己关于端午节习俗、端午节由来的已有经验，锻炼了幼儿的语言表达能力，发展了幼儿的语言智能。幼儿通过小组讨论如何度过端午节的过程，锻炼了小组内幼儿的交流能力和组织能力，增强幼儿的集体责任意识，发展了幼儿的人际交往智能。人际交往智能强的幼儿会积极参加小组讨论，并主动承担小组内的话题组织和协调，而人际交往智能弱的幼儿可能表现为对讨论话题不感兴趣，或者没有组织小组讨论的责任意识和表现，需要教师的关注与鼓励引导。
活动延伸	在图书/语言角投放关于端午节的绘本，幼儿可以通过阅读来了解端午节的更多知识。幼儿可以为家长讲述关于端午节的故事，与家长一起查阅书籍、浏览网站，了解端午节的其他习俗和故事。
幼儿的评定	看幼儿是否简单了解端午节的来历，是否知道端午节的习俗。

表 8-14　单元主题活动端午节 02：粽子里的故事

活动名称	粽子里的故事
学习与发展目标	4—5 岁 - 语言 - Ⅱ-1：喜欢把听过的故事或看过的图书讲给别人听。
活动目标	1. 可以分角色简单复述故事片段。 2. 可以将纸粽子里的故事说给别人听。 3. 能够理解故事内容，并喜欢为别人讲故事。
活动材料	《粽子里的故事》绘本，用卡通图画纸包的纸粽子若干（数量多于幼儿人数），小姑娘、老奶奶及各种小动物的不干胶。
活动过程	1. 说不出的故事 （1）教师由粽子引出话题，"小朋友们，端午节大家都吃粽子了没有呀？今天老师给你们讲一个跟粽子有关的故事。有一位老奶奶，她可会讲故事了，大家都喜欢听，可是一场大病之后，老奶奶不能说话了，不能讲故事给小动物们听了，怎么办呢？我们帮老奶奶出出主意好不好？"教师鼓励幼儿自由回答。 （2）教师继续为幼儿讲故事，并与幼儿一起讨论问题：小动物们肚子里有了故事却不会说话怎么办？怎么把故事讲给别人听呢？教师鼓励幼儿模仿各种小动物，表现一下小动物吃了有故事的粽子后该怎么传递故事。故事内容：

续表

活动过程	老奶奶家在树林里，她可会讲故事了，大家都喜欢听。 一场大病后，老奶奶不能说话了，不能讲故事给小动物们听了，怎么办呢？于是，老奶奶开始包粽子。她把故事都包进了粽子里，谁吃了粽子，谁就会讲故事。 吱吱吱，吱吱吱，啊，来了一只小松鼠。吃吧吃吧，吃了粽子讲故事。小松鼠吃了粽子，肚子里马上有了故事，可小松鼠不会说话，一个劲地叫："吱吱吱……" 哩哩哩，哩哩哩，来了一只小狐狸。吃吧吃吧，吃了粽子讲故事。小狐狸吃了粽子，肚子里也有了故事，可小狐狸也不会说话，一个劲地叫："哩哩哩……" 吃了粽子不会讲故事，真急人。 2. 我们也来讲故事 （1）教师为幼儿讲第二部分《粽子里的故事》，并请幼儿说一说，小姑娘吃了粽子发生了什么，她回去以后准备做什么呢？故事内容： 吃了粽子不会讲故事，真急人。嗯，还得找个会说话的小朋友。快看，那儿有个小姑娘在采蘑菇呢！ 小动物们高兴得一起冲过去，吱吱吱、哩哩哩、叽叽叽，叫个不停。小姑娘吓坏了，扔下竹篮拼命逃。 糟糕！想个什么办法把小姑娘找回来呢？有了，有办法啦！它们去采了好多好多蘑菇，撒在山坡上，撒在山脚下，一直撒到小房子跟前。蘑菇就像一把把撑着的小伞，站起来了。 过了几天，小姑娘又来了。唷，这么多蘑菇呀！小姑娘采呀采，一直采到小房子跟前。美丽的小姑娘，快来吃粽子，吃了粽子讲故事。香喷喷的粽子真好吃，小姑娘吃了一个又一个。哈，故事全吃到肚子里去啦！小姑娘讲了一个又一个故事，老奶奶一边听一边点头，小动物们个个着了迷。 小姑娘回家了，她拎了满满一篮蘑菇，还带了满满一肚子故事，要说给更多的小朋友听。 （2）幼儿选取喜欢的角色，贴上角色不干胶，教师为幼儿完整地讲述一遍故事，并鼓励幼儿分角色复述。当说到小动物说不出故事时，可以请幼儿再次模仿一下小动物的样子。 3. 粽子里的故事 幼儿将图画纸包成的纸粽子剥开，分组讲讲自己"吃"出的故事，教师可以鼓励表现特别优秀的几位幼儿为大家讲故事。
活动建议	1. 幼儿有制作纸粽子的已知经验，教师可以给幼儿提供卡通图画纸，让幼儿自己包起来，也可以包好了分发给幼儿。卡通图画纸选择有人物有场景的，方便幼儿看图说故事。 2. 引导幼儿分角色朗读故事，教师在第一遍完整地讲述故事时，就可以鼓励幼儿用语言和肢体动作模仿小动物讲不出故事着急的样子。幼儿熟悉故事内容后，鼓励其发挥想象为角色汇编简单的对话。 3. 看图说话的环节，如果幼儿无法按照图画内容讲故事，能够简单说说以前自己听过的故事或者看过的动画亦可。如果幼儿可以看图说话，鼓励其用更丰富的肢体动作和不同的语气来讲故事。

续表

多元智能	本方案分为"说不出的故事""我们也来讲故事""粽子里的故事"三个小活动。有机会发展幼儿的语言智能和身体运动智能。 通过说说小姑娘吃粽子后发生了什么、将纸粽子里的故事说给别人听，锻炼了幼儿对语言的理解能力和表达能力，发展了幼儿的语言智能。语言智能强的幼儿可以较好地理解故事内容，在看图说话时，能够更有条理、有感情地讲述图画里的故事，甚至可以汇编简单的对话。语言智能弱的幼儿可能只会简单的说说时间、地点、人物等内容，或者无法流畅表达，需要教师加以引导。 通过用肢体动作表演小动物吃粽子后说不出故事的着急情景，锻炼了幼儿大肌肉的协调性，发展了幼儿的身体运动智能。
活动延伸	在戏剧表演区，幼儿可以扮演老奶奶、小姑娘和各种小动物来表演故事。幼儿也可以将纸粽子的图画纸汇集到图书/语言角，尝试讲讲里面的故事。 幼儿为家长讲一讲《粽子里的故事》，家长可以给幼儿准备粽子，吃一个粽子鼓励幼儿讲一个简单的小故事。
幼儿评定	观察幼儿能否分角色简单复述故事片段；能否将纸粽子里的故事说给别人听。

表8-15　单元主题活动端午节03：可爱的小粽子

活动名称	可爱的小粽子
学习与发展目标	4—5岁-科学-Ⅱ-3：能感知物体的形体结构特征，画出或拼搭出该物体的造型。
活动目标	1.感知和概括各种物品的形状，并能够区分出不同物品的形状，发展幼儿的观察能力。 2.根据生活经验对不同的物品展开求同活动，并说出理由。
活动材料	1.暗箱5个，分别装有小米、红小豆、糯米（形态特征要明显，形状短圆或者细长）、小枣、大豆5种原材料；5种材料的图片。 2.每桌5个纸盘（或其他容器），分别盛有上面5种原材料。
活动过程	1.多种多样的材料 "端午节快到了，食堂师傅打算给小朋友做几种可口的粽子！于是，就准备了一些包粽子的材料。" （1）认识材料，观察盘子里的5种原材料并说出名称。 （2）感知材料，调动幼儿多种感官，认真感受每种材料的形态特征，并尝试用语言描述它们的形状、大小、颜色等特征，过程中鼓励幼儿积极发言，大胆想象说出像什么。（小米是黄黄的、小小的、圆圆的，像黄色的雪；红小豆是红色的、鼓鼓的，像个胖胖的小猪；糯米是白白的、外观短圆或细长，像可爱的虫子；小枣是红色的、软软的、圆柱状或椭圆形，像闪亮的宝石。） （3）教师随机拿出一种材料，请幼儿抢答，说出名称，并说出它的形状或其他特征。

续表

活动过程	2. 摸箱游戏 （1）教师展示5个箱子，"食堂大师傅把这些材料装进了'魔术箱'里面，他想请小朋友摸一摸、猜一猜每个箱子里到底藏的是什么，并给每个箱子贴上对应的图片。" （2）幼儿上前把手伸进箱子里，每摸到一种材料，大声地说出摸到材料的名称、触感和特征；然后，找出对应的图片，并观察，思考是否与刚才描述的特征对应；最后，从摸箱里取出材料，与图片对应。
活动建议	1. 在活动的第一部分，幼儿描述材料形状时，教师调动幼儿动脑思考的积极性。 2. 在求同活动中，针对能力弱的幼儿教师可以调整材料的数量，再引导幼儿展开找相同的活动；针对能力强的幼儿，可自主完成找相同，并说出理由。
多元智能	通过开展认识粽子原材料形状的活动，发展了幼儿的逻辑数学智能、空间智能、语言智能和自我认知智能。 在活动中，幼儿通过对不同材料的认识，概括和认知材料的一些特征属性，并根据具有的经验展开摸箱和求同的活动，发展了幼儿的逻辑数学智能和空间智能。逻辑数学智能强的幼儿能够概括出材料的特征或属性，并且能够根据已有的经验完成摸箱游戏和求同活动；逻辑数学智能弱的幼儿在概括材料特征或属性方面较为困难，不能顺利完成摸箱游戏或者求同活动。幼儿在表述材料形态特征或表述求同理由的过程中，锻炼了幼儿组织语言的能力，发展了幼儿的语言智能。活动中，幼儿多次展开对已知经验的运用，发展了幼儿的自我认知智能。
活动延伸	在生活中，幼儿了解其他种子、坚果等食物的属性特征。
活动评定	幼儿能否概括5种材料的形状特征，能够区分出不同材料的形状，并完成求同活动。

表8-16 单元主题活动端午节04：夹粽子

活动名称	夹粽子
学习与发展目标	4—5岁 - 健康 - Ⅱ-3：会用筷子吃饭。
活动目标	1. 通过练习用筷子夹沙包，锻炼幼儿手指肌肉的灵活性。 2. 幼儿能熟练地使用筷子夹东西。 3. 增加幼儿对粽子的了解。
活动材料	节奏紧急的音乐、音乐播放器、平坦宽阔的场地、三角形的粽子1—2个、筷子每名幼儿1双、三角形的沙包每名幼儿1个、三角形的串珠若干、筐子4个、平衡木4架、皮球若干。

续表

活动过程	1. 粽子沙包 （1）教师出示粽子，请幼儿说一下粽子的形状（三角形）、颜色（墨绿色）和触感（凉凉的、滑滑的）。 （2）教师出示三角形的沙包，请幼儿给沙包起名字（端午沙包、粽子沙包或沙包粽子等），并探索沙包的不同玩法，如投沙包、抛沙包、踢沙包、扔沙包等，做热身活动。 2. 夹粽子 （1）"小朋友们，端午节到了，厨房里的叔叔给我们做了许多的粽子，刚刚出锅的粽子香极了，我们赶紧把这些热粽子送到各个班里去吧！可是粽子太烫了，我们不能直接用手拿，你们赶紧想想办法吧！"教师请幼儿讨论、分享自己的办法。 （2）教师出示筷子，并示范用筷子夹粽子的动作要领。 ① 右（左）手五指自然弯曲执筷，大拇指手指肚、食指肚和中指侧部夹住一根筷子，大拇指底部和无名指夹住另外一根筷子，小指自然弯曲，抵住无名指。 ② 夹物时，食指和中指向内弯曲，食指与中指稍用力使第一根筷子尖靠紧第二根筷子，从而将沙包夹住。 ③ 用筷子用力夹住沙包，手臂保持不动，快走（跑）把粽子放入筐子里。 （3）教师给每名幼儿一双筷子，请幼儿自己练习夹粽子。 （4）教师请幼儿一起讨论在夹粽子的时候遇到了什么困难（粽子老是掉下来），有什么解决办法（身体移动的时候，手臂不要动，手指用力压住筷子）。 3. 运粽子 （1）一名教师讲解游戏规则："小朋友你们刚才已经学会怎样用筷子夹粽子了，现在我们开始运粽子比赛吧！这里有两种不同类型的粽子：沙包粽子和串珠粽子（三角形的串珠）。每次你们只能运一个粽子，每个人至少运两次，运粽子的时候要通过独木桥（平衡木）、绕过小山丘（皮球），才能到达目的地（将粽子放入筐中），中途如果粽子掉落，则要返回起始线重新开始，现在请你们开始运粽子吧！" （2）一名教师播放节奏紧急的音乐并布置场地。 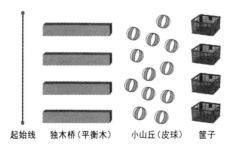 起始线　独木桥（平衡木）　小山丘（皮球）　筐子 （3）教师将幼儿随机分成4组，组织幼儿开始进行比赛，看哪组幼儿最先完成任务。 最后一组幼儿完成任务后，教师带领幼儿整理活动材料，自然结束游戏。

续表

活动建议	1. 活动中的三角形沙包可请手工好的家长准备，三角形串珠可用拇指大的纸团或用切成三角形的黄瓜（滚刀切）代替，平衡木可用砖块、椅子等材料代替。 2. 活动过程中的材料可以根据班级幼儿的水平进行调整，如果班级幼儿精细动作发展水平较高，可在运粽子环节增加更小的三角形物体，如荞麦；反之也可删除三角形串珠的材料。 3. 在幼儿用筷子夹物运输的过程中，教师重点观察幼儿拿筷子的姿势，夹物是手指之间的配合和运物时对身体的控制能力。在运粽子的环节，教师引导幼儿小组成员之间进行分工，精细动作好的幼儿运小粽子，其他幼儿运大粽子。
多元智能	单元活动《夹粽子》，主要发展了幼儿的语言智能、逻辑数学智能、身体运动智能和人际交往智能。 幼儿通过描述粽子的外形特征和讨论运粽子的方法，增加了幼儿关于粽子形状的认识，锻炼了解决实际问题的能力，发展了幼儿的逻辑数学智能和语言智能。幼儿主要通过探索三角形沙包的不同玩法和练习用筷子夹物的游戏，锻炼了幼儿的身体控制能力和手指肌肉的协调性，激发了幼儿探索一物多玩的兴趣，发展了幼儿的身体运动智能。身体运动智能强的幼儿能很快掌握用筷子夹物快走的动作技巧，并能成功夹取较小的物体，运输速度快；身体运动智能弱的幼儿用筷子取物时，会出现夹多次才能夹住的现象，并在运输过程中，物体频繁掉落。幼儿通过小组合作的方式完成运输任务，小组成员关于运输材料分工的讨论，锻炼了幼儿的分工合作意识，发展了幼儿的人际交往智能。
活动延伸	在科学探索区投放包粽子的原材料和步骤图，感兴趣的幼儿可在教师的带领下包粽子。端午节当天家长带领幼儿包粽子（采购粽子）、煮粽子和品尝粽子。
幼儿评定	幼儿是否能够用筷子夹粽子走10米，中途平稳地通过障碍物。

表8-17 单元主题活动端午节05：热热闹闹过端午

活动名称	热热闹闹过端午
学习与发展目标	4—5岁-艺术-Ⅱ-1：经常唱唱跳跳，愿意参加歌唱、律动、舞蹈、表演等活动。4—5岁-艺术-Ⅱ-2：能用拍手、踏脚等身体动作或可敲击的物品敲打节拍和基本节奏。
活动目标	1. 熟悉歌曲《过端午》的旋律和内容，能够根据歌曲的内容创编有关过端午的表演动作。 2. 学习用堂鼓及打棒为歌曲伴奏，感受过端午的欢快热烈的情绪。 3. 能看指挥进行演奏，并能控制乐器的音量。
活动材料	摸箱1个、旗子2面、松紧绳圈2条、堂鼓和打棒若干。

| 活动过程 | 1. 我知道的端午节
（1）教师拿出放有粽子、香包、菖蒲、艾叶、小龙舟（模型或图片）等与端午节相关物品的箱子，让幼儿摸摸箱中的物品，猜猜物品的名称及和什么节日有关。
（2）教师请幼儿根据已知经验说说端午节，并结合他们的认知补充和介绍更多关于端午节的由来和习俗。
2. 热热闹闹过端午
（1）聆听歌曲《过端午》感受歌曲欢快活泼的情绪。
歌词：
　　　　五月五，是端午。
　　　　插艾叶，悬菖蒲。
　　　　粽子香，香漫谷，
　　　　龙舟下水擂战鼓。
　　　　这端午，那端午，
　　　　处处是端午。
（2）记忆歌曲语词，理解词意。
（3）启发幼儿根据歌曲的内容创编相应的简单动作。
（4）肢体伴奏：左右分别拍腿、拍手（Ｘ Ｘ Ｘ），唱到"龙舟下水擂战鼓"时，左右分别连续拍腿（Ｘ Ｘ Ｘ Ｘ），之后再返回开始的拍腿、拍手部分。

《过端午》
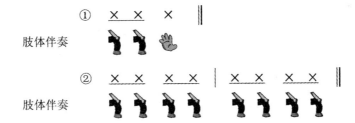

3. 端午游戏划龙舟
（1）将幼儿分成二组，发给各组幼儿松紧弹力绳圈，幼儿将松紧绳摆成龙舟形状，形成二条龙舟。发给幼儿人手一根打棒当舟桨，教师喊起"嘿呦！嘿呦！"号子，大家一起划龙舟。
（2）随歌曲音乐一拍一动地玩划龙舟的游戏，启发幼儿划舟的动作要一致。只有统一的动作和节奏，龙舟才可以划得飞快。
4. 你来划舟我打鼓
（1）发给幼儿堂鼓和打棒（如果班级人数多，可分小组发放堂鼓），请幼儿探索堂鼓的演奏方法（敲击鼓面及鼓边）。|

活动过程	（2）看图谱，请幼儿回忆拍腿、拍手的肢体固定伴奏节奏并转换成堂鼓和打棒的演奏。 《过端午》 ① 肢体伴奏 ×　×　× 　　乐器伴奏 　　　　　　×　×　× ② 肢体伴奏 ×　×　×　×｜×　×　×　× 　　乐器伴奏 （3）教师指挥，幼儿集体进行合奏。引导幼儿注意看指挥进行演奏，并能控制乐器的音量。合奏可分两组，一组为打棒组，一组为打鼓组。之后，幼儿交换位置和乐器，并进行演奏。
活动建议	1. 向幼儿介绍端午节的由来和传统习俗，既可以通过故事书也可以利用相关视频进行讲述。 2. 肢体伴奏并不仅仅是简单的动作，而是要让幼儿通过动作去感知音乐的节奏，同时引领幼儿思考不同表现形式下的各种情绪体验。比如：在擂战鼓时为什么要连续地轮奏？这时的情绪是怎样的？ 3. 划龙舟的游戏也可以安排在活动的最后进行。可视班级幼儿的人数进行分组，每组8—10人，利用弹力圈或者线绳排出龙舟造型。并在每组找一名幼儿负责在舟头掌旗，摇旗呐喊；舟尾1人敲鼓，其他人则拿打棒分坐于舟的两侧。 4. 幼儿在打击乐演奏过程中，教师应始终提醒幼儿注意看指挥及表现出歌曲欢乐热闹的精神风貌。
多元智能	打击乐活动《热热闹闹过端午》，发展了幼儿的音乐智能、身体运动智能和人际交往智能。 幼儿通过学唱歌曲、探索和演奏打击乐器堂鼓以及进行多种方式的节奏练习等，发展了幼儿的音乐智能。音乐智能强的幼儿对新歌学唱的能力较强，对新乐器的掌握也较快，并能在演唱和演奏中带入情绪和情感。但这部分幼儿有可能在记忆歌词方面以及动作创编方面有一定的困难，需要教师的关注。幼儿通过肢体伴奏、打鼓动作的力度掌握以及通过音乐伴随下的动作创编等，促进了幼儿身体的表现力，发展了幼儿的身体运动智能。而龙舟竞争和乐器合奏，二者都需要幼儿之间相互配合，集体协作，方能顺利完成。每一位幼儿在指挥的带领下，练习倾听自己和旁人的演奏并力求统一，从而发展了幼儿的人际交往智能。人际交往智能强的幼儿，在活动中会自然地成为小组活动的组织者和领导者，经常与别的幼儿分享创意和技巧，并能比较清楚地说明活动如何进行。

活动延伸	幼儿可以在戏剧表演区玩划龙舟的游戏,也可以继续利用打击乐器探索不同的演奏方式和节奏型。在家里,幼儿可以教爸爸妈妈演唱《过端午》这首歌,并为这首歌创编更多有趣的肢体动作和表现形式。
幼儿评定	观察幼儿能否跟随音乐看指挥进行演奏,且动作协调统一,并能表现出音乐欢快而热烈的情绪。

表8-18 单元主题活动端午节06:有趣漂亮的龙舟

活动名称	有趣漂亮的龙舟
学习与发展目标	4—5岁–艺术–Ⅱ–2:能运用绘画、手工制作等表现自己观察到或想象的事物。
活动目标	1.根据幼儿已有的经验和知识,想象端午节赛龙舟的情景和龙舟的各种形状,发展幼儿的想象能力。 2.通过观看各种龙舟的图片,了解龙舟的基本形状,运用合适的材料进行制作,发展幼儿的表现美、创作美的能力。 3.通过制造赛龙舟,了解端午节的习俗,发展幼儿对传统节日的热爱。
活动材料	一小段赛龙舟的视频、白色纸张、油画棒、牛奶盒、彩色纸、卡纸、双面胶、剪刀、花边剪、硬纸板等相关材料和工具。
活动过程	1.认识龙舟 问题引入:"小朋友们,你们见过赛龙舟没?" 教师鼓励幼儿将见过的各种赛龙舟的场景叙说出来。 (1)教师播放一小段赛龙舟的视频,请幼儿在观看时思考这几个问题:为什么这个时候赛龙舟?人们是如何赛龙舟的?龙舟的形状和颜色是怎样的?视频观看完请幼儿分别将自己看到的和想到的答案告诉大家,幼儿之间也可进行讨论。 (2)教师根据幼儿的回答进行总结:赛龙舟是端午节风俗中的一项有趣的活动,每到节日的时候,人们都会出来赛龙舟,虽然是比赛,但人们更多的是感受节日的活跃气氛。龙舟基本上是长长的,颜色是五颜六色的。 2.制作龙舟 "小朋友们,我们看到了一段精彩的龙舟比赛,接下来咱们也来一场赛龙舟,但需要你们先制作出一艘自己的龙舟才行。" (1)教师请幼儿用油画棒在白色纸张上简单设计出心中龙舟的造型。随后,将所需的材料分发给每桌幼儿,请幼儿先熟悉材料的特性并尝试创作。 (2)教师在观察幼儿的设计和创作后,根据幼儿的发展能力做出示范。 ①用剪刀将牛奶盒裁成两半,取其中一半当作舟身。 ②选自己喜欢的彩色纸张,用双面胶将其贴在牛奶盒上。 ③请幼儿跟随教师在硬卡纸上画出龙头和龙尾,画完用剪刀沿轮廓线将龙头龙尾剪下来,分别粘贴在牛奶盒的前端和后端。

续表

活动过程	④ 龙舟的基本样子已经做好了，接下来，请幼儿用彩色纸剪出龙头的眼睛、龙角以及其他装饰的图案。 ⑤ 将图案用双面胶粘贴在龙头、龙身以及龙尾上，龙舟基本就做好了。 ⑥ 最后，教师带领幼儿在硬纸板上画出舟桨的形状，用剪刀剪下，放置在龙舟边上，简单的龙舟就做好了。 3. 赛龙舟啦 （1）简单的龙舟制作完成后，鼓励幼儿利用蓝色的瓦楞纸以及其他材料和工具一起来制作几条比较宽的河流，教师巡回指导，让幼儿自由发挥创作力。 （2）制作完河流后，请幼儿将自己制作的龙舟放置在河流上，教师和幼儿一起欣赏大家做的龙舟，请幼儿分别为自己的龙舟起名字。随后教师当裁判请幼儿手拿龙舟进行比赛，看谁先沿着河面到达终点。
活动建议	如果幼儿没有见过赛龙舟的场景，可以要求幼儿将自己在生活中见过的船类表述出来，随后在观看视频的活动中，请幼儿注意观察龙舟的形状和色彩，以便设计出造型独特的龙舟。在活动过程中，幼儿可利用其他的废旧盒来制作舟身，在制作龙头和龙尾时，如果幼儿想设计其他的动物形象，教师要给予建议和帮助。活动中能力强的幼儿，给予幼儿充足的材料和工具，鼓励幼儿大胆想象，按自己的创意来制作龙舟。能力弱的幼儿教师要仔细引导，可给予技术上的支持。在幼儿制作过程中教师要注意剪刀等工具的安全使用。
多元智能	单元活动《有趣漂亮的龙舟》，有机会锻炼幼儿的语言智能、空间智能、身体运动智能和人际交往智能。 幼儿通过描述自己见过的赛龙舟场景以及观察视频后发表自己的看法，发展了幼儿的语言智能。观看赛龙舟的视频，观察龙舟的形状和颜色，并用材料和工具进行创作，发展了幼儿的空间智能。空间智能强的幼儿能够在教师的帮助下，创造出有趣的龙舟，龙舟装饰合理，色彩鲜艳。空间智能弱的幼儿能自己操作的部分很少，舟头和舟尾的设计需要教师给予更多的帮助。幼儿利用工具进行剪裁和粘贴，锻炼了幼儿动手操作的能力，发展了幼儿的身体运动智能。幼儿之间一起进行赛龙舟，锻炼了幼儿的沟通能力，发展了幼儿的人际交往智能。
活动延伸	在美工区继续播放赛龙舟的视频，让幼儿观察赛龙舟的选手穿戴的服装和头饰。引导幼儿利用彩色纸张或其他废旧材料进行设计服装，让幼儿自由发挥和创作。请幼儿将设计的服装穿戴整齐在戏剧表演区表演赛龙舟的场景。
幼儿评定	观察幼儿能否利用材料设计、制作出漂亮龙舟。

四、单元主题活动：海洋世界

单元目标：1. 认识各种海洋生物，愿意探究与海洋相关的更多知识。2. 能够发现海洋世界的美，学会对海洋生物进行分类。3. 愿意用手工制作、绘画、唱歌和运动游戏等表现海洋世界。4. 喜欢听跟海洋世界相关的故事，并愿意与他人分享，喜欢阅读相关绘本作品。

表8-19 单元主题活动海洋世界01：参观海洋馆（海底世界/海洋公园/水族馆）

活动名称	参观海洋馆（海底世界/海洋公园/水族馆）
学习与发展目标	4—5岁-社会-Ⅱ-1：愿意并主动参加群体活动。
活动目标	1. 懂得海洋是各种海洋生物的"家"。 2. 萌发对各种海洋生物的兴趣。 3. 通过参观能解决预设的问题。
活动材料	拍照或摄像设备。
活动过程	1. 出发前，教师在白板上贴出要去参观的海洋馆的图片，引起幼儿的兴趣。 （1）教师引导幼儿讲述是否去过海洋馆，鼓励幼儿谈论对海洋馆的已有认识，了解幼儿的已知经验和幼儿想了解的关于海洋馆或者海洋生物的信息，教师根据幼儿想法也可扩展幼儿了解的内容，如：问幼儿是否知道去海洋馆的路线，海洋馆里都有哪些海洋生物，猜想海洋馆里还会有哪些生物，还想了解哪些海洋生物，等等，引起幼儿的参观兴趣。 （2）教师将幼儿谈论的关键词记录下来，将此作为参观前的小结，并告知幼儿在参观时应注意哪些问题、参观的路线、参观时的分组情况等。 （3）请家长参加此次活动，将幼儿谈论的记录总结告知家长，引起家长关注，并请家长帮助做好参观前的准备。 2. 教师可安排在海洋馆（海底世界/海洋公园/水族馆）的合适场地展开一些小活动，如：参观完一部分海洋生物后，组织幼儿在休息场地休息，并鼓励幼儿之间分享看到的有趣的或是自己感兴趣的海洋生物。
活动建议	安排好去海洋馆（海底世界/海洋公园/水族馆）的车辆，与相关人员建立好关于接待、时间、行走路线等方面的联系；明确每名教师应负责的幼儿。可安排相应的人员进行录像或是拍照；整个过程一定要注意安全问题。参观过程中对幼儿感兴趣的海洋生物，教师和家长要给予讲解；参观过程中引导幼儿之间要互相帮助。

续表

多元智能	整个外出活动主要发展了幼儿的自然智能、语言智能和人际交往智能。 幼儿带着兴趣和问题对看到的海洋动物会进行观察，了解看到的海洋生物的外部特征和基本习性等，这个过程锻炼了幼儿的观察能力，发展了幼儿的自然智能。自然智能强的幼儿可以通过观察来解决问题，自然智能弱的幼儿可能关注力不够，或观察不仔细，需要教师引导。在参观过程中，幼儿之间会对看到的海洋生物进行语言交流，和工作人员进行互动，和同伴、教师进行分享，这些过程锻炼了幼儿的语言表达能力，发展了幼儿的语言智能；同时又锻炼了幼儿之间的社会交往能力，发展了幼儿的人际交往智能。人际交往智能强的幼儿通过活动会提高同伴之间的交流与互助能力，而人际交往智能弱的幼儿可能表现不够明显。
活动延伸	幼儿在家中，可以向家长介绍感兴趣的海洋生物，家长可以给予幼儿适当的鼓励和指导。教师将拍摄的海洋生物照片放置在科学探索区，幼儿可进行观察。
幼儿评定	幼儿能否解决准备的问题；是否对海洋生物产生兴趣。

表8-20　单元主题活动海洋世界02：大海里的朋友

活动名称	大海里的朋友
学习与发展目标	4—5岁-语言-Ⅱ-2：能根据连续画面提供的信息，大致说出故事的情节。
活动目标	1. 可以用"我比……大"的句式复述故事内容。 2. 可以语言流畅地描述自己喜欢或者不喜欢故事主人公大王乌贼的理由。 3. 喜欢阅读绘本故事。
活动材料	仿真海洋动物模型玩具（跟绘本故事相关的角色，大王乌贼、大鲸鱼、小鱼、小乌龟等）、《大海里我最大》绘本书、《动物世界》里大海和有各种海底生物的视频片段。
活动过程	1. 这是谁呀？ （1）教师播放大海和海底生物视频片段引出话题，鼓励幼儿积极讨论自己见过的海洋的样子和知道的相关知识。 （2）教师拿着大王乌贼、大鲸鱼等模型玩具，手背在身后，"小朋友们，海洋中生活着很多很多新朋友，老师今天就给大家带来几个，你们想不想知道都是谁呀？"教师随机逐个拿出所有模型玩具，看看幼儿能说出几个名字，有部分不认识的或者叫不出名字的教师做简单介绍。 2. 大海里我最大 （1）教师展示故事主人公大王乌贼的形象，并引导幼儿对比大王乌贼和其他海洋生物，发现大王乌贼的个头比其他海洋生物大。教师继续展示绘本封面，"这只大王乌贼觉得自己是海洋里面个头最大的，所以它很开心，每天最爱做的事情就是跟别人比大小，咱们看看它都找谁去了呀？"教师展示绘本前几页，并给幼儿讲故事内容，在讲到"我比这群海龟大""我比这些虾米大"等句子时，教师可以用夸张的语气和表情或肢体动作，更有感情地演绎故事内容。

续表

活动过程	（2）教师给幼儿讲完三到四页后，鼓励幼儿观察绘本里出现的生物，并用"我比……大"的句式复述故事。 （3）当绘本故事中的鲸鱼出现时，教师拿出鲸鱼和大王乌贼的模型玩具，边演示边继续讲，"还不等大王乌贼得意地跟大鲸鱼比个头，大鲸鱼把大王乌贼一口就吞了下去，小朋友们，你们来猜一猜大王乌贼被吞了会怎么样？"鼓励幼儿发挥想象回答问题。讨论过后，教师为幼儿讲述故事结局，"大王乌贼在鲸鱼的肚子里开心地说，哈哈，在鲸鱼的肚子里我是最大的！" 3. 你喜欢大王乌贼吗？ 教师鼓励幼儿说一说自己喜欢还是不喜欢故事的主人公大王乌贼，并且引导幼儿说说自己喜欢或者不喜欢它的理由。
活动建议	1. 当幼儿无法用"我比……大"复述故事内容时，教师可以多展示几页绘本内容，因为该故事中重复句式多，可以帮助幼儿加深印象，幼儿熟悉故事内容后，鼓励其用夸张的语气和表情加入自己的表演来复述故事。 2. 在说说自己喜欢或者不喜欢大王乌贼的环节时，教师鼓励所有幼儿说出自己的想法。
多元智能	本方案分为"这是谁呀？""大海里我最大""你喜欢大王乌贼吗？"三个小活动。发展了幼儿的语言智能、空间智能和自然智能。 通过理解绘本故事内容、回答问题、复述故事等环节锻炼了幼儿的表达能力和对语言的理解能力，发展了幼儿的语言智能。语言智能强的幼儿在回答教师问题时语言更流畅、用词更丰富，能更快地掌握"我比……大"的句式，在复述故事时更加生动，甚至会用不同的声音模仿不同的动物，在讲述自己喜欢或者不喜欢大王乌贼的理由时会讲述更多内容，且表述清楚。语言智能较弱的幼儿可能无法讲述更多内容，或者无法掌握新句式，需要教师多多给予发言机会，引导其锻炼使用新句式。通过观察绘本锻炼了幼儿对颜色、线条等要素的感知能力，发展了幼儿的空间智能。通过探究海洋动物的特点等环节，发展了幼儿的自然智能。
活动延伸	在图书/语言角投放更多的关于海洋世界的绘本书，幼儿可以反复阅读。在戏剧表演区投放海洋动物的头饰等相关道具，幼儿可以在该区表演《大海里我最大》的故事。
幼儿评定	观察幼儿能否用"我比……大"的句式复述故事内容；能否语言流畅地描述自己喜欢或者不喜欢故事主人公大王乌贼的理由。

表 8-21　单元主题活动海洋世界 03：美丽的贝

活动名称	美丽的贝
学习与发展目标	4—5 岁 - 科学 - I -1：喜欢接触新事物，经常问一些与新事物有关的问题；常常动手动脑探索物体和材料，并乐在其中。4—5 岁 - 科学 - I -2：能对事物或现象进行观察比较，发现其相同与不同。
活动目标	1. 认识贝类动物，了解其生活习性。 2. 发现贝类动物壳的多样性。 3. 通过制作贝壳项链，感受贝类动物外壳的美。
活动材料	鹦鹉螺、蜘蛛贝、海彩贝、星罗、蛏子、花蛤、海瓜子等海洋贝类的图片，活的蜗牛和蛏子4—6只，透明的瓶子，扇形、螺旋形、水滴形和椭圆形贝壳若干，彩绳、电钻、闪光粉、塑料小宝石、乳胶、砂纸。
活动过程	1. 认识贝类动物 "小朋友们，今天老师给你们带来了两个新朋友，今天你们的任务就是观察这两个新朋友。" （1）教师将幼儿随机分成4—6组，每组幼儿的桌子上放着一个装有蛏子和蜗牛的透明杯子。 （2）教师请幼儿观察这两种贝类动物的形状、颜色，观察它们是怎样爬行、游泳、进餐的。 （3）教师总结幼儿的发现：这两种动物都长着壳，贝壳的颜色和形状都不一样；一个贝壳伸出软软的身子，贴着杯壁慢慢爬；一个贝壳一开一合推着水游动；它们都伸出长长的嘴吃东西。 2. 贝壳大分类 教师依次展示鹦鹉螺、蜘蛛贝、海彩贝、星罗、蛏子、花蛤、海瓜子等海洋贝类生物的图片，请幼儿观察图片，说说这些贝类的异同。（这些贝都长着壳，但壳的形状各不相同，颜色、花纹也不相同，有的像扇子，有的像螺丝钉，有的像水滴，有的像手指饼干。） 教师请各个小组上前领取一份混合在一起的贝壳，当教师发出"开始"的口令后，小组根据贝壳的形状对贝壳进行分类，看哪一组最先完成。 教师请每个小组分享自己的分类结果，并介绍每种贝壳分类的标准是什么。 3. 制作贝壳项链 （1）每名幼儿选取一个自己喜欢的贝壳，用砂纸打磨贝壳，然后用闪光粉和小宝石装饰贝壳。 （2）教师用电钻给装饰完的贝壳打孔。 （3）幼儿将丝带或彩绳穿过小孔，打个结，一个扇贝项链就做好了。 （4）幼儿带上自己制作的扇贝项链。

活动建议	活动开始前1个月，教师请幼儿收集不同的贝壳。在活动前，教师准备好两种常见的单壳贝和双壳贝，保证这两种贝是活着的，种类可以根据当地的条件调整。 在活动过程中，教师重点引导幼儿观察贝的外形特点和活动方式，留给幼儿一定的观察时间，同时提醒幼儿保持安静，还可以借助放大镜进行观察。在认识各种各样的贝的环节，引导幼儿观察贝的形状的差异。在分类环节对观察能力较强的幼儿，教师引导其观察贝壳上的花纹，并请幼儿猜测贝壳上的花纹与年龄之间的关系。在制作贝壳项链的环节，重点观察幼儿打结环节预留绳子的长度是否合适，鼓励幼儿间的相互帮助，教师对动作慢的幼儿提供帮助。
多元智能	探究活动《美丽的贝》，主要发展了幼儿的自然智能、空间智能、语言智能、逻辑数学智能和身体运动智能。 幼儿通过直接观察海洋贝类动物，了解贝类的外形特点和生活习性，丰富幼儿对海洋生物的了解，发展了幼儿的自然智能。自然智能强的幼儿对观察贝类动物感兴趣，并能观察到贝外形和生活习性的细节，如壳上的花纹、是单扇还是双扇。自然智能弱的幼儿观察时不仔细，东张西望，只能简单说出外形上的特点，观察不到细节。幼儿通过图片，了解贝的多样性，锻炼幼儿的读图能力，发展了幼儿的空间智能。幼儿通过描述自己观察到的贝的细节和贝壳的异同点，锻炼了幼儿的语言描述能力，发展了幼儿的语言智能。幼儿通过对贝壳按形状进行分类，锻炼了幼儿的比较观察能力，发展了幼儿的逻辑数学智能。幼儿制作贝壳项链时的装饰贝壳和穿孔环节，都要求幼儿手指动作的精细度，发展了幼儿的身体运动智能。
活动延伸	把幼儿收集到的贝壳投放到美工区，教师引导幼儿进行贝壳画的创作。把蜗牛和蛏子投放到自然角，方便幼儿继续观察。
幼儿评定	幼儿是否能发现并描述出贝类动物的生活习惯，并根据形状对贝壳进行分类。

表8-22 单元主题活动海洋世界04：海底世界

活动名称	海底世界
学习与发展目标	4—5岁－艺术－Ⅱ-1：经常唱唱跳跳，愿意参加歌唱、律动、舞蹈、表演等活动。
活动目标	1.通过猜谜语的游戏，感知一些海洋生物的特点。 2.通过学唱歌曲，熟悉歌曲的旋律与歌词，并能跟唱歌曲。 3.能根据音乐的旋律做模仿游戏，感知表演的快乐。
活动材料	音乐《海底世界》的音频，白板，小贝壳、小海马、八爪章鱼、鲨鱼的卡片。
活动过程	1.神秘的海洋生物 （1）教师根据幼儿已有经验，请他们说说自己通过什么方式能了解到海洋中的一些神秘而有趣的生物（动物或植物）。如电影、电视、绘本图书、参观海洋馆、大海游玩等，并说出具体的生物名称。教师将幼儿的描述记录（或画）在白板上。

续表

活动过程	（2）教师为幼儿讲述有关海底动物的谜语，请幼儿猜一猜。并请幼儿说一说为什么会猜出这个答案。如： 像鱼不是鱼，终生海里住，远看像喷泉，近看像岛屿。——鲸鱼 有群小姑娘，白衫黑衣裳，有翅不会飞，游泳是内行。——企鹅 叫马不是马，地上没有它，若用它做药，请到海里抓。——海马 身长约一丈，鼻生头顶上，背黑肚皮白，安家在海洋。——海豚 （3）鼓励幼儿用语言、动作、表情等不同方式，尝试用谜语的方式展现一下自己知道的海洋生物，并请其他幼儿仔细观察和思考，猜出是哪种海洋生物。 2. 海洋动物来做客 （1）教师保持神秘感，引出歌曲：今天有四种海洋动物来班级做客，这四种动物藏在一首歌里，歌曲的名字是《海底世界》，请你们听一听，歌曲中出现了几种小动物？都是谁？它们谁先出场的？顺序是怎样的？ （2）请幼儿根据歌词中出现的四种动物的顺序，将图片依次贴在前面的白板上。 （3）教师范唱，幼儿随着教师歌唱的音乐旋律拍手打节奏。 歌词： 　　　　小贝壳，像房子，一开一关棒棒棒。 　　　　小海马，卷尾巴，一来一去嗖嗖嗖。 　　　　八爪鱼，长胳膊，一伸一缩游游游。 　　　　大鲨鱼，真危险，张嘴闭嘴嗷嗷嗷。 （4）教师带幼儿有节奏地拍念歌词，并请幼儿说一说歌曲里是怎么描述小贝壳、小海马、八爪鱼和大鲨鱼的特点的？如小贝壳像房子，一开一关的等。 （5）反复演唱歌曲，可以请幼儿根据兴趣用动作、表情等扮演歌曲中的小动物，并分角色进行表演。 3. 邀请更多的小动物 （1）教师引出仿编歌词的任务："你还想邀请哪些海洋动物来做客？请你介绍这种动物的特点。"如果有的幼儿希望邀请小海星、乌龟等，教师可鼓励大家一起出主意，将这种动物和它的特点编进歌词。 例如：小海星，像星星，有着吸盘和棘皮。 　　　小乌龟，像石头，一出一进向前游…… （2）教师将大家共同仿编的歌词记录（或画）在白板上，并带幼儿有节奏地拍念仿编的歌词。 （3）将歌词补充到歌曲《海底世界》中，尝试按照旋律唱出歌词。 4. 模仿接龙游戏 （1）教师引导幼儿跟着音乐自由模仿自己喜欢的小动物。 （2）一个幼儿边唱边模仿一种小动物，然后下一个小朋友继续模仿另一种小动物。一个幼儿模仿一种，进行模仿接龙游戏，增加活动的趣味性。

续表

活动建议	1. 教师需要提前准备好歌曲《海底世界》的音频，同时准备好需要用的四张图片：小贝壳、小海马、八爪章鱼和鲨鱼。 2. 将仿编歌词与旋律对应时，教师可协助幼儿确定好歌词的顺序，并尽可能用钢琴伴奏，使幼儿能够掌握好演唱速度和音准。
多元智能	歌曲唱游活动《海底世界》，发展了幼儿的音乐智能、语言智能、身体运动智能、自然智能和逻辑数学智能。 幼儿通过猜谜语、说谜语及运用自己掌握的动物特点词汇仿编歌词等，锻炼了幼儿语言概括能力和表达能力，发展了幼儿的语言智能。幼儿在学唱歌曲和演唱仿编歌词的过程中，锻炼了幼儿对节奏、旋律和音高的感知力，发展了幼儿的音乐智能。音乐智能强的幼儿能够很快唱会歌曲，并能将自己仿编的歌词与旋律做基本的对应。幼儿在模仿表演各种海洋动物的过程中，发展了幼儿的身体运动智能。在仿编歌词过程中，幼儿通过总结、提炼和概括一些动物的特点，这个过程发展了幼儿的逻辑数学智能。这个活动也提供了让幼儿充分认识和探索多种海洋动物的机会，发展了幼儿的自然探索智能。
活动延伸	幼儿可以把自己想到的或者新认识的海洋动物或植物用绘画、图片的方式记录下来，丰富到歌曲中。也可以在美工区进行一些海底生物的手工制作活动。在图书/语言角投放一些关于海洋的图书，供幼儿翻阅，延续兴趣。父母可以带着幼儿参观海洋馆，有机会去大海边游玩时，和幼儿一起保护海洋。
幼儿评定	观察幼儿是否唱会歌曲，并愿意尝试为歌曲创编新词。

表8-23 单元主题活动海洋世界05：海底总动员

活动名称	海底总动员
学习与发展目标	4—5岁 – 艺术 – Ⅱ-2：能运用绘画、手工制作等表现自己观察到或想象的事物。
活动目标	1. 利用橡皮泥制作各种色彩鲜艳的小鱼，锻炼幼儿的色彩搭配能力和造型设计能力。 2. 通过想象为小鱼设计场景和故事，发挥了幼儿的创作能力。 3. 喜欢参加艺术活动，感受绘画的乐趣。
活动材料	多色橡皮泥、海底总动员动画电影片段、毛巾、辅助工具等。
活动过程	1. 认识小鱼们 （1）"小朋友们，老师昨天看了一部电影，你们可能也看过，那就是《海底总动员》，咱们看一看海底的鱼儿你们能认识多少？"播放《海底总动员》的片段，教师和幼儿一起从鱼的特征、颜色来认识各种各样的鱼。 （2）"这么漂亮的小鱼，我们做出来好不好？现在咱们来讨论一下，小鱼该怎么做出来呢？"先不提供材料，引导幼儿根据自己的经验进行讨论。教师根据幼儿的描述给予适当的表扬和建议。

活动过程	2. 小鱼小鱼快出来 　　教师将材料拿出来，"老师想来想去，还是觉得用轻黏土做小鱼最合适，你们觉得呢？"征求幼儿意见，"轻黏土颜色丰富，做出的小鱼还能体现出胖瘦，对不对？"如果有不同意见，请教师尊重幼儿的想法。将材料分发给幼儿，教师跟幼儿一起进行制作，"我们先来制作一条五颜六色的小鱼。" 　　（1）先取出一小块轻黏土做小鱼的身体，进行搓圆，可选取任意颜色，轻轻压扁后放置一边。 　　（2）再揪下四小块，一块搓成椭圆长形，当作背鳍。其他三块搓成小圆，其中一块压扁，当作小鱼的尾巴。 　　（3）用白色和黑色的黏土分别搓成小圆，黑色小，白色大。将黑色的黏土放在白色上面，当作小鱼的眼睛。 　　（4）将鱼尾和背鳍粘在鱼身上，再分别用不同的颜色搓圆，压扁，放置在鱼身上当作鱼鳞，漂亮的小鱼就做好了。 　　教师带领幼儿制作完后，鼓励幼儿大胆想象，可以将小鱼的身体分为两个颜色或三个颜色进行组合，鱼的形状可以是三角的、椭圆的等。制作完小鱼后，引导幼儿为小鱼制作合适的场景，比如，水草、贝壳、小的装饰等。 　　3. 我们一起玩耍吧 　　小鱼制作完成后，请幼儿将自己的小鱼综合起来，教师模拟海底总动员的场景，请幼儿介绍自己的小鱼，比如：我是小红鱼，我爱吃……我们一起玩吧！等等。鼓励幼儿给自己的小鱼起个名字并设定一个角色给小鱼。
活动建议	幼儿在观看《海底总动员》动画片段时，教师提醒幼儿将看到的小鱼特征以及颜色记下来，以便一会儿制作时用到。教师引导幼儿讨论什么材料可以做成小鱼，如果幼儿有其他想法，教师可带领幼儿先做实验，用轻黏土制作完后进行对比，选择哪种材料制作更好看。制作中能力强的幼儿，可引导其制作复杂的造型，如大鲨鱼、鱿鱼等，在装饰方面做得更细致。能力弱的幼儿教师提醒其多观察其他幼儿的作品，必要时教师要给予适当的指导和帮助。活动后要提醒幼儿洗手，注意个人卫生和环境卫生。
多元智能	本单元活动《海底总动员》，有机会锻炼幼儿的语言智能、空间智能和身体运动智能。幼儿通过观看影片片段后发表自己的想法和看法，制作完成后为小鱼取名字以及介绍小鱼，锻炼了幼儿的语言组织能力，发展了幼儿的语言智能。幼儿观看影片片段，自己根据教师以及影片片段中的鱼的形状进行创作，发展了幼儿的空间智能。空间智能强的幼儿能够将自己见到的小鱼，用轻黏土进行塑造，且形状相似，色彩搭配鲜艳，具有一定的创作力。空间智能弱的幼儿，鱼的形状创作方面欠缺，色彩单一，对形态塑造不感兴趣，需要教师给予适当的帮助。通过运用小手以及身体的协调为小鱼设计不同的形状和色彩搭配，锻炼了幼儿的小肌肉群的运用，发展了幼儿的身体运动智能。

续表

活动延伸	如果幼儿仍然对轻黏土塑造形体感兴趣,可在美工区投放相关材料,幼儿可以继续制作小鱼或者其他的动物。也可以准备绘画的材料和工具,幼儿可以根据自己看到的《海底总动员》的电影片段,或自己亲身经历自行创作海底总动员的场景。
幼儿评定	观察幼儿能否利用材料制作出色彩鲜艳、造型好看的鱼类。

表8-24 单元主题活动海洋世界06:小螃蟹去沙滩

活动名称	小螃蟹去沙滩
学习与发展目标	4—5岁-健康-Ⅱ-1:能以匍匐、膝盖悬空等多种方式钻爬。
活动目标	1. 通过练习侧身横走的动作,锻炼幼儿的身体平衡能力。 2. 通过练习侧面钻爬的动作,锻炼幼儿的身体灵活性。 3. 喜欢模仿螃蟹走路。
活动材料	活螃蟹1只(螃蟹爬行的视频)、平坦宽阔的户外活动场地、拱形门、呼啦圈、螃蟹胸贴若干。
活动过程	1. 模仿小螃蟹走路 (1)"小朋友们今天老师给你们带了一个新朋友,这个新朋友生活在水里,有八条腿,喜欢横着走路,你们猜一猜它是谁呀?" 幼儿自由地猜测新朋友的名字。 (2)教师出示螃蟹,向幼儿介绍新朋友,并请幼儿观察螃蟹走路的方式。 (3)教师带领幼儿边说儿歌,边学螃蟹走路:身体腾空、四肢着地,同时移动同侧的手和脚,另一侧的手脚跟上,围绕操场横着爬一圈。 小螃蟹呀本领大, 举着钳子横着爬, 遇到敌人我不怕, 举起钳子夹住它。 2. 小螃蟹学本领 (1)幼儿和教师贴上小螃蟹胸贴,扮演小螃蟹和螃蟹妈妈。 "小螃蟹,你们已经长大了,趁着今天的好天气,你们去沙滩上寻找食物吧!但是要到达沙滩,需要钻过好多石头洞(拱形门),石头洞很窄,你们一定要小小呀,不要让坚硬的石头碰伤身体,所以在正式出发以前,你们要跟着妈妈学侧身钻的新本领。" (2)螃蟹妈妈示范侧身钻的动作要领:身体侧对着拱形门,两腿屈膝,前腿在拱形门下伸过,身体重心在后腿,随后低头弯腰侧身钻过拱形门,在钻的同时,前腿改为屈膝并将身体的重心移到前腿,后腿迅速收回,全身通过拱形门,并以同样的方式钻过呼啦圈(两个小朋友扶呼啦圈,把呼啦圈立起来)。

活动过程	（3）幼儿自由结队，每队至少3人，每队领取一个拱形门和呼啦圈，在户外场地上分散练习侧身钻拱形门和呼啦圈。 （4）幼儿在练习侧身钻的时候，一名教师指导、矫正幼儿的动作，一名教师布置场地。 起始线　拱形山洞　圆形山洞（呼啦圈）　沙滩 3. 去沙滩了 （1）"小螃蟹们，你们学到了一个新本领，现在开始进行比赛，看哪队小螃蟹最先到达沙滩。" （2）教师将幼儿随机分成3队，每队幼儿纵排站在起始线上，当教师发出"开始"的口令后，每队的第一名幼儿出发，后面的幼儿跟上，但保证与前面的幼儿保持2米的距离即可，队伍里最后一名幼儿最先通过呼啦圈的队伍获胜。 （3）"小螃蟹们，你们来到沙滩了，我们快来一起寻找食物吧！"幼儿在户外活动场地自由玩耍，活动自然结束。
活动建议	如果园所条件允许，活动前让幼儿直接观察螃蟹走路的样子，如果园所条件不允许，可用螃蟹爬走的小视频或动图替代。活动中使用的拱形门高度在50—60厘米之间，呼啦圈直径45—65厘米。 活动过程中教师重点观察幼儿横爬和侧身钻的动作，在横爬时，是否同时移动一侧的手脚，在侧身钻的环节，幼儿自如地转变身体的重心。教师鼓励能力强的幼儿挑战矮的拱形门和小的呼啦圈，教师在能力弱的幼儿身边示范动作、鼓励其先练习侧钻拱形门。
多元智能	钻爬活动《小螃蟹去沙滩》，主要发展了幼儿的身体运动智能、语言智能和人际交往智能。 幼儿主要通过练习横走和侧身钻的动作，锻炼幼儿的身体平衡能力和身体灵活性，提高幼儿的身体柔韧性，发展了幼儿的身体运动智能。身体运动智能强的幼儿能很快掌握横爬和侧身钻的动作技巧，同时移动一侧的手脚，身体重心快速转移，动作干净利索，不会出现摔跤或碰到拱形门和呼啦圈的现象。身体运动智能弱的幼儿，在横爬时会出现自己绊倒自己的现象，而且在侧身钻的环节，经常碰到拱形门或呼啦圈。幼儿通过学儿歌，了解螃蟹的动作特征和外貌特征，体会儿歌的韵律美，发展了幼儿的语言智能。幼儿通过组队练习侧身钻和团队比赛的方式，锻炼幼儿的合作能力，增加幼儿的团队默契，发展了幼儿的人际交往智能。

续表

活动延伸	把小螃蟹投放到班级的自然角，方便对螃蟹感兴趣的幼儿继续观察。
幼儿评定	幼儿是否能身体平稳的侧身钻过拱形门，中间不碰到拱形门。

五、单元主题活动：昆虫王国

单元目标：1. 了解昆虫的特征，愿意探究关于昆虫的更多知识。2. 了解昆虫与人类的关系，能对昆虫进行简单分类，并有保护益虫和消灭害虫的意识。3. 愿意用讲故事、绘画、唱歌和游戏等表现昆虫的特征和对昆虫的兴趣。4. 愿意参与集体活动，体验探索昆虫的乐趣。

表8-25　单元主题活动昆虫王国01：和益虫做朋友

活动名称	和益虫做朋友
学习与发展目标	4—5岁-社会-Ⅰ-2：对大家都喜欢的东西能轮流、分享。
活动目标	1. 能主动与同伴交流喜欢的昆虫。 2. 简单了解昆虫自我保护的方式。 3. 有初步的保护益虫、消灭害虫的意识。
活动材料	兰花螳螂、枯叶蝶、竹节虫、甲虫等昆虫的图片，蚊子、蝗虫、苍蝇、蟑螂等害虫的图片，蜻蜓、七星瓢虫、蜜蜂、螳螂等益虫的图片。
活动过程	教师将幼儿分成4—5组，进行如下活动。 1. 喜欢的昆虫 （1）教师引导幼儿讲述自己喜欢的昆虫是什么，鼓励幼儿互相交流自己喜欢的昆虫，为什么喜欢，重点引导幼儿说一说自己喜欢的昆虫的名称、特征或简单习性。 （2）引导幼儿讨论分享这些昆虫哪些是益虫、哪些是害虫，鼓励幼儿根据自己的已有经验进行分类，并鼓励幼儿讲述自己分类的依据。 2. 哪些是益虫 （1）教师为幼儿简单讲解益虫和害虫的分类原因，将幼儿讨论的几种昆虫进行正确的分类，并引导幼儿判别自己的分类是否正确。 （2）教师出示准备好的蚊子、蝗虫、苍蝇、蟑螂、蜻蜓、七星瓢虫、蜜蜂、螳螂等昆虫的图片，引导幼儿从这些图片中指出益虫，然后教师对幼儿的指认结果做出正确判断，并为幼儿讲解每种益虫之所以为益虫的原因。 3. 保护益虫 （1）教师引导幼儿思考昆虫是如何保护自己的，是否想知道昆虫自我保护的秘密，引导幼儿讲述自己的观点，激发幼儿的兴趣，教师根据幼儿的已知经验进行简单评价。

续表

活动过程	（2）教师出示兰花螳螂、枯叶蝶、竹节虫、甲虫、蚱蜢等昆虫的图片，请幼儿讲述是否知道它们是如何保护自己的，为幼儿讲解常见昆虫自我保护的方式，如兰花螳螂、枯叶蝶、竹节虫可通过自身的颜色（保护色）来保护自己，自身的颜色和周围环境颜色相似，不会轻易被敌人发现；竹节虫安静时很像树枝的形状（拟态），枯叶蝶、蚱蜢可以通过模拟或假装树叶来混淆敌人；甲虫平时在枯叶丛中睡觉，以此来躲避危险；蚱蜢和跳蚤还能用跳跃的方法逃避敌害等。不管是益虫和害虫都有保护自己的方式，对益虫我们要懂得保护，对害虫要识破它们的保护方式，尽量消灭害虫。 （3）教师倡议幼儿要和益虫做朋友，识破害虫保护自己的方式，和幼儿共同商讨"保护益虫，消灭害虫"的方法，引导幼儿分组讨论。最后，教师将每组的讨论结果进行整合，并进行简单的总结，如：要保护益虫，不杀害益虫，给益虫创造适宜的生活环境，适当提供食物；要消灭害虫，定期打扫自己的房间和教室，定期进行清理死角、打苍蝇、打蚊子等卫生活动，维持周围环境的整洁。
活动建议	教师在准备图片时，要根据幼儿的已有经验进行准备和出示，当幼儿喜欢的昆虫和准备的昆虫相同时，教师可进行顺势引导；教师可准备尽量多的常见益虫图片，扩大幼儿的认知，丰富幼儿的经验。
多元智能	《和益虫做朋友》主要发展了幼儿的语言智能和人际交往智能。 幼儿通过和同伴交流喜欢的昆虫，猜想和分享昆虫保护自己的方式等过程，锻炼了幼儿的语言表达能力，发展了幼儿的语言智能。幼儿通过小组的方式进行交流和分享的过程，锻炼了幼儿小组的协调和合作交流的能力，发展了幼儿的人际交往智能。人际交往智能强的幼儿可以在小组讨论中表现比较积极和活跃，并有协调者或组织者等角色特征的表现；而人际交往智能弱的幼儿则可能表现不是很明显，需要教师的关注和引导。
活动延伸	将昆虫图片投放在科学探索区，幼儿可自主进行对益虫和害虫的分类活动；在日常生活中，幼儿可参与适当的班级卫生活动。幼儿在家中可向家长讲述保护益虫的方式，家长也可与幼儿共同探索与益虫有关的更多内容。
幼儿评定	幼儿是否能简单了解昆虫自我保护的方式；能否有保护益虫的意识。

表8-26 单元主题活动昆虫王国02：好饿好饿的毛毛虫

活动名称	好饿好饿的毛毛虫
学习与发展目标	4—5岁-语言-Ⅱ-1：反复看自己喜欢的图书。
活动目标	1.通过多次阅读，感知和理解绘本的故事内容。 2.能够说出三张或三张以上的绘本图画内容。 3.能够感受到阅读的乐趣。

续表

活动材料	《好饿好饿的毛毛虫》音频及绘本图画PPT，毛毛虫头饰，苹果、梨、李子、草莓、橘子、巧克力蛋糕等食物图卡。
活动过程	1. 毛毛虫出场了 教师戴着毛毛虫头饰出场："我好饿啊，我好饿啊！"教师做出饥饿时的动作，并与幼儿一起讨论解决办法。 2. 能吃的毛毛虫 （1）教师出示绘本图画PPT，结合图片，为幼儿播放故事音频，播放完毕后，一起回忆一下毛毛虫都吃了什么东西？教师引导幼儿将相应的食物图卡挑选出来。 （2）教师为幼儿再次朗读一遍故事内容，在朗读的过程中鼓励幼儿跟随复述重复部分以及相应的食物名称，如"可是，肚子还是好饿"等。 （3）教师抽取三张图画，与幼儿进一步讨论图画内容，"这是什么时候啊？请告诉老师，你是从哪里看出来的呢？毛毛虫在吃什么东西？它喜欢吃的和你喜欢吃的一样吗？"教师提出问题引导幼儿观察，要注意随着食物数量的不同，出现了10以内数的点数。当提到星期六时，鼓励幼儿发挥想象，如果自己是毛毛虫，吃这么多食物会怎样？教师此时可以简单提及"不要暴饮暴食"的道理。 3. 毛毛虫变成了什么 （1）"毛毛虫吃饱了以后是什么样子？它接下来干什么了？"教师引导幼儿发现毛毛虫造房子，简单为幼儿介绍毛毛虫的"房子"——茧。"从茧里出来的小动物还是毛毛虫吗？那会是什么呢？"教师可以制造悬念，吸引幼儿的注意。 （2）教师展示最后一张图片，鼓励幼儿说说毛毛虫变成了什么？教师为幼儿再次完整地读一遍绘本故事，并鼓励其加上肢体动作跟随复述。 **好饿好饿的毛毛虫** 星期天的早上，暖暖的太阳升起来了。"啵"一声，一条又小又饿的毛毛虫，从蛋里爬了出来。 它要去找一些东西来吃。 星期一，它吃了一个苹果。可是，肚子还是好饿。星期二，它吃了两个梨。可是，肚子还是好饿。星期三，它吃了三个李子。可是，肚子还是好饿。星期四，它吃了四个草莓。可是，肚子还是好饿。星期五，它吃了五个橘子。可是，肚子还是好饿。星期六，它吃了一块巧克力蛋糕、一个冰淇淋甜筒、一条腌黄瓜、一块奶酪、一截火腿、一根棒棒糖、一块樱桃派、一条香肠、一个纸杯蛋糕和一片西瓜。那天晚上，毛毛虫的肚子好痛。 第二天，又是星期天了。毛毛虫吃了一片又嫩又绿的叶子，觉得舒服多了。现在，毛毛虫不觉得肚子饿了。它不再是一条小毛毛虫了，它是一条又肥又大的毛毛虫。 它绕着自己的身子，造了一座叫作"茧"的小房子。它在那里面呆了两个多星期。然后，它就在茧壳上啃出一个洞洞，钻了出来……它已经是一只美丽的蝴蝶了！

续表

活动建议	1. 本活动的重点是能够理解《好饿好饿的毛毛虫》的故事内容，难点是观察图画，说说每幅图画讲了什么。本活动不侧重幼儿点数方面的教学，因此在鼓励幼儿复述毛毛虫吃了什么时能够简单说清楚即可，如果幼儿可以很好地说明白毛毛虫吃了什么，教师可以进一步鼓励幼儿进行点数。 2. 在第一遍跟随教师复述时，可以利用相应的食物图卡做提示，鼓励幼儿复述更多故事内容。 3. 在最后一遍跟随教师复述时，教师鼓励幼儿加入更多的肢体动作模仿毛毛虫。在幼儿熟悉故事内容后，引导其尝试使用更丰富的语气读"可是，肚子还是好饿"这一重复部分，比如急切的、无奈的等。
多元智能	本方案分为"毛毛虫出场了""能吃的毛毛虫""毛毛虫变成了什么"三个小活动。有机会发展幼儿的语言智能、空间智能和逻辑数学智能。 通过说说毛毛虫吃了什么、吃饱以后做了什么等内容，锻炼了幼儿组织语言、流畅表达的能力，发展了幼儿的语言智能。语言智能强的幼儿在描述毛毛虫吃了什么、它喜欢吃的东西和自己喜欢吃的是不是一样等问题时，吐字更加清晰、语言更加流畅，语言智能较弱的幼儿可能无法做到这些，甚至理解故事内容有一定难度，需要教师进一步引导和帮助。通过观察每幅绘本图画，发现毛毛虫每天的生活和变化，锻炼了幼儿对色彩、线条等要素的敏锐感知能力，发展了幼儿的空间智能。通过对毛毛虫每天吃的食物进行简单的点数，发展了幼儿的逻辑数学智能。
活动延伸（1）	在戏剧表演区，幼儿可以扮演毛毛虫来表演故事。在图书／语言角，幼儿可以找到《好饿好饿的毛毛虫》绘本，反复阅读，并体会其中的乐趣。
活动延伸（2）	幼儿为家长讲一讲《好饿好饿的毛毛虫》的故事，家长可以帮助幼儿了解更多毛毛虫变蝴蝶的知识。
幼儿评定	观察幼儿能否通过多次阅读，感知和理解本书的故事内容，能否说出三张或三张以上的绘本图画内容。

表 8-27 单元主题活动昆虫王国 03：打苍蝇

活动名称	打苍蝇
学习与发展目标	4—5 岁 - 科学 - Ⅰ-1：喜欢接触新事物，经常问一些与新事物有关的问题；常常动手动脑探索物体和材料，并乐在其中。4—5 岁 - 科学 - Ⅰ-3：能感知和发现动植物的生长变化及其基本条件。
活动目标	1. 知道苍蝇是四害之一，会传播疾病，危害人体健康。 2. 通过制作苍蝇拍和打苍蝇，为幼儿初步建立消灭苍蝇的意识。
活动材料	苍蝇传播疾病的视频（图片）、四害的图片（苍蝇、蚊子、蟑螂、老鼠）、纸筒若干、硬纸板（10 厘米 × 10 厘米）每名幼儿一块、画笔、黑色的丙烯颜料、剪刀、刷子、尺子、胶水。

续表

活动过程	1. 苍蝇真讨厌 （1）教师依次展示四害的图片：苍蝇、蚊子、蟑螂、老鼠，每展示一张图片，请幼儿说一说图片上动物的名称和危害。 （2）教师播放苍蝇传播疾病的视频，请幼儿观察苍蝇是怎样传播疾病的，都能传播哪些疾病。 （3）教师请幼儿谈论一下自己对苍蝇的感受（讨厌它们，整天嗡嗡地叫，打扰我们睡觉，把我们的食物弄脏），哪些地方苍蝇多（脏的地方，如厕所和垃圾桶）。 2. 制作苍蝇拍 （1）"小朋友们，我们知道了苍蝇是人类的四害之一，它们喜欢呆在脏乱的地方，长满毛的腿上携带了大量的细菌。它们喜欢边吃边吐唾液，而且排泄时间很短，当它们爬在我们吃的食物上时，就会把身体上的细菌、唾液和排泄物留在食物上，如果我们吃了这些食物，就会生病。苍蝇这么可恨，你们要不要跟老师一起制作一个苍蝇拍消灭它们？" （2）教师示范苍蝇拍的制作过程。 ① 取出一节纸筒，用尺子在纸筒一端的2厘米的位置做标记。 ② 用剪刀在纸筒的顶端剪开两条2厘米的切口，并把纸筒涂成黑色，放到一边。 ③ 拿出硬纸板，用画笔装饰硬纸板。 ④ 等纸筒晾干后，将纸板插入纸筒的切口处，用胶水固定，一个苍蝇拍就做好了。 （3）幼儿领取材料，根据教师示范的步骤，制作苍蝇拍。 3. 打苍蝇 幼儿利用手中的苍蝇拍，去幼儿园苍蝇较多的地方，去打苍蝇。
活动建议	活动前教师提前准备好视频、四害的图片、纸筒（15—20厘米长）和卡片，活动开始前两周，教师应该向家长收集保鲜膜内纸筒和纸箱子。 活动过程中注意留给幼儿描述自己感受的时间，在制作苍蝇拍的时候，教师着重示范尺子的使用方法，重点强调零刻度线的位置和对齐的方向。在打苍蝇的环节，教师示范打苍蝇的动作：保持安静，先观察周围的环境，发现苍蝇后，轻轻地靠近它，快速用苍蝇拍拍过去。
多元智能	动物探究活动《打苍蝇》，主要发展了幼儿的自然智能、空间智能、语言智能和身体运动智能。 幼儿主要通过观看图片和视频的方式，认识四害，了解苍蝇的危害，发展了幼儿的空间智能和自然智能。自然智能强的幼儿能很快通过观察苍蝇生存环境的变化发现苍蝇对人类的危害。自然智能弱的幼儿，不能通过图片认识四害，并对生活环境的变化不敏感。幼儿通过描述对四害的认识和对苍蝇的感受，锻炼幼儿的语言表达能力，发展了幼儿的语言智能。幼儿通过制作苍蝇拍，通过剪、刷、画、插、粘等动作锻炼了幼儿手指肌肉的协调性，发展了幼儿的身体运动智能。

续表

活动延伸（1）	在班级开展"清洁小天使"的活动，选择一天或半天的时间，教师带领幼儿做班级大扫除。
活动延伸（2）	家长和幼儿一起上网收集消灭苍蝇的装置，如蝇香、粘蝇板、电子灭蝇灯等。
幼儿评定	幼儿是否能认识到苍蝇的危害。

表8-28 单元主题活动昆虫王国04：昆虫躲猫猫

活动名称	昆虫躲猫猫
学习与发展目标	4—5岁-艺术-Ⅱ-2：能运用绘画、手工制作等表现自己观察到或想象的事物。
活动目标	1. 初步了解昆虫的习性，绘制与昆虫相关的情节，锻炼幼儿的想象力和创作力。 2. 通过理解画面，为场景创编简单的故事，发展幼儿对画面的理解力。
活动材料	昆虫隐藏在植物中的图片、白色纸张、油画棒、彩笔、色卡纸、海绵纸、胶水、剪刀等材料。
活动过程	1. 昆虫去哪儿了 （1）"小朋友们，昆虫有很多本领，你们知道是什么吗？"鼓励幼儿将自己对昆虫知识的了解大胆表述出来，教师对幼儿的回答表示赞同。"你们说的很棒，老师还知道有一种很厉害的本领，可以躲避敌人的追捕，叫'隐身术'，咱们来看一下。"教师出示昆虫隐藏在植物中的图片，请幼儿分别从图片中找出相应的昆虫，比如，从树枝中找出螳螂，花朵中找出七星瓢虫等。 （2）引导幼儿讲述认识的昆虫有哪些？是什么颜色？最喜欢的是哪个昆虫？这个昆虫的敌人是谁？鼓励幼儿大胆表述自己的已知认识，教师和其他幼儿一起倾听并讨论敌人来追捕自己的小昆虫时，根据小昆虫的颜色它应该藏在什么地方。 2. 昆虫躲猫猫 （1）根据幼儿对昆虫的了解，引导幼儿为自己的小昆虫创作几个场景，教师给出大概的主题范围，幼儿可随意发挥。 ① 小昆虫在树林里开心地飞来飞去。引导幼儿将自己最喜欢的小昆虫画在画面中，在画面周围画上小昆虫最熟悉的场景。 ② 它看到遍地的小花、小草还有它最好的好朋友。引导幼儿为自己的小昆虫寻找一位朋友，画在画面上。 ③ 正在它们玩得高兴的时候，突然，远处捕捉它们的敌人飞来了。请幼儿为小昆虫设计一个敌人。 ④ 怎么办？小昆虫和它的朋友赶快找到了自己的藏身之处，躲过了敌人的追捕。引导幼儿根据两个昆虫自身的颜色为昆虫设计藏身之处。 ⑤ 小昆虫和好朋友又可以开开心心地出来玩了。 （2）幼儿可自由创作画面，教师的故事提示只作为引导。在创作过程中，鼓励幼儿运用多种艺术手法进行创作，比如，用色卡纸剪成周围的植物（小花、小草），贴在画好的昆虫周围等。

续表

活动过程	3.昆虫小故事 （1）请幼儿将创作好的画面进行排列、整理，邀请部分幼儿展示自己的系列作品，其他幼儿通过观看展示的作品，根据画面来创编昆虫小故事。教师对于幼儿的创编表示认可。 （2）教师和幼儿一起将制作的系列画面进行装订成册，放在图书区进行展览，供其他幼儿观看。 （3）教师与幼儿一起玩躲猫猫的游戏，活动自然结束。
活动建议	幼儿在了解昆虫"隐身术"时，教师可用学过的同类色进行讲解。能力弱的幼儿教师要选择昆虫明显的图片进行认知，如果幼儿不能画出昆虫，教师要给予幼儿一定的帮助和示范。在绘制系列画面时，可先请幼儿讲述自己昆虫的故事，在倾听幼儿的故事之后，教师给出相应的建议和帮助。绘制过程中，教师要示范其他的艺术技法供幼儿参考，比如，海绵纸可以剪成各种花草等和绘制的昆虫进行搭配，鼓励幼儿多尝试新的创作方法。能力强的幼儿可创作多幅画面，注意构图。能力弱的幼儿要求其设计出简单的昆虫和植物即可。活动结束后注意材料的回收。
多元智能	本单元活动《昆虫躲猫猫》，有机会发展幼儿的语言智能、空间智能、身体运动智能和人际交往智能。幼儿介绍昆虫的本领并能组织恰当的语言描述画面的故事，发展了幼儿的语言智能。通过绘制昆虫和设计场景，发展了幼儿的空间智能。空间智能强的幼儿能够自己设计场景和人物，构图合理，色彩搭配鲜艳。空间智能弱的幼儿在设计系列绘本时，人物与场景可能有些混乱，主题不明确，需要教师给予一定的示范和讲解。通过利用各种艺术技法，粘、贴、画、剪等设计画面，锻炼了身体与手部的协调性，发展了幼儿的身体运动智能。幼儿通过欣赏作品，与其他幼儿一起创编故事，发展了幼儿的人际交往智能。
活动延伸	在美工区投放各种颜色的纸张和工具，请幼儿根据昆虫的特征为自己设计一对有特色的翅膀，翅膀的大小、颜色以及图案让幼儿根据提供的材料进行设计，教师协助幼儿在翅膀上固定绳索帮幼儿戴上翅膀。
幼儿评定	观察幼儿能否绘制与昆虫相关的画面，能否根据画面创编故事。

表8-29 单元主题活动昆虫王国05：小蜻蜓

活动名称	小蜻蜓
学习与发展目标	4—5岁-艺术-Ⅱ-1：经常唱唱跳跳，愿意参加歌唱、律动、舞蹈、表演等活动。 4—5岁-艺术-Ⅱ-2：能用自然的、音量适中的声音基本准确地唱歌。
活动目标	1.初步熟悉三拍子歌曲的旋律，感受歌曲优美的情绪，学习用慢速连贯的声音演唱歌曲。 2.尝试为歌曲创编简单的身体动作，借用动作的提示，理解并记忆歌词。 3.尝试简单的二声部合作演唱，在歌唱中表达对小蜻蜓的喜爱之情。

续表

活动材料	《小蜻蜓》音乐动画MV、蜻蜓和蚊子头饰、各种昆虫图片若干。
活动过程	1. 昆虫大聚会 （1）教师为幼儿讲述故事：一年一度的昆虫选美大会就要来了，森林里的昆虫们纷纷忙碌起来，谁都想以最美的姿态出席这次盛会。小朋友你们猜猜，会有哪些昆虫来参加选美大会呢？启发幼儿分享自己知道的昆虫。 （2）教师将幼儿分享的昆虫记录下来（或图片展示），并与幼儿一起再熟悉一下它们的名字，如：蝴蝶、蜜蜂、螳螂、苍蝇、蚊子、七星瓢虫、蟑螂、毛毛虫、蚜虫等。 2. 身体变昆虫 （1）根据幼儿对昆虫的已知经验，选取其中常见的三种，进行动作游戏。如我的身体变蝴蝶，这边飞，那边停。然后请幼儿按照同样的句式，将身体变螳螂和毛毛虫进行这边跳（爬），那边停的动作表演游戏。 （2）以蝴蝶、螳螂和毛毛虫进行4/4拍的节奏练习。 $1=C \quad \frac{4}{4}$ | X | X· X X· X | X X X O | X X X X | X X X — | X X X — | 我 变 我变 我 变 蝴 蝶，　蝴 蝶 蝴 蝶，这 边 飞，　那 边 停。 我 变 我变 我 变 螳 螂，　螳 螂 螳 螂，这 边 跳，　那 边 停。 我 变 我变 我 变 毛毛虫，毛毛虫毛毛虫，这 边 爬，　那 边 停。 3. 益虫小蜻蜓 （1）教师为幼儿出谜语，请幼儿揭谜底："头上两只大眼睛，身体细长轻又轻，一双翅膀薄又明，捕获蚊子有身手。"（蜻蜓）如果幼儿难以答对，教师可辅助简笔画给幼儿以提示。 （2）为幼儿播放《小蜻蜓》音乐动画MV，通过歌声与画面来认识一下小蜻蜓，并初步感受歌曲的旋律和内容。 （3）引导幼儿回顾和探讨歌曲里对大家都说了哪些内容？歌曲中的哪些动作可以尝试做一做？ （4）教师范唱歌曲，幼儿随歌曲进行自由动作，加深对歌曲的理解。 （5）教师弹琴，幼儿跟随教师练唱1—2遍，引导幼儿唱出三拍子强弱弱的特点。 4. 蜻蜓与蚊子做游戏 （1）幼儿和教师一起随音乐边唱边做动作，感受歌曲优美的情绪。 （2）将幼儿分成两组，戴上蜻蜓和蚊子的头饰。一组幼儿学小蜻蜓歌唱并做动作，一组幼儿学蚊子用"嗡嗡"轻轻地伴唱。当表演进入尾声时，当蜻蜓的小朋友快速捕捉小蚊子，表演游戏结束。 （3）两组幼儿交换进行蜻蜓与蚊子的演唱表演游戏。

续表

活动建议	1. 教师需要提前准备诸如蝴蝶、蜜蜂、螳螂、苍蝇、蚊子、七星瓢虫、蟑螂、毛毛虫、蚜虫等图片，有能力的教师现场做简笔画更有效果。 2.《小蜻蜓》是一首优美的四三拍子的儿童歌曲。歌曲以舒展的节奏，流畅起伏的旋律，诉说了小蜻蜓飞来飞去捕蚊忙碌的情景。活动中，音乐动画的运用可以帮助幼儿从视觉上形象地感受和理解歌曲，而动作的参与则加深幼儿对歌曲的理解和表现。 3. 在感受三拍子的特点时，教师可以通过启发幼儿联想小蜻蜓在池塘里点水的情境，于每一个强拍落（拍）在手掌上，在弱拍则轻点手掌心两下，宛如小蜻蜓在荷叶间点水游戏的样子。 4. 在蜻蜓与蚊子做游戏的合作演唱之前，可以先进行适当的铺垫。 ① 让全体幼儿学习小蚊子的伴唱； ② 教师和幼儿先进行合作，让幼儿学蚊子伴唱，教师唱小蜻蜓的歌。这样，即便是能力弱的幼儿也能够比较顺利地加入其中。 5. 活动中根据园所幼儿的能力，可对4/4拍的节奏练习或身体变昆虫的动作表演游戏部分，进行适当的删减。
多元智能	律动游戏《小蜻蜓》发展了幼儿的语言智能、音乐智能、身体运动智能和人际交往智能。 幼儿通过描述自己熟知的昆虫和歌曲内容以及拍念练习歌词与节奏等，发展了幼儿的语言智能。在活动中获得对音乐的感知能力及演唱能力，发展了幼儿的音乐智能。而身体变昆虫及为歌曲创编动作，则使得幼儿在活动中发展了肢体动作的协调性以及运动的创意性，提升了肢体的表现能力，发展了幼儿的身体运动智能。身体运动智能强的幼儿，动作灵活而协调，并能与音乐的旋律和节奏较好地融合。身体运动智能弱的幼儿，动作的表达能力和创编能力都较弱，需要教师给予关注。二声部合作演唱的活动，在带给幼儿音乐体验的同时，也丰富了幼儿与他人合作的经验。幼儿需要在歌唱自己声部的同时，聆听和关注别人的声部，尝试融入其中与他人建立良好的合作，这也促进了幼儿人际交往智能的发展。
活动延伸	幼儿可以在戏剧表演区尝试用三角铁、撞钟等乐器为歌曲进行伴奏。幼儿回家可以教爸爸妈妈唱《小蜻蜓》的歌曲，并共同开发好玩的游戏方式。
幼儿评定	观察幼儿能否唱会歌曲，并能按照三拍子的旋律节奏进行律动。

表 8-30　单元主题活动昆虫王国 06：小蚂蚁搬家

活动名称	小蚂蚁搬家
学习与发展目标	4—5 岁 – 健康 – Ⅱ–1：能以匍匐、膝盖悬空等多种方式钻爬。
活动目标	1. 通过练习各种爬的动作，锻炼幼儿的身体协调性和灵活性。 2. 通过练习爬过障碍物的动作，锻炼幼儿的身体控制能力。 3. 培养幼儿不断挑战困难的精神。
活动材料	小蚂蚁胸贴、节奏欢快的音乐、音乐播放器、平坦宽阔的户外活动场地、地垫若干、橡皮筋 5—8 条、积木若干。
活动过程	1. 做热身活动 （1）一名教师在欢快的背景音乐下带领幼儿做热身活动：左右摇头、上下点头、扭动腰部、转动身体、活动手腕、活动脚腕。 （2）一名教师布置活动场地：在活动场地的中间放置一个呼啦圈（蚂蚁家），用地垫铺出通向三个方向的路。 2. 寻找新家 小朋友和教师贴上蚂蚁胸贴，扮演小蚂蚁和蚂蚁妈妈。 （1）"小蚂蚁们，前两天下雨，我们的家被冲毁了，现在我们要找到一个新的地方安家，我们一起去寻找新的地方吧！这里有三条路，通向三个地方，一条路很窄，你们可以手膝着地爬过去，一条路有很多的荆棘，你们可以身体悬空爬过去，一条路长满爬藤植物，你们需要匍匐爬过去。" （2）教师引导幼儿分成三组，利用场地上的垫子继续练习爬行的动作，如手膝着地爬、身体弓起手脚爬、匍匐爬。 （3）每组爬到终点后与其他小组交换爬行道。 3. 搬家了 （1）教师移动地垫，把所有地垫连成一排铺在地上，地垫上随机放上大小不一的积木，从地垫的起始线开始往终点方向拉 6—8 根橡皮筋，橡皮筋的高度从 100 厘米到 35 厘米逐渐降低。 （2）"小蚂蚁们，你们刚才已经找到建新家的地方了，我们现在开始排队搬家吧！搬家的路上会遇到各种障碍物，你们可以变换爬的方式越过障碍物，但是越往前走爬藤植物越密集，你们只能尽可能降低身体爬过去，现在开始行动吧！" 幼儿排队爬地垫，探索能最快爬过地垫的方法。 （3）教师请爬得快的幼儿分享一下自己爬的经验。（在没有障碍物、绳子较高的地方，手膝着地快速爬，遇到障碍物时身体弓起手脚爬，在绳子较低的地方匍匐爬。）

续表

活动建议	活动前，教师要提前准备好系橡皮筋的物体，可利用园所的树、柱子等物体，也可增加桌子、凳子、木杆或请部分幼儿撑橡皮筋的方式解决。教师可以根据班级幼儿的水平，调整地垫的长度和橡皮筋的高度，爬行能力弱的班级，缩短地垫的长度，减少地垫上的障碍物，升高橡皮筋的高度；针对爬行能力较强的班级，可以延长地垫的长度、增加地垫上障碍物的数量和体积，降低橡皮筋的高度。教师开始的时候，注意在爬行能力较差的幼儿身边贴身保护，既可以及时矫正其爬行动作，又可以增加其爬行的勇气和信心。
多元智能	攀爬活动《小蚂蚁搬家》主要发展了幼儿的身体运动智能和语言智能。 幼儿通过理解情景故事的方式，理解每次活动的任务和要求，锻炼了幼儿的倾听能力和语言理解能力，发展了幼儿的语言智能。幼儿通过练习各种方式的爬和爬过障碍物的方式，锻炼幼儿的身体控制能力和反应能力，发展了幼儿的身体运动智能。身体运动智能强的幼儿，能在第三个小活动中，根据遇到的困难（障碍物还是绳子）快速地变换爬的方式，顺利完成任务。身体运动智能弱的幼儿，在练习各种方式爬的过程中速度慢，经常出现手脚不协调的现象，并在第三个小活动中频繁撞到障碍物和碰到橡皮筋。
活动延伸	幼儿可以利用教室内的桌子和凳子，继续练习钻爬的动作。家长利用家里的被子，和幼儿一起进行钻爬被子比赛。为增加游戏的难度和趣味性，可采用不断加高被子进行攀爬被子的游戏。
幼儿评定	幼儿是否能身体灵活地爬过障碍物。

表8-31 单元主题活动昆虫王国07：小蜜蜂的伙伴

活动名称	小蜜蜂的伙伴
学习与发展目标	4—5岁–科学–Ⅱ–3：能感知物体的形体结构特征，画出或拼搭出该物体的造型。
活动目标	1. 根据昆虫的基本特征，发现昆虫，并了解它们的生活习性，知道昆虫与人们的关系，学会分类，说出分类理由。 2. 对昆虫产生一定的兴趣，知道爱护益虫。
活动材料	准备6种昆虫的图片：蜜蜂、蝴蝶、螳螂（益虫），天牛、蝗虫、知了（害虫），蜘蛛。
活动过程	1. 小蜜蜂 （1）猜谜语。 　　　　小小虫，嗡嗡嗡， 　　　　飞到西，飞到东。 　　　　传花粉，采花蜜， 　　　　人人夸它爱劳动。

续表

活动过程	（2）根据已知经验，说一说蜜蜂的样子，并引导幼儿说出蜜蜂是属于哪一类的？（昆虫类）为什么？鼓励幼儿大胆发言说出昆虫的基本特征；然后展示图片，验证幼儿的说法。（昆虫的基本特征：一对触角，两对翅膀，三对足；身体分为头部、胸部和腹部等。） 2. 昆虫家族 "今天，小蜜蜂带来了一些小伙伴，它想介绍给小朋友认识。" （1）展示图片，认识小蜜蜂的伙伴们。幼儿根据已有经验和自然认知，简单说一说它们的名称、生活的环境和生活习性等（如，经常出现的地方、吃什么等等）。 （2）求同活动，找出昆虫家族的兄弟姐妹。观察每一张图片，找出哪些是昆虫，哪些不是，并说出理由。 3. 家族活动 "小蜜蜂请来的这些小伙伴来自不同的地方，有的来自大草原美丽的花海世界，有的来自大森林郁郁葱葱的树木上！为了欢迎它们的到来，昆虫王国的国王想请我们给昆虫家族的兄弟姐妹，进行一个分组活动，并请蜘蛛作为裁判。" （1）分组活动，幼儿思考如何进行分组，幼儿探索分类方法，鼓励幼儿大胆想象，说出自己的想法，并给予一定的引导，可启发幼儿从昆虫和人类的关系思考，进行害虫和益虫分类；也可引导幼儿从昆虫经常待的环境进行分类。 （2）幼儿展开分类活动，教师巡回指导。
活动建议	1. 活动前的经验准备：幼儿能够正确认知昆虫的基本特征，理解害虫益虫的概念；在材料准备方面，教师如能提供实体模型，那就更好了。 2. 在分类活动中，教师给予幼儿更多的探索空间，鼓励幼儿积极思考，大胆想象。针对幼儿分类标准，只要理由恰当，教师应给予关注和鼓励。 在根据生活环境分类时，这是一个较为理想状态的分类，教师可通过故事"它们有的来自草原，有的来自森林"，也可以通过其他方式，引导幼儿展开分类。（知了和天牛一般都会出现在树干上，其他昆虫一般都会出现在公园花丛、草原上等。）活动中，针对能力强的幼儿教师可以给予幼儿更多的昆虫和非昆虫图片，幼儿分辨哪些是昆虫，并说出理由。
多元智能	本活动有机会发展幼儿的逻辑数学智能和自然智能。 活动中，幼儿根据昆虫的基本特征，判断出哪些是昆虫，并对昆虫进行分类，这些过程锻炼了幼儿的逻辑数学智能。逻辑数学智能强的幼儿能够根据昆虫的基本特征，推断出图片中哪些是昆虫，哪些是非昆虫，并可以总结昆虫的一些特点，对昆虫进行分类；逻辑数学智能弱的幼儿无法根据昆虫的基本特征正确推断图片中哪些是昆虫。活动中，幼儿在推断虫子属于哪一类别的过程中，是对昆虫特征的一个重新理解和深入熟悉探索的过程，发展了幼儿的自然智能。
活动延伸	生活中，幼儿在花园或者户外游玩时，如果幼儿对发现的昆虫（如蝴蝶、蜜蜂等）感兴趣，家长应给予幼儿关注和指导，和幼儿一起观察研究昆虫的特征，研究昆虫的一些行为特点，如行走、叫声等，可鼓励幼儿模仿它们的某些行为。
幼儿评定	幼儿是否可以根据昆虫特征区分出昆虫，能否对昆虫进行分类，说出分类理由。

第九章

中班特色活动指导与活动案例

根据国家《3—6岁儿童学习与发展指南》、加德纳的多元智能理论和美国幼儿教育协会提倡的发展适宜性主张,《领航学习与发展课程》在为幼儿提供开展基础活动的前提下,又根据幼儿的不同发展特点及不同园所的教学需求,进行了特色活动的划分和补充。

特色活动强调在尊重多元智能理论中八种智能的关键能力及核心要素的基础上,设计相应的活动,配备专业可操作的评估体系,让每种智能活动的特色更加突出,促进幼儿在特色活动中发展优势智能。

特色活动以丰富的材料和高品质的活动设计为支撑。活动材料新奇、独特,能够快速捕捉幼儿的注意力,引发幼儿浓厚的兴趣,支持幼儿的各种探索。活动设计生动有趣,可操作性强,教具材料设计完备,能最大限度地解放教师。同时教师作为观察者和引导者,支持并鼓励幼儿在活动中大胆探索和创新。教师尊重幼儿在不同领域中的个体差异,并根据幼儿的差异把握时机,提供有针对性的引导和帮助。

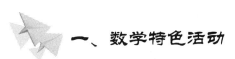

一、数学特色活动

中班数学特色活动案例(01-05)

表9-1 中班数学领域特色活动01

水平	水平Ⅱ(下)
活动名称	火眼金睛
学习与发展目标	4—5岁-科学-Ⅱ-3:能感知和发现常见几何图形的基本特征,并能进行分类。

续表

水平	水平Ⅱ（下）
内容目标	1. 观察事物的特征，结合已知经验，找出几个物体中不同的一个，并说出理由，发展幼儿的观察力。 2. 积极参与活动，体验活动的快乐。
活动材料	1. 教师用图：1张孙悟空图片，5张小马图片。 2. 幼儿用图：图册。
活动过程	1. 火眼金睛孙悟空 （1）教师为幼儿讲述火眼金睛孙悟空的故事："小朋友，你们看过《西游记》吗，最喜欢里面的谁？（孙悟空）孙悟空最厉害了，为了保护师傅西天取经，一路上战胜了许多妖魔鬼怪。不管妖怪怎么变，总会被他发现，你们知道为什么吗？（他火眼金睛……）"引导幼儿根据已知经验和思考，表达自己的理解和想法。 （2）"孙悟空观察事物很认真、很细致，所以不论妖怪怎么变都逃不过他的火眼金睛。今天我们玩一个游戏，你们扮演火眼金睛的孙悟空，看看能不能把千变万变的妖怪白骨精揪出来，试试你们的眼睛亮不亮！" 2. 马群里的妖怪 "白骨精很想吃唐僧的肉，但又害怕孙悟空，这时她看到山坡上有一群小马在吃草（展示4张小马图片），就摇身一变，变成了一匹不一样的小马（出示图片）很快混进了马群里（将图片迅速混合），等待机会吃掉唐僧。" （1）展示5张图片，幼儿认真观察，这群小马中哪一只是白骨精变的？鼓励幼儿大胆地发言交流，说一说自己的发现。 （2）请幼儿上前找出来，并说明为什么，其他幼儿认真观察判断是否正确。（引导幼儿说出小马的耳朵尖颜色不完全一样） "孙悟空的眼睛真亮！小马耳朵尖多了一点点颜色都被你们发现了！孙悟空金箍棒一挥，打死了这只小马。但是狡猾的白骨精摇身一变逃跑了，你们知道她跑到哪里去了吗？你们还想当孙悟空继续追打妖怪吗？" 3. 妖怪变变变 （1）出示图册，"这里一共有4幅图，白骨精分别变成了4只小动物藏在了这4组图里，接下来孙悟空要闯4关才能取得最后的胜利。" 第一关：白骨精变成了一只小蜜蜂，飞在了唐僧的周围，火眼金睛的孙悟空找一找是哪只蜜蜂，为什么？找到把它圈起来。 第二关：白骨精变成了一只小白兔，跟随在了唐僧的周围，火眼金睛的孙悟空找一找是哪只小白兔，为什么？找到把它圈起来。 第三关：白骨精发现动物王国里有许多的动物，它想"前两次我变成了样子一样的动物都被发现了，这次我变成不一样的，你们就不会发现了"，于是摇身一变，混在了动物群里，等待唐僧的到来。火眼金睛的孙悟空找一找哪只动物是白骨精变的，把它圈起来，再说一说为什么。（斑马是素食动物，其他是肉食或猫科动物）

续表

水平	水平Ⅱ（下）
活动过程	第四关：白骨精想"我变成了一些陆地上的动物都被发现了，这次我变水里的动物，你们就不会发现了"，它摇身一变变成了一只水里的动物。火眼金睛的孙悟空赶快找一找是哪只动物，把它圈起来，再说一说为什么。（海豚是哺乳动物，其他几个都是鱼类，属于卵生动物。） （2）梳理总结，"恭喜小孙悟空们，你们闯关成功，取得了最后的胜利！以后你们都要像今天这样，认真地观察身边的事物，你们的眼睛会越来越亮，都会变成火眼金睛的孙悟空！"
活动建议	1. 本活动伴随有趣的故事展开，希望活动形式更自由、更开放，活动中既有声情并茂的故事、趣味性的表演，也伴随幼儿积极大胆发言、交流和思考来升华活动。 2. 在找不同的活动中，针对出现错误、遇到困难的幼儿，教师应加强对其的关注和指导，给予幼儿更多启发式引导，引导他们认真观察和比较事物特征，并结合生活中的经验思考问题。 在活动"妖怪变变变"中，幼儿在第三、四关的活动中，可能会遇到一些困难。教师可从生活中的一些经验，如看过的动画片、听过的故事、参观动物园的见闻等，启发幼儿思考自然界动物的生活习性、繁殖特点等特征，探索动物某些特征的相同点与不同点。同时，活动中教师给幼儿讲一些自然科普知识。对于能力强的幼儿可以自己尝试说出不同的理由，或者尝试说出自然界和海洋中更多的肉食动物、素食动物和哺乳动物。
多元智能	通过开展本活动，有机会发展幼儿的逻辑数学智能、空间智能和自然智能。 活动中，幼儿找不同的活动，发展了幼儿的逻辑数学智能。逻辑数学智能强的幼儿通过观察动物的外部特征，根据动物类别的某些差异，完成找不同的活动；逻辑数学智能弱的幼儿在找不同的过程中，容易出现无从下手，思维混乱等现象。活动中，幼儿对动物外部特征差异的观察、比较的过程，发展了幼儿的空间智能。在幼儿操作的第三和第四部分，幼儿对动物的生活习性、种类等认知过程，锻炼了幼儿的自然智能。
活动延伸（1）	1. 在益智区，幼儿可以利用活动区的找相同和找不同的卡片，展开活动。 2. 在科学探索区，幼儿可以阅读一些关于动物的绘本或者图册，了解动物形态特征、生活习性和生活环境等，教师应给予幼儿及时的关注和鼓励。
活动延伸（2）	在生活中，幼儿可以给常用的物体分类，或者幼儿观看关于自然科学的绘本、视频，过程中，家长应给予幼儿及时的帮助和指导，和幼儿一起发现自然界的一些奥秘。
幼儿评定	幼儿能否准确地找到不同的物体，并能讲出理由。

表 9-2　中班数学领域特色活动 02

水平	水平 Ⅱ（下）
活动名称	美丽的花园
学习与发展目标	4—5 岁－科学－Ⅱ-2：能通过实际操作理解数与数之间的关系，如 5 比 4 多 1；2 和 3 合在一起是 5。
内容目标	1. 感知 10 以内数的形成，知道"5 添上 1 是 6""6 添上 1 是 7"，依此类推到 10。 2. 尝试用语言说出"几添上 1 是几"。
活动材料	1. 教师材料："鱼桶"［地上画（围）1 个圆圈］，10 张小鱼图片，1 个钓鱼竿（教师自制，鱼竿头上有磁铁）。 2. 幼儿用图：图册，附图粘贴。
活动过程	1. 小猫钓鱼 （1）分散活动，教师扮演猫妈妈，幼儿扮演小鱼（如有动物头饰，可佩戴），边学小鱼游边说儿歌"小鱼小鱼快快游，别让鱼钩钓到头"。 "现在猫妈妈开始钓鱼了，先钓到了一条'小鱼'！"（随机触碰某位幼儿的肩或背），放到地上画圆圈的"鱼桶"里（"小鱼"自己走进圆圈里），然后游戏重复进行。 （2）"现在桶里有几条小鱼？"幼儿点数说出总数。"几添上 1 是几？"游戏继续，第二轮游戏可以验证幼儿说的正确与否。依此类推，引导幼儿复习 5 以内数的形成。 2. 池塘里的小鱼 （1）教师在白板上画出一个大鱼桶，把 5 张小鱼图片放到里面，幼儿数数共有几条小鱼？（5 条） "这是猫妈妈刚从花园中的池塘里钓到的小鱼，一共有 5 条。但是猫妈妈说还不够，今天它要钓 10 条鱼，我们继续帮猫妈妈钓鱼吧。" （2）桌子上摆放另外 5 张小鱼图片，幼儿说儿歌"小鱼小鱼快快游，别让鱼钩钓到头"，然后教师用鱼竿从桌子上钓起 1 条鱼，边往白板上贴边提出问题"5 条鱼添上 1 条鱼是几条鱼？"（6 条）"几添上 1 是 6？"（5）同样的方法，引导幼儿重新开始说儿歌，依此类推演示至 10 的形成。 （3）比赛的形式小结 6—10 的形成，如，教师问"几添上 1 是 6"，请幼儿抢答。 3. 花园里的花 （1）出示图册，教师示范，并引导幼儿操作。"花园里种着一排排漂亮的花，请小朋友数一数每一排有几朵花？"引导幼儿点数说出总数，并示范将对应的数字在方格里用绿色的笔描出来。

续表

水平	水平Ⅱ（下）
活动过程	"如果每一排花再种上1朵，会变成几朵？"请幼儿认真思考，鼓励幼儿大胆发言；再引导幼儿"种花"，并点数验证；然后从后面的数字中找出对应的数字，用红色的笔描出来。 （2）在幼儿操作过程中，教师巡回指导，并随机提问幼儿，如"几添上1是几""几添上1是7""6添上1是几""几去掉1是几"等。 （3）分享交流，引导幼儿用完整的话说出"几添上几是几"。
活动建议	1.活动前，教师测试鱼竿是否能将小鱼图片轻松地钓起，以便及时调整卡片或者鱼竿的磁力。 2.活动中，针对能理解教师提出的要求但不能正确点数的幼儿，鼓励幼儿多数几次，反复验证结果。 同时，在活动中教师应设置多种形式的问题，如"几添上1是几""几去掉1是几"等，加强幼儿对数的形成的理解和掌握。针对能力弱的幼儿，教师可以由易及难，深入浅出地进行引导和启发，帮助幼儿理清思路，理解和掌握数是如何形成的。针对能力强的幼儿可以鼓励幼儿自己用完整的语言表述"几添上1是几"，思考"几去掉1是几"等等问题。
多元智能	通过开展本活动，有机会发展幼儿的逻辑数学智能和语言智能。 幼儿通过认识和掌握10以内数的形成，发展了幼儿的逻辑数学智能。逻辑数学智能强的幼儿可以理解和掌握10以内数的形成，能够正确地说出"几添上1是几"的一些问题；逻辑数学智能弱的幼儿对数的形成理解不够，在变换问题要求的情况下，容易出现一些错误问题。活动中幼儿在表述数的形成的一些问题的过程中，锻炼了幼儿的语言表达能力，发展了幼儿的语言智能。
活动延伸（1）	户外运动中，幼儿拍球、跳绳数数时，可以比赛的形式展开活动，鼓励幼儿大声说出一个一个的数字，加强了对数的认知。
活动延伸（2）	幼儿可以在家庭生活、游戏中，如在点数水果、玩具时，幼儿可以拿一个数一个，不但练习了手口一致点数，而且感知了数的形成。
幼儿评定	幼儿是否知道10以内数是如何形成的,理解数的形成的含义,知道几添上1是几。

表9-3 中班数学领域特色活动03

水平	水平Ⅱ（下）
活动名称	画泡泡
学习与发展目标	4—5岁-科学-Ⅱ-2：能通过实际操作理解数与数之间的关系，如5比4多1；2和3合在一起是5。

续表

水平	水平Ⅱ（下）
内容目标	1. 学习、巩固10以内相邻两数多1少1的关系。 2. 转换不同的方法对相邻两个数进行比较，发展思维的灵活性。
活动材料	1. 教师用图：红、黄、蓝小鱼图片各1张，1—10数字卡片。 2. 幼儿用图：1—10数字卡片，图册。
活动过程	1. 找邻居 （1）说儿歌玩游戏，给10以内数字宝宝找邻居。教师在白板上出示一个数字"7"（或其他数字），拍手说儿歌："小朋友，我问你，比7多1的在哪里？它是几？"幼儿拍手说儿歌回答"某老师，告诉你，比7多1的在这里（展示数字），它是8"。 教师继续问："小朋友，我问你，多1的邻居站哪里？"幼儿拍手说儿歌回答"某老师，告诉你，多1的邻居站后面，对对对，站后面！"教师摆放数字或请幼儿上来摆放数字。 （2）游戏可多次展开进行。 2. 吐泡泡比赛 "海洋馆里的小鱼在举行吐泡泡比赛。"教师快速仿照图册，在白板上画出一组表格中间的泡泡，比如画出5个泡泡。 （1）教师先出示一条小红鱼图片，小红鱼说："我吐的泡泡要比中间的泡泡（指着'泡泡表格'）多1。" 教师引导幼儿数一数中间有几个泡泡？（5个） "比5多1的是几？"（6） "按照从左到右排列1—10的顺序，6应该排在5的前面还是后面？"（后面）然后，教师演示在表格5个泡泡后面一列一一对应画出6个泡泡。 （2）"如果从少往多比，怎么说？"（5比6少1）"如果从多往少比，又怎么说？"（6比5多1） （3）教师相继出示其他两条小鱼，方法同上。（教师可改变中间泡泡的数量，根据幼儿掌握情况灵活把握。） 3. 画泡泡 （1）出示图册，"小朋友们看，这么多小鱼都在吐泡泡。请小朋友先数一数每组图中有几个泡泡，把数字写在下面的格子里。" （2）第一条小鱼吐的泡泡比7少1，比7少1的是几？6应该排在7的前面还是后面？幼儿在合适的位置上画出来。 教师相继说出每个图下面的要求，幼儿按要求画出来，教师巡视，提醒幼儿注意数的前后位置。 （3）操作完成后，引导幼儿从少往多比一比，说一说；再从多往少比一比，说一说。 （4）分享交流，引导幼儿用完整的话说出谁比谁少1，谁比谁多1。

续表

水平	水平Ⅱ（下）
活动建议	1. 在"吐泡泡比赛"部分，教师根据幼儿的掌握情况，灵活地改变问题的形式。每次改变，必须确保幼儿真正能够掌握。对于出现问题的幼儿，教师应放缓节奏，引导幼儿明确要求，清楚步骤。 2. 在"画泡泡"的活动中，画泡泡前教师可引导幼儿将中间泡泡的数量与要画泡泡的数量，标记在容易发现和对比的位置。 在画泡泡的过程中，幼儿容易出现忘记要求的现象，针对这种情况教师可不断地提醒幼儿画一个数一个，同时要注意中间的数是几，并且记住自己要画几个。对于能力强的幼儿，可尝试将每组图中空白列画上数量正确的泡泡，并说一说画的是多1还是少1的关系。
多元智能	本活动方案通过三个小活动展开，主要发展了幼儿的逻辑数学智能、自我认知智能和语言智能。 在活动中，幼儿通过动手画出相应数量的泡泡，进一步认识和理解了10以内相邻两数的关系和数的顺序，发展了幼儿的逻辑数学智能。逻辑数学智能强的幼儿能够掌握10以内相邻两数多1少1的关系和数的前后顺序，从而可以正确地画出泡泡的数量和位置。逻辑数学智能弱的幼儿不能正确理解相邻两数多1少1的关系，并对10以内数的前后顺序认识不够，从而不能正确画出泡泡。幼儿在画泡泡的过程中，通过边数边画，加强幼儿对要求的记忆，锻炼了幼儿对自我意识的控制，发展了幼儿的自我认知智能。同时，幼儿在描述数关系的过程中，锻炼了幼儿的语言表达能力，发展了幼儿的语言智能。
活动延伸（1）	在建构区，幼儿玩积木搭建游戏时，教师可以鼓励幼儿根据相邻数之间的关系，搭建生活中的一些建筑，或其他事物，如楼梯。
活动延伸（2）	家庭生活中，幼儿可以利用1—10的数字卡片和家长展开互动活动。幼儿抽取1张数字卡片，请爸爸妈妈说出比它多1或者少1的数是几；家长积极参与到活动中和幼儿展开互动，也考考幼儿，如请幼儿找出比7多1的数字卡片，或者7比谁多1，是哪张卡片。
幼儿评定	幼儿能否掌握10以内数的顺序及相邻两数多1少1的关系。

表9-4 中班数学领域特色活动04

水平	水平Ⅱ（下）
活动名称	小鸡排队
学习与发展目标	4—5岁-科学-Ⅱ-2：会用数词描述事物的排列顺序和位置。
内容目标	1. 感知和理解序数，能够区分基数与序数，知道"有几个"和"第几个"的不同。 2. 积极动脑，愿意参与活动。

续表

水平	水平Ⅱ（下）
活动材料	1. 教师用图：任选5只小动物图片（自备）。 2. 幼儿用图：图册，附图粘贴。
活动过程	1. 他的位置在哪里 幼儿上前排成一排，教师从不同方向提问"某某排第几，或排在第几个的是谁"等等，幼儿比赛看谁回答得又快又对。 2. "有几个"和"第几个" （1）请3个幼儿到前边，面对教师站成一竖排，"这里一共有几个小朋友？从前往后数，第3个小朋友是谁？这两个'3'表示的意思一样吗？"引导和启发幼儿说出"不一样"。 （2）教师指着中间的幼儿，提出问题：他前面有几个小朋友？他后面有几个小朋友？这两个"1"包括中间的小朋友了吗？探索和区分"有几个""第几个"的不同。 教师再次指着中间的幼儿，变换问题：从前面数他是第几个？从后面数他是第几个？这两个"2"包括中间的小朋友了吗？ ①"'有几个'和'第几个'有什么不一样的地方？"幼儿可结合刚回答的问题，大胆讲出自己的想法。同时，教师可给予启发式引导，例如，结合幼儿生活，结合幼儿感兴趣的实物展开一些探索和分析交流。 ②小结：在幼儿3个人的队伍中，"有几个"是指一共有几个小朋友；"第几个"时包括了中间的小朋友。 3. 小鸡排队 "小鸡和朋友们特别喜欢玩游戏。一天，它邀请了几个朋友来到了草坪上，游戏开始前，它要给这些小动物们排一排队伍。" （1）教师在白板上贴1张小动物图片，"小鸡想在这个小动物前面排2个小动物，后面排2个小动物，怎么排呢？"幼儿思考大胆上前操作，然后集体验证是否正确。 教师整理图片，先贴1张小动物图片，"小鸡想换种方法排，它说：这只小动物从前面数是第2个，从后面数也是第2个，谁来摆一摆？"幼儿上前操作，并集体验证是否正确。 总结思考："有2个"和"第2个"一样吗？哪里不一样？结合两次操作，鼓励幼儿积极交流思考，大胆发言。 （2）出示图册，"这些小鸡也要玩排排队的游戏，请小朋友按照每支队伍的要求，帮小鸡排好队伍吧。"引导幼儿熟悉每支队伍的排队要求，正确使用附图中的粘贴展开排队活动。同时，教师巡回指导，提醒和重复排队的要求。 （3）分享交流自己的操作成果。

续表

水平	水平Ⅱ（下）
活动建议	活动中，针对基数与序数容易混淆的幼儿，教师要分开练习，先引导幼儿理解基数的含义，再掌握序数。并且，通过不断地动手操作活动或游戏，引导和启发幼儿亲身体验、感知它们二者的不同。针对能力强的幼儿，教师可以变换要求，如"小鸡从前面数是第2只，从后面数是第4只""小鸡从前面数是第3只，另外它后面还有3只"等，通过多次变换引导幼儿操作。
多元智能	通过本活动方案，有机会发展幼儿的逻辑数学智能和语言智能。 在活动中，幼儿通过理解序数，区分基数和序数的不同，发展了幼儿的逻辑数学智能。逻辑数学智能强的幼儿可以正确区分"有几个"和"第几个"的不同，在给小鸡排队的活动中，思路清晰，能够自主动手完成操作活动；逻辑数学智能弱的幼儿容易混淆基数和序数，在活动中，思路混乱，可能出现无从下手或者盲目操作等现象。同时，活动中，尤其在区分序数和基数不同环节，教师不断鼓励幼儿大胆发言，自由地交流，发展了幼儿的语言智能。
活动延伸（1）	幼儿可以展开户外活动"坐火车"，在地上画一排格子当车厢，幼儿站在2米外，往格子里投某种玩具，然后说自己的玩具在第几节车厢。
活动延伸（2）	生活中，用到序数和基数的机会很多。例如，在购物或者候车排队时，幼儿说一说自己（或妈妈）前面有几个人，自己（或妈妈）从前（后）面数是第几个等等一些问题，在这个过程中，家长应给予幼儿及时的鼓励和引导。
幼儿评定	幼儿能否区分"有几个"（基数）和"第几个"（序数）。

表9-5　中班数学领域特色活动05

水平	水平Ⅱ（下）
活动名称	队形变变变
学习与发展目标	4—5岁-科学-Ⅱ-2：能通过数数比较两组物体的多少。
内容目标	1.能排除大小、颜色、形状及摆放形式的干扰，正确判断10以内物体的数量。 2.积极探索不同排列形式，感知数的守恒，锻炼和培养幼儿的抽象思维能力。
活动材料	1.教师材料：2张鸵鸟蛋的图片，2张小熊图片，10个一次性水杯，7块积木等。 2.幼儿用图：图册，附图粘贴。
活动过程	1.路边大发现 　　"有一天，熊哥哥和熊弟弟在回家的路边发现了两窝鸵鸟蛋（出示2张图片）。熊弟弟说自己发现的鸵鸟蛋多，熊哥哥说不对，它发现的比熊弟弟的多。于是两个人就争论起来了。"

续表

水平	水平Ⅱ（下）
活动过程	（1）幼儿观察图片，说一说熊哥哥和熊弟弟说的对吗？为什么？"怎样判断谁说的对"，启发幼儿说出"数一数"，然后点数说出各自的总数。 （2）"熊哥哥发现了6个鸵鸟蛋，熊弟弟也发现了6个鸵鸟蛋，它们一样多吗？那什么地方不一样呢？"（排列的形式不一样，但它们的数是一样的。） 2. 奇妙变变变 （1）出示一次性水杯，10个杯子摆成一排，幼儿点数说出有几个；教师再把10个杯子摞成一摞，"这些杯子还跟刚才的杯子一样多吗？什么变了？什么没变？"幼儿思考并回答。 （2）再把10个杯子平均分开，5个摆成一排，5个摞着放，"两边的杯子一样多吗？什么地方不一样？什么地方一样？" （3）出示一筐积木（或其他玩具），并请幼儿点数筐中积木的数量，再把积木拿出来在桌子上摆成两排。"桌上的积木跟刚才筐里的积木一样多吗？哪里变了？哪里没变？" （4）教师小结：物体数量的多少，与它们的大小、颜色、形状和排列形式无关。 3. 小兔排练节目 出示图册："小兔子们要分组在这些草地上排练节目，穿一样颜色衣服的是一组，猴子导演说让它们排出不一样的队形，你能帮它们吗？" （1）幼儿操作活动，教师巡回指导，引导幼儿从附图中取下"兔子"，把衣服颜色一样的摆在同一块草地上，并想办法变出不一样的队形。 （2）排列好4组队形后，幼儿观察并思考：这4组小兔子什么地方一样？什么地方不一样？大胆发言，说出自己的观点。 （3）教师小结：它们的队形不一样，但它们的数量一样，都是5。 （4）分享交流，幼儿互相欣赏变换出的队形。
活动建议	1. 活动中，当幼儿受排列队形的干扰点数出错时，教师鼓励幼儿自我检查，认真点数。 2. 在"小兔排练节目"活动中，教师需要关注幼儿是否理解游戏规则，如果幼儿把衣服颜色不同的放在了一起，那么教师可强调兔子衣服的颜色要一样。对不会变换队形的幼儿，引导他们在原有的队形上随意挪动一两个兔子的位置，或者启发幼儿尝试摆出一些不同的图形。对于能力强的幼儿，在摆放时队形可以考虑有疏有密、有整齐也有错乱的，同时活动过程中，鼓励幼儿能够用自己的语言去描述4组小兔子什么地方一样，什么地方不一样。
多元智能	通过本活动方案，有机会发展幼儿的逻辑数学智能和空间智能。 在活动中，幼儿通过认识和熟悉10以内数的守恒，发展了幼儿的逻辑数学智能。逻辑数学智能强的幼儿能够掌握10以内数的守恒，可以排除颜色、摆放形式等因素的干扰，正确认识物体的数量；逻辑数学智能弱的幼儿容易受到外部因素的干扰，

续表

水平	水平Ⅱ（下）
多元智能	在活动中，不能正确或顺利说出杯子、积木等物体的数量。活动中通过变换的排列形式或者摆放形状等，锻炼了幼儿对物体空间观察和思考，发展了幼儿的空间智能。
活动延伸（1）	户外活动中，幼儿可以玩音乐游戏"队形变变变"。幼儿分成若干组，每组人数相等，在音乐的伴奏下合拍行进并做动作，突然音乐停止，教师说"变变变"，每组幼儿迅速排出不同的队形，并迅速说出本组有多少人，如果出现错误的情况，教师引导幼儿从头到尾报数，验证人数。
活动延伸（2）	幼儿在玩积木或者雪花插片的时候，家长可以参与到活动中，和幼儿一起用一定数量的积木或者插片变换不同的造型，然后启发幼儿说出每种造型的数量。
幼儿评定	幼儿能否排除大小、颜色、形状及摆放形式的干扰，正确判断10以内物体的数量。

二、语言特色活动

中班语言特色活动案例（01-05）

表9-6　中班语言领域特色活动01

水平	水平Ⅱ（下）
活动名称	大声说出不开心
学习与发展目标	4—5岁–语言–Ⅰ-2：能基本完整地讲述自己的所见所闻和经历的事情。
内容目标	1. 可以清楚地讲述自己开心的或者不开心的事情。 2. 可以根据故事基本完整地表达不开心的时候应该怎么做，以及这样做的原因。 3. 尝试调节自己的情绪，并懂得认真倾听别人的烦恼。
活动材料	开心和不开心的表情面具两个，《住在心里的小人》故事图卡，心形抱枕一个，《致爱丽丝》音乐伴奏。
活动过程	1. 开心和不开心 （1）教师展示两个表情面具，吸引幼儿注意，"小朋友们，谁能告诉我这两个表情是什么意思呀？（开心和不开心）在我们的生活中会遇到很多开心的或不开心的事情，遇到开心的事情我们会笑、会跳起来，还会怎么表现呀？"教师鼓励幼儿

续表

水平	水平Ⅱ（下）
活动过程	表现一下开心的样子，再表现一下不开心的样子，并引导幼儿说说开心和不开心时内心的感受。 （2）"当我们不开心的时候该怎么办呢？"教师提出问题，引导幼儿思考。 2. 心房里的小人 （1）教师展示《住在心里的小人》故事图卡，"当我们不开心时该怎么办呢？我们来听一个跟心里的小人有关的故事。"故事内容： 我们的心像一间小房子，里面会有各种不同的小人，当我们不开心时，会有一个黑色的小人在里面生气。如果我们总把黑色小人关在心房里，只会越来越不开心。如果我们把不开心的原因说出来，就可以把小人放出来，心里就不再难受。当我们开心时，就会有一个红色的小人。我们把高兴的事儿说出来，也会把红色的小人放出来，使别人也能跟着我们一起开心。 （2）教师鼓励幼儿说说不开心的时候应该怎么做，并引导幼儿明白不开心的时候要说出来，这样才能减轻烦恼，开心的事情也可以跟别人分享，这样能够用快乐感染别人。 （3）教师带领幼儿玩游戏，"我们玩一个游戏，大家都来说说自己开心的或者不开心的事情，老师这里有一个心情抱枕，一会我们跟着音乐传递抱枕，音乐停的时候，抱枕在哪个小朋友手里，哪个小朋友就要跟我们分享一个他自己开心的或者不开心的事情。"游戏过程中，幼儿可以自主选择要跟大家分享开心的事情还是不开心的事情。讲述时，教师注意引导幼儿尽量叙事完整，比如尽量说清楚时间、地点、人物、发生的事情等内容。 3. 大声说出不开心 幼儿戴上不开心面具，教师为幼儿分组，组内幼儿互相说出自己不开心的事情，如果说完后感觉心情好了，可以自己戴上开心的面具。在谈话过程中，也注意引导倾听的幼儿，尝试感受与理解别人的想法。
活动建议	1. 如果幼儿无法说出不开心的时候应该怎么做，教师可以重复为幼儿讲一遍心房里的小人，做适当引导。 2. 游戏时，如果幼儿能够讲出自己开心的或不开心的事情，教师引导其用更加完整的语句进行描述，同时注意提醒其他幼儿注意倾听。
多元智能	本方案分为"开心和不开心""心房里的小人""大声说出不开心"三个小活动。有机会发展幼儿的语言智能和自我认知智能。 幼儿通过表达自己开心或不开心的事情以及描述对《住在心里的小人》故事的理解等环节，锻炼了幼儿组织语言和运用句词描述事件、表达思想的能力，发展了幼儿的语言智能。语言智能强的幼儿可以较完整地讲述自己开心的或不开心的事情以及对故事的理解。语言智能较弱的幼儿语言表达不够流畅，对理解故事的描述

续表

水平	水平Ⅱ（下）
多元智能	也不够准确，需要教师予以关注和引导。通过思考自己经历过的开心或不开心的事情，发现自己的内在情感和脾气，发展了幼儿的自我认知智能。
活动延伸（1）	在图书/语言角投放更多跟情绪有关的图书或绘本，幼儿可以自主翻阅；同时在教室内放置心形抱枕，幼儿有不开心的事情时可以去抱抱抱枕，碰到有幼儿抱抱枕时，其他幼儿可以去询问或安慰。
活动延伸（2）	幼儿将《住在心里的小人》简单讲给家长听，还可以与家长一起玩传递抱枕的游戏。家长在生活中要启发幼儿说出不开心的事情，并且帮助其调节情绪。
幼儿评定	观察幼儿能否清楚地讲述自己开心的或不开心的事情，并能基本完整地表达如何调整自己的情绪。

表9-7 中班语言领域特色活动02

水平	水平Ⅱ（下）
活动名称	补花鼓
学习与发展目标	4—5岁-语言-Ⅰ-2：会说本民族或本地区的语言，基本会说普通话。少数民族聚居地区幼儿会用普通话进行日常会话。
内容目标	1. 可以口齿清晰地读准确"鼓""虎""布""补"这几个相似音。 2. 可以流畅地跟读绕口令。 3. 熟悉绕口令的节奏，对读绕口令产生兴趣。
活动材料	带鼓槌的小鼓，老虎不干胶，一小块棉布，欢快的音乐音频，绕口令《小花鼓》故事图卡。
活动过程	1. 说清"鼓""虎""布" 教师展示小鼓、老虎不干胶和一小块布，引起幼儿注意，"小朋友们，森林幼儿园的大象老师给我们送来了几样小礼物，她说在这些小礼物里还藏了一首好玩的绕口令，就是有很多相似读音的儿歌，你们想不想知道藏了一个什么样的绕口令呀？这些小礼物又都是些什么呢？"引导幼儿观察和描述这些物品，并说出它们的名称。教师可以多次重复幼儿的回答，帮助幼儿规范发音。 2. 藏起来的有趣绕口令 （1）教师出示小花鼓，再次引导幼儿说说鼓是什么样子的，进一步说出这是"一面小花鼓"；教师揭开老虎不干胶，贴在鼓上，再引导幼儿说出"鼓上画老虎"；教师敲击鼓面，反复几次，然后把鼓上的老虎撕破，引导幼儿说出"宝宝敲破鼓"；教师拿出一块布做补鼓的样子："妈妈拿布补！" （2）教师完整地朗诵《小花鼓》请幼儿仔细听，引导幼儿去发现绕口令中有没有读音相似的词语，并想办法把它们找出来。

续表

水平	水平Ⅱ（下）
活动过程	**小花鼓** 一面小花鼓，鼓上画老虎。 宝宝敲破鼓，妈妈拿布补。 不知是布补鼓，还是布补虎？ （3）教师带领幼儿反复朗读绕口令，注意放慢速度，特别提醒幼儿发清楚相似音：鼓、虎、布、补。教师带领幼儿在读清楚字音的基础上适当加快速度，有节奏地朗读绕口令。 3. 小花鼓表演 教师带领幼儿在欢快歌曲的伴奏下，敲着小花鼓，自己加上肢体动作，边朗诵边表演。
活动建议	1. 本活动的重点是能够发准"鼓""虎""补""布"的相似读音，难点是能够流畅地念出绕口令。幼儿在练习绕口令之前，可以在教师的带领下先进行练习，熟悉发音。 2. 如果幼儿对这些相似音的发音有困难，教师可以提示幼儿放慢速度跟读和练习。如果幼儿可以语言流畅、口齿清楚地朗读，教师鼓励幼儿背诵这首绕口令，并且慢慢尝试加快速度进行朗读。
多元智能	本方案分为"说清鼓、虎、布""藏起来的有趣绕口令""小花鼓表演"三个小活动。有机会发展幼儿的语言智能、音乐智能和身体运动智能。 幼儿通过朗读绕口令，锻炼了幼儿对语音、语义的感知、理解及运用的能力，发展了幼儿的语言智能。语言智能强的幼儿，能够较好地分辨和掌握几个相近读音的语词，并能较流畅地念出完整绕口令。语言智能弱的幼儿对绕口令兴趣不大，对相似读音的掌握也会有困难，需要教师及时给予引导和关注。幼儿通过肢体动作和敲击小鼓对绕口令进行内容和情绪的表达，锻炼了幼儿的身体的协调性及动作的灵活性，发展了幼儿的身体运动智能。有节奏地朗读绕口令，并在音乐的伴奏中进行律动，增强了幼儿自身的节奏感和韵律感，发展了幼儿的音乐智能。
活动延伸（1）	在阅读区投放一些与绕口令相关的读物，幼儿可以自己翻阅，并在教师的适当帮助下进行练习。
活动延伸（2）	在绕口令图卡的提示下，幼儿可以为家长展示绕口令的内容。家长可以协助幼儿一起加快朗读绕口令的速度，挑战快速而清晰地朗读绕口令。
幼儿评定	观察幼儿能否口齿清晰地读准"鼓""虎""布""补"几个相似音；并能基本流畅地跟读绕口令。

表 9-8　中班语言领域特色活动 03

水平	水平Ⅱ（下）
活动名称	小纽扣的旅行
学习与发展目标	4—5 岁 - 语言 - Ⅱ-2：能根据连续画面提供的信息，大致说出故事的情节。
内容目标	1. 可以口齿清晰地说出图卡上画了什么内容。 2. 可以完整说出小纽扣与小兔子、小老鼠之间发生了什么，并设想角色间的对话。 3. 明白帮助别人也能让自己快乐的道理，喜欢用纽扣做手工画。
活动材料	纽扣画材料包，《小纽扣的旅行》故事图卡。
活动过程	1. 纽扣猜猜猜 （1）教师请幼儿猜谜语，引出故事主人公——纽扣： 　　　几只小猴，圆脸扁头， 　　　关上大门，脸露窗口。 （2）教师鼓励幼儿进一步说说自己还见过什么样子的纽扣，纽扣都有什么作用。比如：纽扣可以扣起衣服、纽扣可以做装饰等等。 2. 小纽扣的旅行 （1）教师为幼儿展示图卡："有一颗可爱的小纽扣，她特别喜欢帮助别人，瞧瞧，今天小纽扣要去旅行了，我们一起来看看小纽扣旅行的过程中发生了什么有趣的事情？"教师展示第一张图卡，请幼儿观察图卡上都画了什么内容（小纽扣、小老鼠、小汽车、车少了一个轮子），并且猜猜小纽扣和小老鼠之间发生了什么事？教师鼓励幼儿自由回答，引导幼儿发现小老鼠汽车的轮子少了一个，需要帮助。 （2）教师鼓励幼儿想象一下，小纽扣会怎样帮助小老鼠，并大胆说出自己的想法。教师展示第二张图卡，请幼儿说说小纽扣怎样帮助小老鼠，小老鼠会对小纽扣说什么，小纽扣又会怎样回答。 （3）教师展示第三张图卡，请幼儿观察图卡上画了什么内容（小纽扣，小兔子，小兔子的项链断了，小兔子很伤心），并且说说小兔子怎么了，小纽扣会怎么帮助小兔子？ （4）教师展示第四张图卡，请幼儿说说小纽扣怎样帮助小兔子，并且猜想一下他们之间的对话。教师引导幼儿发现小纽扣帮助小兔子和小老鼠，他们都收获了快乐。 （5）教师鼓励幼儿发挥想象，说一说如果自己是一颗小纽扣还会帮助谁，会怎样帮助别人？ 3. 小纽扣的画 幼儿利用纽扣画材料包完成自己的纽扣画创作，并展示自己的作品。

续表

水平	水平Ⅱ（下）
活动建议	1. 如果幼儿无法猜出谜底，教师可以进一步缩小范围，说明有的有两只眼睛，有的有四只眼睛，或直接说明是衣服上会有的。 2. 在观察图卡时，重点鼓励幼儿发挥想象，说出更有创意的故事情节。难点在于描述时，教师需要引导幼儿完整地交代清楚地点、人物、情节等要素，并且能够想象小纽扣与小老鼠、小兔子的对话，丰富故事内容。如果幼儿无法更好地根据图卡汇编故事，能够较为详细地说出图卡上都画了些什么内容即可。鼓励能力强的幼儿创编更多故事情节。
多元智能	本方案分为"纽扣猜猜猜""小纽扣的旅行""小纽扣的画"三个小活动，有机会发展幼儿的语言智能和空间智能。 通过猜谜底、汇编故事等环节，锻炼了幼儿对词语、句子的理解能力以及组织语言、有逻辑地使用语言的能力，发展了幼儿的语言智能。语言智能强的幼儿可以在教师的适当引导下很快猜出谜底，并在汇编故事时口齿清晰、语言流畅，甚至会适当地为故事加入一些角色对话，且在描述角色对话时会有意识地模仿角色的语气、语调，有情感地汇编故事。语言智能较弱的幼儿创编故事和描述故事的能力都会比较弱，需要教师给予引导。通过观察图卡、制作纽扣画，锻炼了幼儿对色彩、形状、线条的感知能力，发展了幼儿的空间智能。
活动延伸（1）	在美工区，幼儿可以继续完成自己的纽扣画作品。在戏剧表演区，幼儿可以分角色表演《小纽扣的旅行》的故事。
活动延伸（2）	幼儿为家长展示自己的纽扣画，并且根据图卡提示，为家长讲小纽扣旅行的故事。家长可以鼓励幼儿展开想象，将故事汇编得更加有趣和精彩。
幼儿评定	观察幼儿能否口齿清晰地说出图卡上的内容；能否基本完整的说出小纽扣与小兔子、小老鼠之间发生的故事。

表9-9　中班语言领域特色活动04

水平	水平Ⅱ（下）
活动名称	你是我的好朋友
学习与发展目标	4—5岁-语言-Ⅰ-2：讲述比较连贯。
内容目标	1. 可以语言流畅地描述和介绍自己的朋友。 2. 喜欢玩配对游戏，愿意尝试仿编诗歌。
活动材料	连线图卡两张；蓝天白云大树的背景，小鸟在飞翔的挂图一张。

续表

水平	水平Ⅱ（下）
活动过程	1. 我的好朋友 （1）教师与幼儿一起讨论有关朋友的话题："小朋友们，生活中大家有没有好朋友呀？能不能和大家分享一下自己的好朋友是谁？为什么跟他是好朋友？"教师简单重复幼儿的回答，比如因为他很会唱歌，因为她也喜欢洋娃娃等。 （2）教师展示第一张连线图卡："今天老师也要给大家介绍几对好朋友，不过需要小朋友们来猜猜谁跟谁才是真正的好朋友。" 第一张图：茶壶、水杯、桌子、椅子、钥匙、锁、雨伞、雨鞋、小鸟、大树。 引导幼儿为第一张图卡上的事物连线，并且说说自己为什么做这样的选择。同时做出总结：好朋友一般都有相同爱好、彼此喜欢或者比较亲近。 2. 美丽的诗歌 （1）教师为幼儿有感情地朗诵诗歌《好朋友》。 　　茶壶对水杯说："我们是一对好朋友。" 　　　　水杯说："对！" 　　桌子对椅子说："我们是一对好朋友。" 　　　　椅子说："对！" 　　钥匙对锁说："我们是一对好朋友。" 　　　　锁说："对！" 　　雨伞对雨鞋说："我们是一对好朋友。" 　　　　雨鞋说："对！" 　　鸟笼对小鸟说："我们是一对好朋友。" 小鸟说："不对！我的朋友是蓝天、白云、大森林和绿草地，还有，爱鸟的孩子也是我的好朋友！" （2）教师展示蓝天白云的挂图，鼓励幼儿说说为什么小鸟和蓝天白云是好朋友，为什么小鸟跟鸟笼不是好朋友？ （3）请幼儿为第二张连线图卡连线。 第二张图：上衣、裤子、筷子、碗、铅笔、橡皮、梳子、镜子、布娃娃、小朋友。 鼓励幼儿尝试用图卡中的内容仿编诗歌。如，铅笔对橡皮说："我们是一对好朋友。"橡皮说："对！"
活动建议	1. 如果幼儿无法说出小鸟和鸟笼为什么不是好朋友，教师可以适当引导，比如提示幼儿：鸟儿被关到鸟笼里还能自由飞翔吗？它还会开心吗？ 2. 在仿编诗歌环节，重点是引导幼儿发现《好朋友》的相同句式，难点是将新的关联事物放到诗歌中并正确地朗诵。如果幼儿无法发现相同句式，教师可以引导或直接告知，并鼓励其有感情地朗读或表演自己新编的诗歌。

水平	水平Ⅱ（下）
多元智能	本方案分为"我的好朋友"和"美丽的诗歌"两个小活动，有机会发展幼儿的语言智能和逻辑数学智能。 　　幼儿通过介绍自己的好朋友、描述鸟儿和鸟笼不能成为好朋友的理由以及仿编诗歌等，发展了幼儿的语言智能。语言智能强的幼儿对诗歌的理解和表达更加流畅和到位，并能把更多好朋友的组合仿编到诗歌中。语言智能较弱的幼儿可能无法表达出对诗歌的理解，对仿编诗歌也会比较吃力，需要教师予以引导。通过为朋友配对的连线小游戏，锻炼了幼儿的对应关系的认知与判断能力，发展了幼儿的逻辑数学智能。
活动延伸（1）	在图书/语言角可以投放更多跟朋友有关的读物，幼儿可以自由阅读。在益智区幼儿可以寻找具有对应关系的材料进行配对游戏。
活动延伸（2）	幼儿为家长朗读自己创编的诗歌，生活中，遇见相关联的事物，家长也可以为幼儿随时介绍。
幼儿评定	观察幼儿能否说明诗歌中两组或两组以上物品为什么是好朋友。能否语言流畅地说说自己和谁是好朋友。

表9-10　中班语言领域特色活动05

水平	水平Ⅱ（下）
活动名称	小乌龟开店
学习与发展目标	4—5岁-语言-Ⅱ-2：能大体讲出所听故事的主要内容。
内容目标	1. 发挥想象，为故事中的几种动物开店提供建议并能基本清晰地表达自己的设想。 2. 可以用不同语气复述故事。 3. 能够明白每个人都有自己的长处和优点，要发挥自己的长处和优点。
活动材料	乌龟立体木质拼图，乌龟、大象、河马、袋鼠卡通头饰，故事图卡四张，长颈鹿、小刺猬、小蜜蜂等动物的真实图片。
活动过程	1. 谁藏起来啦 　　教师以故事引出主题："小朋友们，老师有个好朋友，他最近遇到点困难想请大家帮忙，可是他太害羞藏起来啦！我们把他找出来好不好？"教师引导幼儿玩拼图，拼出图案后，请幼儿说说这是谁（乌龟），并且描述一下乌龟的特点。 2. 想开店的小乌龟 （1）"动物街上开了好多商店，小乌龟也想开店，可是开什么店好呢？小乌龟拿不定主意了，你们帮忙想一想好吗？"引导幼儿讨论给小乌龟开店的建议。

续表

水平	水平Ⅱ（下）
活动过程	（2）"小乌龟非常感谢你们想出这么多办法，他现在想去动物街逛一逛，看看别人都开的什么店，大家要不要一起呀？"教师创设情景，引导幼儿继续听故事。"小乌龟在街上走啊走啊，他碰上了大象，你们猜猜大象会开什么店呢？"教师展示第一张图卡，请幼儿发挥想象，说说大象开了什么店、从哪里看出来大象可以开这些店。 （3）"大象说了，我开花店，可以用长鼻子给鲜花喷水。"教师鼓励幼儿模仿大象的语气和动作，复述大象说的话。教师继续展示第二张图卡，与幼儿一起分析讨论。小乌龟遇见了河马，河马在做什么？他开了什么店？大家觉得河马开气球店好不好？为什么？ （4）"河马说了，我开气球店，可以用大嘴巴吹出最大的气球。"教师鼓励幼儿模仿河马的语气和动作，复述河马说的话。教师展示第三张图卡，鼓励幼儿猜猜袋鼠妈妈开了什么店？她为什么要开这个店？ （5）"袋鼠妈妈开什么店呢？袋鼠妈妈告诉小乌龟，我开书店，可以把书装到大口袋里，走到哪里卖到哪里！"教师再次鼓励幼儿模仿袋鼠妈妈的语气和动作，复述袋鼠妈妈说的话。"小乌龟问了三家店，不由得难过起来，我没有长鼻子，也没有大嘴巴，更没有大口袋，怎么办呢？"教师与幼儿一起结合小乌龟的特点，帮助他想想能开什么店。 （6）"咱们帮小乌龟想了这么多办法，他觉得都特别棒，最后我们来看看他到底开了家什么店呢？"教师展示第四张图卡，"小乌龟每天把自己的背壳烤烤热，再在背壳上摊上烧饼。烤呀烤，烤得烧饼香喷喷。小乌龟的烧饼又香又脆，上面还有好看的花纹，大家都来买了。" 3. 讲讲乌龟开店的故事 （1）教师为幼儿完整地讲一遍故事，并鼓励幼儿加上肢体动作跟随复述故事内容： **小乌龟开店** 小乌龟想开一家小店，开什么店好呢？他去问大象。 大象说："我开花店，可以用长鼻子给鲜花喷水。"他去问河马。 河马说："我开气球店，可以用大嘴巴吹出最大的气球。" 袋鼠妈妈开什么店呢？袋鼠妈妈告诉他："我开书店，可以把书装到大口袋里，走到哪里卖到哪里。" 小乌龟很难过："我没有长鼻子，也没有大嘴巴，更没有大口袋，怎么办呢？"后来，大家一起帮小乌龟想了个好主意：开一家烧饼店。 小乌龟每天把自己的背壳烤烤热，再在背壳上摊上烧饼。烤呀烤，烤得烧饼香喷喷。小乌龟的烧饼又香又脆，上面还有好看的花纹，大家都来买了。

续表

水平	水平Ⅱ（下）
活动过程	（2）教师出示小刺猬、长颈鹿、小蜜蜂等的图片，鼓励幼儿发挥想象，为这些小动物设计开店，并引导幼儿将这些小动物仿编到故事中，如，小刺猬说："我开水果店，可以用尖尖的刺搬运好多好多的水果。" （3）教师总结并引导幼儿明白，每个动物的能力和特长都是不一样的，但是他们会根据自己的特点或本领开最适合自己的店。我们每个人也同样都有自己独特的优点和长处，要学会用自己的优势做更多的事。
活动建议	1. 如果幼儿不了解乌龟的特点，教师可以引导幼儿说说乌龟的外貌特征，然后再给幼儿针对乌龟的生活习性等做简单介绍。同时还可以引导幼儿观察乌龟身上的花纹和坚硬的贝壳，为故事内容做铺垫。 2. 如果幼儿无法描述出对大象、袋鼠、河马、小乌龟开店的设想，教师可以引导幼儿观察这几种动物的特点，从特点入手再进行开店的设计构想。对于能力强的幼儿，可以鼓励其详细说明开店的理由。 3. 在复述故事的环节，因为已经有之前加入动作和不同语气的表演做铺垫，所以尽可能地鼓励幼儿一边表演一边复述故事。如果幼儿难以做到，教师可以引导幼儿着重加强不同语气的复述故事。
多元智能	本方案分为"谁藏起来啦""想开店的小乌龟""讲讲乌龟开店的故事"三个小活动。有机会发展幼儿的语言智能、空间智能和身体运动智能。 通过对各种小动物开店的设想描述、用不同语气复述故事等环节，锻炼了幼儿组织语言的能力和口头表述的能力，发展了幼儿的语言智能。语言智能强的幼儿思路清晰、语言流畅，他们可以表达出更多开店的理由，并能够根据大象、袋鼠等动物的特点用不同语气复述故事，语言智能较弱的幼儿难以将对开店的设想清晰而准确地表达出来，且复述故事不够流畅和完整，教师可以适当放低要求，加以引导和帮助。通过利用拼图将小乌龟的各个部位进行组合，拼成完整的小乌龟，发展了幼儿的空间智能。通过加入肢体动作表演故事以及对拼图进行操作等，锻炼了幼儿的大肌肉、小肌肉的协调性，发展了幼儿的身体运动智能。
活动延伸（1）	在益智区，幼儿可以继续玩拼图。在戏剧表演区，幼儿可以挑选相关服饰和道具，分角色扮演《小乌龟开店》的故事。
活动延伸（2）	幼儿为家长讲一讲《小乌龟开店》的故事，家长可以与幼儿一起讨论故事中的几种动物还能开什么店。
幼儿评定	观察幼儿能否将自己对开店的设想基本清晰地表达出来，并能用不同语气简单复述故事内容。

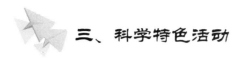

三、科学特色活动

中班科学特色活动案例（01-05）

表 9-11　中班科学领域特色活动 01

水平	水平Ⅱ（下）
活动名称	钓冰块
学习与发展目标	4—5 岁 - 科学 - Ⅰ-1：常常动手动脑探索物体和材料，并乐在其中。4—5 岁 - 科学 - Ⅰ-3：能感知和发现常见材料的溶解、传热等性质或用途。
内容目标	1. 对冰的形态的变化感兴趣，能组装独立简单的探究材料。 2. 初步感知和发现冰与盐的关系。 3. 对冰融化和凝结感兴趣。
活动材料	钓鱼的图片、盐 4—6 袋、盘子 4—6 个、方形冰块若干（大小均匀，每名幼儿 5—8 块）、幼儿人数的筷子、杯子、毛线、小汤匙。
活动过程	1. 冰块能钓吗 （1）教师出示钓鱼的图片，请幼儿说一说图片上的人在做什么（钓鱼），是怎么知道的（在河边，水桶里有鱼或鱼钩上有鱼）。 （2）"小朋友们，我们通过上面的图片，知道可以用鱼钩钓鱼，现在老师给你们一个新任务，请你们用毛线钓冰块。"教师给每个幼儿 1 块冰块和 1 根毛线，请幼儿想一想怎样用毛线把冰块钓起来。（幼儿的办法多种多样，有些幼儿能想到办法，如用毛线把冰块绑起来，有些幼儿看着冰块和毛线干着急） 2. 冰块钓起来了 （1）"刚才你们试了各种各样的办法，但是好多人都失败了，老师有一个好办法，小朋友们一学就会，很容易成功，你们想学吗？" （2）教师演示操作步骤。 ①制作钓竿：把毛线在筷子的一端缠 3—4 圈后，打结系牢固，一根鱼竿就做好了。 ②准备材料：往杯子里倒入 5—6 块冰块，把食盐袋子打开，放一把小汤匙进去。 ③钓冰块：把毛线放在冰块的中心位置，用小汤匙挖一勺盐，均匀地撒在毛线的四周，用手按住毛线 1 分钟左右，往上提起筷子，冰块粘在了绳子上，取下绳子上的冰块放入盘子里，一次钓冰块任务完成。 3. 钓冰块比赛 （1）教师将幼儿随机分成 4—6 组，每组幼儿的桌面上放置：幼儿人数的筷子、毛线、杯子、小汤匙、冰块若干和 1 袋食盐。

续表

水平	水平Ⅱ（下）
活动过程	（2）当教师发出"开始"的口令后，幼儿根据教师示范的步骤组装鱼竿、准备材料和钓冰块。冰块在运输过程中如果中途掉落，幼儿要把冰块放回到杯子里，重新开始钓，幼儿将成功钓上来的冰块放到桌子中间的盘子里。 （3）数一数每个小组钓上来的冰块，比一比哪个小组钓起来的冰块多。
活动建议	活动前一天，教师告知家长，提前冻冰块，并请幼儿在活动当天的早上带到幼儿园；活动中需要的盐，也可以请幼儿从家里带来。教师准备的钓鱼图片，需要具备鱼的元素，如河里有鱼、正在提起咬饵的鱼竿或水桶里有鱼，方便幼儿理解图片。 在探索钓冰块的环节，教师针对能力强的幼儿，可鼓励其一根绳子钓2—3块冰块。能力较弱的幼儿，可能在系绳子的环节出现困难，教师可帮助其完成系绳子的动作，或鼓励先完成的幼儿帮助他。
多元智能	物理探究活动《钓冰块》，主要发展了幼儿的自然智能、空间智能、语言智能、身体运动智能和逻辑数学智能。 幼儿通过观察钓鱼的图片，引出今天的活动，锻炼了幼儿的理解图片的能力，发展了幼儿的空间智能。幼儿通过描述图片和讨论钓冰块的方法，为幼儿语言表达创造了机会，发展了幼儿的语言智能。幼儿主要通过观察加入食盐后冰块的变化，理解冰块与食盐的关系，发现食盐先让冰块融化，然后又使融化的水凝固，锻炼了幼儿对细节的观察能力，发展了幼儿的自然智能。自然智能强的幼儿，能观察到加入食盐后冰块变化的细节，并对这一现象感兴趣，反复尝试。自然智能弱的幼儿，只能在教师的帮助下完成实验，对实验结果不感兴趣。幼儿通过制作钓竿，锻炼幼儿的手指协调性，发展幼儿的身体运动智能。幼儿根据教师的示范，准备和组装材料，增加了幼儿的流程意识，发展了幼儿的逻辑数学智能。
活动延伸（1）	将冰块、盐、面粉、果汁等材料投放到科学探索区，方便对探索冰的融化感兴趣的幼儿继续探索，并比较哪种物质可以加快冰的融化。
活动延伸（2）	幼儿邀请家长在家里玩一次钓冰块的游戏。
幼儿评定	幼儿是否能发现加入盐后冰块变化的细节，并至少独立钓起一块冰。

表9-12 中班科学领域特色活动02

水平	水平Ⅱ（下）
活动名称	好喝的彩色豆浆
学习与发展目标	4—5岁-科学-Ⅰ-1：常常动手动脑探索物体和材料，并乐在其中。4—5岁-科学-Ⅰ-2：能对事物或现象进行观察比较，发现其相同与不同。4—5岁-科学-Ⅰ-3：初步感知常用科技产品与自己生活的关系，知道科技产品有利也有弊。

续表

水平	水平Ⅱ（下）
内容目标	1. 通过观察豆浆的制作过程，发现"浆"的形成过程。 2. 通过调动多种感官，区别黄豆、红豆和绿豆三种豆浆的异同。 3. 培养幼儿细致观察的能力。
活动材料	泡好的黄豆、红豆和绿豆若干，透明的全自动豆浆机3台、3个相同的杯子、一次性水杯若干、白糖1—2袋、小汤匙、水、安全插电板，红色、黄色和绿色的标识贴。
活动过程	1. 了解豆浆的制作过程 （1）教师与幼儿探讨关于豆浆的话题：小朋友们，你们喝过豆浆吗？喝过豆浆的小朋友可不可以讲一下豆浆的味道？你们猜一猜豆浆是什么做的？你们想知道豆浆是怎么做成的吗？幼儿自由表达对豆浆的已知经验和自己的想法。 （2）教师展示豆浆的制作过程。 ① 教师分别在3个透明的全自动豆浆机上贴上三种颜色（黄色、绿色和红色）的标识。 ② 教师用3个同样的杯子，装满3种泡好的豆子（黄豆、绿豆和红豆），并分别放入贴有与豆子颜色一致标识的豆浆机内。 ③ 教师分别往三个豆浆机内倒入同样多的水。 ④ 豆浆机连通电源，教师启动豆浆机。 2. 观察三种豆子的变化 "小朋友们，豆浆机开始工作了，请你们仔细观察豆浆机是怎么工作的，过程中小豆子发生了什么变化，水的颜色发生了什么变化。" （1）豆浆机开始工作，幼儿听到烧水的声音，豆子和水没有多大的变化。 （2）豆浆机开始搅拌，豆子被打碎了，水的颜色开始变浑浊。 （3）豆浆机继续搅拌，水的颜色逐渐加深，分别变成淡黄色、淡绿色和酱红色。 （4）停止搅拌，豆浆机里的液体开始滚动，一会升上去，一会降下来，反复不断，并且升降的幅度越来越大。 （5）豆浆机发出"嘀嘀"的声音后，停止运转。 3. 品尝豆浆 （1）教师把三种豆浆分别倒入三个透明杯子里，请幼儿观察三种豆浆的颜色，闻一闻三种豆浆，尝一尝三种豆浆。（黄豆豆浆是黄白色的，闻上去一股豆腐的味道，尝起来像液体豆腐；红豆豆浆是酱红色或咖啡色的，闻上去非常的清爽，尝起来很好喝；绿豆豆浆是淡绿色的，有青草的味道，尝起来沙沙的，像青豆的味道。） （2）教师请幼儿往豆浆内加入糖，或把三种豆浆混合在一起，继续品尝豆浆。
活动建议	1. 活动前教师至少准备一台全透明的豆浆机。 2. 活动过程中尽可能保证实验的精准性，如放入等量的豆子，加入等量的水，

续表

水平	水平Ⅱ（下）
活动建议	三种豆子的实验程序一模一样，教师在操作过程中一边做，一边提醒幼儿该关注的观察点，让幼儿意识到实验的严谨性。 3. 教师提醒幼儿在观察过程中保持安静，特别是在豆浆机加热后豆浆机内水的颜色开始变化时，引导幼儿观察细节，清澈的水怎样变得浑浊，水的颜色怎样越来越深。 4. 实验完成后，教师不要忘记将实验结果与前面的假设进行对比，从而给幼儿示范一个从问题的提出到实验论证结果这一完整规范的实验流程。
多元智能	植物探究活动《好喝的彩色豆浆》，主要发展了幼儿的自然智能和语言智能。 幼儿主要通过猜测豆浆的制作过程、体会制作前材料准备的严谨性、观察制作过程中豆子的变化、感受"浆"的形成过程和品尝豆浆等环节，增加了幼儿对豆浆制作过程的理解，明白豆浆是由豆子加水后磨碎烧煮做成的，种类很多，丰富了幼儿对豆浆的认知，发展了幼儿的自然智能。自然智能强的幼儿，能在观察豆子的变化环节，敏锐地发现水的颜色变化的过程和豆浆加热过程中液体升高、降低的变化，并在品尝豆浆的环节，想出喝豆浆的新方法。自然智能弱的幼儿，在教师做制作豆浆前的准备工作时，感到无聊，四处观看；在豆浆机开启后，不能观察到豆子细节的变化，只能观察到豆子被打碎了，水的颜色变了。幼儿通过分享自己喝豆浆的有关经验、猜测豆浆的制作过程和表述感受三种豆浆的异同，锻炼了幼儿语言表达能力，发展了幼儿的语言智能。
活动延伸（1）	在科学探索区继续投放豆浆机和三种豆子，并增加小米、大米、花生等粮食的投放，方便对制作豆浆感兴趣的幼儿研发出新口味的豆浆，并在区域墙上创设安全用电的区域环创，保证幼儿安全。
活动延伸（2）	家长可以和幼儿一起制作一次豆浆，由幼儿完成洗豆子、泡豆子和启动豆浆的任务。
幼儿评定	幼儿是否能发现三种豆子在豆浆机内的变化，并用语言描述出来。

表 9-13　中班科学领域特色活动 03

水平	水平Ⅱ（下）
活动名称	小小降落伞
学习与发展目标	4—5 岁 - 科学 - Ⅰ-1：常常动手动脑探索物体和材料，并乐在其中。4—5 岁 - 科学 - Ⅰ-2：能对事物或现象进行观察比较，发现其相同与不同；能用图画或其他符号进行记录。4—5 岁 - 科学 - Ⅰ-3：能感知和发现简单物理现象，如物体形态或位置变化等。
内容目标	1. 根据制作步骤图，学习制作降落伞。 2. 初步发现降落伞降落速度与伞面大小之间的关系。 3. 对探索降落伞的降落速度感兴趣。

续表

水平	水平Ⅱ（下）
活动材料	每名幼儿1张30cm×30cm和1张50cm×50cm的正方形塑料薄膜、长10cm的细线每名幼儿8根、重量相同的坠子若干、剪刀若干、教师自制降落伞1个、降落伞制作流程图4—6张、记录表、签字笔、打孔器。
活动过程	1. 认识降落伞 （1）"小朋友，今天我们要认识一种新伞，这种伞在飞机上常有，不能遮雨，不能遮阳，也不能挡风，但是却能保护我们在高空中跳落时不受伤，你们知道老师说的是什么伞吗？" （2）教师展示降落伞，重复或告知幼儿该伞的名称（降落伞），并请幼儿说一说降落伞与我们常用的伞之间的异同（两种伞都有伞面，但降落伞没有伞柄，伞骨是软的），降落伞的结构（伞衣、伞绳和伞坠）。 （3）教师示范降落伞的玩法：在教室内选择一个高的地方站立（站到桌子上），捏住降落伞伞衣的中间位置，抬高胳膊后松开手指，让降落伞自由降落。请幼儿观察并讲述降落伞的降落过程（刚开始的时候降落伞降落速度快，伞衣打开后，降落速度减慢）。 2. 制作降落伞 （1）教师将幼儿随机分成4—6组，分组幼儿领取8—12张伞衣、32—42根细线、4—6个吊坠、1把剪刀、1个打孔器和1张降落伞制作流程图。 （2）"小朋友们，刚才我们观察了降落伞的结构和玩法，你们想自己制作一个降落伞吗？现在你们每个小组的桌子上都有一份降落伞制作流程图，请你们参看上面的制作流程，制作1个小降落伞或1个大降落伞。你们有信心完成吗？" （3）幼儿选择伞衣（一半幼儿用大的伞衣、一半幼儿用小伞衣），根据流程图制作降落伞，教师巡视观察，协助有困难的幼儿完成系绳子或坠子的环节，每个幼儿都完成1个降落伞的制作任务后，进入下一个小活动。 3. 哪个降落伞降得慢 （1）教师带领幼儿结伴去户外玩降落伞，引导做大伞的幼儿与做小伞的幼儿两两结伴。 （2）"小朋友们，你们每个小组里都至少有1个大伞和1个小伞，你们猜一猜哪个伞降落的速度慢？" 小组幼儿讨论后做出猜测，教师记录幼儿的猜测。 （3）展开试验：小组内的一名幼儿手拿2个降落伞（一大一小）爬上滑梯，左右手各捏住降落伞伞衣的中间部位，双臂同时举高，呆在地面的幼儿发出"开始"的口令后，爬上滑梯的幼儿同时松开手指，底下的幼儿观察降落伞的降落速度和哪个降落伞先着地，并把观察到的结果记录到记录表上，先落地的降落伞后面画"√"。两人角色交换，重复试验，记录实验结果。

续表

水平	水平Ⅱ（下）			
活动过程	大、小降落伞降落速度记录			
	第一次实验		第二次实验	
	大降落伞先着地	小降落伞先着地	大降落伞先着地	小降落伞先着地
	（4）比较两次实验的结果，得出结论，教师汇总幼儿的实验结果（伞面大的下降速度慢）。			
活动建议	1. 本活动适宜在幼儿已经积累了一些关于雨伞的知识经验，尤其是关于雨伞结构的经验之后展开，方便幼儿对雨伞和降落伞的结构进行对比，加深幼儿关于伞的认识。 2. 教师活动前务必要准备好材料，因材料量较大，可请家长协助准备，但提前告知家长伞面的大小规格和材质。教师提前准备好降落伞的制作步骤图。 3. 在实验过程中，教师提醒幼儿控制实验变量，如用相同的吊坠、面积相同的伞衣、同等长度的绳子，两个手要举得一样高，并同时松开手里的降落伞。			
多元智能	物理探究活动《小小降落伞》，主要发展了幼儿的自然智能、逻辑数学智能、语言智能、空间智能、身体运动智能和人际交往智能。 幼儿通过表达自己关于降落伞的认识，锻炼了幼儿的语言表达能力，发展了幼儿的语言智能。幼儿根据降落伞的制作步骤图，完成降落伞的制作，锻炼了幼儿的读图能力，发展了幼儿的空间智能。同时提高了幼儿的动手操作能力，锻炼了幼儿小肌肉的灵活性，发展了幼儿的身体运动智能；对步骤流程的认知和掌握，发展了幼儿的逻辑数学智能。幼儿主要通过观察降落伞的结构、共同合作与对比不同大小的伞衣的降落速度等，激发了幼儿探究降落伞衣大小的兴趣，增加了幼儿间的合作默契，发展了幼儿的自然智能和人际交往智能。自然智能强的幼儿能快速发现伞衣大小与降落速度有关，并总结出伞衣越大降落速度越慢的规律。自然智能弱的幼儿较难发现降落伞与雨伞的异同，并对降落伞的降落速度快与慢感受不明显。			
活动延伸（1）	把活动中剩余的材料投放到科学探索区，方便对制作降落伞感兴趣的幼儿继续制作降落伞，还可以在科学探索区增加各种材质伞衣的投放，如绘画纸、垃圾袋、手绢儿、丝巾、毛巾，请幼儿探索适合做降落伞的材质。			
活动延伸（2）	幼儿邀请家长一起制作降落伞，玩降落伞。			
幼儿评定	幼儿是否能发现降落伞的伞衣大小与降落速度之间的关系。			

表 9-14　中班科学领域特色活动 04

水平	水平Ⅱ（下）
活动名称	美味漂亮的糖霜饼干
学习与发展目标	4—5 岁 - 科学 - Ⅰ -1：常常动手动脑探索物体和材料，并乐在其中。4—5 岁 - 科学 - Ⅰ -2：能根据观察结果提出问题，并大胆猜测答案。
内容目标	1. 初步掌握三原色和二次色的概念，能用三原色调制其他的颜色。 2. 通过制作彩色糖霜饼干，体验配色的乐趣。 3. 对颜色混合现象感兴趣。
活动材料	白苏打饼干、白糖、食用色素（红色、黄色和蓝色）、小汤匙、白开水、盘子和小刷子（每名幼儿 1 个）、保鲜膜、围裙。
活动过程	一名教师组织幼儿系围裙、洗手，一名教师对桌面进行清洁、消毒，并铺上保鲜膜。 1. 认识三原色和二次色 （1）教师依次出示红色、黄色和蓝色的食用色素，并向幼儿解释"三原色"，即基本色，最原始的颜色，有三种，分别是红色、黄色和蓝色。 （2）教师拿出一个盘子，用小汤匙取出一小勺黄色的食用色素，半勺蓝色的食用色素，滴几滴水，用刷子搅拌一下，请幼儿观察并说出盘子里的颜色发生了什么变化。（蓝色和黄色融合到一起，变成了绿色）教师趁机提出二次色的概念，即从三种原色中随机取出 2—3 种混合在一起，形成新的颜色。 2. 猜猜颜色怎么变 （1）教师把幼儿随机分成 4—6 人一组，每组幼儿的桌子上放置：红色、黄色和蓝色的食用色素、一杯白开水、幼儿人数的盘子和刷子。 （2）教师请幼儿猜一猜如果红色和黄色混合在一起会产生什么色？（橙色）红色和蓝色混合在一起会产生什么色（紫色）？红色、黄色和蓝色三种颜色混合在一起会产生什么色？（黑色） （3）幼儿自由探索混合颜色，教师巡视观察幼儿调色，当发现新颜色时，请幼儿展示自己的新颜色，并讲述调色过程。 3. 制作彩色的糖霜饼干 （1）教师给每个小组分发一袋白糖、一袋白苏打饼干。 （2）教师请幼儿用汤匙把白糖倒入自己调好色的盘子里，给白糖上色，然后把上好色的白糖放到桌子的中间。 （3）取出一块白苏打饼干，选择 2—3 种自己喜欢颜色的糖霜放到饼干上，用刷子轻轻地涂均匀或画出漂亮图案，美丽的糖霜饼干就做好了。 （4）跟周边的幼儿分享一下自己做了什么颜色的糖霜饼干，品尝自己做的杰作。

续表

水平	水平Ⅱ（下）
活动建议	1. 活动开展前教师了解幼儿对三原色和二次色的经验，幼儿是否已知简单二次色（如绿色、橙色、紫色和黑色）的调制，如果幼儿已知简单二次色的调制，在第二个小活动中则要增加幼儿自由探索混合颜色的时间，如果幼儿经验不足，则在猜颜色环节增加操作演示的部分。 2. 教师在活动开展前务必要准备好三原色的食用色素、白苏打饼干（可以用面包片或馒头片代替），小刷子可用小汤匙代替。 3. 活动过程中教师用实物展示和现场操作的方式让幼儿了解三原色和二次色的区别。在幼儿自由探索混合颜色环节，教师要留给幼儿3—5分钟的时间，教师巡视过程中重点观察幼儿是否根据教师示范的步骤调制混合色、是否调制出新的混合色，还要重点观察幼儿的表情，是否对这件事感兴趣、过程中是否专注。幼儿调制出新的颜色时，教师注意引导幼儿说出自己对该颜色的感受，是感觉暖洋洋还是冷冰冰。在制作彩色糖霜的环节，教师注意引导幼儿盘子里不要留太多的水，否则就变成制作彩色糖水了。每名幼儿制作的糖霜都要放到桌子的中间，方便其他幼儿使用。
多元智能	食品制作活动《美味漂亮的糖霜饼干》，主要发展了幼儿的空间智能、自然智能、身体运动智能和人际交往智能。 幼儿主要通过对三原色和二次色的认识和调制，了解颜色混合的秘密，掌握二次色的制作方法，提高幼儿的观察能力，增加幼儿对探索混合颜色的兴趣，发展了幼儿的自然智能。自然智能强的幼儿能很快掌握调制二次色的技巧，并乐在其中，不断地调制出新的颜色。自然智能弱的幼儿则在调制过程中容易出现不知道该怎样做，发呆的现象。幼儿通过调制新颜色和对白苏打饼干进行涂画的方式，锻炼了幼儿对色彩的把握度，增加了幼儿对色彩的敏感度，发展了幼儿的空间智能。在用小汤匙挖食用色素、白糖和在白苏打饼干上涂抹颜色的环节，锻炼了幼儿的手指肌肉的灵活性，发展了幼儿的身体运动智能。每名幼儿都把自己调制好的糖霜放在桌子中间的动作，增加了幼儿的团体意识，发展了幼儿的人际交往智能。
活动延伸（1）	在美工区投放红色、黄色和蓝色的丙烯颜料，方便对混合颜色感兴趣的幼儿继续探索颜色的奥秘。
活动延伸（2）	对制作面点感兴趣的家长，不妨用食用色素和幼儿一起制作彩色面点。
幼儿评定	幼儿是否能独立利用三原色调制出新的颜色，并完成一片糖霜饼干的制作。

表9-15　中班科学领域特色活动05

水平	水平Ⅱ（下）
活动名称	好玩的热胀冷缩

续表

水平	水平Ⅱ（下）
学习与发展目标	4—5岁-科学-Ⅰ-1：常常动手动脑探索物体和材料，并乐在其中。4—5岁-科学-Ⅰ-2：能对事物或现象进行观察比较，发现其相同与不同；能根据观察结果提出问题，并大胆猜测答案。4—5岁-科学-Ⅰ-3：能感知和发现简单物理现象，如物体形态或位置变化等。
内容目标	1. 通过感知不同状态下的气球与杯子，初步了解热胀冷缩的物理现象。 2. 体会热胀冷缩原理在生活中的运用。 3. 对热胀冷缩现象感兴趣。
活动材料	气球、细绳、杯子、气球充气筒、热水和冰块若干，鹌鹑蛋每名幼儿2—3个，电磁炉1台、煮锅1个。
活动过程	活动一展开，教师就用电磁炉煮鹌鹑蛋。 1. 热水杯遇见冷气球 （1）"小朋友们做过《小气球情绪多》的小实验，知道如果用丝绸或毛皮摩擦气球后，两只气球会生气地分开。你们猜一猜，如果热水杯遇见冷气球会发生什么好玩的现象呢？" （2）请幼儿自由地表达自己关于热水杯和冷气球的猜想。 2. 神奇的水杯气球 （1）教师将幼儿随机分成4—6人一组，每组幼儿放置：2只气球、2个水杯、1壶热水、1盘冰块和1个气球充气筒。 （2）教师示范实验步骤。 ① 往杯子里倒入半杯热水，放在桌子中间。 ② 用冲气筒将气球吹起来，并用绳子把气球口系好。 ③ 用冰块"按摩"气球。 ④ 将杯子里的热水倒出来，然后将杯子紧紧贴在气球下面，一分钟以后，提起气球，看看发生了什么？（气球"抓住"了杯子） ⑤ 换只手，抓住杯子提起气球，看看会发生什么？（杯子"抓住"了气球） （3）幼儿根据教师的操作步骤进行热水杯和冷气球的探究活动，教师巡视全场，给部分幼儿提供系气球和倒热水的帮助。 （4）教师向幼儿介绍背后的物理原理：空气受热膨胀，遇冷收缩，所以当热杯子碰到冷气球，就产生了"火花"，两个物体变成了好朋友，再也分不开啦！ 3. 哪个鹌鹑蛋容易剥 （1）教师把正在煮着的熟鹌鹑蛋捞出来，一半鹌鹑蛋放在桌子上，自然晾凉，另一半鹌鹑蛋放到冰水里，迅速降温。 （2）教师给每名幼儿一个自然晾凉的鹌鹑蛋，一个在冰水里泡过的鹌鹑蛋，请幼儿猜一猜哪个好剥。

续表

水平	水平Ⅱ（下）
活动过程	（3）教师请幼儿剥鹌鹑蛋，感受一下哪个鹌鹑蛋容易剥，检验自己的假设。 （4）幼儿品尝自己剥的鹌鹑蛋。
活动建议	1. 本活动中使用的鹌鹑蛋可以用鸡蛋替代，鸡蛋可以请幼儿从家里带，每名幼儿带2个。活动前教师提前准备好电磁炉和煮锅，剪好系气球的细绳。 2. 活动开始时教师带领幼儿回忆小班下学期学到的关于气球摩擦生电的知识点，请幼儿说出毛皮摩擦后气球带负电，丝绸摩擦后气球带正电，回忆以前的经验能帮助幼儿锻炼记忆力。 3. 鼓励幼儿自由想象热水杯遇见冷气球会发生什么，可以请1—2名幼儿说一说，也可以请座位临近的幼儿互相分享自己的猜测。在做热胀冷缩的实验过程中，教师先示范实验步骤，然后幼儿根据教师的步骤操作实验，过程中教师注意帮助幼儿系气球，也可以鼓励精细动作好的幼儿帮忙或两名幼儿合作系气球。往杯子里倒热水的环节，可由教师代替操作，倒好热水的杯子一定要放到桌子的中间。 4. 第三个小活动要用的鹌鹑蛋，可以在活动开始时就煮，煮熟后一半自然晾凉，一半放入冰水，保证鹌鹑蛋到幼儿的手中不烫即可。
多元智能	物理探究活动《好玩的热胀冷缩》，主要发展了幼儿的语言智能、自然智能、逻辑数学智能和身体运动智能。 幼儿通过猜测冷气球与热水杯之间的关系，锻炼幼儿的口语表达能力，发展了幼儿的语言智能。幼儿主要通过回忆已有的关于气球摩擦带电经验和探索冷气球与热水杯之间的变化，丰富了幼儿对气球的认识，锻炼了幼儿根据实验步骤组织安排实验活动的能力，发展了幼儿的自然智能和逻辑数学智能。自然智能和逻辑数学智能强的幼儿能根据实验步骤有条不紊地展开实验探索，发现热胀冷缩的物理现象。自然智能和逻辑数学智能弱的幼儿在展开实验活动时会出现步骤顺序不正确或步骤缺失的现象，致使探索实验失败。幼儿在剥鹌鹑蛋的环节，锻炼了幼儿的手指肌肉的协调性，发展了幼儿的身体运动智能。
活动延伸（1）	把气球、细绳、杯子、气球充气筒、热水和冰块投放到科学探索区，方便对热胀冷缩物理现象感兴趣的幼儿继续探究。
活动延伸（2）	幼儿在妈妈做早餐时，一起洗鸡蛋、煮鸡蛋，并把煮熟的鸡蛋分别放入凉水中和自然晾凉，比较哪种鸡蛋的蛋壳好剥。
幼儿评定	幼儿是否能独立按照实验步骤成功完成热胀冷缩的实验，并能完整地剥一个鹌鹑蛋。

四、社会特色活动

中班社会特色活动案例（01-05）

表9-16　中班社会领域特色活动01

水平	水平Ⅱ（下）
活动名称	会说话的表情
学习与发展目标	4—5岁-社会-Ⅰ-4：能注意到别人的情绪，并有关心、体贴的表现。
内容目标	1. 幼儿能懂得基本的表情。 2. 可以通过表情知道别人的情绪和感受。 3. 有关心、体贴别人的意识。
活动材料	眼睛（高兴的、伤心的、哭泣的、惊奇的、眼睛上翻等）纸片，嘴巴（微笑的、忧愁的、撅嘴的、张大嘴、吐舌头等）纸片，眉毛（舒展的、紧蹙的、上扬的）纸片，高兴的、伤心的、调皮的、搞笑的等表情图卡，彩色纸、剪刀、小纸盘、胶水若干。
活动过程	1. 有趣的表情 教师出示高兴的表情图卡，请幼儿描述这是怎样的一种表情，幼儿回答后，引导幼儿讲讲还知道哪些表情，教师可以让幼儿示范或模仿，体会不同表情的乐趣。最后，根据幼儿的回答情况，教师可做相应的总结，让幼儿懂得常见的几种表情，如：我们常见的表情有高兴的、开心的、忧愁的、伤心的、哭泣的、惊奇的、搞怪的等，这些表情代表着人的不同情绪。 2. 看图猜情绪 （1）教师将准备好的表情图卡依次出示给幼儿，引导幼儿以图卡的内容来猜猜代表哪种情绪，如：教师出示一张撅嘴的、眼睛黯淡的表情，引导幼儿讲述这是伤心或者难过的情绪等，让幼儿懂得每种表情都是可以说话的，都代表着不同的情绪。 （2）在幼儿已经懂得通过表情能知道别人的情绪后，教师可引导幼儿思考如何关心别人的情绪，引导幼儿懂得关心周围人的情绪，如：看到别人高兴时可以问问有什么开心的事情；看到同伴伤心的时候，如何让他/她开心起来等。 3. 表情拼贴 教师将幼儿分成4—5组，将眼睛、嘴巴、眉毛的多种纸片，彩色纸、剪刀、小纸盘、胶水等材料以小组的形式分发给每组幼儿，让幼儿在纸盘上排列出表情，如：高兴、伤心、生气、害怕、厌烦、调皮、搞怪等，并用胶水进行粘贴，幼儿可用彩笔画上自己想添加的其他装饰内容。

续表

水平	水平Ⅱ（下）
活动过程	4.情绪体验 （1）教师可以引导幼儿给某个表情创编故事，对每种表情有更好的认识，同时，让幼儿体验互相分享故事的乐趣。 （2）引导幼儿通过讨论来体验某些情绪的情景，问幼儿：你什么时候感到害怕（高兴、害怕、生气、厌烦、惊奇等）？你过生日（上学、吃饭、看电视等）的时候是什么感觉？你怎么知道别人会感到伤心（快乐、调皮、得意、厌烦等）？让幼儿通过假设的情景来体验和加深对多种情绪的理解。
活动建议	1. 在准备眼睛、嘴巴、眉毛等材料时，教师可以在报刊、报纸上剪取，也可以在网络上搜集后下载打印，只要是常见的表情即可。 2. 在表情拼贴过程，可以鼓励幼儿多拼贴几种表情，引导幼儿体验通过眉毛、眼睛和嘴巴能拼贴出不同的表情，给予幼儿较长时间来体验其中的乐趣。 3. 在情绪体验的小活动中，教师可以让幼儿体验不同的情绪，增强幼儿对情绪的认识，使幼儿有关心他人情绪的意识。 4. 教师根据活动时间的安排，可以将其中拼贴表情和体验表情单独延伸成新的一节活动，帮助幼儿更充分地认识表情和体验情绪。
多元智能	《会说话的眼睛》主要有4个小活动，主要发展了幼儿的语言智能、空间智能、自我认知智能和人际交往智能。 幼儿在说出关于表情的已有经验、看图猜情绪的过程中都有机会锻炼幼儿的语言表达能力，发展幼儿的语言智能。在拼贴表情的过程中，幼儿通过对眉毛、眼睛和嘴巴进行拼贴，以及用彩笔进行画画，锻炼了幼儿的空间感知和色彩感知能力，发展了幼儿的空间智能。在情绪体验的小活动中，幼儿通过情景来体验情绪的过程，有机会让幼儿反思自己的情绪，发展了幼儿的自我认知智能；在体验别人情绪的过程中也增强了幼儿对他人情绪的关心意识，发展了幼儿的人际交往智能。人际交往智能强的幼儿可以较敏锐地感受到同伴情绪的变化，并能给予及时的关心；而人际交往智能弱的幼儿可能无法发现周围人情绪的变化，或者不能给予相应的关心，需要教师的指导。
活动延伸（1）	在美工区，幼儿可继续玩拼贴表情的活动；在图书/语言角，教师可投放关于情绪的绘本，幼儿可以通过情绪方面的阅读懂得关心他人。
活动延伸（2）	幼儿可以和家长进行表情游戏，如一人说一种表情，另一人来模仿；平时，家长在高兴时可以和幼儿说说开心的事情，在不开心时要懂得接受幼儿的关心。
幼儿评定	幼儿是否懂得不同的表情代表不同的情绪，并有关心和体贴他人的意识。

第九章 中班特色活动指导与活动案例

表 9-17 中班社会领域特色活动 02

水平	水平Ⅱ（下）
活动名称	我的指纹
学习与发展目标	4—5岁-社会-Ⅰ-3：敢于尝试有一定难度的活动和任务。
内容目标	1. 懂得每个人的指纹都是不一样的。 2. 知道指纹的分类，并能够辨认，了解指纹在现实中的简单应用。 3. 了解跟指纹相关的仪器设备，并知道它们的简单用途。
活动材料	放大的指纹图片，指纹考勤机、指纹锁、光学指纹鼠标、指纹保险箱的图片，白板一块、印泥、纸、放大镜、笔若干、投影仪一台。
活动过程	1. 哪里不一样 （1）教师引导幼儿发现每个人的不同特征："我们每个人都有一个神奇的东西，这个东西人人都有，但是每个人的都是不一样的，是可以用来辨别自己的，你们知道这个神奇的东西是什么吗？"教师先鼓励幼儿思考和讨论，然后出示指纹图片，让幼儿认识这个神奇的东西。 （2）教师为幼儿讲解指纹的独特性，如：指纹是每个人不一样的东西，没有哪两个人的指纹是一样的，警察叔叔会根据指纹来找出犯罪的坏人，世界上每个人都有一套属于自己的指纹。 2. 我的指纹 教师将幼儿分成 4—5 组，每个组放置印泥、纸、笔、放大镜等材料。 （1）教师引导幼儿用笔在纸上描出自己手的轮廓，画出五根手指。然后，用每根手指的指腹按取印泥上的颜色，在手指轮廓的正确位置按上自己每根手指的指纹。 （2）幼儿画完后，教师帮助每名幼儿写上自己的名字，鼓励幼儿用放大镜查看自己的指纹，认识自己指纹的模样。 3. 不一样的指纹 （1）教师让每个小组内的幼儿比较指纹，看看每个人的指纹哪里相似，又有哪里不同，让幼儿认识不一样的指纹，鼓励幼儿之间进行讨论和分享。 （2）教师以小组为单位，把每名幼儿的指纹依次收集起来，在投影仪上放大幼儿的指纹，然后鼓励幼儿对指纹进行分类，如：螺旋形（斗形）、弓形和环形（箕形）等。 （3）辅班教师在主班教师投放投影仪过程中，对幼儿的指纹做归类记录，形成简单的图表，来显示每种类型的指纹都有多少名幼儿，最后展示给幼儿看。 4. 指纹的妙用 （1）"我们平时拿取东西时是否会留下指纹？"让幼儿懂得平时用手接触东西时会留下指纹，尤其在玻璃上、水杯上、碗上、水龙头上等，有时眼睛都能看到。 （2）教师请幼儿思考在哪里遇到过指纹的用处，小组之间进行讨论。教师根据幼儿的讨论进行适当的引导和总结，如：警察叔叔根据坏人接触东西留下的指纹可以找到这个坏人；有时签订合同时，通过按手印来证明自己同意合同的内容；依次

续表

水平	水平Ⅱ（下）
活动过程	出示准备好的指纹考勤机、指纹锁、光学指纹鼠标、指纹保险箱等的图片，让幼儿简单了解指纹在现实中的应用。
活动建议	1. 在画出我的指纹的过程中，要让幼儿印出自己的指纹，如果幼儿对印指纹的过程比较感兴趣，则可以给幼儿较长的时间体验其中的乐趣。 2. 在分组讨论自己和同伴的指纹过程中，教师要引导幼儿通过对比来真正认识到自己的指纹和其他幼儿的不一样，对特别相似的指纹，有的幼儿可能看不出，教师要帮助找出其纹路不一样的地方，让幼儿学会观察，然后鼓励幼儿和同伴交流自己的发现。 3. 教师在展现指纹类别的时候，可以根据经验进行简单分类，但是一定要告诉幼儿，虽然指纹的类别相同，但是在纹路走向上每个人的不一样。 4. 教师可根据幼儿的兴趣将其中的某个小活动延伸成新的活动，让幼儿充分体验其中的乐趣。
多元智能	《我的指纹》活动主要发展了幼儿的自我认知智能、空间智能、自然智能和人际交往智能。 幼儿在探索指纹的过程中，通过理解自己的指纹特征等，发现自己指纹的独一无二，从而了解自己的独特性，发展了幼儿的自我认知智能。自我认知智能强的幼儿能通过观察和体验，发现自己的独特之处。自我认知智能弱的幼儿，辨别自己独特性方面会有一定的困难，需要教师的关注。在用印泥印出指纹、用放大镜观察指纹、了解跟指纹相关的仪器设备和简单用途等过程，有机会锻炼幼儿对指纹线条的感知能力和观察能力，发展了幼儿的空间智能和自然智能。幼儿小组讨论的过程，使幼儿通过观察、对比来对自己的发现进行交流，锻炼了幼儿之间的人际交流能力和沟通能力，发展了幼儿的人际交往智能。
活动延伸（1）	在美工区幼儿可以继续展开印指纹、画手指的活动，让幼儿体验指纹作画的乐趣，也可以用手印、脚印来代替，通过与同伴对比，懂得自己的独一无二。
活动延伸（2）	家长可以和幼儿一起观看利用指纹破案的视频，为幼儿科普指纹的多种用处，让幼儿了解指纹独特性的应用。
幼儿评定	看幼儿是否懂得每个人的指纹都是独一无二的，并了解指纹的分类特征及在现实中的简单应用。

表 9-18 中班社会领域特色活动 03

水平	水平Ⅱ（下）
活动名称	我爱我的家乡
学习与发展目标	4—5 岁 – 社会 – Ⅱ-3：能说出自己家所在地的省、市、县（区）名称，知道当地有代表性的物产或景观。
内容目标	1. 知道自己家乡所在的城市或乡镇的名称。 2. 了解家乡的名胜古迹或独特物产。 3. 萌发对家乡的热爱之情。
活动材料	与家乡有关的风景名胜、地标建筑、独特物产等的图片若干，所在的省级地图（或中国地图）一张，白板，彩笔和纸张若干。
活动过程	1. 家乡在哪里 （1）教师引导幼儿描述对"家乡"这一词语的认识，并根据幼儿的认知水平对"家乡"做出适当的解释，如：家乡，也叫故乡，俗称老家，是指自己的爷爷奶奶等祖辈世世代代居住的地方。 （2）教师鼓励幼儿说说自己的家乡在哪里，引导幼儿讲述自己的家乡所在的城市、县（区）名称，教师根据幼儿描述，将家乡的所在地名称写在白板上（不要求幼儿识字）。 （3）教师将省级地图（或中国地图）挂在白板上，引导幼儿认识这种地图，并询问幼儿是否知道自己家乡在地图的什么位置，可以鼓励几名幼儿在地图上指出自己认为的家乡位置，教师不做判断。最后，教师将不同幼儿的家乡在地图上做出明显的标识。 2. 我的家乡 教师将幼儿分成 3—4 组，和同伴分享与交流自己的家乡。 （1）教师引导幼儿分组讨论和交流自己家乡的独特物产，即平时说的特产，像小吃、美食、土特产、著名物品和器具等，鼓励幼儿讲述这些独特物产是什么样子或者什么味道。也可以鼓励幼儿说几句家乡的方言，让幼儿体验方言的乐趣。 （2）引导幼儿继续分享自己家乡有代表性的景观或者地标建筑，鼓励幼儿对景观或者建筑的特征进行描述，也可以讲述自己是否见过这些景观或建筑，以及在哪里见过等。教师鼓励小组中选出代表来对交流的物产和景观建筑做简单的总结。 （3）教师出示与幼儿家乡有关的名胜古迹、地标建筑、独特物产等的图片，然后鼓励幼儿确认是否属于自己家乡的，进而让幼儿在集体面前介绍自己的家乡。教师引导幼儿认识到每名幼儿都有自己的家乡，有些人来自同一个家乡，有些人来自不同的家乡，有的家乡有独特的物产，有的家乡有名胜建筑，这些都是家乡的代表。

续表

水平	水平Ⅱ（下）
活动过程	3. 爱我家乡 　　教师引导幼儿思考喜欢家乡的哪些地方，表达对家乡的热爱，并引导幼儿讲述希望家乡变成什么样子，长大以后自己能为家乡做些什么。教师可以先请几名幼儿单独回答，然后组织幼儿分组来讨论希望自己将来为家乡做些什么，如何让家乡变得更加美丽等。 4. 未来的家乡 　　教师为幼儿分发彩笔和纸张，引导幼儿画出心目中未来家乡的样子，或者想象着把家乡建设成什么样子。当幼儿完成对未来家乡的设计，鼓励幼儿之间分享和交流自己对未来家乡的设想。
活动建议	1. 活动开展前，教师让幼儿询问家长自己的家乡在哪里，家乡的代表性的物产或景观是什么，幼儿提前做好准备。教师要对班内幼儿的家乡情况进行基本的了解，准备关于幼儿不同家乡的风景名胜、独特物产等方面的材料。 　　2. 幼儿在分组交流家乡的独特物产和景观时，可能有的幼儿家乡没有特产或著名建筑，教师可引导该部分幼儿从喜欢家乡的哪些地方来交流。 　　3. 教师可根据活动的时间来对活动环节做适当的取舍，也可以选取其中的某个小活动拓展为新的活动，如从家乡的特产、家乡的方言、未来的家乡等角度延伸成单独的活动。
多元智能	《我爱我的家乡》这一活动主要发展了幼儿的语言智能、人际交往智能和自我认知智能。 　　幼儿通过讲述自己的家乡在哪里、家乡的特产和名胜古迹等过程，均有机会锻炼幼儿的语言组织能力和表达能力，发展了幼儿的语言智能。在小组分享与交流家乡的独特物产和名胜建筑的过程中，有机会锻炼幼儿的相互交流能力和讨论的组织能力，发展了幼儿的人际交往智能。幼儿通过思考自己能为家乡的未来建设做什么的过程中，锻炼了幼儿对家乡初步的责任意识和认知思考能力，发展了幼儿的自我认知智能。自我认知智能强的幼儿可以通过自我思考想出为家乡做的力所能及的事情，而自我认知智能弱的幼儿可能无法根据对自己的了解想出能做的事情，需要教师的关注和进一步引导。
活动延伸（1）	在图书/语言角，幼儿可与同伴就家乡的特产和名胜建筑展开谈话和交流，幼儿也可使用一、两句家乡的方言和同伴进行相互学习和模仿。
活动延伸（2）	幼儿可向家长讲述同伴家乡的独特物产和名胜古迹，家长可和幼儿交流更多关于家乡的特产、家乡方言等方面的信息，提高幼儿对家乡的认识。
幼儿评定	幼儿能否说出自己家乡所在的城市或乡镇的名称，并能了解家乡的名胜古迹和独特物产。

表 9-19　中班社会领域特色活动 04

水平	水平Ⅱ（下）
活动名称	去医院看病
学习与发展目标	4—5 岁 – 社会 – Ⅰ -2：活动时愿意接受同伴的意见和建议。
内容目标	1. 幼儿知道看病的基本流程，认识常见的医疗器具。 2. 通过游戏，体验合作与分工的快乐。 3. 能接受同伴意见或建议来解决游戏中的问题。
活动材料	红十字的医院标志，彩笔若干，纸张若干，数字号码（1—5），仿真钱币，自制收据，仿真医疗器具：听诊器、体温计、输液器、注射器、药盒、棉球等，医院常见科室图片：挂号处、收费处、诊断室、注射室、药房等。
活动过程	1. 去医院经历 （1）教师向幼儿出示医院的标志，引导幼儿认识并熟悉。 （2）鼓励幼儿讲述自己生病去医院或是家人生病去医院的经历。 （3）引导幼儿思考在医院里给病人看病或照顾病人的分别是什么人，他们都穿什么颜色的衣服等。让幼儿认识到"医生给病人看病，护士照顾病人"，他们身穿白色工作服，富有爱心，救死扶伤。护士又被人们称为"白衣天使"。 2. 认识医疗器具 （1）教师引导幼儿分享自己知道的医疗器具有哪些，并鼓励幼儿从外形、用途和用法等方面进行描述。 （2）教师出示听诊器、体温计、输液器、注射器、药盒、棉球等仿真医疗器具，引导幼儿指认出是否是自己描述的器具。教师拿着其中的某种器具来模仿用法，可以先对某种器具进行错误使用的模仿，让幼儿判断是否正确，然后教师再进行正确的使用演示。 3. 认识医院科室 （1）教师引导幼儿谈谈在医院都见过哪些部门或科室，教师在幼儿谈论的基础上出示准备好的挂号处、收费处、诊断室、注射室、药房等医院常见科室图片，引导幼儿认识这些科室与部门的具体工作内容。 （2）教师请幼儿思考看病的流程，鼓励幼儿分享自己的已有经验或是想法，然后引导幼儿明白基本的流程：去挂号处挂号→去诊断室看病→去收费处缴费→去药房取药。教师可根据幼儿对流程每个环节的认知来做相应的解释，如：挂号能使病人按次序看病，不同的病到不同的科室看。 4. 设计科室标志 教师将幼儿分成四组，四组分别来设计挂号处、诊断室、收费处和药房的标志，为幼儿分发彩笔和纸张。教师可口述情景引起幼儿的参与兴趣，如：我们班要搭建一所医院，但是医院里缺少各个科室的标志，需要小朋友们来设计，每名小朋友的作品需要全体小朋友来决定是否取用。现在赶紧来设计我们班的医院标志吧！

续表

水平	水平Ⅱ（下）
活动过程	幼儿设计完相应的科室标志，选出大家喜欢的标志来布置班内医院的场景。 5.看病游戏 　　教师设置医院的场景，将挂号处、诊断室、收费处和药房的标志设置在合适的位置，在相应的位置摆放相应的物品，如：在挂号处放置一些数字号码，在诊断室放置一些仿真医用器具，在收费处放置一些仿真钱币和自制收据，在药房处放置一些仿真药品等，引导幼儿开展去医院看病的角色游戏。 　　游戏玩法：将幼儿分成四组，幼儿根据组内的建议和意见来自由协调和分配在挂号处、诊断室、收费处和药房的相应人员，并由组内的其他幼儿扮演病人的角色。每组幼儿在进行角色表演时可自行创编在每个看病流程的对话内容和表演内容，并要解决游戏中出现的问题。四个小组要确定好游戏的顺序，当其中一个小组进行角色游戏时，其他三组要观看该小组的看病顺序是否正确，对话内容是否合适。最后，可根据小组的角色配合和表演内容来确定最佳游戏小组，教师可给予相应的奖励。
活动建议	1. 在引导幼儿认识看病流程的过程中，教师可以提前搜集相关的视频，便于幼儿更直观地认识去医院看病的基本过程。 2. 在看病游戏的小活动中，教师可根据班内条件配置几件白色大褂，提高幼儿扮演医生的兴趣；如果在该活动中，有幼儿想扮演护士的角色，教师应给予支持和鼓励。 3. 教师可根据活动时间对其中的环节做适当取舍，也可根据幼儿的兴趣和教学需求将其中的小活动延伸为新的一节活动。
多元智能	《去医院看病》这个活动主要有机会发展幼儿的语言智能、空间智能和人际交往智能。 　　幼儿通过讲述去医院的经历、谈论知道的医疗器具和医院科室等过程，锻炼了幼儿的语言组织能力、表达和交流能力，发展了幼儿的语言智能。幼儿通过设计科室标志的过程，有机会锻炼幼儿对色彩的感知和运用能力及对标志的空间设计能力，发展了幼儿的空间智能。幼儿通过看病的游戏，锻炼了小组之间的角色分配、协调和配合能力，发展了幼儿的人际交往智能。人际交往智能强的幼儿在小组中能自主承担组织者、支持者等角色，并能较好完成小组的合作。人际交往智能弱的幼儿可能无法做到角色的自由分配和承担，也可能无法较好地配合完成小组游戏，需要教师的关注。
活动延伸（1）	在角色游戏区，幼儿可以展开去医院看病的角色游戏，教师提供较多的医疗用具、白色大褂、医生帽子等材料，提高幼儿的游戏兴趣。
活动延伸（2）	幼儿在生活中可以与家人探讨与医院、医疗、健康等有关的话题，家长给予鼓励、配合和支持。
幼儿评定	幼儿是否懂得看病的基本流程，并能体验到游戏中合作与分工的快乐。

表 9-20　中班社会领域特色活动 05

水平	水平Ⅱ（下）
活动名称	规则游戏真好玩
学习与发展目标	4—5 岁 - 社会 - Ⅱ-2：感受规则的意义，并能基本遵守规则。
内容目标	1. 了解游戏中应该遵守的一些规则。 2. 能认识规则的重要性。 3. 有遵守规则的意识。
活动材料	系有线绳的羽毛球若干、可放进羽毛球的塑料瓶若干。
活动过程	1. 游戏准备 （1）教师将幼儿分成若干组，每组 5 名幼儿，每组备有一个空的、较大口的塑料瓶和 5 个带有线绳的羽毛球。 （2）每名幼儿负责将一个羽毛球装进塑料瓶，要求线绳留在瓶口外，以小组为单位，看哪个小组在较短的时间内完成准备任务。 （3）完成时间较短的小组讲述是如何完成准备任务的，根据各小组的完成情况，教师做适当总结，如：小组内需要进行较好的配合与合作才能完成任务，并且只有不争不抢、按照顺序将羽毛球放进塑料瓶才有可能在较短的时间内完成小组合作，而"不争不抢、按照顺序将羽毛球放进塑料瓶，且线绳留在瓶口外"就是这个游戏的规则。 2. 小小游戏 （1）按照先前的分组，每组内有准备好的游戏材料，即 5 个带有线绳的羽毛球，线绳在瓶口外边。 （2）小组内每名幼儿负责一个羽毛球，教师引导幼儿用线绳将羽毛球从瓶子里拉出，看哪个组用时最短。 （3）过程中观察每个小组内幼儿的完成情况，根据状况做适当的引导和总结，如：有的小组开始时都争抢着拉自己的羽毛球，结果花了较长时间还无法成功；有的小组懂得一个一个地按顺序拉出羽毛球，这样才最快。其实，懂得按照顺序拉出羽毛球，就是玩这个游戏的玩法，也叫规则。只有遵守规则，才能顺利完成游戏。 3. 规则的重要性 （1）教师引导幼儿思考平时玩的带有规则或玩法的游戏都有哪些，鼓励幼儿说出这些游戏的具体规则或玩法是什么，教师根据幼儿的回答可以做适当的引导，如：平时的规则游戏有棋类游戏、抢凳子游戏、萝卜蹲等，棋类游戏的规则是按照规定的步数来下棋；抢凳子游戏是播放一首歌，当歌曲停下时看谁能抢到凳子；萝卜蹲的规则是按照每名小朋友萝卜蹲后的点名顺序来进行的。只有遵守游戏的规则，游戏才会好玩，我们才会喜欢玩。

续表

水平	水平Ⅱ（下）
活动过程	（2）教师假设场景引导幼儿思考生活中的安全规则，如：假如在教室里有很多小朋友，突然教室里失火了，小朋友们应该怎样从门中出去呢？教师鼓励幼儿讲述自己的想法，根据幼儿的回答情况做适当的提示和总结，如：这间教室好比那个较大的塑料瓶，这扇门就好像是瓶口，我们相当于塑料瓶里的羽毛球，如何才能快速地从门口出去呢？我们应该像羽毛球一样按照顺序从门口出去，做到不争抢出门，这样才能最快，不然的话容易拥挤，我们谁都不能快速逃生。
活动建议	1. 准备羽毛球材料时，要将线绳系在羽毛球的圆形顶端处；选取的塑料瓶的瓶身要稍大，瓶口以能够装进羽毛球、且幼儿能用线将羽毛球拉出来为宜。 2. "小小游戏"环节考验的不是幼儿手明眼快，而是孩子之间的协商和组织能力，幼儿通过组织，不争抢、排好顺序，才能以较快速度把羽毛球都取出。 3. 在讲述规则重要性的过程中，教师也可列举生活中的其他例子来讲解，使幼儿明白规则的重要性。
多元智能	《规则游戏真好玩》这一活动主要发展了幼儿的人际交往智能和语言智能。 幼儿在小组游戏准备和取羽毛球比赛的过程里，有机会运用幼儿之间的协商能力、组织能力和交流能力，并锻炼了小组之间的合作意识和团队意识，发展了幼儿的人际交往智能。人际交往智能强的幼儿可以在小组间以组织者或者沟通者的身份出现，使整个小组有顺序地完成任务；而人际交往智能弱的幼儿在这两方面表现不明显。在认识规则的重要性过程中，有机会运用幼儿的语言理解能力和表达能力，发展了幼儿的语言智能。
活动延伸（1）	幼儿可在区域活动中展开规则游戏，并提醒同伴要遵守游戏规则；教师可组织幼儿展开集体的规则游戏，使幼儿体验规则游戏的乐趣。
活动延伸（2）	家长与幼儿进行亲子游戏时，要关注幼儿的行为，在必要时提醒幼儿要遵守游戏规则。
幼儿评定	幼儿能否认识到游戏规则的重要性，并有遵守规则的意识。

五、音乐特色活动

中班音乐特色活动案例（01-05）

表 9-21 中班音乐领域特色活动 01

水平	水平Ⅱ（下）
活动名称	请你找到好朋友
学习与发展目标	4—5 岁 – 艺术 – Ⅰ - Ⅰ：喜欢倾听各种好听的声音，感知声音的高低、长短、强弱等变化。
内容目标	1.通过变换演唱歌曲的力度，培养幼儿对音乐强弱变化的感受力和表现力。 2.通过找朋友的游戏，提高幼儿根据距离判断声音强弱的能力。
活动材料	儿歌《找朋友》伴奏音频、眼罩。
活动过程	1.换词游戏 （1）复习《找朋友》的歌曲，引导幼儿边唱边回顾歌曲中的歌词。 （2）教师带幼儿进行加入新歌词的换词游戏。教师演唱第一段，请幼儿仔细倾听，并请幼儿抢答在哪里换了新歌词。 第一段： 　　　　找呀找呀找朋友，朋友藏在哪里了？ 　　　　听一听？找一找？我用歌声告诉你。 ① 请幼儿说出他们的发现，并尽可能地唱出自己发现的那句新歌词。 ② 带幼儿一起唱一唱第一段的新换歌词。 （3）教师演唱第二段和第三段的新换歌词，请幼儿说出他们的发现并共同熟悉和演唱新换的歌词。 第二段： 　　　　找呀找呀找朋友，朋友藏在哪里了？ 　　　　离得近，声音大，离得远就声音小。 第三段： 　　　　找呀找呀找朋友，朋友藏在哪里了？ 　　　　我来唱，你来听，请你找到好朋友！ ① 教师带幼儿理解歌词：发现三段一样的地方和不一样的地方，一样的地方是每段的前两个乐句，不一样的是每段的后两个乐句。 ② 帮助幼儿理解歌词表达的内容。 第一句：一个小朋友蒙眼找朋友，请他听一听找一找，我们用声音告诉他。

续表

水平	水平Ⅱ（下）
活动过程	第二句："用声音怎样提醒他找到朋友呢？"启发幼儿说说自己的办法，并肯定幼儿的想法。教师引导幼儿理解：蒙眼幼儿离朋友近，我们就唱的声音大一些，离得远，我们就唱的声音小一点。 　　第三句：请小朋友一起唱，蒙眼的小朋友仔细听，就找到这位好朋友了。 　　（4）教师带幼儿跟随音乐的伴奏，完整演唱新换的歌词。 　2. 寻找好朋友游戏 　教师介绍游戏玩法。 　　① 幼儿围圈坐好（站好），请一名幼儿站到圈中间蒙上眼睛，然后在圈上指定一名幼儿为被找的朋友。 　　② 游戏开始后，蒙眼幼儿开始寻找圈上指定的朋友，其他所有幼儿共同演唱配有新歌词《找朋友》的歌曲。当蒙眼幼儿与被找幼儿逐渐接近的时候，演唱歌曲幼儿的声音要逐渐变强，当蒙眼幼儿与被找幼儿逐渐远离的时候，演唱歌曲幼儿的声音要逐渐变弱。 　　③ 当蒙眼幼儿根据声音判断出被找幼儿所在范围时，可以通过摸一摸的方式，找出被找幼儿。如果蒙眼幼儿摸得不对，其他幼儿需要继续演唱，如果蒙眼幼儿摸到了指定被找的幼儿时，歌声要立刻停止，确定寻找朋友成功，游戏结束。被找到的朋友就变为在下轮游戏中，作为蒙眼找朋友的幼儿。如果歌曲唱完，蒙眼幼儿还没有找到在圈上指定的那位朋友，大家可以反复演唱歌曲，直到找到为止。
活动建议	1. 教师可以请幼儿组织游戏，并用幼儿自己想出的"怎样用声音提醒蒙眼幼儿找到朋友"的方法。 2. 开始游戏时，教师弹奏钢琴，变换弹奏钢琴的力度，帮助幼儿明确游戏玩法。 3. 幼儿蒙眼后，游戏时歌曲中"朋友"两个字，可以换成被找幼儿的名字。 4. 如果几遍歌曲结束之后，蒙眼幼儿还是没有找到，可以降低难度，请被找幼儿一个人演唱歌曲，便于蒙眼幼儿判断被找幼儿的位置与距离。 5. 游戏场地开阔、平坦，保证幼儿游戏时的安全。
多元智能	音乐游戏《请你找到好朋友》发展了幼儿的语言智能、音乐智能和人际交往智能。 　　幼儿通过用语言表达对新歌词的发现以及思考并描述怎样用声音提醒蒙眼幼儿找到朋友的过程，发展了幼儿的语言智能。幼儿对新换歌词的演唱以及用声音的强弱来提示蒙眼幼儿的过程，发展了幼儿的音乐智能。音乐智能强的幼儿，能够较好地并能灵活地控制声音的强和弱。音乐智能弱的幼儿，辨别声音的变化以及控制声音的强与弱都会有一定的困难，需要教师的关注。幼儿的集体游戏需要相互间的密切合作，且保持不违反游戏规则，使游戏顺利而有趣地进行，从而发展了幼儿的人际交往智能。

续表

水平	水平Ⅱ（下）
活动延伸（1）	在戏剧表演区可以展开用乐器找朋友的游戏，幼儿可以用敲击乐器声音的强弱，提醒蒙眼幼儿与被找幼儿的距离。幼儿还可以在美工区自己设计并绘制代表音乐强与弱的符号，并将这些力度符号与之前用过的一些节奏谱结合，放置到节奏图谱的相应位置上。
活动延伸（2）	幼儿可以用拍手、踏脚等身体动作或找一些家中可敲击的物品敲打节拍，并加入强弱的变化。
幼儿评定	幼儿能否理解新换歌词的内容，并能控制声音强与弱的演唱进行游戏。

表9-22 中班音乐领域特色活动02

水平	水平Ⅱ（下）
活动名称	在农场里
学习与发展目标	4—5岁-艺术-Ⅰ-1：喜欢倾听各种好听的声音，感知声音的高低、长短、强弱等变化。4—5岁-艺术-Ⅱ-2：能用自然的、音量适中的声音基本准确地唱歌；能通过即兴哼唱、即兴表演或给熟悉的歌曲编词来表达自己的心情。
内容目标	1. 初步掌握歌曲《在农场里》的旋律与内容，尝试用领唱和齐唱的方法演唱歌曲，体验与同伴合作演唱的快乐。 2. 在活动中感受和表现小动物愉快的叫声，激发主动学唱歌曲的兴趣并尝试仿编歌曲。
活动材料	农场视频，农场背景挂图，猪、牛、鸭等小动物图卡，节奏卡片。
活动过程	1. 走进"农场" （1）教师与幼儿讨论有关农场的话题："小朋友，今天我们要去农场看看！你们有谁知道农场是做什么的？农场里都有些什么呢？"引导幼儿根据自己的已知经验介绍一下农场。 （2）"原来农场里有种植的蔬菜还有饲养的家禽。我们就用歌声先来跟农场里可爱的小动物打个招呼吧！"发声练习《我爱我的小动物》，引导幼儿在练声的同时回忆小动物的叫声。 2. 农场里的小动物 （1）教师播放儿歌视频《在农场里》，让幼儿在观看和聆听中了解农场并认识农场里的小动物及其叫声，同时引导幼儿边听边感受小动物歌唱时的情绪是怎样的。 （2）分段聆听，感知歌曲的内容和节奏，并学唱歌曲。 ① 播放第一段歌曲：请幼儿仔细倾听首先出场唱歌的小动物是谁？它是怎样唱歌的？教师根据幼儿的发现和回答，做进一步的引导："原来是小猪噜噜在唱歌呢！

续表

水平	水平Ⅱ（下）
活动过程	我们一起来拍念小猪的歌，老师领说上句歌词，小朋友拍念下句小猪噜噜的歌唱。想想小猪噜噜的歌声里用到了什么节奏？" ②出示节奏卡：结合节奏卡帮助幼儿掌握小猪歌唱的节奏。 4/4 X O X O ǀ 4/4 X X X — ǀ ③学唱歌曲：首先教师领唱上句，幼儿齐唱下句。幼儿边歌唱边用手势比拟噜噜旋律的高低。幼儿掌握下句歌唱后再加入上句的学习。 ④播放第二、第三段歌曲，启发幼儿在第一段的学习经验基础上，迅速掌握后两段的歌词内容、歌曲旋律及节奏。 3.小动物在歌唱 （1）教师带领幼儿用领唱和齐唱的方式演唱歌曲，请一名幼儿志愿者领唱上句，其他幼儿齐唱下句动物的叫声部分，最后一句用合唱完成。 （2）男女分组演唱，女生唱上句，男生唱下句，最后一句用合唱完成，然后男女生反过来进行演唱。注意歌唱中的相互配合，体验合作演唱的快乐。 （3）可以在钢琴伴奏下演唱，也可以边唱边做动作，表现农场小动物快乐歌唱的情绪。 4.农场动物大集合 （1）教师出示《在农场里》挂图：农场里还有许多小动物，请幼儿仔细观察图中的各种小动物。 （2）仿编歌曲：我们能不能帮其他小动物也编首歌呢？请小朋友挑选自己喜欢的小动物（或动物图卡），仿编歌曲，唱出喜欢的小动物的叫声。还可以改变小动物叫声的节奏如： X — X — ǀ 或： X O X X ǀ 噜 噜 噜 噜噜 （3）即兴填词即兴配合，用领唱和齐唱的方法进行演唱。

水平	水平Ⅱ（下）
活动建议	1. 这首歌曲生动地模仿了农场里的小动物的叫声，是一首充满童趣的三段式外国儿童歌曲，深受幼儿的喜欢。活动以《我爱我的小动物》发声练习引入主题，视频的引导又将幼儿带入到农场的情境，为后面的新歌曲的学习作好铺垫。请教师在活动前做好相关材料的准备。 2. 在合作演唱过程中，可以先采用师幼合作的方式再过渡到幼幼合作，使幼儿能够比较顺利地理解多种合作演唱的方式。 3. 在即兴改编歌曲部分，能力弱的幼儿可以只按照原歌词的结构和内容进行仿编，能力强的幼儿可以鼓励他们做出新的探索，如改变小动物歌唱的节奏等。
多元智能	歌曲唱游活动《在农场里》发展了幼儿的音乐智能、语言智能和人际交往智能。 幼儿通过学唱新歌，掌握了歌曲基本的旋律和节奏，同时锻炼了幼儿对音高、节奏的敏锐性和准确性，发展了幼儿的音乐智能。在合作歌唱时，音乐智能强的幼儿，不仅能准确地演唱歌曲，往往更愿意争取领唱的角色。音乐智能弱的幼儿，可能把握不住自己的声部和音准，需要教师关注和引领。仿编歌曲为幼儿提供了创作的途径，使幼儿有机会通过改变歌词，创作自己喜欢的歌曲，从而发展了幼儿的语言智能。幼儿通过师幼合作及同伴合作等方式，丰富歌曲的演唱，从而也发展了幼儿的人际交往智能。
活动延伸（1）	在教室里布置一个小农场，教师可以用KT板裁割几块草地，并投放农场小屋和猪、牛、鸭、狗、鸡、羊等农场动物。幼儿在这个小农场里可以继续仿编歌曲，进行演唱和表演。或者投放一些农场小动物的头饰，幼儿可以自主选择扮演自己喜欢的小动物，进行歌唱表演。
活动延伸（2）	幼儿回到家里可以和爸爸妈妈一起用领唱和齐唱的方式表演歌曲，并和爸爸妈妈一起思考并尝试不一样的改编方式，感受亲子歌唱游戏和创作的快乐。
幼儿评定	观察幼儿能否掌握歌曲，理解小动物歌唱的节奏，并能进行合作演唱。

表9-23 中班音乐领域特色活动03

水平	水平Ⅱ（下）
活动名称	小兔跳跳跳
学习与发展目标	4—5岁-艺术-Ⅱ-1：经常唱唱跳跳，愿意参加歌唱、律动、舞蹈、表演等活动。4—5岁-艺术-Ⅱ-2：能用拍手、踏脚等身体动作或可敲击的物品敲打节拍和基本节奏。
内容目标	1. 在情境游戏中初步理解歌曲的内容和欢快的情绪，能够随音乐愉快动作。 2. 借助图谱进一步加深对歌曲的理解，能够用响板演奏小兔跳跳跳的节奏。 3. 学习演奏时看指挥，与集体速度保持一致地演奏。

续表

水平	水平Ⅱ（下）
活动材料	故事卡片、音乐图谱、音乐、响板/铃鼓。
活动过程	1. 小兔捉萝卜 （1）教师为幼儿讲述"小兔捉萝卜"的故事：太阳才刚刚探出头来，兔宝宝们就起床了，因为兔妈妈今天要给小兔子做美味的萝卜蛋糕，兔宝宝要帮忙去菜地找一些新鲜萝卜。你看，它们来了！ （2）教师一边演唱《小兔跳跳跳》的儿歌，一边操作故事图卡。 歌词： 一只兔子跳跳跳，请问萝卜要到哪里找？ 两只兔子跳跳跳，只会傻笑学猫叫喵喵～ 三只兔子跳跳跳，东张西望排队排不好。 四只兔子跳跳跳，萝卜跑掉吃不着哇哇！ 一二，跳跳跳，三四，跳跳跳， 前后跳跳跳，还有左边右边跳跳跳！ （3）教师在歌唱时引导幼儿做参与性的故事动作。如： ① 1只兔子用手指比拟1，然后手指有节奏地跳三下；（"一只兔子跳跳跳"） ② 把手放在嘴边作问询的动作，然后双手翻开手掌向上；（"请问萝卜要到哪里找？"） ③ 2只、3只、4只兔子同样也用手比拟并做出相关动作。 （4）教师为幼儿继续讲述"小兔捉萝卜"接下来发生的故事：看着萝卜一个个跑掉了，小兔子们着急得哇哇大哭。忽然，最小的兔宝宝菲菲发现妈妈放在菜地的响板（或铃鼓），它啪啪啪ⅩⅩⅩ，随着响亮的声音敲响，萝卜仿佛被定住了似的一动不动了。兔宝宝们发现了这个宝贝，于是开始了对萝卜的拦截，它们打着响板ⅩⅩⅩ把前、后、左、右准备逃跑的萝卜都给定住了。 很快兔宝宝们的篮子就装满了萝卜，它们一边敲着响板一边高高兴兴地跳着回家去了。

续表

水平	水平Ⅱ（下）
活动过程	2. 捉萝卜跳跳 （1）播放歌曲，教师结合 A 段和 B 段图谱范唱歌曲，幼儿轻声跟唱。 （2）幼儿跟教师随音乐看图，徒手拍出 ×××（跳跳 跳）的节奏。 （3）每人面前放一个响板（或铃鼓），在音乐的伴随下，引导幼儿在"跳跳跳"处敲击乐器进行演奏。提示幼儿边演奏边看指挥，与集体速度保持一致地演奏。间奏时幼儿可以随音乐自由地学小兔跳跳。 （4）歌唱及演奏：幼儿在教师的带领下歌唱及动作，感受集体演奏游戏的快乐。除了在"跳跳跳"时敲击乐器，还可以对歌曲的最后一段进行节奏的演奏。 × × × × ｜× × × × ｜× × × × ｜× × × × × × ｜
活动建议	1. 建议幼儿有在日常生活中聆听过该歌曲的经验，在此基础上再结合图谱，能够帮助幼儿比较快速地记忆和理解歌曲的内容，为其后的乐器演奏作准备。 2. 教师在讲述故事时力求绘声绘色，同时引导幼儿参与性地做动作。一方面可以调动幼儿多感官的学习，加深对故事的记忆，另一方面能够有效地引发幼儿的专注度和对故事的兴趣。 3. 活动中针对能力弱的幼儿，可以减少一定内容的学习，给他们时间去适应。对于能力强的幼儿，教师可以启发他们探索更多的内容，如根据歌曲1只、2只、3只、4只兔子数量的不同，引导幼儿尝试用1个手指、2个手指、3个手指、4个手指在铃鼓上演奏出很轻、轻、中等和强的不同强弱力度的变化等。
多元智能	打击乐活动《小兔跳跳跳》主要发展了幼儿的音乐智能、身体运动智能和人际交往智能。 幼儿通过歌曲的学习和演唱以及通过演奏响板（铃鼓）学习 ××× 的节奏，丰富了幼儿对于音乐的理解和表现，发展了幼儿的音乐智能。音乐智能强的幼儿，能够准确地演唱和演奏，并能较好地表现出自己对音乐的理解。音乐智能弱的幼儿对节奏和演奏力度的控制能力会有所欠缺，需要教师更多的关注。幼儿通过故事做动作，并在唱跳及演奏中锻炼自己对身体的控制能力和协调能力，发展了幼儿的身体运动智能。在集体游戏及乐器合奏中，幼儿需要关注到他人并设法与集体统一，体验共同演奏游戏的快乐，从而促进了幼儿人际智能的发展。
活动延伸（1）	幼儿可以在戏剧表演区尝试用其他任何一种打击乐器，如响板、打棒、手摇铃、刮胡等乐器进行 ×××（跳跳 跳）的节奏练习，也可以为歌曲进行伴奏。
活动延伸（2）	幼儿可以在家和父母一起随音乐在各自的身体上玩小兔跳跳跳的游戏，体验亲子共同游戏的快乐。
幼儿评定	观察幼儿能否用自己的动作表现对歌曲的理解，并能在音乐的伴随下准确地打出基本节奏。

表 9-24　中班音乐领域特色活动 04

水平	水平Ⅱ（下）
活动名称	小猫钓鱼
学习与发展目标	4—5 岁 - 艺术 - Ⅱ-1：经常唱唱跳跳，愿意参加歌唱、律动、舞蹈、表演等活动。
内容目标	1. 学唱歌曲，理解歌词的含义。 2. 在教师的指导下，学习成品舞，并能创编新动作。
活动材料	儿歌《小猫钓鱼》动画视频、舞蹈《小猫钓鱼》教学视频、小猫头饰若干、故事图 4 张。
活动过程	1. 机灵活泼的小猫 （1）教师讲述小猫的故事："从前有一只机灵的小花猫，它又聪明又活泼，特别可爱。这只小猫它还有一个爱好，就是喜欢去河边钓鱼。但是，这只小猫总是钓不到鱼，为什么它那么机灵还钓不到鱼呢？"请幼儿思考并把自己的猜想表达出来。 （2）教师为幼儿播放儿歌《小猫钓鱼》动画视频，请幼儿仔细观看，找到小猫钓不到鱼的原因，并与大家分享自己的发现。 （3）教师为幼儿范唱歌曲，请幼儿跟唱，熟悉旋律，并拍手打出节奏。 （4）带幼儿有节奏地朗读歌词，记忆并理解歌词的内容。 （5）引导幼儿根据歌词及音乐的节奏，跟随音乐自由地做动作。 2. 小猫河边来钓鱼 （1）请幼儿欣赏舞蹈教学视频《小猫钓鱼》中的"舞蹈示范动作"，引导幼儿仔细进行观察，并尽量记忆和模仿其中的几个舞蹈动作。 （2）引导幼儿展示和分享自己记忆的几个动作，并对幼儿的动作给予指点。 （3）为幼儿播放第二遍"舞蹈示范动作"视频，并带领幼儿一边念歌词一边做规范动作。 （4）幼儿熟悉基本的动作后，教师带领幼儿一起跟着音乐边唱边跳。 3. 我是小猫来钓鱼 （1）幼儿佩戴小猫头饰，教师带幼儿跟随音乐的伴奏完整地表演舞蹈。 （2）鼓励幼儿大胆创编新的动作，不必按照视频中成品舞的规定动作进行表演。 （3）启发幼儿邀请一名同伴，共同创编"两只小猫去钓鱼"所发生的故事。例如其中一只小猫三心二意，跑去抓蝴蝶或蜻蜓，结果一条鱼也没钓到。而另一只猫专心做事，很快就钓到很多鱼等。通过相互配合进行表演，幼儿也同时懂得了其中的道理。

续表

水平	水平Ⅱ（下）
活动建议	1. 儿歌《小猫钓鱼》的音乐旋律起伏较大，多处五度、六度甚至七度音程跳进，对幼儿音准的掌握有一定的挑战性，需要教师给予指导。 2. 对于歌唱能力强的幼儿，可以鼓励他们完整地演唱歌曲，并尽量记住歌词。演唱能力较弱的幼儿，只要能够理解歌词，并熟悉基本的旋律即可。 3. 成品舞的学习需要幼儿完成所有规定动作，但对于舞蹈表演能力较弱的幼儿，需要在教师的引导下掌握舞蹈的空间方位，完成基本的动作即可。 4. 充分发挥幼儿的创造力，鼓励他们创编新版小猫钓鱼的舞蹈表演。
多元智能	歌舞表演《小猫钓鱼》活动，有机会发展幼儿的空间智能、语言智能、音乐智能、身体运动智能和人际交往智能。 幼儿通过观察儿歌《小猫钓鱼》的动画视频画面，了解故事的情节，学唱歌曲，并通过《小猫钓鱼》的舞蹈教学视频画面，观察并记忆舞蹈的动作等，锻炼了幼儿的空间智能。幼儿通过对问题的思考，把自己的发现和想法用语言表达出来，同时通过朗诵歌词，锻炼了口腔的发音和口齿的清晰度，发展了幼儿的语言智能。通过对歌曲的旋律、节奏和音准的练习和演唱，发展了幼儿的音乐智能。音乐智能强的幼儿，能够较快且较为准确地掌握旋律中音程跳进的演唱。音乐智能较弱的幼儿，难以完成完整的歌曲演唱，对音准的掌握及歌词的记忆都会有一定的困难，需要教师给予关注。幼儿运用协调而灵活的肢体动作完成成品舞的学习，发展了幼儿的身体运动智能。幼儿邀请同伴共同创编舞蹈，相互配合进行表演，发展了幼儿的人际交往智能。
活动延伸（1）	在戏剧表演区，投放舞蹈《小猫钓鱼》的完整教学视频以及儿歌《小猫钓鱼》的动画视频。幼儿可以根据自己的喜好，继续进行舞蹈的学习或歌曲的演唱。
活动延伸（2）	幼儿可以把学到的舞蹈《小猫钓鱼》表演给家人看，还可以请他们加入到自己创编的故事表演中，并共同把新版小猫钓鱼的故事打造得更加好玩有趣。
幼儿评定	观察幼儿是否理解歌词的含义，能否边哼唱边做出基本的成品舞动作并乐意创编新动作。

表9-25 中班音乐领域特色活动05

水平	水平Ⅱ（下）
活动名称	糖梅仙子
学习与发展目标	4—5岁-艺术-Ⅱ-1：经常唱唱跳跳，愿意参加歌唱、律动、舞蹈、表演等活动。4—5岁-艺术-Ⅱ-2：能通过即兴哼唱、即兴表演或给熟悉的歌曲编词来表达自己的心情。

水平	水平Ⅱ（下）
内容目标	1. 欣赏音乐《糖梅仙子》，感受内容和活泼欢快的情绪。 2. 尝试利用肢体创造性地表达对音乐的感受，动作协调平衡。
活动材料	糖纸做的糖果仙子指偶、音乐图谱、《糖梅仙子幻想曲》动画视频及音乐音频、钢片琴（或8音金属手敲琴）。
活动过程	1. 走进糖果王国 （1）教师出示糖果指偶讲故事：在一个糖果王国里，要举行一个盛大的晚宴。晚宴开始了，美丽的糖梅仙子优雅地走进来，她挥动着手中的仙女棒给大家带来了喜欢的各种糖果…… （2）播放《糖果仙子幻想曲》动画视频，感受糖果仙子优美轻盈的形象。 （3）教师带幼儿讨论观看视频后自己的感觉和一些想法，如描述一下听到的音乐、记忆深刻的画面、对糖梅仙子的印象等。 2. 糖梅仙子送糖果 （1）最喜欢的糖果：教师询问幼儿自己最喜欢哪些糖果？请幼儿描述糖果的名称和味道。如：牛奶糖、兔子糖、棒棒糖、QQ糖、泡泡糖、跳跳糖…… （2）表现糖果：请幼儿用手或者身体，表现出自己喜欢的糖果造型。 （3）聆听音乐看看有几位糖梅仙子送糖果？（三位） 3. 在情境游戏中感知音乐的内容和曲式 （1）律动感知：幼儿原地坐下聆听音乐。 ——前奏：手指轻点掌心（模仿糖梅仙子走路） ——A 段：轻拍双腿的同时念语词，再将手往前送出（送礼物） 语词提示：糖梅仙子最爱兔子糖、兔子糖、兔子糖，真是好喜欢，送给你。 （第二、三位仙子送出不同的糖果：棒棒糖、泡泡糖）。 ——B 段：双手在空中吹起泡泡糖，随着泡泡越变越大接着拍破泡泡玩耍。 ——桥：转圈圈（泡泡破碎，在空中缓缓飘落下来） ——A 段：同上 A 段 （2）请幼儿扮演片中仙子的模样，并讨论仙子的动作，然后全体站起来随音乐愉快地进行动作表现。 （3）图谱分析：以问题引领的方式分段聆听音乐，结合图谱感受音乐的细节。 ① 三位糖梅仙子各送了几次糖果？（1+1+4，共送了 6 次） ② 它们吹了几个泡泡？（6个）泡泡都一样大小吗？（不一样）

续表

水平	水平Ⅱ（下）
活动过程	③你觉得什么时候泡泡破掉了？为什么？（强音时泡泡破掉了，并在钢片琴的刮奏中飘落下来） 糖梅仙子图谱 A ♪1 ♪1 ♪4 B ⑧4 3 ✹ 　 ⑧4 3 ✹ 　 ③✹ ③✹ ③✹ 　 ①✹ 桥 ◎ A ♪1 ♪1 ♪4 说明：　⌒　依拍发糖果礼物 　　　　⑧　边吹泡泡，边数相应的拍数 　　　　✹　跳起来，拍破泡泡 　　　　◎　转圈圈，双手做泡泡碎片从空中飘落的样子 请幼儿边看图谱边随音乐模仿糖梅仙子送糖果动作。 4. 好听的钢片琴（或8音金属手敲琴） （1）请幼儿在音乐引子部分轻轻敲击钢片琴（或8音金属手敲琴），模仿糖梅仙子准备进场声音。 （2）引导幼儿进行思考：钢片琴（或8音金属手敲琴）还可以用在音乐中的哪一部分？用什么样的演奏方式来进行表现？如：送礼物时轻轻地刮奏等。
活动建议	1. 这是一首充满想象且旋律优美的乐曲，来自俄罗斯作曲家柴可夫斯基的芭蕾舞剧《胡桃夹子》里的一个故事。教师在活动前请提前准备《糖梅仙子幻想曲》动画视频和音乐音频。 2. 故事中使用的糖果仙子指偶，请教师提前用漂亮的玻璃糖纸卷成一个筒，然后在中间打一个结，结的下半部分就是仙子的裙子，上半部分再剪成三条，左右两条为胳膊，中间部分为身子和头，再拧一拧、捏一捏、造造型就可以了。教师可以鼓励幼儿自带糖纸，也尝试做一个糖果仙子手指偶，在欣赏音乐时戴着自己的糖果指偶进行游戏。 3.《糖梅仙子幻想曲》动画视频的使用，让幼儿在聆听音乐的同时也欣赏到仙子们的曼妙舞姿，激发幼儿想象自己如同小仙女一般地跳舞。而音乐伴随下的有韵律的

续表

水平	水平Ⅱ（下）
活动建议	语言描述，帮助幼儿更好地理解音乐的内容和结构。关于语词部分，教师可以依据幼儿的兴趣改变不同的糖果名称或造型来进行表现。 4. 掌握 B 段拍泡泡的时机，教师可以提示幼儿以感知音乐的重音为起拍点，并做出不同方向的拍打。 5. 在乐谱分析时，教师最好有可以哼唱乐曲的能力，这样就可以适时地放慢速度以方便幼儿的观察和听辨。 6. 在钢片琴（或 8 音金属手敲琴）的使用上，教师要引导幼儿先做放松手腕及手指灵活性的练习，引导幼儿轻轻地且有弹性地演奏。
多元智能	本活动为幼儿提供了发展音乐智能、语言智能和运动智能的机会。幼儿在听故事中理解音乐的内容，并通过有韵律的语词表述对音乐的理解，同时也可以根据自己的兴趣进行适当的语词改编。在音乐作品上，幼儿通过欣赏音乐引发美的感受，并在情境中感知音乐的节奏、重音及结构，并尝试用自己的身体动作创造性地进行表现。能力强的幼儿对音乐的变化表现出较好的敏锐性，在动作的表现和空间的运用上，也能随机调整自己的动作变化，有不同方向和多种空间的尝试。能力弱的幼儿对音乐的反应及表现会稍有迟缓，也比较单一。
活动延伸（1）	可以将音乐图谱张贴在表演区，并投放一些精灵翅膀、仙女棒、纱巾、彩带等道具，激发幼儿进一步的探索和表演。
活动延伸（2）	请幼儿在家收集一些彩色糖果纸，并和父母一起制作一个糖果纸偶，然后随着音乐一起扮演"糖梅仙子"互动游戏。
幼儿评定	观察幼儿能否根据音乐的节奏和内容做出不同的动作。

六、视觉艺术特色活动

中班视觉艺术特色活动案例（01-05）

表 9-26　中班视觉艺术领域特色活动 01

水平	水平Ⅱ（下）
活动名称	小乌龟你去哪儿
学习与发展目标	4—5 岁 - 艺术 - Ⅱ-2：能运用绘画、手工制作等表现自己观察到或想象的事物。

续表

水平	水平Ⅱ（下）
内容目标	1. 引导幼儿观察小乌龟的形状和动作，并运用动作、语言、绘画、拼贴等相关形式表现小乌龟旅途中的风光，设计绘本。 2. 引导幼儿关注生活中的场景，养成观察和记忆的好习惯，培养乐观的生活态度。 3. 引导幼儿初步体验制作绘本的方式和快乐，感受艺术带来的乐趣。
活动材料	铅笔、彩铅、油画棒、A4纸（每人多张）、《母鸡的旅行》绘本及图片PPT、剪刀、杂志、胶棒、彩纸等。
活动过程	1. 小乌龟不见了 （1）"咱们自然角的小乌龟不见了，怎么办呀！你们还记得小乌龟的模样吗？"鼓励幼儿描述小乌龟的形状并简单地模仿小乌龟的走路姿势。 （2）"小乌龟是出走了？还是去旅行了呢？"围绕这个话题，请幼儿用完整的语言讲述小乌龟可能发生的故事。鼓励幼儿之间展开讨论，教师到幼儿中间，倾听他们的想法和故事。 2. 快乐的旅行 （1）"小乌龟一定是出去旅行了，因为大家都觉得旅行是最快乐的，就连母鸡都出去旅行了。"教师出示《母鸡的旅行》绘本制作的图片PPT，向幼儿讲述母鸡在旅途中发生的故事： 　　母鸡佩吉开始了一次奇妙的旅行，她带着好奇的心，在城市间到处行走。她乘坐电梯，又逛了商场，吃了一顿大餐，还美美地睡了一觉，然后看到路边熟悉的向日葵，并跟随着向日葵上了火车……最后看到了鸽子，他们一起聊天、一起玩耍、一起结伴而行。从此，佩吉和鸽子成了好朋友。 （2）请幼儿仔细观察画面，倾听故事，并引导幼儿关注母鸡佩吉旅行中的几个重要内容，如：母鸡佩吉都做了些什么？它见到了什么？在途中碰到了谁？ （3）请幼儿以母鸡的旅行故事作为参考，重新为小乌龟的出行设定路线和创编小乌龟出行发生的故事，并为小乌龟设计对话等。教师可为幼儿的设计构想提供一定的帮助和指导。 3. "小乌龟出行记"绘本 （1）教师请幼儿将自己创编的小乌龟出行记的故事绘制成故事绘本，并为幼儿提供制作材料：铅笔用来打草稿，彩铅和油画棒进行涂色及作画，在杂志的图片中可选取漂亮的风景进行剪裁并装饰，多色彩纸可进行剪裁小动物等。幼儿可以自由选取自己最擅长的材料和工具进行创作，鼓励幼儿大胆想象。 （2）幼儿作画之前，教师可简单地示范乌龟的画法以及如何在杂志上寻找合适的图案，如何进行剪裁和粘贴的技巧等。

续表

水平	水平Ⅱ（下）
活动过程	（3）幼儿作画时教师可适当给予一定的引导："小乌龟走到大街上第一个看到的是什么呀？是小汽车吗？还是一只飞行的小鸟？"引导幼儿从形状、颜色和构图考虑为画面添加一辆小汽车或是一只漂亮的小鸟等。 （4）提醒幼儿每个故事可由4—5张图画组成，每张图只讲一件事，幼儿作画时，无论什么形式，什么故事，只要幼儿有自己的理由和一定的想法，教师都给予肯定。 4. 小乌龟你去哪儿了 （1）教师请幼儿边展示自己绘制的绘本故事，边讲述自己为小乌龟设计的故事，并与其他幼儿一起交流和分享。 （2）教师和幼儿一起选出最有趣的故事和最有想象力的作品。教师协助幼儿将作品粘在展示板上供大家欣赏。
活动建议	1. 教师课前要先将自然角养殖的小乌龟悄悄拿走。 2. 在幼儿创编小乌龟的出行经历时，鼓励幼儿大胆想象，尽可能说出一个完整的故事。 3. 教师为幼儿讲解《母鸡的旅行》绘本故事时，要注重场景与画面的构图的描述，为幼儿设计小乌龟的绘本打下基础。 4. 针对能力弱的幼儿，教师可帮助绘制部分场景画面，引导其为画面添上主要人物或角色即可。对于能力较强的幼儿，可以鼓励他们运用自己喜欢的色彩和风格去进行创作。
多元智能	艺术创作《小乌龟你去哪儿》主要发展了幼儿的语言智能、人际交往智能、空间智能、身体运动智能和自我认知智能。 幼儿通过描述小乌龟外出可能发生的故事，并绘制场景画面后进行创编故事的讲述等，发展了幼儿的语言智能。幼儿之间对小乌龟外出可能发生的事情进行交流和讨论，促进了幼儿之间的交往能力，发展了幼儿的人际交往智能。幼儿利用提供的材料和工具，进行创作和制作图画，发展了幼儿的空间智能。空间智能强的幼儿能够用自己熟悉的手段描绘出小乌龟的经历，且构图合理，色彩协调，故事情节有趣。空间智能弱的幼儿，不善于用材料表现自己想要的效果，画面主题表达也不够清晰明确，需要教师多加关注和引导。通过粘贴或剪裁来制作画面，调动了幼儿的小肌肉群的发展，促进了幼儿的身体运动智能的发展。幼儿通过创作自己的作品而获得自信和成就感，发展了幼儿的自我认知智能。
活动延伸（1）	在美工区幼儿可以为自己绘制的绘本故事设计一个封面，教师协助幼儿加入页码装订成册，完成一本独一无二的故事绘本，放置图书区，供大家相互翻阅和欣赏。

续表

水平	水平Ⅱ（下）
活动延伸（2）	幼儿将自己的作品带回家，给爸爸妈妈讲述自己创作的绘本故事。幼儿还可以利用同样的方法绘制一本《我的大家庭》，并带到幼儿园向大家讲述自己的作品故事。
幼儿评定	观察幼儿是否能设计出有故事情节的绘本。

表9-27 中班视觉艺术领域特色活动02

水平	水平Ⅱ（下）
活动名称	水墨画——牵牛花
学习与发展目标	4—5岁-艺术-Ⅱ-1：经常用绘画、捏泥、手工制作等多种方式表现自己的所见所想。
内容目标	1. 通过观察牵牛花，了解牵牛花的形状，并运用水墨颜料和毛笔画出牵牛花。 2. 练习使用毛笔用中锋和侧锋的笔法进行作画，感受运笔的轻重变化。 3. 有良好的执笔、洗笔习惯，能对水墨画产生兴趣。
活动材料	宣纸，每人一份水墨颜料，浓墨、淡墨各一份，每人两只笔（小号、中号），牵牛花的图片，牵牛花的范画。
活动过程	1. 各种颜色的牵牛花 "牵牛花你们都见过吗？谁给老师描述一下牵牛花长什么样子？你们在哪里见得多？"引导幼儿根据已知经验和生活经验，讲一讲牵牛花的形状和色彩，最后，教师进行总结："牵牛花长得像小喇叭一样，颜色基本有粉色、紫色和蓝色，对不对？其实它还有几个颜色，咱们来看一看。"教师出示牵牛花的图片，让幼儿感受牵牛花的多种色彩。 2. 牵牛花的画法 （1）"今天，咱们要用毛笔画牵牛花的水墨画，你们说一说牵牛花应该怎么画呢？"鼓励幼儿发散思维，运用学过的画水墨小鸡的知识和技法，发表自己的意见。 （2）教师进行示范： ① 用中号毛笔蘸取红色颜料，用侧锋扫一笔画出牵牛花的花瓣，所谓侧锋就是下笔时笔锋稍偏侧。用同样的方法在它右边继续紧挨着画出第二笔、第三笔。 ② 用中锋在最前面围上一笔弧线，使花冠呈椭圆形。所谓中锋就是用笔尖垂直书写。

续表

水平	水平Ⅱ（下）
活动过程	③加些清水，用小号毛笔蘸取颜料，继续用中锋勾出花筒。 ④中号毛笔洗净，蘸取墨绿或绿色，用三笔画出花托，最后点出花芯。 ⑤运用侧锋技法画出牵牛花的叶子和藤蔓。 （3）请幼儿尝试用中锋进行画线，侧锋进行画点，锻炼幼儿使用毛笔的技法。教师巡回指导，把握重点：中锋和侧锋的运用，下笔的力度，笔墨的浓淡，点和线的技法。 （4）"现在我们就来开始画一画漂亮的牵牛花吧！"鼓励幼儿大胆下笔，选取自己喜欢的颜色进行创作。在创作过程中教师提醒幼儿注意中锋和侧锋的运用，控制好下笔的力度。提醒幼儿注意每换一种颜色要进行洗笔。养成良好的洗笔习惯。 3.欣赏与交流 （1）请幼儿展示自己的作品，并分享自己的创作经验，鼓励幼儿观看其他幼儿的作品，并说一说自己最喜欢的作品是哪个，为什么？教师对于幼儿的作品进行表扬与赞美，增加幼儿对水墨画的兴趣，进一步提高幼儿对于艺术活动的热爱。 （2）教师在幼儿的绘画作品上写上幼儿的姓名，在家长来接幼儿时拿给家长欣赏。
活动建议	在幼儿创作过程之前，教师可先让幼儿练习中锋和侧锋的使用，简单理解：中锋是垂直用笔，侧锋是斜着用笔。让幼儿多练习感受用法的不同。创作过程中，能力强的幼儿可以引导其画一簇牵牛花，颜色可各异，并注意笔墨的浓淡。能力弱的幼儿教师可亲自握幼儿手执笔进行示范，活动结束后，注意收拾材料和工具。
多元智能	活动方案《水墨画——牵牛花》主要发展了幼儿的语言智能、空间智能、身体运动智能和自我认知智能。 幼儿通过描述牵牛花的形状和颜色等，并通过表达自己的想法，发展了幼儿的语言智能。通过观察教师做范画并自己进行创作，发展了幼儿的空间智能。空间智能强的幼儿能够很快掌握笔法的要求，创作出色彩饱满的牵牛花。空间智能弱的幼儿则不能进行自主创作，用笔的技法以及创作可能比较困难，需要教师及时给予帮助。幼儿通过运笔，掌握中锋和侧锋的技法，调动了手部以及胳膊大小肌肉群，促进了幼儿身体运动智能的发展。幼儿在创作过程中，通过进行绘画，掌握水墨画的技法，充满自信，则发展了幼儿的自我认知智能。

续表

水平	水平Ⅱ（下）
活动延伸（1）	在美工区继续投放水墨画的材料和工具，幼儿可以继续进行作画，可以画园区内的植物或小动物，鼓励幼儿大胆发挥，进行创作。
活动延伸（2）	幼儿在家可以教给爸爸妈妈画水墨画，鼓励幼儿试着用同样的技法画出生活中常见的花朵。
幼儿评定	观察幼儿是否会运用中锋和侧锋的技法，画出姿态漂亮的牵牛花。

表9-28 中班视觉艺术领域特色活动03

水平	水平Ⅱ（下）
活动名称	神奇的小手
学习与发展目标	4—5岁-艺术-Ⅱ-2：能运用绘画、手工制作等表现自己观察到或想象的事物。
内容目标	1.学会利用手掌进行绘画创作，能根据自己的想象进行创意添画，锻炼幼儿的色彩感知能力和创作能力。 2.鼓励幼儿大胆地按照自己的构想进行创作。
活动材料	素描纸，油画棒、各种颜色的水洗颜料，调色盘，海绵若干，围裙、抹布、报纸若干，教师范例画（仙人掌手掌印画）、手印画图片。
活动过程	1.小小手儿用处大 （1）教师带领幼儿复习以前学过的手指操。 （2）"刚才我们做的手指操用到了身体的哪个部位？（小手）我们的小手用处可大了！我们之前学过用手指进行画画，思考一下我们还可以用手的哪里进行画画？"引导幼儿大胆想象，并说说他们设想的理由。 2.小小手儿会画画 （1）教师和幼儿一起讨论手掌作画：我们的手掌像什么？（教师可以出示生活中类似于手的物品，如大树、孔雀、鹅、螃蟹、乌贼等进行引导） （2）教师出示示范画，让幼儿观察画中的手掌通过创意添画变成了什么？（仙人掌、大树、大公鸡） （3）教师示范绘画的步骤、方法以及注意事项。 ①先把报纸铺在桌子上，然后把围裙戴上。再把自己挑选的颜料倒入调色盘中，加入适量的清水（比例是1∶1）。 ②把海绵放在调好的颜料上，吸收颜料。把手掌放在海绵上沾取适当的颜料，注意把手掌沾匀。 ③把手掌用力放在素描纸上按一下。引导幼儿不仅可以用手掌进行作画，也可以用握紧的小拳头进行作画。

续表

水平	水平Ⅱ（下）
活动过程	④等颜料干了之后，根据自己的想象为自己的小手掌进行创意添画。 （4）鼓励幼儿大胆想象和创作，让幼儿自己挑选喜欢的颜色，运用自己喜欢的方式（手掌、拳头等）进行印画。教师巡回指导，支持幼儿多样性创作，重点观察和指导发展能力较弱的幼儿，帮助其确定主题。 3. 作品展示和交流 （1）展示作品，幼儿与同伴之间相互欣赏和交流。 （2）请幼儿介绍自己的作品，分享自己的创作经验和想法，并请幼儿在自己的作品上写上名字，教师将这些作品收集起来，摆放到走廊里进行展览。
活动建议	1. 水洗颜料在一般的情况下要用水稀释之后才能使用，也不能加太多的水，否则颜色变得太浅，教师在上课之前要先进行实验。 2. 制作中提醒幼儿不要把颜料弄到自己或别人的衣服上，画完之后及时把手洗干净。 3. 对于能力强的幼儿鼓励其进行更大胆的组合和创作，为画面添加更多的细节。能力弱的幼儿可适当降低难度，教师适当给予帮助。 4. 在幼儿用海绵沾取颜料的时候，不宜沾取太多，防止海绵渗水。同时提醒幼儿注意环境卫生。
多元智能	艺术创作《神奇的小手》活动主要发展了幼儿的语言智能、人际交往智能、空间智能和身体运动智能。 活动中幼儿通过观察表达自己的想法，发展了幼儿的语言智能。幼儿共同讨论、彼此交流，发展了幼儿的人际交往智能。通过观察教师作画以及自己印画进行创意添画等，发展了幼儿的空间智能。空间智能强的幼儿能够灵活地运用各种颜色印出可爱的小动物或不同的造型，并用油画棒或其他工具进行添画。空间智能弱的幼儿只是简单地印手掌，创意添画没有明确的形状，画面布局不够合理，需要教师给予帮助。在活动中幼儿通过沾、印等技法，使用了手掌、拳头等各种动作操作，发展了幼儿的身体运动智能。
活动延伸（1）	在美工区投放相关的绘画材料和工具，幼儿可以自由进行手掌画、拳头画等创作。
活动延伸（2）	幼儿在家可以和家人一起玩手印画的游戏，教给爸爸妈妈技法，指导家人创作有趣的手印画。
幼儿评定	观察幼儿能否掌握印画方法，并能用手掌进行创意作画。

表 9-29 中班视觉艺术领域特色活动 04

水平	水平Ⅱ（下）
活动名称	神奇的曼陀罗
学习与发展目标	4—5 岁 - 艺术 - Ⅱ-2：能运用绘画、手工制作等表现自己观察到或想象的事物。
内容目标	1. 初步认识由有规律的线条和形状组成的图案，体会规律带来的艺术感和美感，锻炼幼儿的审美能力。 2. 能用四种以上颜色为美丽的图案涂色，创作出五彩斑斓的曼陀罗，感受色彩带来的艺术感。 3. 激发幼儿对各种形式、各种样式的艺术产生浓厚的兴趣。
活动材料	曼陀罗图案图片、彩铅、曼陀罗图卡、剪刀、木棍等。
活动过程	1. 欣赏曼陀罗画 （1）"今天给大家介绍一种新的绘画形式，看看它和咱们平时画的有什么不同？它到底有什么特别之处呢？"教师展示曼陀罗黑白图片，引导幼儿观察曼陀罗画的特点，并让幼儿说出在图画中观察到的各种线条和形状，鼓励幼儿观察到什么都可以表达出来。这是一个发现未知事物的过程，无论幼儿说什么，教师都要给予支持。   （2）"在这两幅画中是由很多圆形或直线组成了一个圆形对吗？发现它有什么样的规律了吗？"引导幼儿观察这种图画，不管是对称还是平分，所有部分都是相同的。"有人把这种图画叫作曼陀罗画，咱们再来看看还有哪些形式。"依次将图片展示给幼儿，让幼儿发现相同的形状通过用直线或曲线进行组合就可以变成新的图案。 （3）"有人觉得这种画特别好玩，就将它们的空白区域添上了颜色。"教师展示有颜色的曼陀罗画，并引导幼儿发现曼陀罗的色彩变化。"将相同的形状用相同的颜色进行填充，就可以变成五颜六色的画面，而且还可以从深到浅一层一层上色，这就是曼陀罗画。" 2. 神奇的曼陀罗 （1）将印有曼陀罗画的图卡发给幼儿，请幼儿先观察自己图卡上的曼陀罗画是由哪些形状组成的，有什么规律？看起来像什么？ （2）幼儿利用彩铅开始创作，教师巡回指导。提醒幼儿下笔之前先设想自己要给这些图形填上什么颜色，怎么安排画面，引导幼儿养成画前思考的好习惯。

续表

水平	水平Ⅱ（下）
活动过程	（3）引导幼儿用之前活动中学到的同类色以及对比色进行填色，也可从颜色的深浅变化进行涂绘。鼓励幼儿多用颜色，不管用什么样的形式，教师都给予鼓励。 3.欣赏曼陀罗 （1）请幼儿展示自己的曼陀罗画，一起来欣赏彼此的作品，观察大家都用了什么颜色进行涂色。 （2）"老师还发现曼陀罗画一个更有意思的玩法。"引导幼儿用剪刀将上好色的图片剪下来，用木棍插在中间。可用胶水或胶带进行固定，旋转木棍，就可以看到曼陀罗形成了一个个颜色不一样的彩虹。
活动建议	1. 认识曼陀罗画时，教师可仔细讲解曼陀罗的组成元素和规律，如果幼儿难以理解，教师可简单讲述曼陀罗的形状。 2. 为曼陀罗画涂颜色时，鼓励幼儿大胆用色。针对能力强的幼儿可引导其按图画中图形的排列规律进行涂画，注意画面的色彩搭配。能力弱的幼儿可引导其按教师提供的图片中的颜色进行涂色，教师可给予一定的帮助。
多元智能	色彩创作《神奇的曼陀罗》活动方案主要发展了幼儿的语言智能、逻辑数学智能、空间智能、身体运动智能和人际交往智能。 幼儿通过观察曼陀罗画，表达自己观察到的形状、线条以及规律，并能组织恰当的语言表述自己的想法等，发展了幼儿的语言智能。通过了解画中形状排列的规律和秩序，发展了幼儿的逻辑数学智能。运用所学知识和自己喜欢的颜色，进行涂色，发展了幼儿的空间智能。空间智能强的幼儿能够运用多种颜色进行涂色，画面色彩明快，搭配合理，有秩序感。空间智能弱的幼儿颜色使用单调，甚至涂色混乱，需要教师关注并给予及时帮助。在观赏作品中，幼儿之间进行交流，对彼此的作品进行评价等，发展了幼儿的人际交往智能。
活动延伸（1）	在美工区投放材料和曼陀罗黑白图片，幼儿可以按照自己的想法进行绘制和涂色。
活动延伸（2）	幼儿可以将自己的作品带回家，跟爸爸妈妈一起分享曼陀罗画的奇特之处，将自己学到的关于曼陀罗图案的知识讲给家人听，增加幼儿的成就感。
幼儿评定	观察幼儿能否用四种以上的颜色为曼陀罗画进行有规律的涂色，并对新的绘画形式感兴趣。

表9-30 中班视觉艺术领域特色活动05

水平	水平Ⅱ（下）
活动名称	孔雀选美大赛
学习与发展目标	4—5岁-艺术-Ⅱ-2：能运用绘画、手工制作等表现自己观察到或想象的事物。

续表

水平	水平Ⅱ（下）
内容目标	1. 引导幼儿仔细观察孔雀的色彩和羽毛上的图案，并根据已知经验表达自己的想法。 2. 初步尝试运用有规律的线条和形状对孔雀的空白区域进行绘制，并进行组装，锻炼幼儿的创造能力和审美能力。 3. 幼儿能够大胆表现自己的想法，并在活动中感到快乐。
活动材料	各种孔雀图片、范画、孔雀结构白模卡、彩笔、油画棒、铅笔等。
活动过程	1. 漂亮的孔雀 （1）"你们去动物园见过漂亮的孔雀吗？孔雀是什么样的？开屏的孔雀你们见过吗？"让幼儿描述自己见过或想象的孔雀样子，并模仿一下孔雀开屏的姿态。 （2）展示各种孔雀的图片，请幼儿再仔细观察孔雀。"孔雀尾巴上有什么？它们是什么形状、什么颜色的？排列有顺序吗？"引导幼儿对孔雀尾巴上的线条和图案作细致的观察，并将观察到的形状和规律描述出来。 （3）教师作简单的总结："孔雀尾巴上有很多细小的羽毛，还有像圆圈一样的图案，圆圈里还有小圆圈，而且颜色是不同的，圆圈与圆圈之间的距离是一样的。" （4）出示范画，教师以线条、形状、色彩和图案为重点向幼儿讲解作品，并体会作品中对称、有规律的图案带来的美感。 2. 制作漂亮的孔雀 "传说孔雀在选美大赛的时候就会开屏，将漂亮的羽毛打开展现在人们面前，今天咱们也要举行一个孔雀选美大赛，由你们来为孔雀设计最美的羽毛！" （1）将孔雀结构白模卡分发给幼儿，提醒幼儿要先设计好孔雀的尾巴后，才可进行组装。 （2）请幼儿先用铅笔做设计稿，画在白模上。教师要有意识地引导幼儿将观察到的孔雀身上的图案进行设计，也可用在生活中见到的图案进行创作。 （3）幼儿选取自己擅长的材料进行作画，提醒幼儿注意色彩的运用，图案可随意发挥，但是要有规律，每个图案保持一样。 （4）幼儿将两片尾巴创作完成后，再进行设计身体的图案和颜色。最后将孔雀进行组装。 3. 孔雀选美大赛 （1）请幼儿展示作品，并一起欣赏。 （2）教师带幼儿共同评选出最美的孔雀作品，并请优秀作品的小作者介绍他的作品。

续表

水平	水平Ⅱ（下）
活动建议	1. 教师在幼儿观察各种孔雀的美丽图案过程中，尽量鼓励和肯定幼儿的发现，增加幼儿的自信心。 2. 针对绘画能力强的幼儿，可以鼓励其设计更复杂的图案。能力弱的幼儿，引导其注意画面的整洁，画面的构图等，并给予适当的帮助。 3. 展示作品环节，引导幼儿互相交流，充分体会艺术创作带来的乐趣。
多元智能	艺术创作《孔雀选美大赛》活动方案主要发展幼儿的语言智能、逻辑数学智能、空间智能、身体运动智能和人际交往智能。 幼儿通过发表自己的所见所想，并描述自己在孔雀身上发现的美的感受等，发展了幼儿的语言智能。通过观察发现孔雀身上图案的对称和规律的美，发展了幼儿的逻辑数学智能。利用材料进行绘画，将自己设计的图案呈现在白模上，发展了幼儿的空间智能。空间智能强的幼儿能够合理安排画面，并能进行有规律的色彩搭配，画面饱满且整体性强。空间智能弱的幼儿，画面可能不够完整且没有规律，需要教师给予适当的帮助。幼儿调动自己的小肌肉群进行绘画，并进行组装孔雀模型，发展了幼儿的身体运动智能。幼儿之间进行互相欣赏和交流，共同选出最漂亮的孔雀，发展了幼儿的人际交往智能。
活动延伸（1）	教师可用废旧的材料和幼儿一起创作一个大的森林场景，幼儿可以将自己制作的孔雀放到场景中供大家欣赏。
活动延伸（2）	幼儿可以请家人陪同到动物园去认识不同种类的孔雀，回家后根据它们的不同特点进行绘画。并将自己绘制的孔雀带到幼儿园和大家一起交流，分享自己对不同种类孔雀的认识和了解。
幼儿评定	观察幼儿能否用有规律的图案，绘制出孔雀的漂亮羽毛。

七、运动特色活动

中班运动特色活动案例（01-05）

表9-31　中班运动领域特色活动01

水平	水平Ⅱ（下）
活动名称	铁环滚起来
学习与发展目标	4—5岁 - 健康 - Ⅱ-2：能快跑20米左右。

续表

水平	水平Ⅱ(下)
内容目标	1. 练习一边直线快跑一边快速捡起地面间隔摆放的物品。 2. 初步掌握立住、滚动铁环的技巧。 3. 培养不气馁、耐心坚持的品质。
活动材料	欢快的音乐、平坦宽阔的场地、网球若干、乒乓球若干、铁环每人1套、筐子4个。
活动过程	1. 我是小铁环 （1）一名教师在欢快的音乐背景下带领幼儿步入场地，分成四队，分散站好，边说儿歌边做动作： 我是一个小铁环，（原地踏步） 身体圆又圆，（双手分别在胸前、头顶围成一个圆） 一根小勾上面牵，（做蹲起动作） 走得快又远。（弯腰，双手在头顶围成一个圆，小碎步向前走） （2）一名教师布置场地。 起始线　　20米跑道　　筐子　　铁环 2. 清理跑道 "小朋友们，今天我们要玩一个新的户外玩具（教师出示铁环），可是你们看到了，我们的跑道上散落了许多的乒乓球和网球，玩铁环需要一个干净的跑道，我们快点把跑道收拾干净吧！" （1）教师示范边跑边拾物的动作要领：从起始线出发，快速向前跑，跑到有乒乓球或网球的地方，弯腰捡起一个球，继续往前跑，再弯腰捡起一个球，继续往前跑，一直跑到终点（筐子前），把捡起的球放到筐子里，从外侧快速跑回，排队继续捡球。 （2）教师把幼儿分成人数相等的4队，排队站在起始线上，当教师发出"开始"的口令时，每队的第一名幼儿出发边跑边捡球，当第一名幼儿把球放入筐子后，第二名幼儿出发，依此类推，直到全部的球被捡入筐子里，本环节自然结束。

续表

水平	水平Ⅱ(下)
活动过程	（3）教师请每队派出两名幼儿，把自己队的筐子抬到一旁，让出跑道。 3. 铁环站起来 （1）教师请每名幼儿拿出一个铁环，观察一下铁环的样子（一个圆圈和一把推杆），说一说自己想怎样玩铁环。 （2）教师请幼儿按照自己的想法玩铁环，过程中教师启发幼儿如何让铁环站立。 （3）教师可以请一名让铁环站立住的幼儿说一说自己的方法，并做一下示范，也可以由教师自己来做示范： 右手握住推杆的手柄，推杆往前斜着勾住圆环。金属铁环用前置勾法，即用推杆上的钩子勾住铁环的斜上方；塑料环用中间勾法，即用推杆上的勾子勾住环中间的孔，两种勾法都能使铁环站稳。 4. 铁环滚起来 （1）教师示范滚铁环的动作要领：铁环站稳后，用身体的力量向前推动铁环，铁环滚动时钩子与铁环的相对位置不变，保持铁环与推杆的角度，铁环就能平稳地往前滚动了。 （2）幼儿尝试自己推铁环，教师在旁边帮助幼儿控制铁环运动的轨迹。 （3）请铁环滚动得好的幼儿说一说或示范滚铁环的方法。
活动建议	1. 活动前教师要准备好铁环，保证每名幼儿一个，开始时可用直径30cm的铁环，熟练后可逐渐增加铁环的直径。在布置活动场地时，可根据幼儿的能力调整物体的大小，如幼儿能力较弱，可以用纸球或皮球代替乒乓球和网球，如幼儿能力较强，可用一些小石子或小串珠代替乒乓球和网球。 2. 在边跑边拾物的环节，教师注意前后幼儿之间的距离，并提醒幼儿注意脚下的障碍物，避免踩到小球后跌倒。初次玩铁环，对中班的幼儿来说有一定的挑战，教师可以先让幼儿自己探索铁环的玩法，过程中如有幼儿尝试把铁环立起来，教师要把握时机，鼓励幼儿探索让铁环站起来的方法。 3. 教师在示范滚铁环的环节，强调滚铁环的窍门是手中推杆的铁钩要抵在铁环下方三分之一的位置，推铁环的力量要朝向倾斜，必须达到一定的速度，这样铁环才不会倒地。对能力强的幼儿可开始的时候引导其掌握滚动的方向，能力弱的幼儿则需要教师手把手地帮助他们掌握推铁环的方法。 4. 如感觉推杆太重时，可双手拿推杆。
多元智能	走跑活动《铁环滚起来》，主要发展了幼儿的语言智能、身体运动智能和自然智能。 幼儿通过说儿歌做动作的方式，锻炼幼儿的语言理解和肢体表达能力，发展了幼儿的语言智能。幼儿通过练习一边直线快跑一边快速捡起地面间隔摆放的物品，锻炼了幼儿的身体控制能力；通过探索铁环的玩法，锻炼了幼儿的手眼协调和身体

续表

水平	水平Ⅱ（下）
多元智能	控制能力，共同发展了幼儿的身体运动智能。身体运动智能强的幼儿能在快跑的过程中自如地控制自己的身体，能快速、身体平稳地停止快跑，并能很快探索出滚铁环的技巧。身体运动智能弱的幼儿在快跑捡物时不能很好地控制速度，突然停止时容易摔倒，并且在推铁环时，铁环容易倒。幼儿通过推铁环，感受圆形容易滚动的特性，发展了幼儿的自然智能。
活动延伸（1）	把铁环投放到户外活动区，方便感兴趣的幼儿继续练习。
活动延伸（2）	家长请幼儿教自己玩滚铁环，比比谁滚的距离远，如果感兴趣的话不妨和幼儿一起利用家里的铁丝动手制作一个铁环吧！
幼儿评定	幼儿是否能做到边跑直线边捡起地上的障碍物，并能推动铁环滚动至少2米。

表9-32　中班运动领域特色活动02

水平	水平Ⅱ（下）
活动名称	开工建楼喽！
学习与发展目标	4—5岁-健康-Ⅱ-1：能在较窄的低矮物体上平稳地走一段距离。
内容目标	1. 通过画通道，增加幼儿的合作意识。 2. 通过练习推独轮车过斜坡通道，锻炼幼儿的平衡能力和身体控制能力。 3. 培养幼儿勇敢果断的品质。
活动材料	欢快的音乐、音乐播放器、有斜坡的场地、独轮车4辆、积木砖（每名幼儿2—3块）、粉笔4根。
活动过程	1. 建斜坡 （1）教师在欢快的背景音乐下带领幼儿跑步，做热身运动，重点练习上肢和下肢的动作。 （2）教师展示工地的图片："小朋友们，我们刚刚接到一个任务，在幼儿园的斜坡上建一栋大楼，可是路坑坑洼洼太难走了，建楼前请你们先搭建起4条通道吧！" （3）教师引导幼儿在斜坡的最高点和最低点之间用粉笔画出4条长3—5米，宽20厘米的通道。 2. 运砖喽 "小朋友们，建楼之前我们需要把底下的砖运到上面，可是一块砖太重了，我们搬不动，怎么办？（教师请幼儿想办法，大家一起讨论这种办法是否可以）老师有个好主意（你们的办法真好），我们可以用独轮车运砖，这样既省力又快捷。" （1）幼儿示范推独轮车，教师讲解要领：看前方，双臂平抬，感受平衡车的方向，顺着方向调整，控制车身的平衡。

续表

水平	水平Ⅱ（下）
活动过程	（2）教师将幼儿随机分成4组，每组领取一辆独轮车，轮流练习推独轮车，理解推车过程中身体重心的变化和平衡的掌控。 （3）教师请幼儿排队站在起始线上，每队的第一名幼儿推独轮车，当教师发出"开始"的口令后，后面的幼儿捡起地上的一块积木放到车里，第一名幼儿沿着通道运砖，注意不要偏离通道，到达终点后，取出车内的积木，空车沿原路返回，第二名幼儿出发，依此类推，直到全部的积木被运完。 3. 建楼房了 （1）"小朋友们，你们完成了砖块的运输，现在开始搭建楼房吧，看哪个小组搭建的楼房最具特色。" （2）每组幼儿使用自己的积木和活动场地的其他器械，搭建自己小组的楼房。 （3）教师引导幼儿轮流参观其他人的高楼，参观过程中教师和幼儿一起做点评。 （4）收拾积木，把独轮车放回原来的位置，活动结束。
活动建议	1. 活动前教师观察幼儿园内或幼儿园附近的社区是否有斜坡，利用自然条件中的斜坡开展活动。如果实在找不到请教师利用模板搭建。活动前准备好独轮车和积木，活动中使用的积木可用砖块或石头代替，使用时引导幼儿注意安全即可。 2. 活动过程中教师要调动幼儿的主动性，教师提出情景问题，请幼儿自己解决问题，幼儿实在解决不了的，教师才可启发引导。在运输积木的环节，教师重点观察开始环节的配合和原路返回时幼儿调转独轮车的方向，在转方向的环节教师及时给予控制能力弱的幼儿帮助。在搭建环节，教师巡视观察，看幼儿在搭建前是否有讨论，小组内分工是否明确，在斜坡上建楼是否会铺平底基。
多元智能	搭建活动《开工建楼喽！》，发展了幼儿的语言智能、身体运动智能、人际交往智能和自然智能。 幼儿通过分享、讨论解决办法和点评其他幼儿作品的方式，锻炼幼儿的表达能力，发展了幼儿的语言智能。幼儿通过合作画通道、运砖块和搭建楼房，增加了幼儿之间的合作意识，提高了幼儿间的默契，发展了幼儿的人际交往智能。幼儿通过在斜坡上搭建楼房，不断调整底基的稳定点，增加了幼儿对重心与稳定关系的认知，发展了幼儿的自然智能。幼儿通过练习在斜坡上推独轮车和搭建楼房的方式，锻炼了幼儿的身体控制平衡的能力，发展了幼儿的身体运动智能。身体运动智能强的幼儿，能推独轮车走直线，调头时快速灵活，搭建的楼层较高。身体运动智能弱的幼儿在推独轮车的时候不能很好地控制车子，走不成直线。
活动延伸（1）	把独轮车投放到户外活动区，方便感兴趣的幼儿继续练习。
活动延伸（2）	幼儿和家长一起探索在不平整的地面上搭建积木使其稳固的方法。
幼儿评定	幼儿是否能平稳地推独轮车走3米的斜坡。

表 9-33　中班运动领域特色活动 03

水平	水平Ⅱ（下）
活动名称	小马运粮食
学习与发展目标	4—5 岁 - 健康 - Ⅱ-1：能在较窄的低矮物体上平稳地走一段距离；能以匍匐、膝盖悬空等多种方式钻爬。
内容目标	1. 通过运用不同的材料完成不同的搭建任务，锻炼幼儿的动手操作能力。 2. 通过练习爬轮胎山、走木桩和钻呼啦圈，锻炼幼儿的身体协调性。 3. 培养幼儿的团队合作意识。
活动材料	欢快的音乐、宽敞平坦的场地、轮胎若干、沙包人手一个、可移动的大小木桩若干、呼啦圈若干、绳子一条、木头架子一个、记号笔、小马胸贴。
活动过程	1. 布置运输任务 （1）一名教师带领幼儿在欢快的背景音乐下，边说儿歌边用动作表演儿歌： 　　小马小马摇尾巴，（做摇尾巴的动作） 　　跟着老师劳动啦！（做搬东西的动作） 　　爬过小山，（做爬的动作） 　　过过小桥，（做走平衡木的动作） 　　钻过山洞，（做钻的动作） 　　粮食全都运回家。（做高兴的动作） （2）一名教师用记号笔在户外活动场地画一条起始线和一条终点线。 （3）"小朋友们，今天我们要玩一个小马运粮食的游戏，可是这个游戏需要你们在老师划定的范围内，用户外场地的材料，自己独立搭建障碍物，以增加游戏的挑战性，你们有信心完成吗？" 2. 搭建障碍物 （1）教师将幼儿随机分成三组：小山组、小桥组和山洞组，然后请每组幼儿在教师划定好的范围内选择一块区域。 （2）教师布置任务："小朋友们，小山组的幼儿负责用轮胎和绳子建一个小山，小桥组的幼儿负责用木桩搭一个独木桥，山洞组的幼儿负责用呼啦圈和宽胶带建一个山洞。现在，请各组幼儿搬运自己小组的材料，进行搭建活动吧！" （3）幼儿搬运材料、讨论计划并进行搭建活动。 小山组：幼儿先搬运轮胎和绳子，然后合作搭铺底座，底座铺好后一层一层地往上垒轮胎，上面的一层都比下面的一层小，每垒一层都用绳子固定好轮胎，依此类推，直到垒成一个金字塔形状的轮胎小山。 小桥组：小组内一部分幼儿负责运木桩，一部分幼儿负责摆木桩，先请拿着小木桩的幼儿将木桩按照一定的距离摆好，然后依次请拿着中木桩和大木桩的幼儿按照小木桩的摆放顺序将木桩依次摆好。

续表

水平	水平Ⅱ（下）
活动过程	山洞组：请小组内幼儿两两合作，一人手扶呼啦圈（保持呼啦圈竖直），一人用宽胶带条把呼啦圈固定在地上。 3.运输粮食 （1）教师请幼儿贴上小马胸贴，扮演小马，用沙包当作粮食，开始小马运粮的游戏。 （2）幼儿排成一纵队站在起始线上，每人手拿着沙包，依次爬过小山、走过小桥、钻过山洞。幼儿每运完一个沙包，从旁边快速跑回到起点，然后站到队尾，开始新一轮的运沙包，直到全部的沙包都被运完。
活动建议	教师在活动开展前一天，可以先跟幼儿分享一下关于《小马过河》的故事，增加幼儿对小马运粮食的经验，便于幼儿在开展运粮活动时丰富游戏的情节、增加游戏的趣味性。 本次活动可尝试请幼儿布置场地，目的是为了锻炼幼儿的团队合作能力和解决问题的能力。教师布置好任务后，就站在旁边观察幼儿，开始的时候不要给予幼儿任何的帮助，请他们自己想办法解决自己遇到的困难，当幼儿连续失败3—5次以后，教师再给予一些建议。 教师根据幼儿搭建的时间，灵活地准备沙包的数量，如果幼儿搭建时间短，教师可以多准备一些沙包；如果幼儿搭建时间长，可以减少一些沙包。在用轮胎搭建小山的时候，教师可以帮助幼儿多用绳子固定轮胎，在幼儿抬轮胎的时候，提醒幼儿注意安全，可以多个人抬轮胎。在搭小桥环节，教师对幼儿创造性地摆放木桩给予表扬，如把不同大小的木桩穿插放。 在运沙包的环节，教师强调每次只能运一个沙包。引导幼儿注意自己与前面幼儿之间的距离，只有前面的幼儿通过一个障碍物后，自己才能出发，障碍物上不能同时有两名幼儿。
多元智能	建构活动《小马运粮食》，主要发展了幼儿的语言智能、空间智能、人际交往智能和身体运动智能。 幼儿通过边说儿歌边表演儿歌的方式，增加幼儿对儿歌的理解，发展幼儿的语言智能。幼儿主要通过在一定范围内用不同的材料有步骤、有层次地搭建不同的物体，增加幼儿空间感，发展幼儿的空间智能。在各个小组完成搭建任务的过程中，幼儿之间有分工、有合作、有讨论，提高了幼儿合作解决问题的能力，发展了幼儿的人际交往智能。在运粮食的过程中，幼儿通过爬轮胎山、走木桩和钻呼啦圈的形式，锻炼幼儿的手脚协调性、平衡能力和身体柔韧性，发展了幼儿的身体运动智能。身体运动智能强的幼儿能快速地通过各种障碍物，把沙包送到终点；身体运动智能弱的幼儿，在爬轮胎山的时候手脚不协调，只能通过最大的平衡木，或钻呼啦圈的时候把呼啦圈撞倒。

续表

水平	水平Ⅱ（下）
活动延伸（1）	在建构区投放一些拼插辅材让幼儿来进行搭建（如绳子），还可以请幼儿自己探索怎样加固建筑物的方法，并在区域小结时分享自己的经验。
活动延伸（2）	在家时，幼儿可以和家长一起用被子堆一座小山，用枕头搭一个山洞，然后玩"小马运粮食"的游戏吧！
幼儿评定	小组幼儿是否能独立完成搭建任务，并至少运一个沙包。

表 9-34 中班运动领域特色活动 04

水平	水平Ⅱ（下）
活动名称	我是玩球高手
学习与发展目标	4—5 岁 - 健康 -Ⅱ-1：能连续自抛自接球。
内容目标	1. 通过辅助材料来探索出球的不同玩法。 2. 能连续自抛自接球。 3. 喜欢玩球活动，体验玩球的快乐。
活动材料	宽敞平坦的场地、皮球人手 1 个、小木棍若干、拱形门 4 个、易拉罐若干、篮球网若干、起点与终点线、歌曲《小小球》、音乐播放器。
活动过程	1. 我是小小球 （1）播放歌曲《小小球》，引发幼儿对球的兴趣。 （2）幼儿跟着音乐来做球的动作，做热身活动。 2. 我是赶球高手 （1）请幼儿将拱形门放在终点线的位置上，将易拉罐有规则地放在场地上面，请幼儿分成四队站在起点线上。 （2）每队的第一个小朋友拿一个小皮球，放到地上，当教师发出"开始"的口令后，用小木棍赶着小皮球绕过易拉罐走，一直将小球赶到拱形门里，从侧面快速跑回，把木棍交给下一个小朋友，第二名幼儿出发，依此类推，先完成的队获胜。 3. 我是投篮高手 （1）教师引导幼儿两两结组，每组保留一个皮球，另一皮球放回球筐，两名幼儿面对面站好，练习相互抛接球，并自己计数，在两分钟之内又快又稳地接到球的数量最多的小组获胜。 （2）教师根据园所内的投球筐，将幼儿平均分组，每组幼儿拿一个小皮球，练习组内传球,在传球的过程中教师提示幼儿接球的正确姿势，将双腿打开与肩一样宽，对面的小朋友要将手放低一点以便能够将球接住。

水平	水平Ⅱ（下）
活动过程	（3）每组幼儿排队站在距离投球筐一米的位置前，第一名幼儿将手中的球往篮球筐里投，如果球投进筐，该名幼儿捡回球，退后一米，继续投球，直至该幼儿投球失败，则第二名幼儿开始投球，依次类推，规定时间内球筐里球数量最多的小组获胜。
活动建议	本活动适合在场地比较宽敞的地方来进行，在活动之前，应该提前让幼儿进行拍球活动，方便教师大概了解每名幼儿的拍球水平。教师在材料的准备上，应该多准备几种类型的球，投篮的时候最好使用稍微硬一点的球，幼儿好投。 在第一个"我是小小球"活动时，可以播放更加欢快的音乐来调动幼儿的兴趣，活跃课堂气氛。在第二个"我是赶球高手"的活动中，教师应该先进行示范活动，正确拿小棍的方法和怎样绕过障碍物应该跟幼儿讲解清楚，并且在活动过程中应该提醒幼儿注意安全，以防两名幼儿之间相撞。在第三个"我是投篮高手"的活动中，教师事先在投球筐前画出1—6米的线。
多元智能	球类活动《我是玩球高手》，主要发展了幼儿的音乐智能、身体运动智能和人际交往智能。 幼儿通过听音乐活动身体的方式，提高了幼儿的活动兴趣，培养了幼儿的节奏感，发展了幼儿的音乐智能。幼儿主要通过赶球绕障碍物和投球进筐的方式，锻炼了幼儿的身体控制能力和手眼协调能力，发展了幼儿的身体运动智能。身体运动智能强的幼儿能快速地赶球进洞，并在投球进筐环节中，完成五米远的投篮动作。身体运动智能弱的幼儿不能连续地拍球和自抛自接球，控制不了球的方向。幼儿通过团队练习抛接球和小组接力赛的形式，锻炼幼儿的团队合作意识，增加幼儿的默契，拉近幼儿之间的关系，发展了幼儿的人际交往智能。
活动延伸（1）	教师可以在班级中的运动区投放一些乒乓球，让幼儿之间相互抛接球。
活动延伸（2）	在家中的时候，家长可以利用空余的时间与幼儿进行原地拍皮球比赛，鼓励幼儿多拍球。
幼儿评定	幼儿是否能够用相互合作的方式来进行接球，并完成1米远的投球。

表9-35 中班运动领域特色活动05

水平	水平Ⅱ（下）
活动名称	快乐的水球比赛
学习与发展目标	4—5岁 - 健康 - Ⅱ-1：能连续自抛自接球。
内容目标	1. 通过练习抛接球，锻炼幼儿的手眼协调能力。 2. 通过练习用手掌击水推动球，锻炼幼儿的手臂肌肉的爆发力。 3. 通过感受球在水中的状态，感受水的浮力和阻力，让幼儿喜欢玩水。

续表

水平	水平Ⅱ（下）
活动材料	欢快的音乐、浅水池（充气游泳池）、海洋球（每名幼儿一个）、温水、泳衣或短裤（每名幼儿一套）、干爽的衣物（每名幼儿一套）、计时器。
活动过程	1. 水中抛接球 （1）一名教师带领幼儿在欢快的音乐下进入浅水池，幼儿四散站在水中，练习自抛自接球，感受身体在水中移动的阻力。 （2）幼儿熟悉水中自抛自接球后，开展水中自抛自接球比赛，当教师发出"开始"的口令后，教师开始计时，2分钟内，幼儿连续自抛自接球，幼儿自己计数，如中途球落入水中，则重新开始计数，时间到时看哪个幼儿连续自抛自接球的次数最多。 （3）幼儿自由结伴（2人、3人或4人）面对面站立，练习相互抛接球。 2. 水中击球 "小朋友，你们刚才在水中练习了水中抛接球，现在你们想一想在水中怎样不用手触球让球前进？" （1）教师示范水中击球的动作：将球置于胸前40—50厘米处，双脚开立，用手掌击打水面，形成水波，水波推动球向前运动，双脚跟上，继续用手打水面。 （2）幼儿根据教师示范的动作，练习水中击球，教师巡视全场，矫正幼儿的动作。 3. 水中击球接力赛 （1）教师将幼儿随机分成6—8队，每队派出第一名幼儿站在浅水池的一端（起始线），当教师发出"开始"的口令后，各队幼儿用手击打水面推球前进，中途不能用手碰球，到达终点后，把球抛向对岸，每队的第二名幼儿接到（捡到）球后，继续用手击打水面推球前进，依此类推，看哪队幼儿最先完成水中击球接力赛。 （2）幼儿展开水中击球接力赛。
活动建议	本活动适合在夏天的晴天展开，如园所没有浅水池，可用充气游泳池代替。活动前务必请家长准备好活动中要使用的泳衣或短裤（短裙），并备好一套干爽的换洗衣物。水池的深度不宜超过幼儿的胸，以到肚脐深度最宜。 活动开始前，教师请幼儿在陆地上练习自抛自接球和相互抛接球的动作。幼儿刚开始下水池时，动作幅度不宜过大，先熟悉在水中行走的状态。教师根据水池的大小，确定参加游戏的人数，水池中不宜太拥挤。 幼儿学习和练习水中击球，教师重点强调不能用手直接触球，不能与同伴争抢球。如幼儿不能掌握水中击球前进的方法，可适当降低难度，变成水中推球前进。
多元智能	球类活动《快乐的水球比赛》，主要发展了幼儿的人际交往智能和身体运动智能。幼儿主要通过练习水中自抛自接球、互相抛接球和水中击球等动作，锻炼了幼儿的手眼协调能力和身体反应能力，提高了幼儿手臂肌肉的爆发力，发展了幼儿的身体运动智能。身体运动智能强的幼儿，很快掌握水中抛接球的身体反应和控制技巧，能连续抛接球，并快速掌握拍水击球的技巧，做到边击水推球边走，自由地控制球

续表

水平	水平Ⅱ（下）
多元智能	的前进方向。身体运动智能弱的幼儿，在水中行走不稳定，易跌倒，在击球前进时，手频繁触碰到球。幼儿通过团队合作练习相互抛接球和击球接力赛的方式，锻炼了幼儿的团队合作意识，发展了幼儿的人际交往智能。
活动延伸（1）	继续保留水池，及时更换水池内的水，调整水池内水的深度，让幼儿体会更多的水中项目，如水中骑车、水中走平衡木。
活动延伸（2）	有条件的家长带幼儿去水族馆体验各种水上项目。
幼儿评定	小组幼儿是否能拍水击球前进2—3米，中间手不触碰球。

参考书目

1. Copple, C.& Bredekamp, S.（2006）. Basics of Developmentally Appropriate Practice-An Introduction for Teachers of Children 3 to 6. NAEYC.

2. 李季湄, 冯晓霞.《3—6岁儿童学习与发展指南》解读[M]. 北京：人民教育出版社, 2013.

3. Gardner, H.（2011）. Frames of Mind: The Theory of Multiple Intelligences. Basic Books.

4. Gardner, H.（2006）. Multiple Intelligences: New Horizons. Basic Books.

5. Wortham, S. C.（2009）. Early Childhood Curriculum Developmental Bases for Learning and Teaching. Pearson Merrill Prentice Hall.

北京大学出版社
教育出版中心 精品图书

21世纪特殊教育创新教材·理论与基础系列
书名	作者	定价
特殊教育的哲学基础	方俊明 主编	36元
特殊教育的医学基础	张 婷 主编	36元
融合教育导论	雷江华 主编	36元
特殊教育学（第二版）	雷江华 方俊明 主编	43元
特殊儿童心理学（第二版）	方俊明 雷江华 主编	39元
特殊教育史	朱宗顺 主编	39元
特殊教育研究方法（第二版）	杜晓新 宋永宁 等主编	39元
特殊教育发展模式	任颂羔 主编	33元
特殊儿童心理与教育	张巧明 杨广学 主编	36元

21世纪特殊教育创新教材·发展与教育系列
书名	作者	定价
视觉障碍儿童的发展与教育	邓 猛 编著	33元
听觉障碍儿童的发展与教育	贺荟中 编著	38元
智力障碍儿童的发展与教育	刘春玲 马红英 编著	32元
学习困难儿童的发展与教育	赵 微 编著	39元
自闭症谱系障碍儿童的发展与教育	周念丽 编著	32元
情绪与行为障碍儿童的发展与教育	李闻戈 编著	36元
超常儿童的发展与教育（第二版）	苏雪云 张 旭 编著	39元

21世纪特殊教育创新教材·康复与训练系列
书名	作者	定价
特殊儿童应用行为分析	李 芳 李 丹 编著	36元
特殊儿童的游戏治疗	周念丽 编著	30元
特殊儿童的美术治疗	孙 霞 编著	38元
特殊儿童的音乐治疗	胡世红 编著	32元
特殊儿童的心理治疗	杨广学 编著	39元
特殊教育的辅具与康复	蒋建荣 编著	29元
特殊儿童的感觉统合训练	王和平 编著	45元
孤独症儿童课程与教学设计	王 梅 著	37元

自闭谱系障碍儿童早期干预丛书
书名	作者	定价
如何发展自闭谱系障碍儿童的沟通能力	朱晓晨 苏雪云	29元
如何理解自闭谱系障碍和早期干预	苏雪云	32元
如何发展自闭谱系障碍儿童的社会交往能力	吕 梦 杨广学	33元
如何发展自闭谱系障碍儿童的自我照料能力	倪萍萍 周 波	32元
如何在游戏中干预自闭谱系障碍儿童	朱 瑞 周念丽	32元
如何发展自闭谱系障碍儿童的感知和运动能力	韩文娟 徐 芳 王和平	32元
如何发展自闭谱系障碍儿童的认知能力	潘前前 杨黎义	39元
自闭症谱系障碍儿童的发展与教育	周念丽	32元
如何通过音乐干预自闭谱系障碍儿童	张正琴	36元
如何通过画画干预自闭谱系障碍儿童	张正琴	36元
如何运用ACC促进自闭谱系障碍儿童的发展	苏雪云	36元
孤独症儿童的关键性技能训练法	李 丹	45元
自闭症儿童家长辅导手册	雷江华	35元
孤独症儿童课程与教学设计	王 梅	37元
融合教育理论反思与本土化探索	邓 猛	58元
自闭症谱系障碍儿童家庭支持系统	孙玉梅	36元

特殊学校教育·康复·职业训练丛书（黄建行 雷江华 主编）
信息技术在特殊教育中的应用	55元
智障学生职业教育模式	36元
特殊教育学校学生康复与训练	59元
特殊教育学校校本课程开发	45元
特殊教育学校特奥运动项目建设	49元

21世纪特殊教育创新教材·融合教育系列
书名	作者	定价
融合教育理论反思与本土化探索	邓 猛	58元
融合教育理论指南	邓 猛	45元
融合教育实践指南	邓 猛	39元
资源教师工作指南	孙 颖	45元

21世纪学前教育专业规划教材
书名	作者	定价
学前教育概论	李生兰	49元
幼儿园教育质量评价导论	吴 纲	39元
学前教育管理学	王 雯	45元
幼儿园歌曲钢琴伴奏教程	果旭伟	39元
幼儿园舞蹈教学活动设计与指导	董 丽	36元
实用乐理与视唱	代 苗	40元
学前儿童美术教育	冯婉贞	45元
学前儿童科学教育	洪秀敏	39元
学前儿童游戏	范明丽	39元
学前教育研究方法	郑福明	39元
外国学前教育史	郭法奇	39元
学前教育政策与法规	魏 真	36元
学前心理学	涂艳国、蔡 艳	36元
学前教育理论与实践教程	王 维 王维娅 孙 岩	39元
学前儿童数学教育	赵振国	39元

大学之道丛书
书名	作者	定价
高等教育市场化的底线	[美]大卫·科伯 著	59元
大学的理念	[英]亨利·纽曼 著	49元
哈佛：谁说了算	[美]理查德·布瑞德利 著	48元
麻省理工学院如何追求卓越	[美]查尔斯·维斯特 著	35元
大学与市场的悖论	[美]罗杰·盖格 著	48元
高等教育公司：营利性大学的崛起	[美]理查德·鲁克 著	38元
公司文化中的大学：大学如何应对市场化压力	[美]埃里克·古尔德 著	40元
美国高等教育质量认证与评估	[美]美国中部州高等教育委员会 编	36元
现代大学及其图新	[美]谢尔顿·罗斯布莱特 著	60元
美国文理学院的兴衰——凯尼恩学院纪实	[美]P.F.克鲁格 著	42元
教育的终结：大学何以放弃了对人生意义的追求	[美]安东尼·T.克龙曼 著	35元
大学的逻辑（第三版）	张维迎 著	38元
我的科大十年（续集）	孔宪铎 著	35元

书名	作者	价格
高等教育理念	[英] 罗纳德·巴尼特 著	45元
美国现代大学的崛起	[美] 劳伦斯·维赛 著	66元
美国大学时代的学术自由	[美] 沃特·梅兹格 著	39元
美国高等教育通史	[美] 亚瑟·科恩 著	59元
美国高等教育史	[美] 约翰·塞林 著	69元
哈佛通识教育红皮书	哈佛委员会撰	38元
高等教育何以为"高"——牛津导师制教学反思	[英] 大卫·帕尔菲曼 著	39元
印度理工学院的精英们	[印度] 桑迪潘·德布 著	39元
知识社会中的大学	[英] 杰勒德·德兰迪 著	32元
高等教育的未来：浮言、现实与市场风险	[美] 弗兰克·纽曼 等著	39元
后现代大学来临？	[英] 安东尼·史密斯 等主编	32元
美国大学之魂	[美] 乔治·M.马斯登 著	58元
大学理念重审：与纽曼对话	[英] 雅罗斯拉夫·帕利坎 著	40元
学术部落及其领地——当代学术界生态揭秘（第二版）	[英] 托尼·比彻 保罗·特罗勒尔 著	33元
德国古典大学观及其对中国大学的影响（第二版）	陈洪捷 著	42元
转变中的大学：传统、议题与前景	郭为藩 著	23元
学术资本主义：政治、政策和创业型大学	[美] 希拉·斯劳特 拉里·莱斯利 著	36元
21世纪的大学	[美] 詹姆斯·杜德斯达 著	38元
美国公立大学的未来	[美] 詹姆斯·杜德斯达 弗瑞斯·沃马克 著	30元
东西象牙塔	孔宪铎 著	32元
理性捍卫大学	眭依凡 著	49元

学术规范与研究方法系列

书名	作者	价格
社会科学研究方法100问	[美] 萨子金德 著	38元
如何利用互联网做研究	[爱尔兰] 杜恰泰 著	38元
如何为学术刊物撰稿：写作技能与规范（英文影印版）	[英] 罗薇娜·莫 编著	26元
如何撰写和发表科技论文（英文影印版）	[美] 罗伯特·戴 等著	39元
如何撰写与发表社会科学论文：国际刊物指南	蔡今忠 著	35元
如何查找文献	[英] 萨莉拉·姆齐 著	35元
给研究生的学术建议	[英] 戈登·鲁格 等著	26元
科技论文写作快速入门	[瑞典] 比约·古斯塔维 著	19元
社会科学研究的基本规则（第四版）	[英] 朱迪斯·贝尔 著	32元
做好社会研究的10个关键	[英] 马丁·丹斯考姆 著	20元
如何写好科研项目申请书	[美] 安德鲁·弗里德兰德 等著	28元
教育研究方法（第六版）	[美] 乔伊斯·高尔 等著	88元
高等教育研究：进展与方法	[英] 马尔科姆·泰特 著	25元
如何成为学术论文写作高手	华莱士 著	49元
参加国际学术会议必要要做的那些事	华莱士 著	32元
如何成为优秀的研究生	布卢姆 著	38元

21世纪高校职业发展读本

书名	作者	价格
如何成为卓越的大学教师	肯·贝恩 著	32元
给大学新教员的建议	罗伯特·博伊斯 著	35元
如何提高学生学习质量	[英] 迈克尔·普洛瑟 等著	35元
学术界的生存智慧	[美] 约翰·达利 等主编	35元
给研究生导师的建议（第2版）	[英] 萨拉·德拉蒙特 等著	30元

21世纪教师教育系列教材·物理教育系列

书名	作者	价格
中学物理微格教学教程（第二版）	张军朋 詹伟琴 王恬 编著	32元
中学物理科学探究学习评价与案例	张军朋 许桂清 编著	32元
物理教学论	邢红军 著	49元
中学物理教学评价与案例分析	王建中 孟红娟 著	38元

21世纪教育科学系列教材·学科学习心理学系列

书名	作者	价格
数学学习心理学	孔凡哲 曾峥 编著	29元
语文学习心理学	董蓓菲 编著	39元

21世纪教师教育系列教材

书名	作者	价格
教育学基础	庞守兴 主编	40元
教育学	余文森 王晞 主编	26元
教育研究方法	刘淑杰 主编	45元
教育心理学	王晓明 主编	55元
心理学导论	杨凤云 主编	46元
教育心理学概论	连榕 罗丽芳 主编	42元
课程与教学论	李允 主编	42元
教师专业发展导论	于胜刚 主编	42元
学校教育概论	李清雁 主编	42元
现代教育评价教程（第二版）	吴钢 主编	45元
教师礼仪实务	刘霄 主编	36元
家庭教育新论	闫旭蕾 杨萍 主编	39元
中学班级管理	张宝书 主编	39元

21世纪教师教育系列教材·初等教育系列

书名	作者	价格
小学教育学	田友谊 主编	39元
小学教育学基础	张永明 曾碧 主编	42元
小学班级管理	张永明 宋彩琴 主编	39元
初等教育课程与教学论	罗祖兵 主编	39元
小学教育研究方法	王红艳 主编	39元

教师资格认定及师范类毕业生上岗考试辅导教材

书名	作者	价格
教育学	余文森 王晞 主编	26元
教育心理学概论	连榕 罗丽芳 主编	42元

21世纪教师教育系列教材·学科教学论系列

书名	作者	价格
新理念化学教学论（第二版）	王后雄 主编	45元
新理念科学教学论（第二版）	崔鸿 张海珠 主编	36元
新理念生物教学论（第二版）	崔鸿 郑晓慧 主编	45元
新理念地理教学论（第二版）	李家清 主编	45元
新理念历史教学论（第二版）	杜芳 主编	33元
新理念思想政治（品德）教学论（第二版）	胡田庚 主编	36元
新理念信息技术教学论（第二版）	吴军其 主编	32元

新理念数学教学论	冯 虹 主编 36元	小学数学教学活动设计案例精选	33元
		小学科学教学活动设计案例精选	32元
21世纪教师教育系列教材·学科教学技能训练系列		小学英语教学活动设计案例精选	25元
新理念生物教学技能训练（第二版）	崔 鸿 33元	小学品德与生活（社会）教学活动设计案例精选	24元
新理念思想政治（品德）教学技能训练（第二版）		幼儿教育教学活动设计案例精选	39元
	胡田庚 赵海山 29元		
新理念地理教学技能训练	李家清 32元	**全国高校网络与新媒体专业规划教材**	
新理念化学教学技能训练（第二版）	王后雄 36元	文化产业概论	尹章池 38元
新理念数学教学技能训练	王光明 36元	网络文化教程	李文明 39元
		网络与新媒体评论	杨 娟 38元
王后雄教师教育系列教材		新媒体概论	尹章池 45元
教育考试的理论与方法	王后雄 主编 35元	网络新媒体实务	张合斌 39元
化学教育测量与评价	王后雄 主编 45元	网页设计与制作	惠悲荷 39元
中学化学实验教学研究	王后雄 主编 32元	突发新闻教程	李 军 45元
新理念化学教学诊断学	王后雄 主编 48元	视听新媒体节目制作	周建青 45元
		视听评论	何志武 32元
西方心理学名著译丛		出镜记者案例分析	刘 静 邓秀军 39元
荣格心理学七讲	[美]卡尔文·霍尔 著 45元	视听新媒体导论	郭小平 39元
拓扑心理学原理	[德]库尔德·勒温 32元		
系统心理学：绪论	[美]爱德华·铁钦纳 30元	**全国高校广播电视专业规划教材**	
社会心理学导论	[美]威廉·麦独孤 36元	电视节目策划教程	项仲平 著 36元
思维与语言	[俄]列夫·维果茨基 30元	电视导播教程	程 晋 编著 39元
人类的学习	[美]爱德华·桑代克 30元	电视文艺创作教程	王建辉 编著 39元
基础与应用心理学	[德]雨果·闵斯特伯格 36元	广播剧创作教程	王国臣 编著 36元
记忆	[德]赫尔曼·艾宾浩斯著 32元		
儿童的人格形成及其培养	[奥地利]阿德勒 著 35元	**21世纪教育技术学精品教材（张景中 主编）**	
幼儿的感觉与意志	[德]威廉·蒲莱尔 45元	教育技术学导论（第二版）	李 芒 金 林 编著 33元
实验心理学（上下册）	[美]伍德沃斯 施洛斯贝格 著 150元	远程教育原理与技术	王继新 张 屹 编著 41元
格式塔心理学原理	[美]库尔特·考夫卡 75元	教学系统设计理论与实践	杨九民 梁林梅 编著 29元
动物和人的目的性行为	[美]爱德华·托尔曼 44元	信息技术教学论	雷体南 叶良明 主编 29元
西方心理学史大纲	唐 钺 42元	网络教育资源设计与开发	刘清堂 主编 30元
		学与教的理论与方式	刘雍潜 32元
心理学视野中的文学丛书		信息技术与课程整合（第二版）	赵呈领 杨 琳 刘清堂 39元
围城内外——西方经典爱情小说的进化心理学透视 熊哲宏 32元		教育技术研究方法	张 屹 黄磊 38元
我爱故我在——西方文学大师的爱情与爱情心理学 熊哲宏 32元		教育技术项目实践	潘克明 32元
21世纪教学活动设计案例精选丛书（禹明 主编）		**21世纪信息传播实验系列教材（徐福荫 黄慕雄 主编）**	
初中语文教学活动设计案例精选	23元	多媒体软件设计与开发	32元
初中数学教学活动设计案例精选	30元	电视照明·电视音乐音响	26元
初中科学教学活动设计案例精选	27元	播音与主持艺术（第二版）	38元
初中历史与社会教学活动设计案例精选	30元	广告策划与创意	26元
初中英语教学活动设计案例精选	26元	摄影基础（第二版）	32元
初中思想品德教学活动设计案例精选	20元		
中小学音乐教学活动设计案例精选	27元	**21世纪教师教育系列教材·专业养成系列（赵国栋主编）**	
中小学体育（体育与健康）教学活动设计案例精选	25元	微课与慕课设计初级教程	40元
中小学美术教学活动设计案例精选	34元	微课与慕课设计高级教程	48元
中小学综合实践活动教学活动设计案例精选	27元	微课、翻转课堂和慕课设计实操教程	150元
小学语文教学活动设计案例精选	29元	网络调查研究方法概论（第二版）	49元